普通高等学校会计系列教材

第二版

高级财务会计

Advanced Financial Accounting

罗绍德　杨荣彦　主编

AFA

Advanced

Financial

Accounting

暨南大学出版社
JINAN UNIVERSITY PRESS
中国·广州

图书在版编目（CIP）数据

高级财务会计/罗绍德，杨荣彦主编．—2版．—广州：暨南大学出版社，2013.9

ISBN 978－7－5668－0626－0

Ⅰ.①高…　Ⅱ.①罗…②杨…　Ⅲ.①财务会计　Ⅳ.①F234.4

中国版本图书馆CIP数据核字(2013)第124528号

出版发行：暨南大学出版社

地　址：中国广州暨南大学
电　话：总编室（8620）85221601
营销部（8620）85225284　85228291　85228292（邮购）
传　真：（8620）85221583（办公室）　85223774（营销部）
邮　编：510630
网　址：http：//www.jnupress.com　http：//press.jnu.edu.cn

排　版：广州市天河星辰文化发展部照排中心
印　刷：湛江日报社印刷厂

开　本：787mm×960mm　1/16
印　张：29.5
字　数：570千
版　次：2009年9月第1版　2013年9月第2版
印　次：2013年9月第2次
印　数：3001—6000册

定　价：59.80元

前 言

初级财务会计与中级财务会计主要涉及财务会计的一般理论与方法。高级财务会计主要研究财务会计中一些特殊经济业务、特殊会计事项、特殊行业的会计确认、计量及财务会计报告问题，如衍生金融工具、企业合并及合并会计报表。

我们深知“授之以鱼，不如授之以渔”的道理，在教材的编写上力求简洁，同时尽量将高级财务会计的知识点全面系统地呈现在读者面前。

我们在编写本教材的过程中参考了大量的国内外有关高级财务会计的书籍，并从中吸取了较多的精华。例如衍生金融工具、套期保值会计等相关知识，对于我们编者来说，也是一个较新的内容，同样需要学习，在编写此章时，我们基本上是按照财政部会计司编写组的《企业会计准则讲解》编写的，同时，我们也重点参考了陈信元教授主编的中国注册会计师专业方向的核心教材《高级财务会计》，吸取了该书中的很多精彩之处，在此加以说明。

本教材由暨南大学管理学院会计系罗绍德、杨荣彦主编。第一至八章由罗绍德教授编写，第九、十、十一章由杨荣彦副教授编写。全书由罗绍德总纂定稿。在本书的编写过程中，暨南大学管理学院会计系的硕士生李鹏、叶倩、刘丽华、宋艳娟、张文婷为全书的编写做了许多辅助工作，在此一并表示感谢。

本书对具有中级会计知识的高等院校学生和广大会计从业人员来说，是一本较有价值的教材或参考书。由于高级财务会计本身尚处于不断改进的过程中，加之编者学识有限，书中错漏之处在所难免，恳请读者批评指正。

编 者

2013 年 6 月 30 日

目 录

第一章　企业合并及其会计处理

企业合并是企业扩张的基本手段。许多国际知名企业都是通过不断的合并才最终发展壮大起来的。在我国，随着市场经济体制的逐步完善，企业合并的情况也十分普遍。本章将介绍企业合并的历史演进、企业合并的动因、企业合并的形式以及企业合并的会计处理。

通过本章学习，应该掌握：

○企业合并的动因及其类型

○企业合并的购买法会计处理

○商誉和负商誉的概念及会计处理

○企业合并的权益结合法会计处理

第一节　企业合并概述

一、企业合并的发展过程

在工业革命的早期，企业合并作为一种企业的经营方式，就已经出现了。但是，由于受资本市场发展程度的限制，企业合并活动并不频繁。进入19世纪后，随着资本市场的发展，企业合并日益活跃，其中，美国的企业合并最具代表性。美国经济在其发展过程中，经历了五次企业合并浪潮，而且第五次合并浪潮在全球范围内的影响至今仍然存在。

1. 第一次企业合并浪潮

美国企业的第一次合并浪潮发生在19世纪末与20世纪初之间（1893—1904年），其高峰时期为1898—1903年。许多专家认为，正是这次企业合并造就了企业垄断。美国著名经济学家、经济史专家A. D. 钱德勒认为，从本次企业合并运动到美国参与第一次世界大战的这段时期，美国工业完成了自己的形成时期。在合并的高峰年份1898—1903年，被合并的企业总数达2 653家，其中仅1898年一年，因合并而消失的企业就达1 028家。在这5年中，参与合并的资本总额达到了63亿多美元，100家最大公司的规模增长了4倍，并控制了美国工业资本的40%左右。

在第一次合并浪潮中，企业合并的主要形式是横向合并，即对生产同种产品的企业进行合并。资本市场的发展对此次合并浪潮起到了极大的推动作用。

2. 第二次企业合并浪潮

美国企业的第二次合并浪潮发生在20世纪20年代。这次合并浪潮的规模比第一次更大，仅在工业领域中就有5 282次合并。在1929年，企业合并达到了顶峰，而且合并形式出现了多样化。这次合并浪潮在工业领域中主要集中于石油、冶金和食品行业，但也有2 750家公用事业公司、1 060家银行和10 520家零售商进行了合并。对规模经济和寡头垄断地位的追求是此次合并浪潮的主要推动力。

3. 第三次企业合并浪潮

美国企业的第三次合并浪潮发生在20世纪50至60年代，其中以60年代后期为高潮。这次合并浪潮的规模巨大，仅1967—1969年的3年高峰期就完成合并事件19 858起，而且比较大的合并事件扮演了主要角色。

这次企业合并涉及范围广，其主要形式是混合合并。所有权与经营权的完全分离促使了企业管理人员加强多种经营，以分散企业的经营风险。因此，混合式大企业合并的主要目标是追求企业经营上的安全保障。

4. 第四次企业合并浪潮

美国的第四次合并浪潮从20世纪70年代中期起，延续至整个80年代，其中以1985年为高峰年度。从1979年起，单个合并活动的交易价值已达10亿美元以上，其中，1984年达到18起，1985年达到32起。石油、化工类企业发生这种超级规模的合并已属常事，非石油企业也步其后尘，进入超级合并的行列。与以往的几次合并浪潮不同的是，本次浪潮中出现了大量的“小企业合并大企业”的现象。

这次浪潮的动因来自美国企业对日渐减弱的竞争力寻求变革。他们认为要突破困境首先要增强竞争力，突破的重点在于提高投资回报率，并削除不获利的部门，将经营资源集中投入到能够获利的企业。

在此次合并浪潮中，金融界为企业合并资金的筹集提供了极大方便，其主要形式便是垃圾债券，这种债券资信程度极低，风险很大，利率很高。

5. 第五次企业合并浪潮

20世纪90年代，随着第四次合并浪潮已经趋近尾声，以及全球经济一体化、自由化格局的不断加强，美国又迎来了第五次合并浪潮。这次合并的浪潮已经不再是以美国企业的合并为代表了，更多的是国际间的合并。目前，第五次合并浪潮仍然在发展过程之中，其交易价值和影响范围在不断上升与扩大，因此，第五次合并浪潮的走势仍然有待于进一步的观察。

此次合并浪潮的主要特点是合并企业着眼于国内外的竞争，希望以合并的方式彻底改变企业组织结构、削减产品成本，以提高企业竞争能力。

企业合并的目标公司已不再局限于国内企业，而是国际上所有的企业，跨国合并活动成为此次合并浪潮的主要内容。

二、企业合并的概念

企业合并是经济生活中出现较多的交易事项，特别是当企业发展到一定的阶段时，为了减少竞争、拓宽生产经营渠道、开辟新的投资领域或市场、降低成本等，往往通过收购、兼并其他企业的方式来实现上述目标。企业合并，作为一种复杂的企业经济活动，在不同的法律背景和语言环境中，表现为不同的术语和名词，如合并、收购、兼并等。这些词语之间虽然存在着一定的差别，但是其实质是基本相同的。本书主要以“企业合并”为主要表现形式来介绍企业合并的会计处理。

1. 企业合并准则规范的企业合并

《国际会计准则第22号——企业合并》对企业合并的定义是：通过一个企业与另一个企业的联合或获得对另一个企业的可辨认净资产和经营活动的控制权，而将各单独的企业合并成一个经济实体。

美国会计原则委员会（APB）颁布的、于1979年11月生效的第16号意见书《企业合并》第一段对企业合并所下的定义是：企业合并指一家公司与一家或几家公司或非公司组织的企业合成一个会计个体。

我国《企业会计准则第20号——企业合并》对企业合并的定义是：将两个或者两个以上单独的企业合并形成一个报告主体的交易或事项。

从企业合并的定义看，是否形成企业合并，关键要看有关交易或事项的发生是否引起报告主体的变化。一般情况下，法律主体即报告主体，但相较于法律主体，报告主体的涵盖范围要更广泛一些，还包括从合并财务报告角度，由母公司及其能够实施控制的子公司形成的基于合并财务报告意义的报告主体。

报告主体的变化产生于控制权的变化。在交易或事项发生以后，一方能够对另一方的生产经营决策实施控制，形成母子公司关系，涉及控制权的转移，从合并财务报告角度形成报告主体的变化；交易或事项发生以后，一方能够控制另一方的全部净资产，被合并的企业在合并后失去其法人资格，也涉及控制权及报告主体的变化，形成企业合并。实务中，对于交易或事项发生后是否形成控制权的转移，应当遵循实质重于形式原则，综合各方面的可获得的情况进行判断。

假定在企业合并前 A、B 两个企业为各自独立的法律主体（在合并交易发生前，不存在任何投资关系），企业合并准则中所界定的企业合并，包括但不限于以下情形：

（1）企业 A 通过增发自身的普通股自企业 B 原股东处取得企业 B 的全部股权，该交易事项发生后，企业 B 仍持续经营。

（2）企业 A 支付对价取得企业 B 的净资产，该交易事项发生后，撤销企业 B 的法人资格。

（3）企业 A 以其资产作为出资投入企业 B，取得对企业 B 的控制权，该交易事项发生后，企业 B 仍维持其独立法人资格继续经营。

2. 不包括在企业合并准则规范范围内的交易或事项

实务中，某些交易或事项因不符合企业合并的界定，不属于企业合并准则规范的范围；或者虽然从定义上属于企业合并，但因交易条件等各方面的限制，不包括在企业合并准则规范的范围之内。

（1）购买子公司的少数股权。

购买子公司的少数股权，是指在一个企业已经能够对另一个企业实施控制，在双方存在母子公司关系的基础上，为增加持股比例，母公司自子公司的少数股东处购买其持有的对该子公司全部或部分股权。

根据企业合并的定义，考虑到该交易或事项的发生，不涉及控制权的转移，不形成报告主体的变化，不属于准则中所称的企业合并。

（2）其他不按照企业合并准则核算的情况。

其一，两方或多方形成合营企业的企业合并，主要是指合营方将其拥有的资产、负债等投入所成立的合营企业，按照合营企业章程或者合营合同、协议的规定，在合营企业成立以后，由合营各方对其生产经营活动实施共同控制的情况。因在合营企业的各合营方中，不存在占主导作用的控制方，故其不属于准则中所界定的企业合并。

其二，仅通过合同而不是通过所有权份额将两个或者两个以上的企业合并形成一个报告主体的交易或事项。在某些情况下，一个企业能够对另一个企业实施控制，但该控制并非产生于持有另一个企业的股权，而是通过一些非股权因素产生的，例如通过签订委托受托经营合同，作为受托方虽不拥有受托经营企业的所有权，但按照合同协议的约定能够对受托经营企业的生产经营活动实施控制。在这种情况下，因无法明确计量企业合并成本，甚至不发生任何成本，虽然涉及控制权的转移，但不包括在企业合并准则规范的范围之内。

企业合并中的有关术语：

合并企业（Combined Company）：由企业合并产生的会计主体。

参并企业（Constituent Company）：参与企业合并的所有企业。

购进企业（Combinor）：主并企业，获得最终控制权的企业。

被并企业（Combines）：没有获得最终控制权的企业。

善意接管（Friendly Takeover）：通过友好方式接管别的企业。

恶意接管（Unfriendly Takeover）：通过不友好（蓄意）方式接管别的企业。

抵制合并（Pac-man Defense）：一种对蓄意收购者的恶意接管行为进行的威胁。

白衣骑士（White Knight）：寻找能成为善意接管收购者的候选人。

焦土政策（Scorched Earth）：通过出售或向股东收购股本，处理掉企业一个或多个有利可图的组成部分。

恶意排挤接管（Shark Repellent）：收购大量普通流通股作为库存股或撤回，或者借入大量长期债务以换取普通流通股。

毒药丸子（Poison Pill）：修改公司章程或规章使得接管难以获得股东的批准。

绿色铠甲（Green Mail）：以大大高于蓄意收购者收购成本的价格购回目前由收购者持有的普通股作为库存股或撤回。

三、合并动因

在市场经济体制下，企业作为独立的经济主体，其一切经济行为都受到利益的驱使，合并行为的目的也是实现其财务目标——股东财富最大化。同时，企业合并的另一动力来源于市场竞争的巨大压力。这两大原始动力在现实经济生活中以不同的具体形态表现出来，即在多数情况下企业并非仅仅出于某一个目的进行合并，而是将多种因素综合平衡。这些因素主要包括：

1. 谋求管理协同效应

如果某一个企业有一支高效率的管理队伍，其管理能力超出管理该企业的需要，但这批人才只能集体实现效率，企业不能通过解聘释放能量，那么该企业就可以合并那些由于缺乏管理人才而效率低下的企业，利用这支管理队伍通过提高整体效率水平而获利。

2. 谋求经营协同效应

由于经济的互补性及规模经济，两个或两个以上的企业合并后可以提高其生产经营流动效率，这就是所谓的经营协同效应。获取经营协同效应的一个重要前提是产业存在规模经济，而在合并前尚未达到规模经济。规模经济效益具体表现在以下两个层次上：

（1）生产规模经济。企业通过并购可调整其资源配置使其达到最佳经济规模要求，有效地解决由专业化引起的生产流程的分离问题，从而获得稳定的原材料来源渠道，降低生产成本，扩大市场份额。

（2）企业规模经济。通过合并将多个工厂置于同一企业管理之下，可形成一定的规模经济，表现为节约管理费用、节约营销费用、集中研究费用、扩大企业规模、增强企业抵御风险的能力等。

3. 谋求财务协同效应

企业合并不仅可因经营效率提高而获利，还可以在财务方面给企业带来如下收益：

（1）财务能力提高。一般情况下，企业合并后整体的偿债能力比合并前各单个企业的偿债能力强，还可降低资本成本，并实现资本在合并企业与被并企业之间的有效再配置。

（2）合理避税。税法一般包括亏损递延条款，允许亏损企业免交当年所得税，且其亏损可向后递延以抵销以后年度盈余。同时，一些国家的税法对不同的资产适用不同的税率，股息收入、利息收入、营业收益、资本收益的税率也不尽相同。企业可利用这些规定，通过合并行为及相应的财务处理合理避税。

（3）预期效应。预期效应是指因合并使股票市场对企业股票评价发生改变从而对股票价格产生影响。由于预期效应的作用，企业合并往往随着强烈的股价波动，形成股票投机机会。投资者对投机利益的追求，反过来又会刺激企业合并的发生。

4. 实现战略重组，开展多元化经营

企业通过经营相关程度较低的不同行业的业务，可以分散风险、稳定收入来源、增强企业资产的安全性。多元化经营可以通过内部积累和外部并购两种途径实现，但在多数情况下，外部并购途径更为有利，尤其是当企业面临变化的环境而调整战略时，并购可以使企业以低成本迅速进入被并购企业所在的增长相对较快的行业，并在很大程度上保持被并购企业的市场份额以及现有的各种资源，从而保证企业持续不断的盈利能力。

5. 获得特殊资产

企图获取某项特殊资产往往是合并的重要动因。特殊资产可能是一些对企业发展至关重要的专门资产。如土地是企业发展的重要资源，一些有实力、有前途的企业往往会由于空间狭小难以扩展，而另一些经营不善、市场不景气的企业却占有较多的土地和优越的地理位置，这时，优势企业就可能通过合并劣势企业以获取优越的土地资源。另外，合并还可能是为了得到目标企业所拥有的有效管理队伍、优秀研究人员或专门人才以及专有技术、商标、品牌等无形资产。

6. 降低代理成本

在企业的所有权与经营权相分离的情况下，经营是决策或控制的代理，而所有者作为委托人成为风险承担者，由此造成的代理成本包括契约成本、监督成本和剩余损失。企业内部组织机制安排可以在一定程度上缓解代理问题，降低代理成本，但当这些机制不足以控制代理问题时，合并机制使得接管的威胁始终存在。通过公开收购或代理权争夺而造成的接管，将会改选现任经理和董事会成员，从而作为最后的外部控制机制解决代理问题，降低代理成本。

另外，跨国合并还可能具有其他多种特殊的动因，如企业增长、技术、产品优势与产品差异、政府政策、汇率、政治和经济稳定性、劳动力成本和生产率差异、多样化、确保原材料来源、追随顾客等。

四、企业合并的类型

企业合并可以按不同的标志加以分类，最常见的分类方法有两种：

1. 按照法律形式分类

企业合并按照法律形式分类可分为：吸收合并、新创合并和控股合并。

（1）吸收合并（Statutory Merger or Takeover），是指两家或两家以上的企业合并成一家企业，原企业中的一家企业（主并企业）继续存在。经过吸收合并，参与合并的企业通常只有其中一家企业继续保留其法人地位，另外一家或几家参与合并的被并企业失去法人地位，不复存在。

吸收合并的基本程序如下：

①参并企业董事会制定合并条件；

②参并企业的股东根据适用的公司规章批准合并条件；

③存续企业或主并企业发行普通股、发行债券，或以现金或非现金资产等其他方式给被并企业股东以补偿，换取其持有的被并企业的有投票表决权的股票；

④各被并企业解散和清算，主并企业将被并企业的可辨认净资产纳入其资产负债表中。

合并后，主并企业接管了被并企业的全部资产和负债，因此主并企业扩大了经营规模和业务范围。吸收合并在会计核算上不会产生新的会计资产，也不存在合并会计报表编制问题。

（2）新创合并（Statutory Consolidation），是指两家或两家以上的企业创立成一家新的企业，原参并企业中无一家企业继续存在。在新创合并的情况下，参与合并的所有企业的法人资格均告消失，组成一家新的法人企业。新创的企业一般以发行该企业的股票获得被并企业的资产和负债。

新创合并的基本程序如下：

①参并企业董事会制定合并条件；

②参并企业的股东根据适用的公司规章批准合并条件；

③新成立的企业发行普通股或以其他方式给被并企业股东以补偿，换取其持有的被并企业的有投票表决权的股票；

④新企业解散和清算参并企业，将被并企业的可辨认净资产纳入主并企业。

（3）控股合并（Acquisition of Common Stock or Acquisition），是指一家企业取得另一家企业有投票表决权的资本，且已达到能控制后者经营和财务政策的比例。前者成为控制公司（Holding Company）或母公司（Parent Company），后者成为附属公司或被控制公司（Affiliated Company）或子公司（Subsidiary Company）。二者都以法人形式继续存在。

一个企业可以用发行的优先股、普通股、现金、承担债务或其他方式从另一个企业（目标企业）的现有股东手中获得全部或部分有投票表决权的普通股。股份收购方案可以在股票市场上直接操作，也可以通过与非上市企业的大股东谈判实施，还可以通过与上市公司的股东签订收购要约来进行。

收购要约是一种公开宣布的意向书，其可以提供补偿条件来换取被并企业普通股的最大股份。这种意向书可以由相关股东向投资银行或商业银行之类的机构提出。在意向书中，提出的价格通常明显高于被并企业普通股现行市价。

控股合并不是法律意义上的合并，但它们之间存在控制与被控制的关系，在经营决策和财务政策上，控制公司可以对被控制公司实施间接控制，控制公司与被控制公司成为事实上的一个整体。为了反映这一个整体的财务状况、经营成果及现金流量信息，需要以控制公司（母公司）和被控制公司组成的企业集团为会计主体，编制合并会计报表。

2. 按照企业合并所涉及的行业分类

按照企业合并所涉及的行业分类可分为：横向合并、纵向合并和混合合并。

（1）横向合并（Horizontal Integration），是指生产工艺、产品、劳务相近或相同的企业间合并，也就是企业竞争对手之间的合并。横向合并的目的，在于消除竞争、扩大市场份额、增强主并企业的垄断实力和形成规模效益。由于横向合并会削弱企业间的竞争，甚至造成垄断的局面，所以在一些国家受到反托拉斯法（Antitrust Law）的限制。

（2）纵向合并（Vertical Integration），是指生产工艺、产品、劳务虽不相近或相同，但具有前后联系（上下游）的企业间合并。如企业与企业的供应商或客户进行的合并。优势企业将与本企业生产经营紧密相关的，从事生产、营销过程的企业合并后形成纵向生产经营一体化。纵向合并实质上是处于生产同一产品不同阶段的企业间的合并。合并双方往往是原先的材料供应商或产成品的购买商。纵向合并可以缩短生产周期，节省运输成本、仓储费用等。

（3）混合合并（Conglomeration），是指多种经营合并，生产工艺、产品、劳务没有内在联系的企业间合并。混合合并既不是竞争对手，也非现实或潜在的客户或供应商的企业间的合并。这种合并的主要目的是分散经营风险，提高企业自下而上发展的能力，或者是一方利用另一方的环境条件进一步拓展市场。

3. 按照是否属同一控制进行的合并分类

考虑到实务操作过程中出现的企业合并的特点，我国企业会计准则中将企业合并划分为同一控制的企业合并与非同一控制的企业合并。企业合并的类型划分不同，所遵循的会计处理原则也不同。

（1）同一控制下的企业合并，是指参与合并的企业在合并前后均受同一方或相同的多方最终控制且该控制并非暂时性的合并交易。

判断某一企业合并是否属于同一控制下的企业合并，应注意以下几个方面：

①能够对参与合并各方在合并前后均实施最终控制的一方通常指企业集团的母公司。同一控制下的企业合并一般发生于企业集团内部，如集团内母公司与子公司之间、子公司与子公司之间等。因为该类合并从本质上是集团内部企业之间的资产或权益的转移，一般不涉及从集团外购入子公司或是向集团外其他企业出售子公司的情况，能够对参与合并企业在合并前后均实施最终控制的一方为集团的母公司。

②能够对参与合并的企业在合并前后均实施最终控制的相同多方，主要是指根据投资者之间的协议，为了扩大其中某一投资者对被投资单位的表决权比例，或者巩固某一投资者对被投资单位的控制地位，在对外投资单位的生产经营决策行使表决权时采用相同意思表示的两个或两个以上的法人或其他组织等。

③实施控制的时间性要求，是指参与合并各方在合并前后较长时间内为最终控制方所控制。具体是指在企业合并之前（即合并日之前），参与合并各方受最终控制方的控制时间一般在 1 年以上（含 1 年），企业合并后所形成的报告主体受最终控制方的控制时间也应达到 1 年以上（含 1 年）。

按照该时间性要求，对于在合并日已经按照同一控制下企业合并进行会计处理的，在合并日后相对较短的时间内（短于 1 年），合并方即将企业合并中的具有重要性的资产、负债等出售而获得即期损益的，不符合准则中规定的继后时间性要求，合并方对于原已进行的企业合并会计处理应当按照非同一控制下企业合并的原则进行调整。

企业之间的合并是否属于同一控制下的企业合并，应综合构成企业合并交易的各方面情况，按照实质重于形式的原则进行判断。通常情况下，同一控制下的企业合并是指发生在同一企业集团内部企业之间的合并。除此之外，一般不作为同一控制下的企业合并。同受国家控制的企业之间发生的合并，不应仅仅因为参与合并各方在合并前后均受国家控制而将其视为同一控制下的企业合并。

实务中出现的如母公司将其持有的对某子公司的控股权用于交换另一子公司增发的股份，集团内某子公司自另一子公司处取得对某一孙公司的控制权等情况，原则上应作为同一控制下的企业合并。

（2）非同一控制下的企业合并，是指参与合并的各方在合并前后不受同一方或相同的多方最终控制的合并交易，即同一控制下企业合并情况以外的其他企业合并。

企业合并的实质是控制，而不是法律主体的解散。当彼此独立的企业合并成一个会计主体，它们的经济资源和经营活动处于单一的管理机构控制之下，那么，就完成了企业合并。一个或几个企业成为其他企业的子公司，一家公司将其可辨认净资产转移给另一家公司，以及几家公司将其可辨认净资产转移给另一家公司都可认为是实现了企业合并。同样，一个企业持有另一个企业的控股权益也是企业合并。

合并企业为了取得其他企业的可辨认净资产（资源）的利用或对其他企业的控制权，可以用现金、其他非现金资产、发行债券、发行股票进行结算，这时在会计核算上存在两种处理方法：购买法（Purchase Method）和权益结合法（Pooling of Interest Method）。

我国《企业会计准则第 20 号——企业合并》规定企业合并分为同一控制下的企业合并和非同一控制下的企业合并。同一控制下的企业合并采用权益结合法，非同一控制下的企业合并采用购买法。

第二节　购买法会计处理

一、购买法的概念和特点

1. 购买法的概念

购买法是将企业合并视为某一企业购买其他企业可辨认净资产的一项交

易，这一交易与企业直接从外部购入机器设备、存货等资产一样。既然企业合并就是购买其他企业的可辨认净资产，与购买其他资产并无多大差别，那么对企业合并进行会计处理就完全可以采用与企业购买其他资产相同的原则来处理。因此，在购买法下，企业在购买其他资产时应当按取得的公允价值入账。我国《企业会计准则第 20 号——企业合并》规定：非同一控制下的企业合并采用购买法；同一控制下的企业合并采用权益结合法。

2. 购买法的特点

购买法的特点主要表现在以下几个方面：

（1）按公允价值入账。实施合并的企业要按取得被并企业的可辨认净资产的公允价值（Fair Value）入账，记录所获得的被并企业的资产和承担的债务。

（2）要确认合并商誉。合并成本超过所取得的被并企业可辨认净资产公允价值的差额，确认为合并商誉。计算公式如下：

合并商誉 = 合并成本 - 被并企业的可辨认净资产公允价值

（3）合并时发生的相关费用分不同情况进行处理：发行股票的登记费用和发行费用冲减股票溢价，减少资本公积；合并的法律、咨询等其他直接费用作为合并成本；合并间接费用记入当期损益（管理费用）。

（4）实施合并企业的收益只将被并企业合并后的收益纳入在内，不包括被并企业实施合并前的收益。主并企业的留存收益可能因合并而减少，但不会增加。另外，被并企业的留存收益不会转入主并企业。

二、商誉和负商誉的处理

1. 商誉的概念及基本特征

商誉问题引起学术界，尤其是会计学界的普遍关注是在 19 世纪末。当时，从会计学角度看，商誉存在三种解释：①商誉是对企业好感的价值；②商誉是预期未来利润超过不包括商誉的总投资的正常报酬部分的价值；③商誉是反映企业总价值超过各个有形资产价值差价中的总的计价账户。

“企业好感的价值”观点认为，商誉产生的原因通常是由于有利的商业联系、良好的职工关系和顾客对企业的好感。对企业的好感，可能来自有利的地理位置、独有的特权以及良好的经营管理水平等。佩服顿指出：商誉一词最先仅限于现成的顾客群所具有的价值，后来则逐渐被用来描述企业可以用于销售、制造、理财等方面有良好关系的那部分价值。

“超额利润的现值”观点认为，商誉一般为预期未来收益超过正常报酬的超额利润。杨汝梅先生在其《无形资产论》中指出：凡是已使一个企业产生一种较寻常收益高之收益者，均得称之为商誉。

“商誉作为一个总计价账户”观点的代表之一是约翰·B. 坎宁。他提出商誉应作为资产，并把商誉列为“总计价账户”。他在所著的《会计经济学》中认为，企业所有资产之所以对企业有价值，均来源于它们能在未来为企业提供利润和现金流量。假使一个企业所有的现金流量可以超过正常数额，则企业所有资产和特定资产对这项超额所作贡献的价值要比原来高。但是并不能将企业总价值全部分布于各项资产，因此，未分配的价值即可记作商誉总的计价账户。

比较三种关于商誉的解释，“企业好感的价值”比较合理，“超额利润的现值”与“作为一个总的计价账户”实际上是对商誉计量方法的说明。因此，商誉的定义应为：商誉是企业在经营上具有优越获利能力的潜在经济资源。一家企业因所处的地理位置优越，或由于信誉良好而获得顾客的信任，或由于经营管理能力超群，或由于历史悠久，积累了从事本行业的丰富经验，均会形成商誉。商誉一般有如下特征：

（1）商誉是一种不可辨认的资产，不能独立于企业存在，也不能单独出售。

（2）有助于形成商誉的个别因素，不能以任何方法进行单独计价。商誉的价值只有在把企业作为一个整体来看时，才能按总额加以确定。

（3）凡一个企业自己通过类似广告等建立的企业商誉，在会计上不确认为商誉，因为其所花的代价已计入经营费用中去了。

（4）商誉是超额利润的价值，是一家企业的盈利能力超过了本行业平均获利水平或正常投资报酬率的结果。

2. 商誉的确认

从理论上讲，只要企业有获得超额收益的能力，即可确定商誉的存在，并且可将其创立过程所发生的一切支出按成本入账。然而，这种确认商誉的方法实施起来是相当困难的，因为商誉是由多种因素相互影响、相互作用而产生的。没有任何一笔支出能够确认是专门为创造商誉而支出的，也难以决定该笔支出创造了多少商誉，这些支出的收益是多少 。因此，在会计实务中，一般只对企业外购商誉加以确认入账，自行创造的商誉不予入账。当一个企业购入另一个企业时，其购买成本超过被购企业可辨认净资产的公允价值的部分就是商誉价值。由此可见，商誉的价值无法脱离企业的总体而单独确认，并且只有发生企业整体产权有偿转让时，才能确认商誉的价值。

西方会计理论与实务中对商誉的确认有收益资本化和超额现值法等方法。实际上这些方法既不够准确，也比较复杂。采用合并成本减去被并企业可辨认净资产公允价值的差额确认商誉价值的方法是较为合理的，也是可行的。计算公式如下：

商誉价值＝购买成本－被购买企业可辨认净资产公允价值

3．商誉的会计处理

对商誉如何进行会计处理，各国会计界有不同的做法，一般有以下三种处理方法：

一是将商誉单独确认为一项资产，并在未来有效使用期内对其进行减值测试，如发生减值，要计提减值准备，将减值损失计入当期损益。此种观点认为，实施合并的企业为了取得以后若干年度的超额利润，发生了超额代价，这一超额代价表明被并企业存在商誉。商誉资产和其他资产一样，在为合并主体创造收益的过程中可能会发生减值，也可能不会发生减值。发生了减值就应该确认减值损失；没有发生减值，就应当保留原账面价值。

二是将商誉看成一项权益抵销项目，在合并时立即注销，直接冲减企业当期收益或留存收益等所有者权益。此观点认为，商誉价值很不确定，不能单独存在和变现，而且形成商誉的因素难以为企业所控制，在合并之后，商誉不一定能继续存在。如原来优越的地理位置，由于城市的发展和开发，现在和将来都不一定仍然处于优越的位置；由于主要管理人员的人事变动，主并企业和被并企业的管理理念不完全相同，现在和将来的管理水平和经营能力不一定还处于先进水平等。若将商誉单独确认，并在未来计提减值准备，不符合稳健性原则，可能会虚估资产。因此，合并商誉不应单独确认入账，而应冲减企业收益或留存收益等所有者权益项目。

三是将商誉作为一项永久性资产单独入账，不予摊销。此种观点认为，外购商誉是企业并购交易时获得的能够为购买企业带来超过正常盈利能力的资源，因而是一项资产。作为资产，商誉应予以资本化。成功的企业拥有的商誉将得到永久的保留，价值不会下降，所以不应分期摊销。此外，企业在以往的生产经营过程中发生的各项费用已形成了未入账的自创商誉，这些费用在发生时已经计入以前各期损益中，现在通过购并后，由主并企业将确认的商誉分期摊销计入未来各期的损益中，将会造成重复计算商誉费用的问题。

4．负商誉

根据前述计算企业合并商誉的公式，当合并成本小于被并企业可辨认净资产公允价值时，会出现负数，这被称为负商誉。美国会计学者对这项负差额的会计处理提出了两种处理方法：一是确认为负商誉；二是确认为资产的调整，不确认负商誉。

大多数人认为负商誉不能单独存在，更不能将负商誉单独地计入“负商誉”账户，其理由如下：

第一，负商誉不符合商誉的概念。无论在西方会计学里，还是在我国会计学里，均能看到商誉是带来超额收益能力的说法。商誉是由于所处地理位置优越（而不是低劣），或信誉良好（而不是恶劣），或由于经营管理人员的能力超群（而不是低下）形成的，确认商誉都是肯定的、积极的、有利的属性，根本不应该出现负面的情况来形容商誉，因此企业可以确认商誉，但不应确认负商誉。

第二，商誉从本质上说是一项资产，即不可辨认的资产。负商誉不符合资产的定义。资产的定义是预计将来能为企业带来经济利益的经济资源。预计将来不能为企业带来经济利益的资源企业还愿意接受并确认为资产吗？负商誉不仅不能为企业带来经济利益，反而会给企业带来经济损失和负担，企业是不会购买这样的资产的，即使买回来了也应当注销，不应列为企业资产。

第三，虽然从确认商誉的计算公式看，可能出现负数，但这并不能因此就应确认负商誉。正如做数学应用题一样，往往会舍去没有现实意义的解，这如同数学应用题解中出现负小时、负公斤、负资产一样是没有实际意义的。

第四，在极少数情况下，可能出现购买成本小于被购买企业可辨认净资产公允价值的情况，应根据具体情况分析而定。可能是被购买企业的可辨认净资产高估了，或负债低估了，其处理办法是将其差额分配到除有价证券以外的非流动资产中，以抵减高估的非流动资产。

如果不是上述情况，合并成本仍小于合并中取得的被购买方可辨认净资产公允价值，也不应该理解为负商誉，只能理解为企业做了一笔便宜的买卖。这时，企业应该以实际购买成本入账。相当于企业在销售商处购买一台设备一样，销售商的标价为150万元，后通过谈判，讨价还价以120万元成交，企业购入该台设备的入账价值是120万元，而不是150万元，因为最终的出价才是真正的公允价值。

现行的国际通行做法是将其作为当期损益处理。我国《企业会计准则第20号——企业合并》规定，购买方对合并成本小于合并中取得的被购买方可辨认净资产公允价值的差额，应当按照下列规定处理：

首先对取得的被购买方各项可辨认净资产、负债及或有负债的公允价值以及合并成本的计量进行复核。经复核后合并成本仍小于合并中取得的被购买方可辨认净资产公允价值的，其差额应当计入当期损益。

三、非同一控制下企业合并的处理原则

非同一控制下的企业合并，主要涉及购买方及购买日的确定，企业合并成

本的确定，合并中取得各项可辨认资产、负债的确认和计量及合并差额的处理等问题。

1. 确定购买方

采用购买法核算企业合并的首要前提是确定购买方。购买方是指在企业合并中取得对另一方或多方控制权的一方。

在非同一控制下的企业合并中，一般应考虑企业合并合同、协议以及其他相关因素来确定购买方。合并中一方取得了另一方半数以上有表决权股份的，除非有明确的证据表明不能形成控制，一般认为取得另一方半数以上有表决权股份的一方为购买方。在某些情况下，即使一方没有取得另一方半数以上有表决权股份，但存在以下情况时，一般也可认为其获得了对另一方的控制权：

（1）通过与其他投资者签订协议，实质上拥有被购买企业半数以上表决权。例如，A公司拥有B公司40%的表决权资本，C公司拥有B公司30%的表决权资本。A公司与C公司达成协议，C公司在B公司的权益由A公司代表。在这种情况下，A公司实质上拥有B公司70%表决权资本的控制权，在B公司的章程等没有特别规定的情况下，表明A公司实质上控制B公司。

（2）按照法律或协议等的规定，具有主导被购买企业财务和经营决策的权力。例如，A公司拥有B公司45%的表决权资本，同时，根据法律或协议规定，A公司可以决定B公司的生产经营等政策，从而达到对B公司的财务和经营政策实施控制的目的。

（3）有权任免被购买企业董事会或类似权力机构绝大多数成员。这种情况是指，虽然投资企业拥有被投资单位50%或以下表决权资本，但根据章程、协议等有权任免被投资单位董事会或类似机构的绝大多数成员，以达到实质上的控制的目的。

（4）在被购买企业董事会或类似权力机构中具有绝大多数投票权。这种情况是指，虽然投资企业拥有被投资单位50%或以下表决权资本，但能够控制被投资企业董事会等类似权力机构的会议，从而能够控制其财务和经营政策，以达到对被投资单位的控制。

在某些情况下可能难以确定企业合并中的购买方，如参与合并的两家或多家企业规模相当。在这种情况下，往往可以结合一些迹象判断购买方的存在。在具体判断时，可以考虑下列相关因素：

（1）以支付现金、转让非现金资产或承担债务的方式进行的企业合并，一般以支付现金、转让非现金资产，或是承担债务的一方为购买方。

（2）考虑参与合并各方的股东在合并后主体的相对投票权，其中股东在合并后主体具有相对较高投票比例的一方一般为购买方。

（3）参与合并各方的管理层对合并后主体生产经营决策的主导能力，如果合并导致参与合并一方的管理层能够主导合并后主体生产经营政策的制定，其管理层能够实施主导作用的一方一般为购买方。

（4）参与合并一方的公允价值远远大于另一方的，公允价值较大的一方很可能为购买方。

（5）企业合并是通过以有表决权的股份换取另一方的现金或其他资产的，则付出现金或其他资产的一方为购买方。

（6）通过权益互换实现的企业合并，发行权益性证券的一方通常为购买方。但如果有证据表明发行权益性证券的一方，其生产经营决策在合并后被参与合并的另一方所控制，则其应为被购买方，参与合并的另一方为购买方。

在判断企业合并中购买方时，应考虑所有相关的事实和情况，特别是企业合并后参与合并各方的相对投票权、合并后主体管理机构及高层管理人员的构成、权益互换的条款。

2. 确定购买日

购买日是购买方获得对被购买方控制权的日期，即企业合并交易进行过程中，发生控制权转移的日期。

根据企业合并方式的不同，在控股合并的情况下，购买方应在购买日确认因企业合并形成的对购买方的长期股权投资；在吸收合并的情况下，购买方应在购买日确认合并中取得的被购买方各项可辨认资产、负债（净资产）等。

（1）购买日确定的原则。确定购买日的基本原则是控制权转移的时点。企业在实务操作中，应当结合合并合同或协议的约定及其他有关的影响因素，按照实质重于形式的原则进行判断。同时满足以下条件时，一般可认为已经实现了控制权的转移，形成购买日。有关的条件包括：

①企业合并合同或协议已获股东大会等内部权力机构通过。企业合并一般涉及的交易规模较大，无论是合并当期还是合并以后期间，均会对企业的生产经营产生重大影响，在能够对企业合并进行确认，形成实质性交易前，该交易或事项应经过企业的内部权力机构批准，如对于股份有限公司，其内部权力机构一般指股东大会。

②按照有关规定，合并事项需要经过国家有关主管部门审批，并获得相关部门的批准。按照国家有关规定，企业购并需要经过国家有关部门批准的，取得相关批准文件是对企业合并交易或事项进行会计处理的前提之一。

③参与合并各方已办理必要的财产权交接手续。作为购买方，其通过企业合并，无论是取得对被购买方的股权还是取得被购买方的全部净资产，能够形成与取得股权或净资产相关的风险和报酬的转移，一般需办理相关财产权交接

手续，从而从法律上保障有关风险和报酬的转移。

④购买方已支付了购买价款的大部分（一般超过50%），并且有能力支付剩余款项。购买方要取得与被购买方净资产相关的风险和报酬，其前提是必须支付一定的对价，一般在形成购买日之前，购买方应当已经支付了购买价款的大部分，并且从其目前财务状况判断，有能力支付剩余款项。

⑤购买方实际上已经控制了被购买方的财务和经营政策，并享有和承担相应的收益和风险。

（2）分次实现的企业合并购买日的确定。企业合并涉及一次以上交易的，如通过分阶段取得股份最终实现合并，企业应于每一交易日确认对被投资企业的各项单项投资。“交易日”是指合并方或购买方在自身的账簿和报表中确认对被投资单位投资的日期。分步实现的企业合并中，购买日是指按照有关标准判断购买方最终取得对被购买方控制权的日期，其具体判断原则和参考依据与通过单项交易实现的企业合并相同。

例如：A企业于201A年5月10日取得B公司30%的股权（假定能够对被投资单位施加重大影响），在与取得股权相关的风险和报酬发生转移的情况下，A企业应确认对B公司的长期股权投资，取得股权相关的风险和报酬转移的日期即为交易日。在已经拥有B公司30%股权的基础上，A企业又于201B年3月20日取得B公司30%的股权，在其持股比例达到60%的情况下，假定从当日开始能够对B公司实施控制，则201B年3月20日为第二次购买日的交易日，同时因在当日能够对B公司实施控制，从而形成企业合并的购买日。

3. 确定合并成本

企业合并成本包括购买方为进行企业合并支付的现金或非现金资产、承担的债务、发行的权益性证券等在购买日的公允价值以及企业合并中发生的各项直接相关费用之和。具体来讲，企业合并成本为购买方在购买日支付的下列项目的合计：

（1）作为合并对价的现金及非现金资产的公允价值。以非货币性资产作为合并对价，其合并成本为所支付对价的公允价值，该公允价值与作为合并对价的非货币性资产的账面价值的差额，作为资产的处置损益，计入合并当期的利润表。我国《企业会计准则——应用指南》规定，购买方应当按照以下规定确定合并中取得的被购买方各项可辨认资产、负债及或有负债（净资产）的公允价值：

①货币资金，按照购买日被购买方的账面余额确定。

②有活跃市场的股票、债券、基金等金融工具，按照购买日活跃市场中的市场价格确定。

③应收账项，其中的短期应收账项，一般按照应收取的金额作为其公允价值；长期应收账项，应按适当的利率折现后的现值确定其公允价值。在确定应收账项的公允价值时，应当考虑发生坏账的可能性及相关收款费用。

④存货，对其中的产成品和商品按其估计售价减去估计的销售费用、相关税费以及购买方出售类似产成品或商品估计可能实现的利润的差额确定；在产品按完工产品的估计售价减去至完工仍将需要发生的成本、估计的销售费用、相关税费以及基于同类或类似产成品的基础上估计出售可能实现的利润后的差额确定；原材料按现行重置成本确定。

⑤不存在活跃市场的金融工具，如权益性投资等，应按规定采用估值技术确定其公允价值。

⑥房屋建筑物、机器设备、无形资产，存在活跃市场的，应以购买日的市场价格为基础确定其公允价值；不存在活跃市场，但同类或类似资产存在活跃市场的，应参照同类或类似资产的市场价格确定其公允价值；同类或类似资产也不存在活跃市场的，应采用估值技术确定其公允价值。

⑦应付账款、应付票据、应付职工薪酬、应付债券、长期应付款，其中短期负债，一般按照应支付的金额确定其公允价值；长期负债，应按适当的折现率折现后的现值作为其公允价值。

⑧取得的被购买方的或有负债，其公允价值在购买日能够可靠计量的，应确认为预计负债。此项负债应当按照假定第三方愿意代购买方承担，就其所承担义务需要购买方支付的金额作为其公允价值。

⑨递延所得税资产和递延所得税负债，取得的被购买方各项可辨认资产、负债及或有负债的公允价值与其计税基础之间存在差额的，应当按照我国《企业会计准则第 18 号——所得税》有关规定确认相应的递延所得税资产或递延所得税负债，所确认的递延所得税资产或递延所得税负债的金额不应折现。

（2）发行的权益性证券的公允价值。所发行的权益性证券存在公开市场，有明确市价可供遵循的，应以该证券的市价作为确定其公允价值的依据，同时应考虑该证券的交易量、是否存在限制性条款等因素的影响；发行的权益性证券不存在公开市场，没有明确市价可供遵循的，则应考虑以购买方的公允价值为基础确定权益性证券价值。在确定所发行权益性证券的公允价值时，应当考虑达成企业合并协议并且公开宣布前后一段合理时间内该权益性证券的市场价格。

（3）因企业合并发生或承担的债务的公允价值。因企业合并而承担的各项负债，应采用按照适用利率计算的未来现金流量的现值作为其公允价值。

（4）当企业合并合同或协议中提供了视未来或有事项的发生而对合并成本

进行调整时，符合我国《企业会计准则第 13 号——或有负债》规定的确认条件的，应确认的支出也应作为企业合并成本的一部分。

在某些情况下，合并各方可能在合并合同或协议中约定对合并成本进行一定的调整。例如，企业合并合同中规定，如果被购买方两年净利润超过一定水平，购买方需要支付额外的对价。如果在购买日预计被购买方的盈余水平很可能会达到合同规定的标准，则应将按合同或协议约定需要支付的金额计入企业合并成本。

企业在购买日对于可能需要支付的企业合并成本调整金额进行预计并且计入企业合并成本后，未来期间有关涉及调整成本的事项未实际发生或发生后需要对原估计计入企业合并成本的金额进行调整的，或者在购买日因未来事项发生的可能性较小、金额无法可靠计量等原因导致有关金额未包括在企业合并成本中，未来期间因合并合同或协议中约定的事项很可能发生、金额能够可靠计量，符合有关确认条件的，应对企业合并成本进行相应调整。

（5）合并中发生的各项费用。非同一控制下企业合并中发生的与企业合并直接相关的费用，包括为进行合并而发生的审计费用、法律服务费用、咨询费用等，应当计入企业合并成本。与同一控制下企业合并过程中发生的有关费用相一致，这里所称合并中发生的各项直接相关费用，不包括与为进行企业合并发行的权益性证券或债务相关的手续费、佣金等，该部分费用应冲减证券发行溢价。

4. 企业合并成本在取得的可辨认资产和负债之间的分配

非同一控制下的企业合并，购买方取得了对被购买方净资产的控制权，视合并方式的不同，应分别在合并财务报表或个别财务报表中确认合并中取得的各项可辨认资产和负债。

（1）可辨认资产、负债的确认原则：

①购买方在企业合并中取得的被购买方各项可辨认资产和负债，吸收合并，要作为本企业的资产、负债确认，控股合并要在合并财务报表中的资产、负债进行确认，在购买日，应当满足资产、负债的确认条件。有关条件包括：一是合并中取得的被购买方各项资产（无形资产除外），其所带来的未来经济利益预期能够流入企业且其公允价值能够可靠计量的，应单独作为资产确认。二是合并中取得的被购买方各项负债（或有负债除外），履行有关义务预期会导致经济利益流出企业且公允价值能够可靠计量的，应单独作为负债确认。

②企业合并中取得的无形资产的确认条件。企业合并中取得的无形资产在其公允价值能够可靠计量的情况下应单独予以确认。企业合并中取得的需要区别于商誉单独确认的无形资产，一般是按照合同或法律产生的权利，某些非产

生于合同或法律规定的无形资产，需要区别于商誉单独确认的条件是能够对其进行区分，即能够区别于购买企业的其他资产并且能够单独出售、转让、出租等。在公允价值能够可靠计量的情况下，应区分商誉单独确认的无形资产，一般包括：商标、版权及与其相关的许可协议、特许权、分销权等类似权利、专利技术、专有技术等。

③企业合并中产生或有负债的确认条件。为了尽可能反映购买方因进行企业合并可能承担的潜在义务，对于购买方在企业合并时可能需要代被购买方承担的或有负债，在其公允价值能够可靠计量的情况下，应作为合并中取得的负债单独确认。企业合并中对于或有负债的确认条件，与企业在正常经营过程中因或有事项需要确认负债的条件不同。在购买日，可能相关的或有事项导致经济利益流出企业的可能性还比较小，但在其公允价值能够合理确定的情况下，即需要作为合并中取得的负债确认。

企业合并时取得的或有负债在初始确认以后，在企业持续持有该项负债的期间内，应当按照以下两项金额孰高进行后续计量：一是按照《企业会计准则第13号——或有事项》应予确认的金额；二是其初始确认金额减去按照《企业会计准则第14号——收入》原则确认的累计摊销额后的余额。

（2）可辨认资产、负债的计量。企业合并中取得的资产、负债在满足确认条件后，应以其公允价值计量。确定企业合并中取得的有关可辨认资产、负债公允价值时，应当遵循《企业会计准则第20号——企业合并》应用指南中的相关规定。

应当说明的是，对于被购买方在企业合并之前已经确认的商誉和递延所得税项目，购买方在对企业合并成本进行分配、确认合并取得可辨认资产和负债时不应予以考虑。

在按照规定确定了合并中应予以确认的各项可辨认资产、负债的公允价值后，其因计税基础与账面价值不同而形成暂时性差异的，应当按照所得税会计准则的规定确认相应的递延所得税资产或递延所得税负债。

5. 企业合并商誉的会计处理

按照我国《企业会计准则第2号——长期股权投资》和《企业会计准则第20号——企业合并》的规定，购买方对于企业合并成本与确认的被购买方可辨认净资产公允价值份额的差额，应视情况分别处理：

（1）企业合并成本大于合并中取得的被购买方可辨认净资产公允价值份额的差额，吸收合并，确认为商誉；控股合并，在编制合并财务报表时列示为商誉。

商誉在确认以后，持有期间不要求摊销，每一会计年度末，企业应当按照《企业会计准则第8号——资产减值》的规定对其进行减值测试，按照账面价值与可收回金额孰低的原则计量，对于可收回金额低于账面价值的部分，计提减值准备。有关减值准备在计提以后不能够转回。

（2）企业合并成本小于合并中取得的被购买方可辨认净资产公允价值份额的差额，计入合并当期损益。

在这种情况下，企业首先要对合并中取得的资产、负债的公允价值和作为合并对价的非现金资产或发行权益性证券等的公允价值进行复核，复核结果表明确定的各项可辨认资产和负债的公允价值确定是恰当的，应将企业合并成本小于合并中取得的被购买方可辨认净资产公允价值份额的差额，计入合并当期的营业外收入，并在会计报表附注中予以说明。与商誉的确认相同，在吸收合并的情况下，企业合并成本小于合并中取得的被购买方可辨认净资产公允价值份额的差额，应计入合并当期购买方的个别利润表；在控股合并的情况下，企业合并成本小于合并中取得的被购买方可辨认净资产公允价值份额的差额，应当体现在合并当期的合并利润表中。

6. 购买日合并财务报表的编制

在非同一控制下的控股合并中，购买方一般于购买日编制合并资产负债表，反映其于购买日开始能够控制的经济资源情况。在合并资产负债表中，合并中取得的被购买方各项可辨认资产、负债应以其在购买日的公允价值计量，长期股权投资的成本大于合并中取得的被购买方可辨认净资产公允价值份额的差额，体现为合并财务报表中的商誉；长期股权投资成本小于合并中取得的被购买方可辨认净资产公允价值份额的差额，应计入合并当期损益，因购买日不需要编制合并利润表，该差额体现在合并资产负债表上，应调整资产负债表的盈余公积和未分配利润（暂未计算应交所得税）。

另外，应予以说明的是，在非同一控制下的企业合并中，作为购买方的母公司在进行有关会计处理后，应单独设置备查账簿，记录其在购买日取得的被购买方各项可辨认资产、负债的公允价值以及因企业合并成本大于合并中取得的被购买方可辨认净资产公允价值的份额应确认商誉的金额，或因企业合并成本小于合并中取得的被购买方可辨认净资产公允价值份额的差额，应计入合并当期损益，作为企业合并当期以及以后期间编制合并财务报表的基础。企业合并当期期末以及合并以后期间，应当纳入到合并财务报表中的被购买方资产、负债等，是以购买日确定的公允价值为基础持续计算的结果。

三、购买法企业吸收合并的会计处理

（一）购买法的核算程序

采用购买法进行核算时，一般按照如下程序和原则进行：

（1）对被并企业的资产、负债进行确认和估价。吸收合并采用购买法进行核算时，首先要对被并企业的资产和负债项目进行确认，对各项资产进行重新估价，确定其公允价值。这项工作应当在实际发生合并前进行，一般委托会计师事务所或评估公司等社会中介机构进行。

（2）确定购买成本。在对被并企业的资产和负债进行确认和重新估价后，主并企业和被并企业需要进行谈判，以决定被购买企业的产权转让价格。购买企业应当根据产权转让价格和支付方式确定购买成本。

在非同一控制下的企业合并中，根据我国《企业会计准则第 20 号——企业合并》第十一条规定，购买方应当区别下列情况确定合并成本：

一次交换交易实现的企业合并，合并成本为购买方在购买日为取得被购买方的控制权而付出的资产、发生或承担的负债以及发行权益性证券的公允价值。

通过多次交易分步实现的企业合并，合并成本为每一单项交易成本之和。

购买方为进行企业合并发生的各项直接相关费用，也应当计入企业合并成本。

在合并合同或协议中，对可能影响合并成本的未来事项作出约定的，购买日如果估计未来事项很可能发生并且对合并成本的影响金额能够可靠计量的，购买方应当将其计入合并成本。

购买方在购买日对作为企业合并对价付出的资产、发生或承担的负债的账面价值与其公允价值之间的差额计入当期损益。

如果用现金结算，其购买成本为其实际支付的款项；如果以非现金资产交换，则以放弃非现金资产的公允价值作为合并成本；如果以增发股票换取被购买企业的产权，则其购买成本为所发行股票的公允价值；如果以其发行的债券来支付，则其取得成本为债券的公允价值。除此之外，在合并过程中，购买企业还会发生与合并直接有关的其他费用，比如法律费用、佣金等，对此也应当计入购买成本。

（3）确认合并商誉。将实际购买成本与被并企业可辨认净资产的公允价值比较确认为合并商誉，如果购买成本大于可辨认净资产的公允价值，则将其差额确认为商誉。

我国《企业会计准则第 20 号——企业合并》第十三条指出，购买成本大于被并企业可辨认净资产公允价值的差额，应当确认为商誉。商誉不需要分期摊销，但应按《企业会计准则第 8 号——减值准则》计提减值准备，一般不得转回。

购买成本小于被并企业可辨认净资产公允价值的差额，应对取得被并企业可辨认的净资产的公允价值进行复核，复核后仍然存在差额，应当计入当期损益。

发生与投资直接相关的费用计入投资成本，在计算合并商誉时成为合并商誉的一部分。

以发行股票方式取得被并企业可辨认净资产的，发生的与发行股票相关的费用，如登记费用、咨询费用和发行费用应冲减股票发行溢价，冲减资本公积，即少确认资本公积。

发生的其他与投资相关的间接费用，计入当期损益（管理费用）。

（二）购买法吸收合并的会计处理

1. 主并企业购买成本等于被并企业可辨认净资产的公允价值的情况（吸收合并与新创合并）

（1）主并企业以现金资产结算，购买成本为所支付的现金金额，等于被并企业可辨认净资产公允价值时，不产生合并商誉，其会计处理是：

借：相关资产（接受被并企业资产的公允价值）

  贷：相关负债（接受被并企业负债的公允价值）

    银行存款（所付的款项）

（2）主并企业以非现金资产交换，购买成本为放弃非现金资产的公允价值，等于被并企业可辨认净资产公允价值时，不产生合并商誉。

（3）主并企业以发行企业股票结算，购买成本为发行股票的公允价值，等于被并企业可辨认净资产公允价值时，不产生合并商誉。股票发行溢价计入“资本公积”，与发行股票相关费用冲减资本公积。

（4）主并企业以发行企业债券结算，购买成本为发行债券的发行价格（假设为溢价），等于被并企业可辨认净资产公允价值时，不产生合并商誉。

2. 主并企业购买成本大于被并企业可辨认净资产的公允价值的情况（吸收合并与新创合并）

（1）主并企业以现金资产结算，购买成本为所支付的现金，大于被并企业可辨认净资产公允价值时，产生合并商誉（以现金结算），其会计处理是：

借：相关资产（接受被并企业资产的公允价值）

  合并商誉（正差额）

  贷：相关负债（接受被并企业负债的公允价值）

    银行存款（所付的款项）

（2）主并企业以非现金资产交换，购买成本为放弃非现金资产的公允价值，大于被并企业可辨认净资产公允价值时，产生合并商誉，放弃非现金资产的账面价值与其公允价值之间的差额计入当期损益。公允价值大于其账面价值的差额记入“营业外收入”科目的贷方，否则，记入“营业外支出”科目的借方。

（3）主并企业以发行企业股票结算，购买成本为发行股票的公允价值，大于被并企业可辨认净资产公允价值时，产生合并商誉。股票发行溢价计入“资本公积”，与发行股票相关费用冲减资本公积。

（4）主并企业以发行企业债券结算，购买成本为发行债券的发行价格（假设为溢价），大于被并企业可辨认净资产公允价值时，产生合并商誉。

3. 购买成本小于被并企业可辨认净资产公允价值的情况（吸收合并与新创合并）

第一种处理方法是，将购买成本小于被并企业可辨认净资产的公允价值的差额，冲减除有价证券以外的非流动资产的公允价值，不确认负商誉，不调整所有者权益，也不作为当期损益。

分配率 = 负差额 ÷ 除有价证券以外的非流动资产的公允价值

借：流动资产（接受被并企业流动资产的公允价值）
　　非流动资产（接受被并企业非流动资产的公允价值 − 负差额）
　贷：相关负债（接受被并企业资产的公允价值）
　　　银行存款（所付的款项）

第二种处理方法是，将购买成本小于被并企业可辨认净资产公允价值的差额确认当期损益，我国《企业会计准则第20号——企业合并》规定采用这种处理方法。

借：相关资产（接受被并企业资产公允价值）
　贷：相关负债（接受被并企业负债公允价值）
　　　银行存款（所付的款项）
　　　营业外收入（负差额）

【例1】201A年12月31日，甲公司采用吸收合并的方式合并了乙公司，两家公司采用的会计政策一致，属于非同一控制下的企业合并。甲公司以7 000万元，（或者2 000万股，每股面值1元，每股市价3.5元）换取乙公司股东持有的所有股票。

合并前乙公司（被并公司）资产、负债、权益的账面价值及评估后的价值见表1－1：

表 1－1 资产负债表

编制单位：乙公司　　201A 年 12 月 31 日　　（单位：万元）

资产项目	金额	负债及权益项目	金额
现金	10	短期借款	2 000
银行存款	290	应付账款	160
应收账款（净）	1 000	长期应付款	1 840
存货	2 300	股本	4 500
固定资产（净）	6 000	资本公积	600
无形资产	400	盈余公积	500
		未分配利润	400
资产合计	10 000	负债及权益合计	10 000

（1）乙公司账户注销。

乙公司评估后的情况如下：

应收账款减值 200 万元，存货减值 300 万元，

固定资产增值 600 万元，无形资产增值 120 万元，

将评估增（减）值计入资本公积或留存收益（未分配利润）。

①乙公司（被并公司）根据评估后的结果，编制调整会计分录如下：

借：固定资产　　6 000 000

　　无形资产　　1 200 000

　贷：应收账款　　2 000 000

　　　存货　　3 000 000

　　　资本公积　　2 200 000

调账后编制的资产负债表见表 1－2：

表 1－2　资产负债表

编制单位：乙公司　　　　201A 年 12 月 31 日　　　　（单位：万元）

资产项目	金额	负债及权益项目	金额
现金	10	短期借款	2 000
银行存款	290	应付账款	160
应收账款（净）	800	长期应付款	1 840
存货	2 000	股本	4 500
固定资产（净）	6 600	资本公积	820
无形资产	520	盈余公积	500
		未分配利润	400
资产合计	10 220	负债及权益合计	10 220

其中：总资产 10 220 万元，负债总额 400 万元，可辨认净资产（权益）6 220万元。

②被并企业因失去法人资格，根据调整后的会计报表结束旧账。具体如下：

借：短期借款　　20 000 000
　　应付账款　　1 600 000
　　长期应付款　　18 400 000
　　股本　　45 000 000
　　资本公积　　8 200 000
　　盈余公积　　5 000 000
　　未分配利润　　4 000 000
　贷：现金　　100 000
　　　银行存款　　2 900 000
　　　应收账款（净）　　8 000 000
　　　存货　　20 000 000
　　　固定资产（净）　　66 000 000
　　　无形资产　　5 200 000

（2）甲公司吸收合并，办理产权转让后进行如下会计处理。

①假设甲公司以现金实施合并，甲公司在购买乙公司后，将乙公司的资产、负债，按公允价值纳入本企业的账内：

确定商誉＝实际投资成本－被并企业可辨认净资产的公允价值＝7 000－（4 500＋820＋500＋400）＝7 000－6 220＝780（万元）

如果甲公司还发生了与此合并相关的费用：其他合并费用应加至7 000万元构成投资成本，其结果会使合并商誉增加。

借：现金	100 000	
银行存款	2 900 000	
应收账款（净）	8 000 000	
存货	20 000 000	
固定资产（净）	66 000 000	
无形资产	5 200 000	
合并商誉	7 800 000	
贷：短期借款		20 000 000
应付账款		1 600 000
长期应付款		18 400 000
银行存款		70 000 000

②假设甲公司是以发行股票换回的，则上述会计分录中，将“银行存款”7 000万元，改为“股本”2 000万元，“资本公积”5 000万元，发行股票的登记注册及发行费用记入资本公积的借方。

借：现金	100 000	
银行存款	2 900 000	
应收账款（净）	8 000 000	
存货	20 000 000	
固定资产（净）	66 000 000	
无形资产	5 200 000	
合并商誉	7 800 000	
贷：短期借款		200 000 000
应付账款		1 600 000
长期应付款		18 400 000
股本		20 000 000
资本公积		50 000 000

【例2】如果上例甲公司是以银行存款6 006.4万元购入乙公司。

合并商誉＝6 006.4－6 220＝－213.6（万元）

此时产生了负商誉。

第一种处理方法是：甲公司应将其负商誉冲减除有价证券以外的非流动资产，包括固定资产和无形资产，以抵减可能高估的固定资产和无形资产的价值。负商誉分配表见表1－3。

表 1-3　负商誉分配表　　　　（单位：万元）

非流动资产	公允价值	分摊金额	分摊后的价值
固定资产	6 600	-198	6 402
无形资产	520	-156	504.4
合计	7 120	-213.6	6 906.4

. 分摊比率 = -213.6 ÷ （6 600 + 520） = -0.03

合并会计分录为：

借：现金　　100 000
　　银行存款　　2 900 000
　　应收账款（净）　　8 000 000
　　存货　　20 000 000
　　固定资产（净）　　64 020 000
　　无形资产　　5 044 000
　贷：短期借款　　20 000 000
　　　应付账款　　1 600 000
　　　长期应付款　　18 400 000
　　　银行存款　　60 064 000

如果甲公司是以发行股票换回的，则将“银行存款”改为“股本”、“资本公积”。

第二种处理方法：对负商誉的另外一种处理方法，是将负商誉记入当期损益。按照我国《企业会计准则第 20 号——企业合并》相关规定，应当计入当期损益的“营业外收入”科目，则不存在负商誉的调整。其会计分录如下：

借：现金　　100 000
　　银行存款　　2 900 000
　　应收账款（净）　　8 000 000
　　存货　　20 000 000
　　固定资产（净）　　66 000 000
　　无形资产　　5 200 000
　贷：短期借款　　20 000 000
　　　应付账款　　1 600 000
　　　长期应付款　　18 400 000
　　　银行存款　　60 064 000
　　　营业外收入　　2 136 000

四、购买法控股合并的会计处理

控股合并是指主并企业通过购买被并企业的股东权益从而控制被并企业，被并企业继续保留其独立的法人地位的合并。

控股合并分为控制、共同控制、重大影响、无共同控制也无重大影响四种情况。这四种情况涉及两种不同的会计处理方式，一种是成本法，一种是权益法。我国《企业会计准则第2号——长期股权投资》规定，下列长期股权投资应当采用成本法：一是投资企业能够对被投资单位实施控制的长期股权投资，但编制合并财务报表时按权益法调整；二是投资企业对被投资单位不具有共同控制或不具有重大影响，并且在活跃市场中没有报价、公允价值不能可靠计量的长期股权投资。

投资企业对被投资单位具有共同控制或重大影响的长期股权投资应当采用权益法核算。

因此，对于控制情况下的长期股权投资核算同时掌握成本法和权益法。下面分别对成本法和权益法进行介绍。

我国《企业会计准则第2号——长期股权投资》规定，非同一控制下的企业合并，初始投资成本的确定如下：

采用成本法核算时，其长期股权投资应当按照初始投资成本计价。初始投资成本为投资企业支付的现金、放弃非现金资产的公允价值、发行债券的发行价格、发行权益证券的公允价值。

采用权益法核算时，其长期股权投资的初始投资成本大于投资时应享有被投资单位可辨认净资产公允价值的份额的，按投资成本入账，不调整长期股权投资成本；长期股权投资的初始投资成本小于投资时应享有被投资单位可辨认净资产公允价值份额的，其差额应当计入当期损益，同时调整长期股权投资成本，按应享有被投资单位可辨认净资产公允价值的份额作为长期股权投资成本入账。

【例3】根据例1的资料，201A年12月31日，甲公司采用控股合并的方式取得对乙公司的控制权，乙公司继续保持法人存在，两家公司采用的会计政策一致，属于非同一控制下的企业合并。甲公司以4 000万元，换取乙公司股东持有的60%。乙公司的可辨认净资产账面价值为6 000万元，可辨认净资产公允价值为6 220万元。

甲公司应享有乙公司可辨认净资产的份额=6 220×60%=3 732（万元）

初始投资成本4 000万元大于应享有乙公司可辨认净资产的份额3 732万元，按投资成本4 000万元作为长期股权投资成本的入账价值。成本法和权益法处理是一样的。

借：长期股权投资——对乙公司投资　　　　40 000 000

　贷：银行存款　　　　40 000 000

在合并时不反映合并商誉268万元，但应在备查簿中记录被控制单位可辨认净资产的公允价值高于其账面价值的详细资料，如应收账款减值200万元，存货减值300万元，固定资产增值600万元，无形资产增值120万元，产生合并商誉=4 000－3 732=268万元。这些资料在编制合并财务报表时，需要在合并会计报表中反映。

假设甲公司是以发行本公司2 000万股普通股股票（每股面值1元，每股市价2.00元）换回B公司60%的具有表决权股份，则会计分录为：

借：长期股权投资——对B公司投资　　　　40 000 000

　贷：股本　　　　20 000 000

　　　资本公积　　　　20 000 000

【例4】根据例3资料，假设甲公司是以3 500万元购入乙公司60%具有表决权股份。

采用成本法核算，按3 500万元作为长期股权投资成本入账：

借：长期股权投资——对乙公司投资　　　　35 000 000

　贷：银行存款　　　　35 000 000

编制合并报表时，应当调整为权益法核算。

甲公司应享有乙公司可辨认净资产的份额=6 220×60%=3 732（万元）。

初始投资成本3 500万元小于应享有乙公司可辨认净资产的份额3 732万元，应调整投资成本为应享有乙公司可辨认净资产的份额3 732万元作为长期股权投资成本入账，差额232万元记入“营业外收入”科目。

借：长期股权投资——对乙公司投资　　　　37 320 000

　贷：银行存款　　　　35 000 000

　　　营业外收入　　　　2 320 000

应在备查簿中记录被控制单位可辨认净资产的公允价值高于其账面价值的详细资料，如应收账款减值200万元，存货减值300万元，固定资产增值600万元，无形资产增值120万元，这些资料在编制合并财务报表时，均需要在合并会计报表中反映出来。

假设甲公司是以发行本公司2 000万股普通股股票（每股面值1元，每股市价1.80元）换回乙公司60%的具有表决权股份，则会计处理为：

采用成本法核算，按3 600万元作为长期股权投资成本入账：

借：长期股权投资——对乙公司投资　　　　36 000 000

贷：股本　　　　20 000 000
　　资本公积　　　　16 000 000

编制合并报表时，应当调整为权益法核算。

借：长期股权投资——对乙公司投资　　　　37 320 000
　贷：股本　　　　20 000 000
　　资本公积　　　　16 000 000
　　营业外收入　　　　1 320 000

第三节　权益结合法会计处理

一、权益结合法的概念和特点

1. 权益结合法的概念

权益结合法（Pooling of interests），也称为权益联营法，是指在企业合并过程中，实施合并的企业以发行股票的方式与其他参与合并的企业的股东间的普通股的交换，其实质是现有股东权益在新的会计主体的联合和继续。合并的结果表明，如果任何一个参与合并的企业都没有流出资产，就不能认为其构成购买行为。

2. 权益结合法的特点

权益结合法的特点有以下五点：

（1）参与合并的企业的可辨认净资产不按公允价值入账，而是按其账面价值入账。

（2）由于企业合并不是购买行为，就没有购买价格，也就不存在合并成本超过可辨认净资产公允价值的差额，不涉及合并商誉的问题。

（3）无论合并发生在会计年度的哪个时点，参与合并企业的整个年度的损益和留存收益全部（全年数）纳入主并企业的损益中。

（4）合并过程中发生的所有合并费用都计入当期损益。

（5）被并企业的会计方法与实施合并企业的会计方法不同，应追溯调整。

二、同一控制下企业合并的处理原则

对于同一控制下企业合并，我国《企业会计准则》规定的会计处理方法类似于权益结合法。该方法是将企业合并看作两个或多个参与合并企业权益的重新整合。由于最终控制方的存在，从最终控制方的角度，该类企业合并一定程度上并不会造成构成企业集团整体的经济利益流入和流出，最终控制方在合并前后实际控制的经济资源并没有发生变化，有关交易事项不作为出售或购买。

同一控制下企业合并是从合并方出发，确定合并方在合并日对企业合并事项应进行的会计处理。主要包括确定合并方和合并日、确定企业合并成本、确定合并中取得有关资产、负债的入账价值的处理。同一控制下企业合并的合并方、合并日的确定与非同一控制的合并方、合并日的确定原则相同，主要是合并成本的确定与非同一控制的不同。

对于同一控制下的企业合并，在合并中不涉及自少数股东手中购买股权的情况下，合并方应遵循以下原则进行相关的处理：

（1）合并方在合并中确认取得的被并方的资产、负债仅限于被并方账面上原已确认的资产、负债，合并中不产生新的资产和负债。

同一控制下的企业合并，从最终控制方的角度，其在企业合并发生前后能够控制的净资产价值量并没有发生变化，因此即便是在合并过程中，取得的净资产入账价值与支付的合并对价账面价值之间存在差额，同一控制下的企业合并中一般也不产生新的商誉因素，即不确认新的资产，但被并方在企业合并前账面上原已确认的商誉应作为合并中取得的资产。

（2）合并方在合并中取得的被并方各项资产、负债应维持其在被并方的原账面价值上不变。

被并方在企业合并前采用的会计政策与合并方不一致的，应基于重要性原则，首先统一会计政策，即合并方应当按照本企业会计政策对被并方资产、负债的账面价值进行调整，并以调整后的账面价值作为有关资产、负债的入账价值。进行上述调整的一个基本原因是将该项合并中涉及的合并及被并方作为一个整体对待，对于一个完整的会计主体，其对相关交易、事项应当采用相对统一的会计政策，在此基础上反映其财务状况和经营成果。

（3）合并方在合并中取得的净资产的入账价值相对于为进行企业合并支付的对价账面价值之间的差额，不作为损益处理而是调整资本公积或留存收益。

同一控制下的企业合并，本质上不作为购买，而是两个或多个会计主体权益的整合。合并方在企业合并中取得的价值量相对于所放弃价值量之间存在差额的，前者大于后者，其差额作为合并方的资本公积增加，贷记“资本公积”；前者小于后者，其差额应当先调整资本公积，资本公积的余额不足冲减的，应冲减留存收益。

（4）对于同一控制的控股合并，应视同合并后形成的报告主体自最终控制方开始实施控制时一直是一体化存续下来的，体现在其合并财务报表上，即由合并后形成的母子公司构成的报告主体，无论是其资产规模还是其经营成果都应持续计算。

编制合并财务报表时，无论该项合并发生在报告期哪一时点，合并利润表、合并现金流量表反映的均为由母子公司构成的报告主体自合并当期期初至合并日实现的损益及现金流量的情况，相对应地，合并资产负债表的留存收益项目则应当反映母子公司如果一直作为一个整体运行至合并日应实现的盈余公积和未分配利润的情况。

对于同一控制下的控股合并，在合并当期编制合并财务报表时，应当对合并资产负债表的期初数进行调整，同时应当对比较报表的相关项目进行调整，视同合并后的报告主体在以前期间一直存在。

三、权益结合法企业合并的会计处理

1. 吸收合并的会计处理

在同一控制下的吸收合并中，合并方主要涉及合并日取得被合并方资产、负债入账价值的确定，以及合并中取得有关净资产的入账价值与支付的合并对价账面价值之间的差额的处理。

合并方对同一控制下吸收合并中取得的资产、负债应当按照相关资产、负债在被合并方的原账面价值入账。

应注意的是，合并方与被合并方在合并前采用的会计政策不同的，首先应基于重要性原则，统一被合并方的会计政策，即应当按照合并方的会计政策对被合并方的有关资产、负债的账面价值进行调整，以调整后的账面价值确认。

合并方在确认了合并中取得的被合并方的资产和负债后，以发行权益性方式进行的该类合并，所确认的净资产入账价值与发行股份面值总额的差额，若前者大于后者，其差额应增加资本公积（资本溢价或股本溢价）；若前者小于后者，其差额应当冲减资本公积，资本公积不足冲减的，冲减留存收益。以支付的现金、放弃非现金资产方式进行的该类合并，所确认的净资产入账价值与支付的现金、非现金资产的账面价值的差额，若前者大于后者，其差额应增加资本公积（资本溢价或股本溢价）；若前者小于后者，其差额应当冲减资本公积，资本公积不足冲减的，冲减留存收益。

同一控制下企业合并的合并成本为支付的现金、放弃非现金资产的账面价值，发行债券的发行价格，发行股票的股本面值。

合并方为进行企业合并发生的有关费用，指合并方为进行企业合并发生的各项直接相关费用，如为进行企业合并支付的审计费用、资产评估费用以及有关的法律咨询费用等增量费用。企业专设的购并部门发生的日常管理费用，如果该部门的设置并不是与某项企业合并直接相关，而是企业的一个常设部门，其设置目的是寻找相关的购并机会等，维持该部门日常运转的有关费用，不属于与企业合并直接相关的费用（间接费用），应当于发生时费用化计入当期损益。

同一控制下企业合并进行过程中发生的各项直接相关费用，应于发生时计入当期损益（实际上是合并直接费用和间接费用均费用化计入当期损益）。但需要注意的是，发行债券方式进行企业合并的，与发行债券相关的佣金、手续费等应计入负债的初始计量金额中形成债券的利息调整（溢价或折价）。发生权益证券方式进行企业合并的，与所发行权益证券相关的佣金、手续费等应自发行权益证券的发行价格中扣除，在权益性证券发行有溢价的情况下，从溢价中扣除；在权益性证券无溢价或溢价金额不足以扣除的情况下，应当冲减留存收益（盈余公积或未分配利润）。

（1）主并企业购买成本等于被并企业可辨认净资产的账面价值的情况（吸收合并与新创合并）。

①主并企业以现金资产结算，购买成本为所支付的现金金额，等于被并企业可辨认净资产账面价值，其会计处理为：

借：相关资产（接受被并企业资产的账面价值）

　贷：相关负债（接受被并企业负债的账面价值）

　　　银行存款（所付的款项）

②主并企业以非现金资产交换，购买成本为放弃非现金资产的账面价值，等于被并企业可辨认净资产账面价值，主并企业的会计处理为：

借：相关资产（接受被并企业资产的账面价值）

　贷：相关负债（接受被并企业负债的账面价值）

　　　放弃的非现金资产（账面价值）

③主并企业以发行企业股票结算，购买成本为发行股票的面值，等于被并企业可辨认净资产账面价值，其会计处理为：

借：相关资产（接受被并企业资产的账面价值）

　贷：相关负债（接受被并企业负债的账面价值）

　　　股本（股票面值）

④主并企业以发行企业债券结算，购买成本为发行债券的发行价格（假设平价），等于被并企业可辨认净资产账面价值，其会计处理为：

借：相关资产（接受被并企业资产的账面价值）

　贷：相关负债（接受被并企业负债的账面价值）

　　　应付债券（债券面值）

（2）主并企业购买成本大于被并企业可辨认净资产的账面价值的情况（吸收合并与新创合并）。

①主并企业以现金资产结算，购买成本为所支付的现金，大于被并企业可辨认净资产账面价值，差额调整（冲减）主并企业的资本公积，资本公积不足调整（冲减）的，调整留存收益，其会计处理为：

借：相关资产（接受被并企业资产的账面价值）
　　资本公积（正差额）
　　盈余公积（不足调整正差额）
　　未分配利润（不足调整正差额）
　贷：相关负债（接受被并企业负债的账面价值）
　　　银行存款（所付的款项）

②主并企业以非现金资产交换，购买成本为放弃非现金资产的账面价值，或主并企业以发行企业股票结算，购买成本为发行股票的面值价值，或以发行企业债券结算，购买成本为发行债券的发行价格（假设平价），其大于被并企业可辨认净资产账面价值，差额调整（冲减）主并企业的资本公积，资本公积不足调整（冲减）的，调整留存收益。

（3）购买成本小于被并企业可辨认净资产公允价值的情况（吸收合并与新创合并）。

①主并企业以现金资产结算，购买成本为所支付的现金金额，小于被并企业可辨认净资产账面价值，调整主并企业（增加）资本公积，其会计处理为：

借：相关资产（接受被并企业资产的账面价值）
　贷：相关负债（接受被并企业负债的账面价值）
　　　银行存款（所付的款项）
　　　资本公积（负差额）

②主并企业以非现金资产交换，购买成本为放弃非现金资产的账面价值，或主并企业以发行企业股票结算，购买成本为发行股票的面值，或主并企业以发行企业债券结算，购买成本为发行债券的发行价格（假设平价），其小于被并企业可辨认净资产账面价值，调整（增加）主并企业的资本公积。

【例5】采用例1中的资料，假设甲、乙同受W企业控制，甲企业合并乙企业属于同一控制下的企业合并。甲、乙企业的权益资料见表1-4：

表1-4　甲、乙企业权益资料表　　　　（单位：万元）

项目	甲企业	乙企业	合计
股本	5 000	4 500	9 500
资本公积	1 000	600	1 600
盈余公积	560	500	1 060
未分配利润	440	400	840
合计	7 000	6 000	13 000

（1）假设主并企业发行的股票为6 000万股，每股面值1元，总面值6 000万元等于被并企业净资产账面价值（所有者权益金额）6 000万元。

甲企业按乙企业的账面价值接纳全部资产并承担相应负债（本题以下会计分录单位为万元）。

借：现金　　10
　　银行存款　　290
　　应收账款（净）　　1 000
　　存货　　2 300
　　固定资产（净）　　6 000
　　无形资产　　400
　贷：短期借款　　2 000
　　　应付账款　　160
　　　长期应付款　　1 840
　　　股本　　6 000

需要注意的是，根据权益结合法的特点之一，无论合并发生在会计年度的哪个时点，参与合并企业的整个年度的损益和留存收益全部纳入主并企业的损益和留存收益中。

甲企业在合并日对于企业合并前乙企业实现的留存收益应自资本公积转入留存收益。以甲企业的资本公积为限，在盈余公积和未分配利润之间进行分配。如果甲企业的资本公积不足，按比例分配后转入。如果甲企业合并后没有资本公积，则不需要结转。本例合并后甲企业的资本公积1 000万元，可以将合并前乙企业的留存收益全数结转为主并企业的留存收益。

借：资本公积　　900
　贷：盈余公积　　500
　　　未分配利润　　400

此时合并后甲公司的留存收益额为1 900万元，其中盈余公积为1 060

（560 +500）万元，未分配利润为840（440 +400）万元。

（2）假设主并方甲企业发行的股票为4 000万股，每股面值1元，总面值4 000万元，小于被并企业净资产账面价值（所有者权益金额）6 000万元，其差额贷记“资本公积”。其会计分录为：

借：现金　10
　　银行存款　290
　　应收账款（净）　1 000
　　存货　2 300
　　固定资产（净）　6 000
　　无形资产　400
　贷：短期借款　2 000
　　　应付账款　160
　　　长期应付款　1 840
　　　股本　4 000
　　　资本公积　2 000

在这种情况下，合并后甲企业的资本公积3 000万元，可以将合并前乙企业的留存收益全数结转为主并企业的留存收益。其会计分录为：

借：资本公积　900
　贷：盈余公积　500
　　　未分配利润　400

此时合并后甲公司的留存收益额为1 900万元，其中盈余公积为1 060（560 +500）万元，未分配利润为840（440 +400）万元。

（3）假设主并方甲企业发行的股票为6 640万股，每股面值1元，总面值6 640万元大于被并企业净资产账面价值（所有者权益金额）6 000万元。其差额640万元冲减主并企业的资本公积640万元。其会计分录为：

借：现金　10
　　银行存款　290
　　应收账款（净）　1 000
　　存货　2 300
　　固定资产（净）　6 000
　　无形资产　400
　　资本公积　640
　贷：短期借款　2 000
　　　应付账款　160

长期应付款　　1 840

股本（甲）　　6 640

在这种假设情况下，合并后甲企业的资本公积只有360万元，可以将合并前乙企业的留存收益部分结转为主并企业的留存收益。

应结转的盈余公积 = 360 ÷（500 + 400）×500 = 200（万元）

应结转的未分配利润 = 360 ÷（500 + 400）×400 = 160（万元）

借：资本公积　　360

　贷：盈余公积　　200

　　　未分配利润　　160

此时合并后甲公司的留存收益额为1 360万元，其中盈余公积为760（560 + 200）万元，未分配利润为600（440 + 160）万元。

（4）假设主并方甲企业发行的股票为7 600万股，每股面值1元，总面值7 600万元大于被并企业净资产账面价值（所有者权益金额）6 000万元。其差额1 600万元，其中1 000万元先冲减主并企业的资本公积1 000万元，不足冲减部分冲减盈余公积560万元，再不足部分冲减未分配利润40万元。其会计分录为：

借：现金　　10

　　银行存款　　290

　　应收账款（净）　　1 000

　　存货　　2 300

　　固定资产（净）　　6 000

　　无形资产　　400

　　资本公积　　1 000

　　盈余公积　　560

　　未分配利润　　40

　贷：短期借款　　2 000

　　　应付账款　　160

　　　长期应付款　　1 840

　　　股本　　7 600

在这种情况下，合并后甲企业的资本公积为0，不需要编制结转资本公积到留存收益的会计分录。

2. 控股合并的会计处理

合并方以支付现金、放弃非现金资产或承担债务方式作为合并对价的，应当在合并日按照取得被并方所有者权益账面价值的份额作为长期股权投资的初始投资成本。长期股权投资的初始投资成本与支付的现金、放弃非现金资产及所承担的债务的账面价值之间的差额，前者大于后者，差额计入资本公积的增加，前者小于后者，差额先冲减资本公积，不足部分冲减留存收益。合并方以发行权益证券作为合并对价进行合并的，合并方应按发行股份的面值总额作为股本，长期股权投资的初始成本与所发行股份面值总额之间的差额，若前者大于后者，差额计入资本公积的增加；若前者小于后者，差额先冲减资本公积，不足部分冲减留存收益。

【例6】沿用例5资料，甲公司以现金购买乙公司70%具有表决权的股份。

（1）假设甲公司以4 200万元现金购买乙公司70%具有表决权股份，实现控股合并（本题以下会计分录单位为万元）。

甲企业的投资成本 = 乙企业所有者权益 × 70% = 6 000 × 70% = 4 200（万元）

借：长期股权投资　　　　4 200

　贷：银行存款　　　　　　4 200

A企业在合并日对于企业合并前乙企业实现的、归属于主并企业（母公司）的留存收益份额应自母公司资本公积转入留存收益。以甲企业的资本公积为限，在盈余公积和未分配利润之间进行分配。如果甲企业的资本公积不足，按比例分配后转入。如果甲企业合并后没有资本公积，则不需要结转。本例合并后甲企业的资本公积1 000万元，可以将合并前乙企业的留存收益归属于主并企业的份额结转为主并企业的留存收益。

借：资本公积900×70%　　　　630

　贷：盈余公积500×70%　　　　350

　　未分配利润400×70%　　　　280

此时合并后甲公司的留存收益额为1 630万元，其中盈余公积为910（560+350）万元，未分配利润为720（440+280）万元。

（2）假设甲公司以4 000万元现金购买乙公司70%具有表决权股份，实现控股合并。

甲企业的投资成本 = 乙企业所有者权益 × 70% = 6 000 × 70% = 4 200（万元）

借：长期股权投资　　　　4 200

　贷：银行存款　　　　　　4 000

　　资本公积　　　　　　　200

在这种情况下，合并后甲企业的资本公积1 200万元，可以将合并前乙企业的留存收益归属于主并企业的份额结转为主并企业的留存收益。

借：资本公积（900×70%）　　　　630

　贷：盈余公积（500×70%）　　　　350

　　　未分配利润（400×70%）　　　　280

此时合并后甲公司的留存收益额为1 630万元，其中盈余公积为910（560+350）万元，未分配利润为720（440+280）万元。

（3）假设甲以4 696万元现金购买乙公司70%具有表决权股份，实现控股合并。

甲企业的投资成本＝乙企业所有者权益×70%＝6 000×70%＝4 200（万元）

借：长期股权投资　　　　4 200

　　资本公积　　　　496

　贷：银行存款　　　　4 696

在这种情况下，合并后甲企业的资本公积504万元，可以将合并前乙企业的留存收益归属于主并企业的份额部分结转为主并企业的留存收益。

应结转的盈余公积＝504÷（350＋280）×350＝280（万元）

应结转的未分配利润＝504÷（350＋280）×280＝224（万元）

借：资本公积　　　　504

　贷：盈余公积　　　　280

　　　未分配利润　　　　224

此时合并后甲公司的留存收益额为1 504万元，其中盈余公积为840（560+280）万元，未分配利润为664（440+224）万元。

（4）假设甲公司以5 600万元现金购买乙公司70%具有表决权股份，实现控股合并。

甲企业的投资成本＝乙企业所有者权益×70%＝6 000×70%＝4 200（万元）

借：长期股权投资　　　　4 200

　　资本公积　　　　1 000

　　盈余公积　　　　400

　贷：银行存款　　　　5 600

在这种情况下，合并后甲企业的资本公积为0，不需要编制结转资本公积到留存收益的会计分录。

四、购买法与权益结合法的比较

1. 两者的比较

购买法和权益结合法是处理企业合并业务的两种方法，其主要的差异表现在：对并入可辨认净资产是按账面价值入账，还是按公允价值入账；是否在账面上确认合并商誉；损益从何时算起；留存利润是否合并，等等。采用不同的会计方法对企业会产生不同的经济影响，其比较见表1－5。

表1－5 购买法与权益结合法对比表

购买法	权益结合法
按公允价值入账	按账面价值入账
确认商誉	不确认商誉
损益从合并日后并入	损益按全年并入
不合并被并企业的留存收益	合并被并企业的留存收益
合并直接费用计入投资成本	合并费用计入当期损益

2. 对企业的财务影响

合并采用不同的会计处理方法会对企业当年和未来的财务产生影响：

（1）对主并企业当年的财务影响。权益结合法将被并企业整个年度的损益并入主并企业的利润表中，而购买法仅仅将合并日后被并企业所实现的利润纳入到主并企业的利润表中，因而只要合并不是发生在年初，而被并企业又有利润，按权益结合法处理，合并当年的利润总数总是会大于购买法的利润总数。

如果通货膨胀率提高，物价上涨，权益结合法并入的资产按账面价值入账，合并后当年就对外处理这些资产时，其市价高于账面价值的部分也会增加当年的利润。

虽然权益结合法的合并费用计入当期损益，会减少企业当年的利润，但这一影响比起前两个因素的影响来说是很小的。

合并对资产入账价值的影响表现在购买法合并后的可辨认净资产有增有减，权益结合法没有变动。

（2）对主并企业以后年度财务的影响。权益结合法是按被并企业的账面价值入账的，而且不确认商誉，合并后权益结合法的成本较购买法小，因为购买法下有并入资产的公允价值大于账面价值的摊销，及合并商誉的摊销或减值，都会增加相关成本。

总之，权益结合法下，利润较高，所有者权益（可辨认净资产）较低，可辨认净资产报酬率（ROE）较高；购买法下，利润较低，所有者权益（可辨认净资产）较高，可辨认净资产报酬率（ROE）较高。

本章主要名词

企业合并　吸收合并　新创合并　控股合并　同一控制　非同一控制　购买法　权益结合法

思考题

1. 企业合并的方式有哪些？
2. 购买法的特点有哪些？我国会计准则规定如何运用购买法？
3. 权益结合法有哪些特点？我国会计准则规定如何运用权益结合法？
4. 你对我国会计准则规定购买法与权益结合法的运用有何看法？
5. 你对商誉的概念及商誉的会计处理有何看法？
6. 购买法与权益结合法会计处理对企业财务状况、经营成果有何不同的影响？

练习题

1. 购买法——吸收合并

资料：

甲公司在201A年7月1日以银行存款122 000元收购了乙公司的全部净资产，并承担其原有的全部负债。在合并过程中，甲公司还支付了咨询费（直接费用）1 000元。乙公司在被购买日的资产负债表数据及其资产和负债的公允价值如下表所示：

乙公司被购买日资产负债的账面价值和公允价位

（单位：元）

项目	账面价值	公允价值	项目	账面价值	公允价值
存货	30 000	27 000	应付账款	10 000	10 000
固定资产（净值）	70 000	130 000	长期应付款	20 000	20 000
			负债总额	30 000	30 000
			股本	40 000	
			留存收益	30 000	
资产总计	100 000	157 000	负债和所有者权益合计	100 000	

要求：（1）运用购买法编制甲公司在收购日的会计分录；

（2）如果甲公司是以130 000元购买乙公司的全部净资产，编制甲公司在收购日的会计分录。

2. 权益结合法——控股合并

资料：

甲、乙公司分别为甲公司控制下的两家公司。甲公司于201A年4月1日自母公司甲处取得乙公司100%的股权，合并后乙公司仍维持其独立法人资格继续经营。为进行该项企业合并，甲公司发行了600万普通股（每股面值1元）作为对价。假定甲、乙公司采用的会计政策相同。合并日，甲公司及乙公司的所有者权益构成如下表所示：

甲公司、乙公司所有者权益构成

（单位：万元）

甲公司		乙公司	
项目	金额	项目	金额
股本	3 600	股本	600
资本公积	1 000	资本公积	200
盈余公积	800	盈余公积	400
未分配利润	2 000	未分配利润	800
合计	7 400	合计	2 000

要求：编制甲公司在收购日的会计分录。

3. 购买法与权益结合法

资料：

201A年1月1日，甲公司吸收合并了乙公司，两公司采用会计处理原则和会计年度均相同。具体方法为：甲公司以2股，每股面值为1元的普通股换取乙公司3股，每股面值为1元的普通股，在合并日甲公司股票的公允价值是2.10元。有关甲公司和乙公司资产负债表的数据如下表所示：

甲公司和乙公司资产负债表的数据

（单位：元）

项目	甲公司	乙公司（账面价值）	乙公司（公允价值）
现金	250 000	100 000	100 000
应收账款	350 000	160 000	150 000
存货	430 000	380 000	460 000
固定资产	1 220 000	750 000	1 000 000
累计折旧	300 000	150 000	250 000
资产合计	1 950 000	1 240 000	1 460 000

（续上表）

项目	甲公司	乙公司（账面价值）	乙公司（公允价值）
流动负债	350 000	80 000	80 000
应付债券	0	200 000	145 719
负债合计	350 000	280 000	225 719
股本	1 190 000	450 000	
资本公积	150 000	270 000	
留存收益	260 000	240 000	
股东权益合计	1 600 000	960 000	

要求：（1）运用购买法编制甲公司在收购日的会计分录；

（2）如果甲、乙公司在同一控制下，运用权益结合法编制甲公司在收购日的会计分录。

第二章　合并财务报表的编制原理

企业控股合并后形成母子公司，为了反映母公司整体的财务状况、经营成果和现金流量情况，需要编制合并财务报表。本章将介绍合并财务报表的理论基础、合并财务报表的基本内容和编制原理。

通过本章学习，应该掌握：

○合并商誉的计算

○合并日购买法下合并资产负债报表的编制

○合并日权益结合法下合并资产负债表的编制

○合并后合并财务报表的编制程序

○拥有子公司全部股权的合并报表的编制

○非全资子公司合并报表的编制

第一节　合并财务报表概述

一、合并财务报表的演进

合并财务报表（Consolidated Financial Statement），是指反映母公司和其全部子公司形成的企业集团（以下简称企业集团）整体财务状况、经营成果和现金流量的财务报表。与个别财务报表（指企业单独编制的财务报表，为了与合并财务报表相区别，将其称为个别财务报表）相比，合并财务报表反映的是企业集团整体的财务状况、经营成果和现金流量，反映的对象是通常由若干个法人（包括母公司和其全部子公司）组成的会计主体，是经济意义上的主体，而不是法律意义上的主体。合并财务报表的编制者或编制主体是母公司。合并财务报表以纳入合并范围的企业个别财务报表为基础，根据其他有关资料，按照权益法调整对子公司的长期股权投资后，抵销母公司与子公司、子公司相互之间发生的内部交易（以下简称内部交易）对合并财务报表编制的影响。

合并财务报表最早出现于美国。在 1888 年，美国新泽西州的公司法中就对合并财务报表的编制作出了规定。第一次世界大战期间，美国在税法中强制规定母公司合并纳税，使得大部分控股公司开始编制合并财务报表。1940 年，美国证券交易委员会规定证券上市公司必须编制和提供合并财务报表，使编制合并财务报表成为证券上市公司的法定义务，由此编制合并财务报表的企业越来越多。

受美国企业编制合并财务报表的影响，一些发达的西方国家在第二次世界大战后也逐步开始重视合并财务报表的编制。如英国于 1948 年在公司法中规定，企业在拥有子公司时必须在提供个别财务报表的基础上，公开反映企业集团经营情况的合并财务报表。德国于 1965 年在公共公司法中，要求企业编制集团合并财务报表。法国证券交易委员会于 1971 年要求公开发行证券的公司、股票上市公司以及所有公营企业都要编制合并财务报表。日本在 1977 年开始要求企业编制和公布合并财务报表，并制定和发布了合并财务报表准则及规则。为协调各国合并财务报表的编制，国际会计准则委员会早在 1970 年就制定并发布了《国际会计准则第 33 号——合并财务报表》，并在 1989 年对合并财务报表准则进行了修改和完善。

随着我国经济体制改革的进一步深化，越来越多的股份公司已经出现。为了规范上市公司的信息披露，中国证券监督管理委员会要求上市公司必须编制合并财务报表并披露此信息。我国财政部也于 1995 年年初制定并发布了《合并财务报表暂行规定》，2006 年 2 月 15 日发布了《企业会计准则第 33 号——合并财务报表》，以规范我国上市公司合并财务报表的编制。

二、合并财务报表的特征

合并财务报表是指在对另一方或多方投资并能够控制另一方或多方而形成的母子公司关系的情况下才需要编制合并财务报表。合并财务报表与个别财务报表相比，具有如下特征：

（1）合并财务报表与母、子公司个别财务报表相比，反映的内容是母子公司所组成的财务状况、经营成果和现金流量，反映的对象是由若干个法人组成的会计主体，是经济意义上的会计主体，不是法律意义上的主体。当存在母子公司关系时，法律上彼此独立的两个或两个以上的企业在经济上已经成为一体，母公司的股东及其与母公司有经济利益关系的各方面需要了解以母公司为主体的整个集团的财务状况、经营成果，编制合并财务报表的目的就是向母公司的股东、债权人等方面提供企业集团整体的会计信息。

（2）合并财务报表由企业集团中对其他企业有控制权的公司（母公司）编制。控制与被控制关系是否存在，是确定是否存在母子公司关系的关键，而母子公司关系的存在又是以投资和被投资关系作为先决条件的。当一方与另一方具有投资与被投资关系，并且具有控制与被控制关系时，才构成母、子公司，才需要由母公司编制合并财务报表。

（3）合并财务报表的编制有其独特的方法。企业编制个别财务报表是从设置账簿、编制会计分录（记账凭证）、登记账簿到编制财务报表等形成一套完整的会计核算方法体系。编制个别财务报表是以账簿为依据。编制合并财务报表是以母公司和子公司个别财务报表为依据，通过编制抵销分录后合并而成的。各期编制合并财务报表时与上期合并财务报表的数据无关。

三、合并财务报表的合并理论

根据不同的合并财务报表理论，其确定的合并范围和选择的合并方法各不相同。目前国际上普遍采用的合并财务报表理论有母公司理论、实体理论和所有权理论三种。

1. 母公司理论

母公司理论是把合并财务报表看成是母公司个别财务报表的扩延。它所强调的是母公司在集团合并财务报表中的财务状况和经营成果占有的份额，并认为合并财务报表主要应满足母公司的股东及债权人的需要。母公司理论的基本观点是，把合并财务报表的重点放在占主导地位的股权上，而把少数股权作为合并财务报表的次要目标，视为一般的负债处理；对于属于少数股东应享有的净收益视为费用处理；对于子公司实现内部销售收入的抵销处理，也只抵销母公司应分享的份额，而对少数股东的份额不进行抵销处理。母公司的投资成本超过所取得子公司可辨认净资产公允价值的差额，作为母公司的合并商誉，少数股权不反映商誉。

2. 实体理论

实体理论认为合并财务报表是企业集团各成员企业构成的经济联合体的财务报表。这把集团的资产和负债看作不可分割的。对于所有股东以同等重要的地位，否认是多数股权还是少数股权，应一视同仁。该理论的基本观点是：合并财务报表是企业集团作为一个经济实体编制的，并使合并财务报表反映具有多种产权股份的单一经济实体的财务状况和经营成果。在编制财务报表时，子公司的资产和负债应全部以公允价值列入合并资产负债表，合并商誉按比例属于所有的股东，少数股东价值的确定是以母公司支付的价格为基础。

3. 所有权理论

所有权理论指在编制合并财务报表时，既不强调企业集团中存在的法定控制关系，也不强调企业集团的各成员企业所构成的经济实体，而是强调编制合并财务报表的企业对另一企业的经济活动和财务决策具有重大影响的所有权。

对于各占有50%股份的共同控制的企业，既没有形成单一的母公司，也不存在少数股权。要考虑按照所有权进行部分合并，这就形成了所有权理论。在这种情况下，应将所有权按比例占有当年的资产、负债及当年的损益列入合并财务报表。依照这一理论，要求在合并财务报表中母公司所取得的全部资产、负债与少数股权的比例股份都要按公允价值反映，但商誉是公司所取得的无形资产，其价值只应是母公司所支付的价格，不应由少数股权享有。

四、合并财务报表的范围确定

合并财务报表的合并范围应当以控制为基础加以确定。

1. 控制的定义

控制，是指一个企业能够决定另一个企业的财务和经营政策，并能据此从另一个企业的经营活动中获取利益的权力。控制通常具有如下特征：

（1）控制的主体是唯一的，而不是两方或多方，即对被投资单位的财务和经营政策的提议不必征得其他方同意就可以形成决议，并付诸被投资单位执行。

（2）控制的内容是另一个企业的日常生产经营活动的财务和经营政策，这些财务和经营政策一般是通过表决权来决定的。在某些情况下，也可以通过法定程序严格限制董事会、受托人或管理层对特殊目的主体经营活动的决策权，如规定除设立者或发起人外，其他人无权决定特殊目的主体经营活动的政策。

（3）控制的目的是获取经济利益，包括为了增加经济利益、维持经济利益、保护经济利益，或者降低所分担的损失等。

（4）控制的性质是一种权力，是一种法定权力，也可以是通过公司章程或协议、投资者之间的协议授予的权力。这种权力可以实际行使，也可以不实际行使。有权力实施控制力并不一定意味着有能力实施控制力。

2. 母公司与子公司的定义

企业集团由母公司和其全部子公司构成。如图2－1所示，假定P公司能够控制S公司，P公司和S公司构成了企业集团。如图2－2所示，假定P公司能够同时控制S1公司、S2公司、S3公司和S4公司，P公司和S1公司、S2公司、S3公司、S4公司构成了企业集团。母公司和子公司是相互依存的，有母公司必然存在子公司，同样，有子公司必然存在母公司。

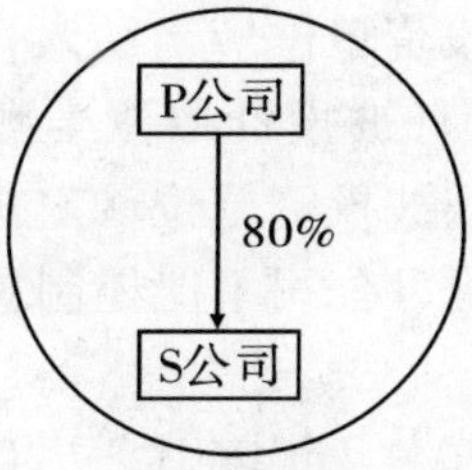

企业集团

图2－1

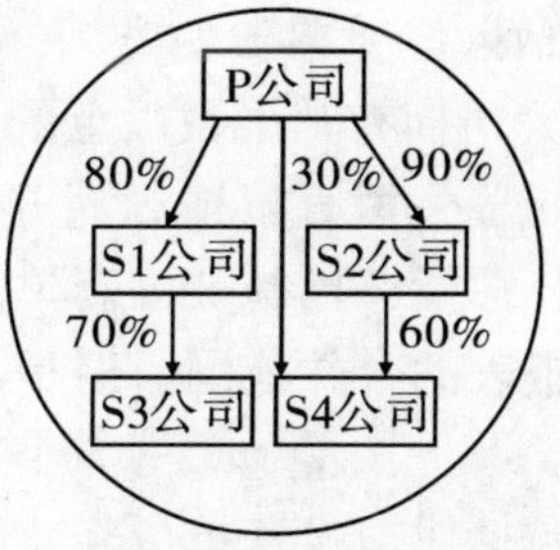

企业集团

图2－2

（1）母公司的定义。母公司是指有一个或一个以上子公司的企业（或主体，下同）。从母公司的定义可以看出，母公司要求同时具备两个条件：

①必须有一个或一个以上的子公司，即必须满足控制的要求，能够决定另一个企业的财务和经营政策，并有据此从另一个企业的经营活动中获取利益的权力。母公司可以只控制一个子公司，也可以同时控制多个子公司。

如图2－1所示，假定P公司能够控制S公司，则P公司是S公司的母公司。

如图2－2所示，假定P公司能够同时控制S1公司、S2公司、S3公司和S4公司，则P公司为S1公司、S2公司、S3公司和S4公司的母公司。

②母公司可以是企业，如《公司法》所规范的股份有限公司、有限责任公司，也可以是其他主体，如非企业形式但形成会计主体的其他组织，如基金等。

（2）子公司的定义。子公司是指被母公司控制的企业。从子公司的定义可以看出，子公司也要求同时具备两个条件：

①作为子公司必须被母公司控制，并且只能由一个母公司控制，不可能也不允许被两个或多个母公司同时控制。被两个或多个公司共同控制的被投资单位是合营企业，而不是子公司。

如图2－1所示，假定P公司能够控制S公司，则S公司是P公司的子公司。

如图2－2所示，假定P公司能够同时控制S1公司、S2公司、S3公司和S4公司，则S1公司、S2公司、S3公司和S4公司均为P公司的子公司。

②子公司可以是企业，如《公司法》所规范的股份有限公司、有限责任公司，也可以是其他主体，如非企业形式但形成会计主体的其他组织，如基金以及信托项目等特殊目的的主体等。

3. 应该纳入合并范围

（1）母公司拥有其半数以上的表决权的被投资单位应当纳入合并财务报表的合并范围。母公司直接或通过子公司间接拥有被投资单位半数以上的表决权，表明母公司能够控制被投资单位，应当将该被投资单位认定为子公司，纳入合并财务报表的合并范围。但是，有证据表明母公司不能控制被投资单位的情况除外。

表决权包括对被投资单位经营计划、投资方案、年度财务预算方案和决算方案、利润分配方案和弥补亏损方案、内部管理机构的设置、聘任或解聘公司经理及其报酬、公司的基本管理制度等事项持有的表决权，不包括对修改公司章程，增加或减少注册资本，发行公司债券，公司合并、分立、解散或变更公司形式等事项持有的表决权。表决权比例通常与其出资比例或持股比例是一致的，但是对于有限责任公司，公司章程另有规定的除外。

当母公司拥有被投资单位半数以上表决权时，母公司就拥有对该被投资单位的控制权，能够主导该被投资单位的股东大会（或股东会，下同），特别是董事会，并对其生产经营活动和财务政策实施控制。在这种情况下，子公司处在母公司的直接控制和管理下进行日常生产经营活动，子公司的生产经营活动成为事实上的母公司生产经营活动的一个组成部分，母公司与子公司生产经营活动已经一体化。拥有被投资单位半数以上表决权，是母公司对其拥有控制权的最明显的标志，应将其纳入合并财务报表的合并范围。

母公司拥有被投资单位半数以上表决权，通常包括如下三种情况：

①母公司直接拥有被投资单位半数以上表决权。如图 2－1 所示，P 公司直接拥有 S 公司表决权的 80%，这种情况下，S 公司就成为 P 公司的子公司，P 公司编制合并财务报表时，必须将 S 公司纳入其合并范围。

②母公司间接拥有被投资单位半数以上表决权。间接拥有半数以上表决权，是指母公司通过子公司而对子公司的子公司拥有半数以上表决权。如图 2－2 所示，P 公司拥有 S1 公司 80% 的表决权，而 S1 公司又拥有 S3 公司 70% 的表决权。在这种情况下，P 公司作为母公司通过其子公司 S1 公司间接拥有 S3 公司 70% 的表决权，从而 S3 公司也是 P 公司的子公司，P 公司编制合并财务报表时，也应当将 S3 公司纳入其合并范围。这里必须注意的是，P 公司间接拥有 S3 公司的表决权是以 S1 公司为 P 公司的子公司为前提的。

③母公司以直接和间接方式合计拥有被投资单位半数以上表决权。以直接和间接方式合计拥有半数以上表决权，是指母公司以直接方式拥有某一被投资单位半数以下的表决权，同时又通过其他方式如通过子公司拥有该被投资单位一部分的表决权，两者合计拥有该被投资单位半数以上的表决权。如图 2－2

所示，P公司拥有S2公司90%的表决权，拥有S4公司30%的表决权，S2公司拥有S4公司60%的表决权。在这种情况下，S2公司为P公司的子公司，P公司通过子公司S2公司间接拥有S4公司60%（而不是54%）的表决权，与直接拥有30%的表决权合计，P公司共拥有S4公司90%的表决权，从而S4公司属于P公司的子公司，P公司编制合并财务报表时，也应当将S4公司纳入其合并范围。

拥有被投资单位半数以上表决权是母公司对其拥有控制权的最明显的标志，但是如果有证据表明母公司不能控制被投资单位的除外。如图2－1所示，尽管P公司拥有S公司80%的表决权，但是如果S公司被政府或有关部门接管，在这种情况下，对S公司的控制权已经转移至政府（或法院）或有关部门，P公司已经对S公司没有了控制权，S公司不是P公司的子公司，P公司也不是S公司的母公司，P公司不应当将S公司纳入其合并财务报表的合并范围。

（2）母公司拥有其半数以下的表决权的被投资单位纳入合并财务报表的合并范围的情况。在母公司通过直接和间接方式没有拥有被投资单位半数以上表决权的情况下，如果母公司通过其他方式对被投资单位的财务和经营政策能够实施控制时，这些被投资单位也应作为子公司纳入其合并范围。

①通过与被投资单位其他投资者之间的协议，拥有被投资单位半数以上表决权。这种情况是指母公司与其他投资者共同投资某企业，母公司与其中的某些投资者签订书面协议，受托管理和控制该被投资单位，从而在被投资单位的股东大会和董事会上拥有该被投资单位半数以上表决权。在这种情况下，母公司对这一被投资单位的财务和经营政策拥有控制权，使该被投资单位成为事实上的子公司，为此必须将其纳入合并财务报表的合并范围。

②根据公司章程或协议，有权决定被投资单位的财务和经营政策。这种情况是指在被投资单位的公司章程等文件中明确母公司对其财务和经营政策能够实施控制。企业的财务和经营政策直接决定着企业的日常生产经营活动，决定着企业未来的发展。能够控制企业财务和经营政策也就是等于能控制整个企业日常生产经营活动。这样，也就使得该被投资单位成为事实上的子公司，从而应当纳入母公司的合并财务报表的合并范围。

③有权任免被投资单位的董事会或类似机构的多数成员。这种情况是指母公司能够通过任免被投资单位董事会的多数成员控制该被投资单位的日常生产经营活动，被投资单位成为事实上的子公司，从而应当纳入母公司的合并财务报表的合并范围。这里的“多数”是指超过半数（不包括半数）。同时，需要注意的是，在这种情况下，董事会或类似机构必须能够控制被投资单位，否

则，该条件不适用。

④在被投资单位董事会或类似机构占多数表决权。这种情况是指母公司能够控制董事会或类似机构的会议，从而主导公司董事会的经营决策，使该公司的生产经营活动在母公司的控制下进行，使被投资单位成为事实上的子公司。因此，也应当将其纳入母公司的合并财务报表的合并范围。这里的“多数”是指超过半数（不包括半数）。同样，需要注意的是，在这种情况下，董事会或类似机构必须能够控制被投资单位，否则，该条件不适用。

在母公司拥有被投资单位半数或以下的表决权，满足上述四个条件之一时，即视为母公司能够控制被投资单位，应当将该被投资单位认定为子公司，纳入合并财务报表的合并范围。但是，如果有证据表明母公司不能控制被投资单位的除外。比如，尽管 P 公司有权任免 S5 公司由 11 名董事组成的董事会的 6 名董事，但是，如果公司章程规定，S5 公司所有日常生产经营活动的董事会表决，必须经全体董事的过半数通过，与此同时，还必须经第二大股东派出的至少 1 名董事同意，在这种情况下，S5 公司董事会决议的形成要得到第二大股东派出的至少 1 名董事的同意，实质上 P 公司无法单方面主导 S5 公司的董事会，也就无法单方面控制 S5 公司的财务和经营政策，P 公司不符合控制标准，P 公司不能控制 S5 公司，S5 公司不是 P 公司的子公司，P 公司也不是 S5 公司的母公司，P 公司不应当将 S5 公司纳入其合并财务报表的合并范围。

（3）在确定能否控制被投资单位时对潜在表决权的考虑。在确定能否控制被投资单位时，应当考虑企业和其他企业持有的被投资单位的当期可转换的可转换公司债券、当期可执行的认股权证等潜在表决权因素。具体如下：

①所谓潜在表决权，是指当期可转换的可转换公司债券、当期可执行的认股权证等，不包括在将来某一日期或将来发生某一事项才能转换的可转换公司债券或才能执行的认股权证等，也不包括诸如行权价格的设定使得在任何情况下都不可能转换为实际表决权的其他债务工具或权益工具。

②应当考虑影响潜在表决权的所有事项和情况，包括潜在表决权的执行条款、需要单独考虑或综合考虑的其他合约安排等。但是，本企业和其他企业或个人执行潜在表决权的意图和财务能力对潜在表决权的影响除外。

③不仅要考虑本企业在被投资单位的潜在表决权，还要同时考虑其他企业或个人在被投资单位的潜在表决权。

④不仅仅要考虑可能会提高本企业在被投资单位持股比例的潜在表决权，还要考虑可能会降低本企业在被投资单位持股比例的潜在表决权。

⑤潜在表决权仅作为判断是否存在控制的考虑因素，不影响当期母公司股东和少数股东之间的分配比例。

（4）判断母公司能否控制特殊目的主体应当考虑的主要因素有以下四点：

①母公司为融资、销售商品或提供劳务等特定经营业务的需要直接或间接设立特殊目的主体。

②母公司具有控制或获得控制特殊目的主体或其资产的决策权。比如，母公司拥有单方面终止特殊目的主体的权力、变更特殊目的主体章程的权力、对变更特殊目的主体章程的否决权等。

③母公司通过章程、合同、协议等具有获取特殊目的主体大部分利益的权利。

④母公司通过章程、合同、协议等承担了特殊目的主体的大部分风险。

（5）所有子公司都应纳入母公司的合并财务报表的合并范围。母公司应当将其全部子公司纳入合并财务报表的合并范围，即只要是由母公司控制的子公司，不论子公司的规模大小、子公司向母公司转移资金能力是否受到严格限制，也不论子公司的业务性质与母公司或企业集团内其他子公司是否有显著差别，都应当纳入合并财务报表的合并范围。

需要说明的是，受所在国外汇管制及其他管制，资金调度受到限制的境外子公司，在这种情况下，如果该被投资单位的财务和经营政策仍然由本公司决定，资金调度受到限制并不妨碍本公司对其实施控制，应将其纳入合并财务报表的合并范围。

4. 不应纳入合并范围

下列被投资单位不是母公司的子公司，不应当纳入母公司的合并财务报表的合并范围：

（1）已宣告被清理整顿的原子公司。已宣告被清理整顿的原子公司，是指在当期宣告被清理整顿的被投资单位，该被投资单位在上期是本公司的子公司。在这种情况下，根据我国在2005年修订的《公司法》第一百八十四条的规定，被投资单位实际上在当期已经由股东、董事或股东大会指定的人员组成的清算组或人民法院指定的有关人员组成的清算组对该被投资单位进行日常管理，在清算期间，被投资单位不得开展与清算无关的经营活动，因此，本公司不能再控制该被投资单位，不能将该被投资单位继续认定为本公司的子公司。

（2）已宣告破产的子公司。已宣告破产的子公司，是指在当期宣告破产的被投资单位，该被投资单位在上期是本公司的子公司。在这种情况下，根据我国《企业破产法》的规定，被投资单位的日常管理已转交到由人民法院指定的管理人，本公司不能控制该被投资单位，不能将该被投资单位认定为本公司的子公司。

（3）母公司不能控制的其他被投资单位。母公司不能控制的其他被投资单位，是指母公司不能控制的除上述情形以外的其他被投资单位，如联营企业等。

五、合并财务报表的局限性

合并财务报表虽然能够综合反映由母公司与子公司组成的企业集团整体的财务状况、经营成果及其现金流量的变动情况，但它也存在着一定的局限性，主要表现在：

（1）母公司和子公司的债权人对企业的债权清偿权通常是针对独立的法律主体，而不是企业集团这种经济实体，合并资产负债表的信息不能满足母、子公司各自的债权人的要求。也就是说，母公司的债权人的债权只能从母公司单独的资产中得到满足，不可能从母公司的子公司的资产中得到求偿。子公司的债权人的债权要求也只能从子公司单独的资产中得到满足，而不能从子公司的母公司单独的资产中得到求偿。因此，合并资产负债表中的合并资产对于母、子公司的债权人来说，没有多大意义。合并资产负债表反映的财务状况（长、短期偿债能力）不佳或较好，并不能说明母、子公司的债权人的债权保障不佳或较好。

（2）合并财务报表将母公司及其所有符合条件的子公司的单独财务报表合并后，子公司的少数股东很难从母公司的合并财务报表中直接获得他们对决策有用的会计信息。子公司的少数股东只关心该子公司的经营状况，因为它只能随子公司的经营业绩好坏分享一定的股利，不可能从它所投资的子公司的母公司分享股利（也就是合并利润对子公司的少数股东没有意义）。因此，母公司合并财务报表的信息对子公司的少数股东是没有意义的。

六、合并财务报表的编制程序

合并财务报表编制有其特殊的程序，主要包括如下几个方面：

（1）编制合并工作底稿。合并工作底稿的作用是为合并财务报表的编制提供基础。在合并工作底稿中，对母公司和子公司的个别财务报表各项目的金额进行汇总和抵销处理，最终计算得出合并财务报表各项目的合并金额。

将母公司、子公司个别资产负债表、利润表、现金流量表、所有者权益变动表各项目的数据过入合并工作底稿，并在合并工作底稿中对母公司和子公司个别财务报表各项目的数据进行加总，计算得出个别资产负债表、利润表、现金流量表、所有者权益变动表各项目的合计金额。

（2）编制调整分录和抵销分录。在合并工作底稿中编制调整分录和抵销分录，将内部交易对合并财务报表有关项目的影响进行抵销处理。编制抵销分录，进行抵销处理是合并财务报表编制的关键和主要内容，其目的在于将个别财务报表各项目的加总金额中重复的因素予以抵销。但是，在对属于非同一控制下企业合并中取得的子公司的个别财务报表进行合并时，还应当首先根据母公司为该子公司设置的备查簿的记录，以记录的非同一控制下企业合并中取得的子公司各项可辨认资产、负债及或有负债等在购买日的公允价值为基础，通过编制调整分录，对该子公司提供的个别财务报表进行调整，以使子公司的个别财务报表反映为在购买日公允价值基础上确定的可辨认资产、负债及或有负债在本期资产负债表日的金额。对于子公司所采用的会计政策与母公司不一致的和子公司的会计期间与母公司不一致的，如果母公司自行对子公司的个别财务报表进行调整，也应当在合并工作底稿中通过编制调整分录予以调整。在编制合并财务报表时，对子公司的长期股权投资调整为权益法，也需要在合并工作底稿中通过编制调整分录予以调整，而不改变母公司“长期股权投资”项目的账簿记录。

在合并工作底稿中编制的调整分录和抵销分录，借记或贷记的均为财务报表项目（即资产负债表项目、利润表项目、现金流量表项目和所有者权益变动表项目），而不是具体的会计科目。比如，在涉及调整或抵销固定资产折旧、固定资产减值准备等均通过资产负债表中的“固定资产”项目，而不是“累计折旧”、“固定资产减值准备”等科目来进行调整和抵销。

（3）计算合并财务报表各项目的合并金额。在母公司和子公司个别财务报表各项目加总金额的基础上，分别计算出合并财务报表中各资产项目、负债项目、所有者权益项目、收入项目和费用项目等的合并金额。其计算方法如下：

①资产类各项目，其合并金额根据该项目加总金额，加上该项目抵销分录有关的借方发生额，减去该项目抵销分录有关的贷方发生额计算确定。

②负债类各项目和所有者权益类项目，其合并金额根据该项目加总金额，减去该项目抵销分录有关的借方发生额，加上该项目抵销分录有关的贷方发生额计算确定。

③有关收入类各项目和有关所有者权益变动各项目，其合并金额根据该项目加总金额，减去该项目抵销分录的借方发生额，加上该项目抵销分录的贷方发生额计算确定。

④有关费用类项目，其合并金额根据该项目加总金额，加上该项目抵销分录的借方发生额，减去该项目抵销分录的贷方发生额计算确定。

（4）填列合并财务报表。根据合并工作底稿中计算出的资产、负债、所有者权益、收入、费用类以及现金流量表中各项目的合并金额，填列生成正式的合并财务报表。

《企业会计准则第33号——合并财务报表》着重解决了合并财务报表合并

范围的确定和合并财务报表的编制和列报等问题。

七、合并财务报表的内容

合并财务报表包括合并资产负债表、合并利润表、合并现金流量表。

1. 合并资产负债表

合并资产负债表是反映企业集团在某一特定日期财务状况的财务报表，由合并资产、负债和所有者权益各项目组成。

（1）对子公司的个别财务报表进行调整。在编制合并财务报表时，首先应对各子公司进行分类，分为同一控制下企业合并中取得的子公司和非同一控制下企业合并中取得的子公司两类。

①属于同一控制下企业合并中取得的子公司。对于属于同一控制下企业合并中取得的子公司的个别财务报表，如果不存在与母公司会计政策和会计期间不一致的情况，则不需要对该子公司的个别财务报表进行调整，即不需要将该子公司的个别财务报表调整为公允价值反映的财务报表，只需抵销内部交易对合并财务报表的影响即可。

②属于非同一控制下企业合并中取得的子公司。对于属于非同一控制下企业合并中取得的子公司，除了存在与母公司会计政策和会计期间不一致的情况，需要对该子公司的个别财务报表进行调整外，还应当根据母公司为该子公司设置的备查簿的记录，以记录的该子公司的各项可辨认资产、负债及或有负债等在购买日的公允价值为基础，通过编制调整分录，对该子公司的个别财务报表进行调整，以使子公司的个别财务报表反映为在购买日公允价值基础上确定的可辨认资产、负债及或有负债在本期资产负债表日的金额。

（2）按权益法调整对子公司的长期股权投资。合并报表准则规定，合并财务报表应当以母公司和其子公司的财务报表为基础，根据其他有关资料，按照权益法调整对子公司的长期股权投资后，由母公司编制。

在合并工作底稿中，按权益法调整对子公司的长期股权投资时，应按照《企业会计准则第2号——长期股权投资》所规定的权益法进行调整。

合并报表准则也允许企业直接在对子公司的长期股权投资采用成本法核算的基础上编制合并财务报表，但是所生成的合并财务报表应当符合合并报表准则的相关规定。

【例1】假设P公司能够控制S公司，S公司为股份有限公司。201A年12月31日，P公司个别资产负债表中对S公司的长期股权投资的金额为3 000万元，拥有S公司80%的股份。P公司在个别资产负债表中采用成本法核算该项长期股权投资。

201A 年 1 月 1 日，P 公司用银行存款 3 000 万元购得 S 公司 80% 的股份（假定 P 公司与 S 公司的企业合并不属于非同一控制下的企业合并）。P 公司备查簿中记录的 S 公司在 201A 年 1 月 1 日可辨认资产、负债及或有负债的公允价值中只有固定资产增值 100 万元（该项办公楼的剩余折旧年限为 20 年，采用使用年限平均法计提折旧）。

201A 年 1 月 1 日，S 公司股东权益总额为 3 500 万元，其中股本为 2 000 万元，资本公积为 1 500 万元，盈余公积为 0 元，未分配利润 0 元。

201A 年，S 公司实现净利润 1 000 万元，提取法定盈余公积 100 万元，分派现金股利 600 万元，未分配利润 300 万元。S 公司因持有的可供出售的金融资产的公允价值变动计入当期资本公积的金额为 180 万元。

201A 年 12 月 31 日，S 公司股东权益总额为 4 080 万元，其中股本为 2 000 万元，资本公积为 1 680 万元，盈余公积为 100 万元，未分配利润为 300 万元。

假定 S 公司的会计政策和会计期间与 P 公司一致，不考虑 P 公司和 S 公司及合并资产、负债所得税的影响。

在本例中，201A 年 12 月 31 日，P 公司对 S 公司的长期股权投资的账面余额为 3 000 万元（假定未发生减值）。根据合并报表准则的规定，在合并工作底稿中将对 S 公司的长期股权投资由成本法调整为权益法。有关调整分录如下：

①确认 P 公司在 201A 年 S 公司实现净利润 1 000 万元中所享有的份额 800（1 000 × 80%）万元。

借：长期股权投资——S 公司　　　　8 000 000
　贷：投资收益——S 公司　　　　　　8 000 000

②确认 P 公司收到 S 公司 201A 年分派的现金股利，同时抵销原按成本法确认的投资收益 480 万元。

借：投资收益——S 公司　　　　4 800 000
　贷：长期股权投资——S 公司　　　　4 800 000

③根据完全权益法，调整合并价差。

合并价差 = 实际投资成本 − 被并企业可辨认净资产账面价值 = 3 000 − 3 500 × 80% = 200（万元）

合并价差包括合并商誉和可辨认净资产公允价值与其账面价值的差额，其中：

合并商誉 = 实际投资成本 − 被并企业可辨认净资产公允价值 = 3 000 − 3 600 × 80% = 120（万元）

可辨认净资产公允价值与其账面价值的差额 = 100 × 80% = 80（万元）

根据《企业会计准则第 2 号——长期股权投资》规定，投资企业在确认应享有被投资单位净损益的份额时，应当以取得投资时被投资单位各项可辨认资产等的公允价值为基础，对应享有被投资单位的净利润进行调整后确认。在本例中，P公司在编制合并财务报表时，应当首先根据P公司的备查簿中记录的S公司可辨认资产、负债在购买日（201A年1月1日）的公允价值的资料，调整投资收益。按照P公司备查簿中的记录，在购买日，S公司可辨认资产、负债及或有负债的公允价值与账面价值存在差异仅有一项，即A办公楼的公允价值高于账面价值的差额为100万元，按80%计算应由母公司持有的份额为80万元，按年限平均法每年应补计提的折旧额为4万元（80万元÷20年）。母公司编制的调整分录如下：

借：投资收益　　40 000

　贷：长期股权投资　　40 000

如果合并商誉发生了减值，也应做同样的调整分录。

④确认P公司在201A年S公司除净损益以外，所有者权益的其他变动中所享有的份额为144万元（资本公积的增加额180万元×80%）。

借：长期股权投资——其他权益变动　　1 440 000

　贷：资本公积——其他资本公积　　1 440 000

将上面4笔调整分录合并为一笔分录，应编制调整分录如下：

借：长期股权投资——S公司（800－4－480＋144）　4 600 000

　贷：投资收益　　3 160 000

　　资本公积——其他资本公积　　1 440 000

除此之外，企业母子公司之间由于内部交易产生的未实现损益，也需要编制调整“长期股权投资”和“投资收益”的分录。具体做法见第三、四、五章。

（3）编制合并资产负债表时应进行抵销处理的项目。合并资产负债表是以母公司和子公司的个别资产负债表为基础编制的。个别资产负债表则是以单个企业为会计主体进行会计核算的结果，它从母公司本身或从子公司本身的角度对自身的财务状况进行反映。这样，对于内部交易，从发生内部交易的企业来看，发生交易的各方都在其个别资产负债表中进行了反映。例如，企业集团母公司与子公司之间发生的赊购赊销业务，对于赊销企业来说，一方面确认营业收入、结转营业成本、计算营业利润，并在其个别资产负债表中反映为应收账款；另一方面，对于赊购企业来说，在内部购入的存货未实现对外销售的情况下，则在其个别资产负债表中反映为存货和应付账款。在这种情况下，资产、负债和所有者权益类各项目的加总金额中，必然包含有重复计算的因素。作为反映企业集团整体财务状况的合并资产负债表，必须将这些重复计算的因素予以剔除，对这些重复的因素进行抵销处理。这些需要剔除的重复因素，就是合并财务报表编制时需要进行抵销处理的项目。

编制合并资产负债表时需要进行抵销处理的，主要有如下项目：

①长期股权投资与子公司所有者权益的抵销处理。母公司对子公司进行的长期股权投资，一方面反映为长期股权投资以外的其他资产的减少，另一方面反映为长期股权投资的增加，在母公司个别资产负债表中作为资产类项目中的长期股权投资列示。子公司接受这一投资时，一方面增加资产，另一方面作为实收资本（或股本，下同）处理，在其个别资产负债表中一方面反映为实收资本的增加，另一方面反映为相对应的资产的增加。从企业集团整体来看，母公司对子公司进行的长期股权投资实际上相当于母公司将资本拨付下属核算单位，并不引起整个企业集团的资产、负债和所有者权益的增减变动。因此，编制合并财务报表时，应当在母公司与子公司财务报表数据简单相加的基础上，将母公司对子公司长期股权投资项目与子公司所有者权益项目予以抵销。

子公司所有者权益账面价值中不属于母公司的份额，即子公司所有者权益中抵销母公司所享有的份额后的余额，在合并财务报表中作为“少数股东权益”处理。在合并资产负债表中，“少数股东权益”项目应当在“所有者权益”项目下单独列示。

当母公司对子公司长期股权投资的金额与在子公司所有者权益账面价值中所享有的份额不一致时，应按其差额，计入“商誉”和公允价值高于其账面价值的项目中。

②内部债权债务的抵销。

③内部存货交易中，期末存货价值中包含的未实现损益的抵销。

④内部固定资产交易中，期末固定资产价值中包含的未实现损益及折旧的抵销。

（4）合并资产负债表的格式。合并资产负债表格式综合考虑了企业集团中一般工商企业和金融企业（包括商业银行、保险公司和证券公司等）的财务状况列报的要求，与个别资产负债表的格式基本相同，主要增加了四个项目：

一是在“无形资产”项目下增加了“商誉”项目，用于反映非同一控制下企业合并中取得的商誉，即在控股合并下母公司对子公司的长期股权投资（合并成本）大于其在购买日子公司可辨认净资产公允价值份额的差额。

二是在所有者权益项目下增加了“归属于母公司所有者权益合计”项目，用于反映企业集团的所有者权益中归属于母公司所有者权益的部分，包括实收资本（或股本）、资本公积、库存股、盈余公积、未分配利润和外币报表折算差额等项目的金额。

三是在所有者权益项目下，增加了“少数股东权益”项目，用于反映非全资子公司的所有者权益中不属于母公司的份额。

四是在“未分配利润”项目之后，“少数股东权益”项目之前，增加了“外币报表折算差额”项目，用于反映境外经营的资产负债表折算为人民币表示的资产负债表时所发生的折算差额中归属于母公司所有者权益的部分。

2. 合并利润表

合并利润表应当以母公司和子公司的利润表为基础，在抵销母公司与子公司、子公司相互之间发生的内部交易对合并利润表的影响后，由母公司合并编制。

利润表作为以单个企业为会计主体进行会计核算的结果，分别从母公司本身和子公司本身反映其在一定会计期间的经营成果。在以其个别利润表为基础计算的收入和费用等项目的加总金额中，也必然包含有重复计算的因素，因此，编制合并利润表时，也需要将这些重复的因素予以剔除。

编制合并利润表时需要进行抵销处理的，主要有如下项目：

①内部营业收入和内部营业成本及未实现的损益的抵销。

②内部债权债务及形成的费用与收益抵销。

③内部投资收益和利息费用的抵销。

④内部固定资产交易中，期末固定资产价值中包含的未实现损益及折旧的抵销。

合并利润表的格式综合考虑了企业集团中一般工商企业和金融企业（包括商业银行、保险公司和证券公司）的经营成果列报的要求。

与个别利润表的格式基本相同，主要增加了两个项目，即在“净利润”项目下增加“归属于母公司所有的净利润”和“少数股东损益”两个项目，分别反映净利润中由母公司所有者所享有的份额和非全资子公司当期实现的净利润中属于少数股东享有的份额，即不属于母公司享有的份额。在属于同一控制下，企业合并增加的子公司当期的合并利润表中还应在“净利润”项目之下增加“其中：被合并方在合并前实现的净利润”项目，用于反映同一控制下企业合并中取得的被合并方在合并日以前实现的净利润。

3. 合并现金流量表

合并现金流量表是综合反映母公司及其所有子公司组成的企业集团在一定会计期间现金和现金等价物流入和流出的报表。现金流量表作为主要财务报表之一，已经为世界上一些主要国家的会计事务所采用，合并现金流量表的编制也成为各国会计实务的重要内容。

现金流量表要求按照收付实现制反映企业经济业务所引起的现金流入和流出，其有关经营活动产生的现金流量的编制方法有直接法和间接法两种。《企业会计准则第 31 号——现金流量表》明确规定企业应当采用直接法列示经营活动产生的现金流量。在采用直接法的情况下，以合并利润表有关项目的数据为基础，调整得出本期的现金流入和现金流出：分经营活动产生的现金流量、投资活动产生的现金流量、筹资活动产生的现金流量三大类，反映企业集团在一定会计期间的现金流量情况。

需要说明的是，某些现金流量在进行抵销处理后，需站在企业集团的角度，重新对其进行分类。比如，母公司持有子公司向其购买商品所开具的商业承兑汇票向商业银行申请贴现，母公司所取得现金在其个别现金流量表反映为经营活动的现金流入，在将该内部商品购销活动所产生的债权与债务抵销后，母公司向商业银行申请贴现取得的现金在合并现金流量表中应重新归类为筹资活动的现金流量列示。

合并现金流量表的编制原理、编制方法和编制程序与合并资产负债表、合并利润表的编制原理、编制方法和编制程序相同。首先编制合并工作底稿，将母公司和所有子公司的个别现金流量表各项目的数据全部过入同一合并工作底稿；然后根据当期母公司与子公司以及子公司相互之间发生的影响其现金流量增减变动的内部交易，编制相应的抵销分录，通过抵销分录将个别现金流量表中重复反映的现金流入量和现金流出量予以抵销；最后，在此基础上计算出合并现金流量表的各项目的合并金额，并填制合并现金流量表。

合并现金流量表补充资料，既可以以母公司和所有子公司的个别现金流量表为基础，在抵销母公司与子公司、子公司相互之间发生的内部交易对合并现金流量表的影响后进行编制，也可以直接根据合并资产负债表和合并利润表进行编制。

现金流量表作为以单个企业为会计主体进行会计核算的结果，分别从母公司本身和子公司本身反映其在一定会计期间现金流入和现金流出。在以其个别现金流量表为基础计算的现金流入和现金流出项目的加总金额中，也必然包含重复计算的因素，因此，在编制合并现金流量表时，也需要将这些重复的因素予以剔除。

编制合并现金流量表时，需要进行抵销处理的主要有如下项目：

①企业集团内部当期以现金投资或收购股权增加的投资所产生的现金流量的抵销处理。

母公司直接以现金对子公司进行的长期股权投资或以现金从子公司的其他所有者（即企业集团内的其他子公司）处收购股权，表现为母公司现金流出，在母公司个别现金流量表作为投资活动现金流出列示。子公司接受这一投资（或处置投资）时，表现为现金流入，在其个别现金流量表中反映为筹资活动的现金流入（或投资活动的现金流入）。从企业集团整体来看，母公司以现金对子公司进行的长期股权投资实际上相当于母公司将资本拨付下属核算单位并不引起整个企业集团的现金流量的增减变动。因此，编制合并现金流量表时，应当在母公司与子公司现金流量表数据简单相加的基础上，将母公司当期以现金对子公司长期股权投资所产生的现金流量予以抵销。

②企业集团内部当期取得投资收益收到的现金与分配股利、利润或偿付利息支付的现金的抵销处理。

母公司对子公司进行的长期股权投资和债权投资，在持有期间收到子公司分派的现金股利（利润）或债券利息，表现为现金流入，在母公司个别现金流量表中作为取得投资收益收到的现金列示。子公司向母公司分派现金股利（利润）或支付债券利息，表现为现金流出，在其个别现金流量表中反映为分配股利、利润或偿付利息支付的现金。从整个企业集团来看，这种投资收益的现金收支并不引起整个企业集团的现金流量的增减变动。因此，编制合并现金流量表时，应当在母公司与子公司现金流量表数据简单相加的基础上，将母公司当期取得投资收益收到的现金与子公司分配股利、利润或偿付利息支付的现金予以抵销。

③企业集团内部以现金结算债权与债务所产生的现金流量的抵销处理。

母公司与子公司、子公司相互之间当期以现金结算应收账款或应付账款等债权与债务，表现为现金流入或现金流出，在母公司个别现金流量表中作为收到其他与经营活动有关的现金或支付其他与经营活动有关的现金列示，在子公司个别现金流量表中作为支付其他与经营活动有关的现金或收到其他与经营活动有关的现金列示。从整个企业集团来看，这种现金结算债权与债务并不引起整个企业集团的现金流量的增减变动。因此，编制合并现金流量表时，应当在母公司与子公司现金流量表数据简单相加的基础上，将母公司当期以现金结算债权与债务所产生的现金流量予以抵销。

④企业集团内部当期销售商品所产生的现金流量的抵销处理。

母公司向子公司当期销售商品（或子公司向母公司销售商品，或子公司相互之间销售商品，下同）所收到的现金，表现为现金流入，在母公司个别现金流量表中作为销售商品、提供劳务收到的现金列示。子公司向母公司支付购货款，表现为现金流出，在其个别现金流量表中反映为购买商品、接受劳务支付的现金。从整个企业集团来看，这种内部商品购销现金收支并不会引起整个企业集团的现金流量的增减变动。因此，编制合并现金流量表时，应当在母公司与子公司现金流量表数据简单相加的基础上，将母公司与子公司、子公司相互之间当期销售商品所产生的现金流量予以抵销。

⑤企业集团内部处置固定资产等收回的现金净额与购建固定资产等支付的现金的抵销处理。

母公司向子公司处置固定资产等长期资产，表现为现金流入，在母公司个别现金流量表中作为处置固定资产、无形资产和其他长期资产收回的现金净额列示。子公司表现为现金流出，在其个别现金流量表中反映为购建固定资产、无形资产和其他长期资产支付的现金。从整个企业集团来看，这种固定资产处置与购置的现金收支并不会引起整个企业集团的现金流量的增减变动。因此，编制合并现金流量表时，应当在母公司与子公司现金流量表数据简单相加的基础上，将母公司与子公司、子公司相互之间处置固定资产、无形资产和其他长期资产收回的现金净额与购建固定资产、无形资产和其他长期资产支付的现金相互抵销。

母公司因追加投资等原因控制了另一个企业即实现了企业合并。根据我国《企业会计准则第 20 号——企业合并》的规定，企业合并形成母子公司关系的，母公司应当编制合并日的合并现金流量表。但是，在企业合并发生当期的期末和以后会计期间，母公司应当根据合并报表准则的规定编制合并现金流量表。合并报表准则规定，在编制合并现金流量表时，应当区分同一控制下的企业合并增加的子公司和非同一控制下的企业合并增加的子公司两种情况：

一是因同一控制下企业合并增加的子公司，在编制合并现金流量表时，应当将该子公司合并当期期初至报告期末的现金流量纳入合并现金流量表。

二是因非同一控制下企业合并增加的子公司，在编制合并现金流量表时，应当将该子公司购买日至报告期末的现金流量纳入合并现金流量表。

母公司在报告期内处置子公司，应将该子公司期初至处置日的现金流量纳入合并现金流量表。

合并现金流量表编制与个别现金流量表相比，一个特殊的问题就是在子公司为非全资子公司的情况下，涉及子公司与其少数股东之间的现金流入和现金流出的处理问题。

对于子公司与少数股东之间发生的现金流入和现金流出，从整个企业集团来看，也影响到其整体的现金流入和流出数量的增减变动，因而必须在合并现金流量表中予以反映。子公司与少数股东之间发生的影响现金流入和现金流出的经济业务包括：少数股东对子公司增加权益性投资，少数股东依法从子公司中抽回权益性投资，子公司向其少数股东支付现金股利或利润等。为了便于企业集团合并财务报表使用者了解掌握企业集团现金流量的情况，有必要将子公司与少数股东之间的现金流入和现金流出的情况单独予以反映。

对于子公司的少数股东增加在子公司中的权益性投资，在合并现金流量表中应当在“筹资活动产生的现金流量”之下的“吸收投资收到的现金”项目下的“其中：子公司吸收、少数股东投资收到的现金”项目中反映。

对于子公司向少数股东支付现金股利或利润，在合并现金流量表中应当在“筹资活动产生的现金流量”之下的“分配股利、利润或偿付利息支付的现金”项目下“其中：子公司支付给少数股东的股利、利润”项目反映。

对于子公司的少数股东依法抽回在子公司中的权益性投资，在合并现金流量表应当在“筹资活动产生的现金流量”之下的“支付其他与筹资活动有关的现金”项目反映。

合并现金流量表的格式综合考虑了企业集团中一般工商企业和金融企业（包括商业银行、保险公司和证券公司）的现金流入和现金流出列报的要求，与个别现金流量表的格式基本相同，主要增加了反映金融企业行业特点和经营活动现金流量项目。

第二节　控制权取得日合并财务报表的编制

为了反映合并完成时企业集团总体的财务状况，在控制权取得日，母公司应当编制合并财务报表。由于合并后的经营尚未进行，所以只需要编制合并资产负债表。我国《企业会计准则第 20 号——企业合并》第十七条规定，企业合并形成母子公司关系的，母公司应当编制购买日的合并资产负债表，因企业合并取得的被购买方各项可辨认资产、负债及或有负债应当以公允价值列示。母公司的合并成本与取得的子公司可辨认净资产公允价值份额的差额，作为合并商誉列示。我国《企业会计准则第 20 号——企业合并》中规定，企业合并分为同一控制下的企业合并和非同一控制下的企业合并。同一控制下的企业合并采用权益结合法，非同一控制下的企业合并采用购买法，下列分别介绍企业合并采用购买法和权益结合法处理后编制控制权取得日合并财务报表的方法。

一、购买法下控制权取得日合并财务报表的编制

了解控制权取得日合并财务报表的编制，实际上就是要掌握抵销母公司的“长期股权投资”与子公司的“所有者权益”这一笔重要的抵销分录。母公司取得子公司控制权有两种情况：一是母公司拥有子公司全部股权；二是母公司拥有子公司部分股权。

（一）母公司拥有子公司全部股权

母公司拥有子公司全部股权，被投资企业为母公司的全资子公司，又分为两种情况：一是投资组建的全资子公司；二是对外收购的全资子公司。

1. 母公司出资组建一个全资子公司

母公司出资组建一个全资子公司，在控制权取得日编制合并财务报表时，应将母公司资产负债表中的“长期股权投资”项目的金额与子公司资产负债表中的所有者权益项目的金额进行抵销。

【例2】甲公司于201A年1月1日，出资100万元组建一个全资子公司乙公司，并收到乙公司发行的100万股普通股票，股票面值为每股1元。

甲公司对乙公司投资时的会计分录为：

借：长期股权投资——对乙投资　　　　1 000 000

　贷：银行存款　　　　　　　　　　　　1 000 000

乙公司收到甲公司的投资后，发行股票的会计分录为：

借：银行存款　　　　　　　　　　　　1 000 000

　贷：股本　　　　　　　　　　　　　　1 000 000

甲公司在投资前后的资产负债表及乙公司创建后的资产负债表归纳见表2－1。

表2－1　甲、乙公司资产负债表　　　　（单位：元）

项目	甲公司投资前	甲公司投资后	乙公司创建后
资产：			
银行存款	2 000 000	1 000 000	1 000 000
存货	1 200 000	1 200 000	
长期股权投资——乙		1 000 000	
固定资产	5 000 000	5 000 000	
无形资产	1 800 000	1 800 000	
资产合计	10 000 000	10 000 000	
负债：			
流动负债	1 000 000	1 000 000	
长期负债	2 000 000	2 000 000	
负债小计	3 000 000	3 000 000	
所有者权益：			
股本	3 000 000	3 000 000	1 000 000
资本公积	2 500 000	2 500 000	
盈余公积	1 100 000	1 100 000	
未分配利润	400 000	400 000	
所有者权益小计	7 000 000	7 000 000	
负债与权益合计	10 000 000	10 000 000	

甲公司取得控制权日，编制合并财务报表的步骤为：

（1）将母、子公司的资产负债表列入合并工作底稿，见表2－2。

表2－2　甲、乙公司合并工作底稿　　（单位：元）

项目	个别资产负债表		合计数	抵销分录		合并数
	甲公司	乙公司		借方	贷方	
资产：						
银行存款	1 000 000	1 000 000	2 000 000			2 000 000
存货	1 200 000		1 200 000			1 200 000
长期股权投资——乙	1 000 000		1 000 000		1 000 000	0
固定资产	5 000 000		5 000 000			5 000 000
无形资产	1 800 000		1 800 000			1 800 000
资产合计	10 000 000		11 000 000			10 000 000
负债：						
流动负债	1 000 000		1 000 000			1 000 000
长期负债	2 000 000		2 000 000			2 000 000
负债小计	3 000 000		3 000 000			3 000 000
所有者权益：						
股本	3 000 000	1 000 000	4 000 000	1 000 000		3 000 000
资本公积	2 500 000		2 500 000			2 500 000
盈余公积	1 100 000		1 100 000			1 100 000
未分配利润	400 000		400 000			400 000
所有者权益小计	7 000 000		8 000 000			7 000 000
负债与股东权益合计	10 000 000	1 000 000	11 000 000			10 000 000

从工作底稿的合计数中可以看出，资产项目中增加了100万元为“长期股权投资”，负债及权益中增加了100万元为“股本”。所以应该抵销母公司的“长期股权投资”100万元和子公司“股本”100万元。

（2）编制抵销分录并填入工作底稿内：

借：股本（子）　　　　1 000 000

　贷：长期股权投资——对子公司投资（母）　　　　1 000 000

（3）计算合并数于合并工作底稿内，同时编制正式的合并资产负债表见表2－3。合并后的结果与投资前的结果一样。

表 2-3　甲公司合并资产负债表

201A 年 1 月 1 日　　（单位：元）

资产	金额	负债及股东权益	金额
资产：		负债：	
银行存款	2 000 000	流动负债	1 000 000
存货	1 200 000	长期负债	2 000 000
长期股权投资——乙	0	负债小计	3 000 000
固定资产	5 000 000	所有者权益：	
无形资产	1 800 000	股本	3 000 000
		资本公积	2 500 000
		盈余公积	1 100 000
		未分配利润	400 000
		所有者权益小计	7 000 000
资产合计	10 000 000	负债及股东权益合计	10 000 000

2. 对外购入全资子公司

母公司对外购入正在经营的全资子公司，其投资成本可能低于、等于或高于子公司的可辨认净资产公允价值。由于是控股合并，一般情况下子公司的可辨认净资产的账面价值与公允价值也存在差异。

我国《企业会计准则第 20 号——企业合并》第十五条规定，企业合并形成母子公司关系的，母公司应当设置备查簿，记录企业合并中取得的子公司各项可辨认资产、负债及或有负债等在购买日的公允价值。编制合并财务报表时，应当以购买日确定的各项可辨认资产、负债及或有负债的公允价值为基础对子公司的财务报表进行调整。

（1）购买成本等于被并企业可辨认净资产的公允价值：

第一种情况为被并企业的可辨认净资产公允价值等于其账面价值。

【例 3】甲公司于 201A 年 1 月 1 日，出资 100 万元从正在经营的丙公司股东手中收购其全部股票。假设此时丙公司的可辨认净资产账面价值等于其公允价值 100 万元。此投资没有形成合并商誉，也不存在被并企业可辨认净资产的账面价值与公允价值之差。

甲公司支付 100 万元给丙公司的股东时的会计分录为：

借：长期股权投资——对丙投资　　1 000 000

　贷：银行存款　　1 000 000

此时，丙公司无须做任何会计处理。

甲公司在投资前后的资产负债表及丙公司的资产负债表归纳见表 2-4。

表2-4　甲、丙公司资产负债表　（单位：元）

项目	甲公司投资前	甲公司投资后	丙公司
资产：			
银行存款	2 000 000	1 000 000	450 000
存货	1 200 000	1 200 000	300 000
长期股权投资——丙		1 000 000	
固定资产	5 000 000	5 000 000	600 000
无形资产	1 800 000	1 800 000	50 000
资产合计	10 000 000	10 000 000	1 400 000
负债：			
流动负债	1 000 000	1 000 000	150 000
长期负债	2 000 000	2 000 000	250 000
负债小计	3 000 000	3 000 000	400 000
所有者权益：			
股本	3 000 000	3 000 000	400 000
资本公积	2 500 000	2 500 000	300 000
盈余公积	1 100 000	1 100 000	200 000
未分配利润	400 000	400 000	100 000
所有者权益小计	7 000 000	7 000 000	1 000 000
负债与权益合计	10 000 000	10 000 000	1 400 000

甲公司收购子公司后，应于收购日编制合并资产负债表。其抵销分录为：

借：股本（子）　400 000

　　资本公积（子）　300 000

　　盈余公积（子）　200 000

　　未分配利润（子）　100 000

　贷：长期股权投资——丙公司　1 000 000

甲、丙公司合并工作底稿见表2-5。

表 2-5 甲、丙公司合并工作底稿 （单位：元）

项目	个别资产负债表		合计数	抵销分录		合并数
	甲公司	丙公司		借方	贷方	
资产：						
银行存款	1 000 000	450 000	1 450 000			1 450 000
存货	1 200 000	300 000	1 500 000			1 500 000
长期股权投资——丙	1 000 000		1 000 000		1 000 000	0
固定资产	5 000 000	600 000	5 600 000			5 600 000
无形资产	1 800 000	50 000	1 850 000			1 850 000
资产合计	10 000 000	1 400 000	11 400 000		1 000 000	10 400 000
负债：						
流动负债	1 000 000	150 000	1 150 000			1 150 000
长期负债	2 000 000	250 000	2 250 000			2 250 000
负债小计	3 000 000	400 000	3 400 000			3 400 000
所有者权益：						
股本	3 000 000	400 000	3 400 000	400 000		3 000 000
资本公积	2 500 000	300 000	2 800 000	300 000		2 500 000
盈余公积	1 100 000	200 000	1 300 000	200 000		1 100 000
未分配利润	400 000	100 000	500 000	100 000		400 000
所有者权益小计	7 000 000	1 000 000	8 000 000	1 000 000		7 000 000
负债与股东权益合计	10 000 000	1 400 000	11 400 000			10 400 000

甲公司正式的合并资产负债表略。

第二种情况为被并企业的可辨认净资产公允价值不等于其账面价值。

【例 4】甲公司于 201A 年 1 月 1 日，出资 115 万元从正在经营的丙公司股东手中收购其全部股票。假设此时丙公司的可辨认净资产账面价值为 100 万元，其公允价值为 115 万元。此投资没有形成合并商誉，但存在被并企业可辨认净资产的账面价值与公允价值之差，假设此 15 万元的差额为存货增值 5 万元，固定资产增值 10 万元。

甲公司支付 115 万元给丙公司的股东时的会计分录为：

借：长期股权投资——对丙投资　　　　1 150 000

　贷：银行存款　　　　1 150 000

甲公司需要在备查账簿中记录被并子公司（丙公司）的可辨认净资产公允价值高于其账面价值 15 万元，其中：存货增值 5 万元，将于本年末全部对外销售；固定资产增值 10 万元，将在未来 5 年内摊销，这只会影响本年末及未来各年编制合并财务报表。

此时，丙公司无须做任何会计处理。

甲公司在投资前后的资产负债表及丙公司的资产负债表归纳见表2-6。

表2-6　甲、丙公司资产负债表　　(单位：元)

项目	甲公司投资前	甲公司投资后	丙公司
资产：			
银行存款	2 000 000	850 000	450 000
存货	1 200 000	1 200 000	300 000
长期股权投资——丙		1 150 000	
固定资产	5 000 000	5 000 000	600 000
无形资产	1 800 000	1 800 000	50 000
资产合计	10 000 000	10 000 000	1 400 000
负债：			
流动负债	1 000 000	1 000 000	150 000
长期负债	2 000 000	2 000 000	250 000
负债小计	3 000 000	3 000 000	400 000
所有者权益：			
股本	3 000 000	3 000 000	400 000
资本公积	2 500 000	2 500 000	300 000
盈余公积	1 100 000	1 100 000	200 000
未分配利润	400 000	400 000	100 000
所有者权益小计	7 000 000	7 000 000	1 000 000
负债与权益合计	10 000 000	10 000 000	1 400 000

甲公司收购丙公司后，应于收购日编制合并资产负债表。其抵销分录为：

借：股本（子）　　400 000
　　资本公积（子）　　300 000
　　盈余公积（子）　　200 000
　　未分配利润（子）　　100 000
　　合并价差　　150 000
　贷：长期股权投资——对丙投资　　1 150 000

此时产生的合并价差可列入合并资产负债表的“长期股权投资”项目下。为了用公允价值在合并资产负债表中反映其合并资产情况，应当将“合并价差”计入相关资产项目。因为此合并价差为“存货”和“固定资产”项目的增值额，所以应列入合并资产负债表的“存货”和“固定资产”项目。因此，需要编制如下调整抵销分录：

借：存货　　50 000

　　固定资产　　100 000

　贷：合并价差　　150 000

如果比较熟练的话，可以将上述两个抵销分录合为一个抵销分录。

借：股本（子）　　400 000

　　资本公积（子）　　300 000

　　盈余公积（子）　　200 000

　　未分配利润（子）　　100 000

　　存货　　50 000

　　固定资产　　100 000

　贷：长期股权投资　　1 150 000

甲、丙公司合并工作底稿见表 2－7。

表 2－7　甲、丙公司合并工作底稿　　（单位：元）

项目	个别资产负债表		合计数	抵销分录		合并数
	甲公司	丙公司		借方	贷方	
资产：						
银行存款	850 000	450 000	1 300 000			1 300 000
存货	1 200 000	300 000	1 500 000	50 000		1 550 000
长期股权投资——丙	1 150 000		1 150 000		1 150 000	0
固定资产	5 000 000	600 000	5 600 000	100 000		5 700 000
无形资产	1 800 000	50 000	1 850 000			1 850 000
资产合计	10 000 000	1 400 000	11 400 000			10 400 000
负债：						
流动负债	1 000 000	150 000	1 150 000			1 150 000
长期负债	2 000 000	250 000	2 250 000			2 250 000
负债小计	3 000 000	400 000	3 400 000			3 400 000

（续上表）

项目	个别资产负债表		合计数	抵销分录		合并数
	甲公司	丙公司		借方	贷方	
所有者权益：						
股本	3 000 000	400 000	3 400 000	400 000		3 000 000
资本公积	2 500 000	300 000	2 800 000	300 000		2 500 000
盈余公积	1 100 000	200 000	1 300 000	200 000		1 100 000
未分配利润	400 000	100 000	500 000	100 000		400 000
所有者权益小计	7 000 000	1 000 000	8 000 000	1 000 000		7 000 000
负债与股东权益合计	10 000 000	1 400 000	11 400 000			10 400 000

甲公司正式的合并资产负债表（以公允价值表示的）略。

（2）购买成本不等于被并企业可辨认净资产的公允价值。购买成本不等于被并企业可辨认净资产的公允价值，也分为被并企业的可辨认净资产账面价值等于其公允价值的情况和不等于其公允价值的情况。前者只会产生合并商誉；后者既产生合并商誉，又存在被并企业可辨认净资产公允价值与账面价值之差额。这里主要介绍后者。

【例5】甲公司于201A年1月1日，出资123万元从正在经营的丙公司股东手中收购其全部股票。假设此时丙公司的可辨认净资产账面价值为100万元，其公允价值为115万元。假设此15万元的差额为存货增值5万元，固定资产增值10万元。

甲公司支付123万元给丙公司的股东时的会计分录为：

借：长期股权投资——对丙投资　　　　1 230 000

　贷：银行存款　　　　　　　　　　　　1 230 000

甲公司要计算合并价差：

合并价差 = 实际投资成本 - 被并企业可辨认净资产的账面价值 = 123 - 100 = 23（万元）

合并价差中包括两个内容：一是合并商誉，二是被并企业可辨认净资产公允价值与其账面价值之差。

合并商誉 = 实际投资成本 - 被并企业可辨认净资产公允价值 = 123 - 115 = 8（万元）

被并企业公允价值与其账面价值之差 = 115 - 100 = 15（万元）

甲公司需要在备查账簿中记录被并子公司（丙公司）的可辨认净资产公允价值高于其账面价值15万元，其中：存货增值5万元，将于本年末全部对外销售；固定资产增值10万元，将在未来5年内摊销；合并商誉8万元，发生减值时应计提减值准备（相当于不定期摊销）。这只会影响本年末及未来各年编制合并财务报表。

此时，丙公司无须做任何会计处理。

甲公司在投资前后的资产负债表及丙公司的资产负债表归纳见表2-8。

表2-8 甲、丙公司资产负债表 （单位：元）

项目	甲公司投资前	甲公司投资后	丙公司
资产：			
银行存款	2 000 000	770 000	450 000
存货	1 200 000	1 200 000	300 000
长期股权投资——丙		1 230 000	
固定资产	5 000 000	5 000 000	600 000
无形资产	1 800 000	1 800 000	50 000
资产合计	10 000 000	10 000 000	1 400 000
负债：			
流动负债	1 000 000	1 000 000	150 000
长期负债	2 000 000	2 000 000	250 000
负债小计	3 000 000	3 000 000	400 000
所有者权益：			
股本	3 000 000	3 000 000	400 000
资本公积	2 500 000	2 500 000	300 000
盈余公积	1 100 000	1 100 000	200 000
未分配利润	400 000	400 000	100 000
所有者权益小计	7 000 000	7 000 000	1 000 000
负债与权益合计	10 000 000	10 000 000	1 400 000

甲公司收购子公司后，应于收购日编制合并资产负债表。其抵销分录为：

借：股本（子） 400 000
　　资本公积（子） 300 000
　　盈余公积（子） 200 000
　　未分配利润（子） 100 000
　　合并价差 230 000
　贷：长期股权投资 1 230 000

此时产生的合并价差可列入合并资产负债表的“长期股权投资”项目下。为了用公允价值在合并资产负债表中反映其合并资产情况，应当将“合并价差”计入相关资产项目。因为此合并价差为“存货”和“固定资产”项目的增值额以及产生的合并商誉，所以应列入合并资产负债表的“存货”、“固定资产”和“合并商誉”项目。编制如下抵销分录代替前一个抵销分录：

借：股本（子） 400 000
　　资本公积（子） 300 000
　　盈余公积（子） 200 000
　　未分配利润（子） 100 000
　　存货 50 000
　　固定资产 100 000
　　合并商誉 80 000
　贷：长期股权投资 1 230 000

甲、丙公司合并工作底稿见表2-9。

表2-9　甲、丙公司合并工作底稿　（单位：元）

项目	个别资产负债表		合计数	抵销分录		合并数
	甲公司	丙公司		借方	贷方	
资产：						
银行存款	770 000	450 000	1 220 000			1 220 000
存货	1 200 000	300 000	1 500 000	50 000		1 550 000
长期股权投资——丙	1 230 000		1 230 000		1 230 000	0
合并商誉				80 000		80 000
固定资产	5 000 000	600 000	5 600 000	100 000		5 700 000
无形资产	1 800 000	50 000	1 850 000			1 850 000
资产合计	10 000 000	1 400 000	11 400 000			10 400 000
负债：						
流动负债	1 000 000	150 000	1 150 000			1 150 000
长期负债	2 000 000	250 000	2 250 000			2 250 000
负债小计	3 000 000	400 000	3 400 000			3 400 000
所有者权益：						
股本	3 000 000	400 000	3 400 000	400 000		3 000 000
资本公积	2 500 000	300 000	2 800 000	300 000		2 500 000
盈余公积	1 100 000	200 000	1 300 000	200 000		1 100 000
未分配利润	400 000	100 000	500 000	100 000		400 000
所有者权益小计	7 000 000	1 000 000	8 000 000	1 000 000		7 000 000
负债与股东权益合计	10 000 000	1 400 000	11 400 000			10 400 000

甲公司正式的合并资产负债表略。

（二）母公司购买子公司部分股权的合并财务报表

由于母公司只拥有子公司的部分股权，还有部分股权为其他的股东拥有，其他股东拥有的股权只占全部股权的少数，因此称为少数股东权益。按照母公司理论，在编制合并财务报表时，将少数股东权益列入负债，而按实体理论，将少数股东权益列入所有者权益下面。

【例6】甲公司于201A年1月1日，出资105万元从正在经营的丙公司股东手中收购其80%的股票。假设此时丙公司的可辨认净资产账面价值为100万元，其公允价值为115万元。假设此15万元的差额为存货增值5万元，固定资产增值10万元。

甲公司支付105万元给丙公司的股东时的会计分录为：

借：长期股权投资——对丙投资　　　　1 050 000

　贷：银行存款　　　　1 050 000

甲公司要计算合并价差：

合并价差＝实际投资成本－被并企业可辨认净资产的账面价值×80%＝105－100×80%＝25（万元）

合并价差中包括两个内容：一是合并商誉，二是被并企业可辨认净资产公允价值与其账面价值之差。

合并商誉＝实际投资成本－被并企业可辨认净资产的公允价值×80%＝105－115×80%＝13（万元）

被并企业公允价值与其账面价值之差＝（115－100）×80%＝12（万元）

甲公司需要在备查账簿中记录被并子公司（丙公司）的可辨认净资产公允价值高于其账面价值15万元中属于自己的部分，其中：存货增值4（5×80%）万元，将于本年末全部对外销售；固定资产增值8（10×80%）万元，将在未来5年内计提折旧；合并商誉13万元，发生减值时应计提减值准备（相当于不定期摊销）。这只会影响年末编制合并财务报表。

此时，丙公司无须做任何会计处理。

甲公司在投资前后的资产负债表及丙公司的资产负债表归纳见表2－10。

表2-10　甲、丙公司资产负债表　　（单位：元）

项目	甲公司投资前	甲公司投资后	丙公司
资产：			
银行存款	2 000 000	950 000	450 000
存货	1 200 000	1 200 000	300 000
长期股权投资——丙		1 050 000	
固定资产	5 000 000	5 000 000	600 000
无形资产	1 800 000	1 800 000	50 000
资产合计	10 000 000	10 000 000	1 400 000
负债：			
流动负债	1 000 000	1 000 000	150 000
长期负债	2 000 000	2 000 000	250 000
负债小计	3 000 000	3 000 000	400 000
所有者权益：			
股本	3 000 000	3 000 000	400 000
资本公积	2 500 000	2 500 000	300 000
盈余公积	1 100 000	1 100 000	200 000
未分配利润	400 000	400 000	100 000
所有者权益小计	7 000 000	7 000 000	1 000 000
负债与权益合计	10 000 000	10 000 000	1 400 000

甲公司收购子公司后，应于收购日编制合并资产负债表。其抵销分录为：

借：股本（子）　400 000
　　资本公积（子）　300 000
　　盈余公积（子）　200 000
　　未分配利润（子）　100 000
　　合并价差　250 000
　贷：长期股权投资　1 050 000
　　　少数股东权益（账面价值反映）　200 000

少数股东权益＝被并企业可辨认净资产的账面价值×少数股东持股比例＝100×20%＝20（万元）。

此时产生的合并价差可列入合并资产负债表的“长期股权投资”项目下。为了用公允价值在合并资产负债表中反映其合并资产情况，应当将“合并价差”计入相关资产项目。因为此合并价差为“存货”和“固定资产”项目的增值额以及产生的合并商誉，所以应列入合并资产负债表的“存货”、“固定资产”和“合并商誉”项目。因此，需要编制如下抵销分录：

借：存货（50 000×80%） 40 000
　　固定资产（100 000×80%） 80 000
　　合并商誉 130 000
　贷：合并价差 250 000

如果是比较熟练的话，可以将上述两个抵销分录合为一个抵销分录。

借：股本（子） 400 000
　　资本公积（子） 300 000
　　盈余公积（子） 200 000
　　未分配利润（子） 100 000
　　存货 40 000
　　固定资产 80 000
　　合并商誉 130 000
　贷：长期股权投资 1 050 000
　　　少数股东权益（账面价值反映） 200 000

甲、丙公司合并工作底稿见表2－11。

表2－11　甲、丙公司合并工作底稿　　（单位：元）

项目	个别资产负债表		合计数	抵销分录		合并数
	甲公司	丙公司		借方	贷方	
资产：						
银行存款	950 000	450 000	1 400 000			1 400 000
存货	1 200 000	300 000	1 500 000	40 000		1 540 000
长期股权投资——丙	1 050 000		1 050 000		1 050 000	0
合并商誉				130 000		130 000
固定资产	5 000 000	600 000	5 600 000	80 000		5 680 000
无形资产	1 800 000	50 000	1 850 000			1 850 000
资产合计	10 000 000	1 400 000	11 400 000			10 600 000
负债：						
流动负债	1 000 000	150 000	1 150 000			1 150 000
长期负债	2 000 000	250 000	2 250 000			2 250 000
负债小计	3 000 000	400 000	3 400 000			3 400 000

（续上表）

项目	个别资产负债表		合计数	抵销分录		合并数
	甲公司	丙公司		借方	贷方	
所有者权益：						
股本	3 000 000	400 000	3 400 000	400 000		3 000 000
资本公积	2 500 000	300 000	2 800 000	300 000		2 500 000
盈余公积	1 100 000	200 000	1 300 000	200 000		1 100 000
未分配利润	400 000	100 000	500 000	100 000		400 000
少数股东权益					200 000	200 000
所有者权益小计	7 000 000	1 000 000	8 000 000	1 000 000		7 200 000
负债与股东权益合计	10 000 000	1 400 000	11 400 000			10 600 000

从上述计算的少数股东权益20万元可以看出，少数股东权益只确认了被并企业可辨认净资产的账面价值部分，被并企业公允价值高于账面价值的部分15万元，在合并财务报表中只体现了母公司享有的部分，少数股东权益中没有反映。有一种观点认为，少数股东权益中也应包括被并企业可辨认净资产公允价值高于其账面价值的部分。

抵销分录中的少数股东权益 $=115\times20\%=100\times20\%+15\times20\%=23$（万元）

公允价值高于账面价值的“存货”和“固定资产”分别要以全额10万元和5万元列示。其抵销分录为：

借：股本（子） 400 000

　　资本公积（子） 300 000

　　盈余公积（子） 200 000

　　未分配利润（子） 100 000

　　存货 50 000

　　固定资产 100 000

　　合并商誉 130 000

　贷：长期股权投资 1 050 000

　　　少数股东权益（公允价值反映） 230 000

在这种情况下，“少数股东权益”也是按公允价值反映，比按账面价值反映多3万元。同样“存货”和“固定资产”按全部的公允价值表示比只反映属于母公司的份额多3万元。

二、权益结合法下控制权取得日合并财务报表的编制

根据权益结合法的要求，企业合并既不考虑被并企业可辨认净资产的公允价值，也不考虑主并企业为换取控制权而支付的资产、发行的证券的公允价值，而是按被并企业可辨认净资产的账面价值入账。

母公司发行股票换取子公司股权也分为两种方式：一种是全部控股，一种是部分控股。

在权益结合法下，母公司以股票方式取得对子公司的全部股权控制时，其投资的会计处理为：

借：长期股权投资——对子公司投资（被并企业可辨认净资产的账面价值）

　贷：股本（母）（股票面值）

　　资本公积（母）（二者之差）

本来母公司还需要将子公司的留存收益中归属于母公司的份额从母公司的“资本公积”科目转入其“盈余公积”科目和“利润分配——未分配利润”科目，由于此分录与编制合并报表无关，故在此省略。

由于母公司对子公司的“长期股权投资”等于子公司可辨认净资产的账面价值，所以在编制抵销分录时，不会产生差额。

合并日编制合并财务报表时，应编制的抵销分录为：

借：股本（子）

　资本公积（子）

　盈余公积（子）

　未分配利润（子）

　贷：长期股权投资——对子公司投资

【例7】甲公司于201A年1月1日，以发行本公司股票40万股换取正在经营的丙公司股东手中的全部股票。假设此时丙公司的可辨认净资产账面价值等于其公允价值100万元。

甲公司发行股票给丙公司的股东时的会计分录为：

借：长期股权投资——对丙公司投资　　1 000 000

　贷：股本　　400 000

　　资本公积　　600 000

此时，丙公司无须做任何会计处理。

甲公司在投资前后的资产负债表及丙公司的资产负债表归纳见表2－12。

表2－12　甲、丙公司资产负债表　（单位：元）

项目	甲公司投资前	甲公司投资后	丙公司
资产：			
银行存款	2 000 000	2 000 000	450 000
存货	1 200 000	1 200 000	300 000
长期股权投资——丙		1 000 000	
固定资产	5 000 000	5 000 000	600 000
无形资产	1 800 000	1 800 000	50 000
资产合计	10 000 000	11 000 000	1 400 000
负债：			
流动负债	1 000 000	1 000 000	150 000
长期负债	2 000 000	2 000 000	250 000
负债小计	3 000 000	3 000 000	400 000
所有者权益：			
股本	3 000 000	3 400 000	400 000
资本公积	2 500 000	3 100 000	300 000
盈余公积	1 100 000	1 100 000	200 000
未分配利润	400 000	400 000	100 000
所有者权益小计	7 000 000	8 000 000	1 000 000
负债与权益合计	10 000 000	11 000 000	1 400 000

甲公司收购子公司后，应于收购日编制合并资产负债表。其抵销分录为：

借：股本（子）　400 000
　　资本公积（子）　300 000
　　盈余公积（子）　200 000
　　未分配利润（子）　100 000
　贷：长期股权投资——对子公司投资　1 000 000

甲、丙公司合并工作底稿见表2－13。

表 2-13　甲、丙公司合并工作底稿　　（单位：元）

项目	个别资产负债表		合计数	抵销分录		合并数
	甲公司	丙公司		借方	贷方	
资产：						
银行存款	2 000 000	450 000	2 450 000			2 450 000
存货	1 200 000	300 000	1 500 000			1 500 000
长期股权投资——丙	1 000 000		1 000 000		1 000 000	0
固定资产	5 000 000	600 000	5 600 000			5 600 000
无形资产	1 800 000	50 000	1 850 000			1 850 000
资产合计	11 000 000	1 400 000	12 400 000			11 400 000
负债：						
流动负债	1 000 000	150 000	1 150 000			1 150 000
长期负债	2 000 000	250 000	2 250 000			2 250 000
负债小计	3 000 000	400 000	3 400 000			3 400 000
所有者权益：						
股本	3 400 000	400 000	3 800 000	400 000		3 400 000
资本公积	3 100 000	300 000	3 400 000	300 000		3 100 000
盈余公积	1 100 000	200 000	1 300 000	200 000		1 100 000
未分配利润	400 000	100 000	500 000	100 000		400 000
所有者权益小计	8 000 000	1 000 000	9 000 000	1 000 000		8 000 000
负债与股东权益合计	11 000 000	1 400 000	12 400 000			11 400 000

【例8】甲公司于201A 年1 月1 日，以25 万股本公司股票从正在经营的丙公司股东手中收购其60%的股票。假设此时丙公司的可辨认净资产账面价值等于其公允价值100 万元。

甲公司发行股票给丙公司的股东时的会计分录为：

长期股权投资的入账价值为被并企业可辨认净资产账面价值的60%。

借：长期股权投资——对丙投资　　600 000

　贷：股本　　250 000

　　　资本公积　　350 000

此时，丙公司无须做任何会计处理。

甲公司在投资前后的资产负债表及丙公司的资产负债表归纳见表2-14。

表2－14　甲、丙公司资产负债表　（单位：元）

项目	甲公司投资前	甲公司投资后	丙公司
资产：			
银行存款	2 000 000	2 000 000	450 000
存货	1 200 000	1 200 000	300 000
长期股权投资——丙		600 000	
固定资产	5 000 000	5 000 000	600 000
无形资产	1 800 000	1 800 000	50 000
资产合计	10 000 000	10 600 000	1 400 000
负债：			
流动负债	1 000 000	1 000 000	150 000
长期负债	2 000 000	2 000 000	250 000
负债小计	3 000 000	3 000 000	400 000
所有者权益：			
股本	3 000 000	3 250 000	400 000
资本公积	2 500 000	2 850 000	300 000
盈余公积	1 100 000	1 100 000	200 000
未分配利润	400 000	400 000	100 000
所有者权益小计	7 000 000	7 600 000	1 000 000
负债与权益合计	10 000 000	10 600 000	1 400 000

甲公司收购子公司后，应于收购日编制合并资产负债表。其抵销分录为：

借：股本（子）　　400 000
　　资本公积（子）　　300 000
　　盈余公积（子）　　200 000
　　未分配利润（子）　　100 000
　贷：长期股权投资——对子公司投资　　600 000
　　　少数股东权益　　400 000

甲、丙公司合并工作底稿见表2－15。

表 2-15 甲、丙公司合并工作底稿 (单位：元)

项目	个别资产负债表		合计数	抵销分录		合并数
	甲公司	丙公司		借方	贷方	
资产：						
银行存款	2 000 000	450 000	2 450 000			2 450 000
存货	1 200 000	300 000	1 500 000			1 500 000
长期股权投资——丙	600 000		600 000		600 000	0
固定资产	5 000 000	600 000	5 600 000			5 600 000
无形资产	1 800 000	50 000	1 850 000			1 850 000
资产合计	10 600 000	1 400 000	12 000 000			11 400 000
负债：						
流动负债	1 000 000	150 000	1 150 000			1 150 000
长期负债	2 000 000	250 000	2 250 000			2 250 000
负债小计	3 000 000	400 000	3 400 000			3 400 000
所有者权益：						
股本	3 250 000	400 000	3 650 000	400 000		3 250 000
资本公积	2 850 000	300 000	3 150 000	300 000		2 850 000
盈余公积	1 100 000	200 000	1 300 000	200 000		1 100 000
未分配利润	400 000	100 000	500 000	100 000		400 000
少数股东权益					400 000	400 000
所有者权益小计	7 600 000	1 000 000	8 600 000	1 000 000		8 000 000
负债与股东权益合计	10 600 000	1 400 000	12 000 000			11 400 000

第三节　合并后的合并财务报表编制

购买日后的合并财务报表是指由母公司在购买日后的各个会计期末编制的，反映企业集团总体的财务状况、经营成果和现金流量的报表。

我国《企业会计准则第 2 号——长期股权投资》规定，投资企业对子公司的投资，应当采用本准则规定的成本法核算，但在编制合并财务报表时，要按权益法进行调整。这就说明合并财务报表的编制是建立在权益法核算的基础之上的，因此这里需要重点介绍权益法的调整。

一、权益法的会计处理

1. 权益法的概念

成本法（Cost Method），指投资企业的“长期股权投资”账户的账面价值不随被投资企业的所有者权益的增减变动的一种会计处理方法。在成本法下，投资企业只有在被投资企业宣告分配股利时，才确认投资收益。

权益法（Equity Method），指投资企业的“长期股权投资”账户的账面价值反映其在被投资企业所有权中占有的份额的一种会计处理方法。该方法有以下三个特点：

一是投资企业按占被投资企业的股份比例，将被投资企业所实现的净利润或净亏损确认为投资收益或投资损失，视同投资的增加并增加“长期股权投资”的成本。

二是被投资企业宣告发放现金股利时，视同投资清算，减少“长期股权投资”的成本（账面价值）。

三是投资企业要在其账上逐期摊销“合并价差”和“公司间业务的未实现损益”。

2. 权益法的会计处理

【例9】甲公司于201A年1月1日以335万元购入乙公司60%的发行在外具有表决权的股份。乙公司当时的资产负债表的账面价值与公允价值的资料见表2-16。

表2-16　乙公司资产负债表的账面价值与公允价值　（单位：元）

项目	账面价值	公允价值
银行存款	500 000	500 000
应收账款净额	1 500 000	1 500 000
存货	2 000 000	2 100 000
固定资产	4 000 000	4 200 000
资产合计	8 000 000	8 300 000

（续上表）

项目	账面价值	公允价值
短期借款	200 000	200 000
应付账款	800 000	800 000
长期借款	2 000 000	2 000 000
普通股本	3 000 000	
资本公积	1 000 000	
盈余公积	600 000	
未分配利润	400 000	
负债与权益合计	8 000 000	

乙公司可辨认净资产的公允价值 = 830 - 300 = 530（万元）

乙公司可辨认净资产的账面价值 = 800 - 300 = 500（万元）

（1）母公司编制投资时的会计分录为：

借：长期股权投资——投资成本　　3 350 000

　贷：银行存款　　3 350 000

（2）计算合并价差，记录于备查账中。

合并价差 = 可辨认净资产公允价值超过账面价值的差额 + 合并商誉

可辨认净资产公允价值超过账面价值的差额 =（530 - 500）×60% = 18（万元）

其中：存货 =（210 - 200）×60% = 6（万元）

　　　固定资产 =（420 - 400）×60% = 12（万元）

合并商誉 = 实际投资成本 - 可辨认净资产公允价值 = 335 - 530×60% = 17（万元）

（3）假设乙公司201A年12月31日利润表中反映的全年实现净利润100万元，当年宣告发放现金股利75万元，提取盈余公积10万元。

①直接采用权益法核算，按持股比例60%确认投资收益：

借：长期股权投资——损益调整　　600 000

　贷：投资收益　　600 000

②按持股比例确定应分现金股利：

借：应收股利（750 000×60%）　　450 000

　贷：长期股权投资——损益调整　　450 000

③摊销合并价差：

假设乙公司评估增值的存货于当年全部销售，其6万元全部摊销，增值的固定资产12万元在未来的4年内计提折旧，每年折旧3万元，合并商誉测试后减值7万元：

借：投资收益　　160 000

　贷：长期股权投资——对子公司投资　　160 000

将以上的会计分录登记入账后，甲公司的“长期股权投资”与“投资收益”账户结果如下：

长期股权投资——投资成本

3 350 000	160 000
3 190 000	

长期股权投资——损益调整

600 000	450 000
150 000	

投资收益

160 000	600 000
440 000	

乙公司（子公司）年末资产负债表的可辨认净资产情况如下：

普通股本	300
资本公积	100
盈余公积	70＝60＋10
未分配利润	55＝40＋15
合计	525（万元）

母公司的投资成本合计为334万元，未摊销的合并价差为19万元，其中：公允价值超过账面价值的差额固定资产9（12－3）万元，合并商誉10（17－7）万元。扣除合并价差后，投资成本为315万元，应该等于其子公司所有者权益账面价值525万元的60%。

二、拥有子公司全部股权的合并报表编制

1. 合并抵销分录

编制合并财务报表，主要是通过编制抵销分录进行的。这里主要介绍两个

重要的抵销分录：

一是抵销母公司从子公司获得的投资收益、子公司的现金股利分配及因采用权益法使母公司本期增加或减少的投资成本的抵销；

二是子公司除股利分配以外的其他利润分配的抵销。

当母、子公司成为一个整体时，就不存在利润分配问题，所以要抵销母公司分享的投资收益，子公司的利润分配及由此引起母公司长期股权投资的账面价值变动金额。

第一个抵销分录是抵销母公司从子公司获得的投资收益、子公司的现金股利分配及因采用权益法使母公司本期增加（贷）或减少（借）的投资成本：

借：投资收益（母）

　　长期股权投资——对子投资（母）

　贷：应付普通股股利（子）

“投资收益”为利润表的项目，反映采用权益法核算从子公司分享的投资收益，按权益法摊销合并价差而影响的投资收益额。

“长期股权投资”为资产负债表中因采用权益法核算而增加的长期权股投资账面价值和摊销合并价差而减少的长期股权投资账面价值，减少了要借，增加了要贷，将“长期股权投资”恢复到期初数。

“应付普通股股利”为利润分配表（或所有者权益变动表）的项目，反映子公司宣布发放的现金股利。

通过这一抵销分录，将从子公司获得的“投资收益”项目为0，对子公司的“长期股权投资”恢复到期初，利润分配表（或所有者权益变动表）的“应付普通股股利”项目为0。

第二个抵销分录是抵销子公司除宣告现金股利分配以外的其他利润分配：

借：盈余公积——法定盈余公积

　　　　　　——任意盈余公积

　贷：提取法定盈余公积

　　　提取任意盈余公积

借方是抵销子公司通过利润分配而增加资产负债表中的“盈余公积”项目，贷方是抵销子公司利润分配表（或所有者权益变动表）中的利润分配项目。

通过这一抵销分录，将子公司的利润分配给予冲销。

第三个抵销分录是抵销期初母公司的长期股权投资成本与子公司的所有者权益（前面一章介绍的）：

①借：股本（子）

　　资本公积（子）

盈余公积（子）

未分配利润（子）

合并价差

贷：长期股权投资——对子投资（母）

②合并价差用子公司的可辨认净资产公允价值高于其账面价值的差额及合并商誉代替：

借：存货（期初数）

固定资产（期初数）

无形资产（期初数）

合并商誉（期初数）

贷：合并价差（期初数）

由于在本会计期对合并价差进行了摊销，因而其期末的合并价差应比期初要少，其已摊销的金额应反映在合并利润表中。一般将存货计入“营业成本”项目，固定资产和无形资产摊销及商誉减值分别计入“管理费用”和“资产减值损失”项目。

③其调整抵销分录为：

借：营业成本（存货已销售部分）

管理费用（固定资产折旧、无形资产摊销）

资产减值损失（合并商誉的减值）

贷：存货（本年销售数）

固定资产（本年折旧数）

无形资产（本年摊销数）

合并商誉（本年减值数）

将①②③三个抵销或调整分录合并为第三个抵销分录：

借：股本（子）

资本公积（子）

盈余公积（子）

未分配利润（子）

存货（期初数－已销售数）

固定资产（期初数－已折旧数）

无形资产（期初数－已摊销数）

合并商誉（期初数－已减值数）

营业成本（存货已销售部分）

管理费用（固定资产折旧、无形资产摊销）

资产减值损失（合并商誉的减值）

贷：长期股权投资——对子投资（母）（年初数）

如果熟练的话，可以将上述第一、第二、第三个抵销分录合并为一个抵销分录：

抵销母公司的投资、投资收益、子公司的期末权益及利润分配：

借：投资收益（本期发生的与子公司有关的投资收益）

股本（子公司期初数）

资本公积（子公司期初数）

盈余公积（子公司期末数）

年初未分配利润（子公司期初数）

营业成本（本期摊销的已售存货的增值额）

管理费用（本期固定资产折旧、无形资产摊销）

资产减值损失（合并商誉的减值）

固定资产（增值的固定资产价值未折旧额）

无形资产（增值的无形资产价值未摊销额）

合并商誉（合并商誉可变现净额）

贷：长期股权投资（母公司期末数）

提取法定盈余公积（子公司本期利润分配）

提取任意盈余公积（子公司本期利润分配）

应付普通股股利（子公司本期利润分配）

2. 合并后第一年的合并财务报表

【例 10】X 公司 201A 年 1 月 1 日以银行存款 3 025 万元购入 Y 公司 100% 的发行在外具有表决权的股份。X、Y 公司为非同一控制的企业，X、Y 公司合并前的资产负债表见表 2－17。

表 2－17 资产负债表

201A 年 1 月 1 日　　（单位：万元）

项目	X 公司	Y 公司
银行存款	3 600	240
应收账款	810	420
存货	850	660
固定资产	3 500	2 500
减：累计折旧	800	700
无形资产	0	120
资产合计	7 960	3 240

（续上表）

项目	X 公司	Y 公司
短期借款	2 900	300
应付账款	2 000	540
应付所得税	156	60
股本	1 800	1 200
资本公积	300	348
盈余公积	779	772
未分配利润	25	20
负债与权益合计	7 960	3 240

Y 公司可辨认净资产公允价值与其账面价值有三项资产增值（单位：万元）：

	账面价值	公允价值	差额
存货	660	810	150
固定资产（净）	1 800	2 190	390
无形资产	120	150	30
合计			570

（1）X 公司投资的会计处理：

Y 公司可辨认净资产账面价值 = 1 200 + 348 + 772 + 20 = 2 340（万元）

合并价差 = 3 025 − 2 340 = 685（万元）

其中：可辨认净资产公允价值超过账面价值的差额 =（3 810 − 300 − 540 − 60）− 2 340 = 2 910 − 2 340 = 570（万元）

合并商誉 = 3 025 − 2 910 = 115（万元）

借：长期股权投资——对 Y 公司投资　　30 250 000

　贷：银行存款　　30 250 000

X 公司通过合并后，“银行存款”余额减少 3 025 万元，“长期股权投资”增加 3 025 万元。

（2）假设 201A 年 12 月 31 日 Y 公司全年实现净利润 320 万元（假设全部收到现金），提取法定盈余公积 32 万元，提取任意盈余公积 83 万元，并宣告发放现金股利 210 万元。

Y 公司（子公司）利润分配的会计处理为：

借：利润分配——提取法定盈余公积　　320 000

　　　　——提取任意盈余公积　　830 000

　　　　——普通股股利　　2 100 000

贷：盈余公积——法定盈余公积　　320 000
　　　　　　——任意盈余公积　　830 000
　　应付股利　　2 100 000

X 公司（母公司）按完全权益法编制会计分录如下：

按持股比例 100% 确认投资收益：

借：长期股权投资——损益调整　　3 200 000
　贷：投资收益　　3 200 000

按持股比例确定应分现金股利：

借：应收股利　　2 100 000
　贷：长期股权投资——损益调整　　2 100 000

摊销合并价差见表 2 – 18：

表 2 – 18　合并价差摊销表

项目	差额（万元）	摊销年限（年）	年摊销额（万元）
存货（当年全部销售）	150	1	150
固定资产	390	10	39
无形资产	30	3	10
合并商誉	115	减值	23
合计	685		222

根据计算编制合并价差摊销的会计分录如下：

借：投资收益　　2 220 000
　贷：长期股权投资——对 Y 公司投资　　2 220 000

将以上的会计分录登记入账后，X 公司的“长期股权投资”与“投资收益”账户结果如下：

长期股权投资——投资成本

借方	贷方
30 250 000	2 220 000
28 030 000	

长期股权投资——损益调整

借方	贷方
3 200 000	2 100 000
1 100 000	

投资收益

借方	贷方
2 220 000	3 200 000
	980 000

“长期股权投资”账面价值比期初减少了112万元，“投资收益”增加了98万元。

Y公司（子公司）年末资产负债表的可辨认净资产情况如下：

普通股本	1 200
资本公积	348
盈余公积	887 = 772 + 115
未分配利润	15 = 20 − 5
合计	2 450（万元）

此时X、Y公司的资产负债资料见表2－19：

表2－19　资产负债表

201A年12月31日　　（单位：万元）

项目	X公司	Y公司
银行存款	3 600 − 3 025 = 575	240 + 320 = 560
应收账款	810	420
存货	850	660
固定资产	3 500	2 500
减：累计折旧	800	700
无形资产	0	120
长期股权投资——Y	3 025 + 320 − 210 − 222 = 2 913	
应收股利	210	
资产合计	7 960 + 98 = 8 058	3 560
短期借款	2 900	300
应付账款	2 000	540
应付股利		210
应付所得税	156	60
股本	1 800	1 200
资本公积	300	348
盈余公积	779	772 + 115 = 887
未分配利润	25 + 98 = 123	20 − 5 = 15
负债与权益合计	7 960 + 98 = 8 058	3 560

（3）假设X公司未发生其他会计业务，编制相关抵销分录如下：

①抵销因Y公司实现净利润而影响X公司的“长期股权投资”增加320万

元，Y 公司股利分配而影响 X 公司“长期股权投资”增加 320 万元，Y 公司股利分配而影响 X 公司“长期股权投资”减少 210 万元，权益法确认实现的“投资收益”98 万元，及 Y 公司分配的“应付普通股股利”项目的金额 210 万元。

抵销因摊销合并价差而影响 X 公司的“长期股权投资”与“投资收益”账户的金额 222 万元。

借：投资收益　　980 000
　　长期股权投资——对 Y 投资　　1 120 000
　贷：应付普通股股利　　2 100 000

通过上述抵销分录，将 X 公司对 Y 公司的“长期股权投资”恢复到期初的数字，X 公司利润表中对 Y 公司的“投资收益”项目为 0，Y 公司利润分配表（或所有者权益变动表）的“分配现金股利”项目为 0。

②抵销 Y 公司除宣告现金股利分配以外的其他利润分配：

借：盈余公积——法定盈余公积　　320 000
　　　　　　——任意盈余公积　　830 000
　贷：提取法定盈余公积　　320 000
　　　提取任意盈余公积　　830 000

此抵销分录将 Y 公司的盈余公积恢复到期初。

③抵销 Y 公司期初的权益，X 公司的长期股权投资：

借：股本　　12 000 000
　　资本公积　　3 480 000
　　盈余公积　　7 720 000
　　未分配利润　　200 000
　　固定资产　　3 510 000
　　无形资产　　200 000
　　合并商誉　　920 000
　　销售成本　　1 500 000
　　管理费用　　490 000
　　资产减值损失　　230 000
　贷：长期股权投资　　30 250 000

可以将这三笔抵销分录归为一笔抵销分录：

抵销母公司的期末投资、本期的投资收益、子公司的期末权益及利润分配：

借：投资收益　　980 000
　　股本　　12 000 000
　　资本公积　　3 480 000

盈余公积	8 870 000	
年初未分配利润	200 000	
营业成本	1 500 000	
管理费用	490 000	
资产减值损失	230 000	
固定资产	3 510 000	
无形资产	200 000	
合并商誉	920 000	
贷：长期股权投资		29 130 000
提取法定盈余公积		320 000
提取公益金		160 000
提取任意盈余公积		670 000
应付普通股股利		2 100 000

同时，抵销应收、应付股利：

借：应付股利	2 100 000	
贷：应收股利		2 100 000

【例 11】甲公司于 201A 年 1 月 1 日以银行存款 6 050 000 元购入乙公司 100% 的股权。乙公司成为甲公司的全资子公司。乙公司可辨认净资产的账面价值为 4 680 000 元，其中：股本 2 400 000 元，资本公积 696 000 元，盈余公积1 544 000 元，未分配利润 40 000 元，可辨认净资产的公允价值为 5 820 000 元。

201A 年 12 月 31 日，乙公司可辨认资产和负债的公允价值除以下三项资产外均与其账面价值相等（单位：元）：

	账面价值	公允价值	变动额
存货	1 320 000	1 620 000	+300 000
固定资产（净）	3 600 000	4 380 000	+780 000
无形资产	240 000	300 000	+60 000
合计	5 160 000	6 300 000	+1 140 000

计算合并价差：

合并价差 = 605 − 468 = 137（万元）

其中：

可辨认净资产公允价值超过账面价值的差额 = 630 − 516 = 114（万元）

合并商誉 = 605 − 582 = 23（万元）

甲公司要将这些资料记入备查账簿中，以便在编制合并财务报表时使用。

甲公司编制投资的会计处理：

借：长期股权投资——对乙公司投资　　6 050 000

　贷：银行存款　　6 050 000

现假设甲、乙公司201A年12月31日的个别财务报表如表2－21合并财务报表中所示。乙公司全年实现净利润640 000元，期初未分配利润40 000元，当年提取盈余公积230 000元，宣布发放现金股利420 000元。

（1）乙公司编制利润分配的会计分录如下：

借：利润分配——提取盈余公积　　230 000

　　　　　——应付普通股股利　　420 000

　贷：盈余公积　　230 000

　　　应付股利　　420 000

（2）甲公司按权益法编制会计分录如下：

借：长期股权投资——损益调整　　640 000

　贷：投资收益　　640 000

借：应收股利　　420 000

　贷：长期股权投资——损益调整　　420 000

摊销合并价差见表2－20：

表2－20　合并价差摊销表

项目	差额（元）	摊销年限（年）	年摊销额（元）
存货（当年全部销售）	300 000	1	300 000
固定资产	780 000	10	78 000
无形资产	60 000	6	10 000
合并商誉	230 000	未减值	0
合计	1 370 000		388 000

借：投资收益　　388 000

　贷：长期股权投资——对乙公司投资　　388 000

甲公司编制会计分录后对“长期股权投资”和“投资收益”账户的影响结果如下：

长期股权投资——投资成本

6 050 000	388 000
5 662 000	

长期股权投资——损益调整	
640 000	420 000
220 000	

投资收益	
388 000	640 000
	252 000

（3）编制抵销分录如下：

借：投资收益　252 000
　　股本　2 400 000
　　资本公积　696 000
　　盈余公积（1 544 000 + 230 000）　1 774 000
　　年初未分配利润　40 000
　　营业成本　300 000
　　管理费用　88 000
　　固定资产（780 000 − 78 000）　702 000
　　无形资产（60 000 − 10 000）　50 000
　　合并商誉　230 000
　贷：长期股权投资　5 882 000
　　　提取法定盈余公积　230 000
　　　应付普通股股利　420 000

同时，抵销应收、应付股利：

借：应付股利　420 000
　贷：应收股利　420 000

（4）编制合并财务报表的工作底稿见表 2－21：

表 2－21　合并财务报表工作底稿　（单位：元）

项目	甲公司	乙公司	调整与抵销		合并数
			借方	贷方	
利润表					
营业收入	12 000 000	8 160 000			20 160 000
营业成本	8 400 000	5 600 000	300 000		14 300 000
管理费用	722 000	475 000	88 000		1 285 000
销售费用	828 000	588 000			1 416 000
财务费用	531 000	425 000			956 000
投资收益	252 000		252 000		0
所得税费用	640 000	432 000			1 072 000
净利润	1 131 000	640 000			1 131 000

（续上表）

项目	甲公司	乙公司	调整与抵销		合并数
			借方	贷方	
利润分配表					
本年净利润	1 131 000	640 000			1 131 000
加：期初未分配利润	50 000	40 000	40 000		50 000
可分配利润	1 181 000	680 000			1 181 000
减：盈余公积	554 000	230 000	230 000		554 000
现金股利	600 000	420 000	420 000		600 000
未分配利润	27 000	30 000			27 000
资产负债表					
银行存款	192 000	865 000			1 057 000
存货	1 632 000	1 380 000			3 012 000
应收股利	420 000			420 000	0
其他流动资产	1 055 000	1 572 000			2 627 000
长期股权投资	5 882 000			5 882 000	0
固定资产（净）	5 280 000	4 083 000	702 000		10 065 000
无形资产		240 000	50 000		290 000
合并商誉			230 000		230 000
资产合计	14 461 000	8 140 000			17 281 000
应付股利		420 000	420 000		0
应交税费	480 000	324 000			804 000
其他负债	7 894 000	2 496 000			10 390 000
股本	3 600 000	2 400 000	2 400 000		3 600 000
资本公积	600 000	696 000	696 000		600 000
盈余公积	1 860 000	1 774 000	1 774 000		1 860 000
未分配利润	27 000	30 000			27 000
负债与权益合计	14 461 000	8 140 000	6 952 000	6 952 000	17 281 000

从以上的合并财务报表中可以看出：

合并净利润 = 母公司的净利润

合并所有者权益 = 母公司的所有者权益 + 少数股东权益

当不存在少数股东（全资子公司）时：

合并所有者权益 = 母公司的所有者权益

这三个等式是判断合并财务报表是否正确的标准。

还需要说明的是，合并工作底稿上的抵销分录和有关调整分录只是为编制合并财务报表所作的草稿，不需要在母、子公司账簿上登记。

3. 合并后第二年的合并财务报表

合并后第一年的合并财务报表与合并后第二年及以后的合并财务报表并没有差别，只有计算合并价差的摊销金额不同。

【例 12】以例 11 的资料为基础，现假设乙公司一年后的 201B 年全年实现净利润 500 000 元，提取盈余公积 150 000 元，宣布发放现金股利 300 000 元。

摊销合并价差见表 2－22：

表 2－22　合并价差摊销表

项目	差额（元）	摊销年限（年）	年摊销额（元）
存货	0		0
固定资产	702 000	9	78 000
无形资产	50 000	5	10 000
合并商誉	230 000	减值	20 000
合计	982 000		108 000

甲公司采用权益法核算后有关账户记录情况如下：

长期股权投资——投资成本

5 662 000	108 000
5 554 000	

长期股权投资——损益调整

220 000	
500 000	300 000
420 000	

投资收益

	500 000
108 000	
	392 000

甲公司编制合并财务报表的抵销分录如下：

借：投资收益　392 000
　股本　2 400 000
　资本公积　696 000
　盈余公积（1 544 000 + 230 000 + 150 000）　1 924 000
　年初未分配利润　30 000
　管理费用　88 000
　资产减值损失　20 000
　固定资产（702 000 - 78 000）　624 000
　无形资产（50 000 - 10 000）　40 000
　合并商誉（230 000 - 20 000）　210 000
　贷：长期股权投资　5 974 000
　　提取法定盈余公积　150 000
　　应付普通股股利　300 000

同时，抵销应收、应付股利：

借：应付股利　300 000
　贷：应收股利　300 000

三、非全资子公司合并财务报表的编制

1. 非全资子公司合并抵销分录

在非全资子公司的情况下，出现了少数股东，在编制合并财务报表时，需要计算少数股东权益。母公司拥有子公司部分股权时，根据不同的合并理论，对少数股东权益的计算方法有所不同。下面介绍三种方法：

根据母公司理论，少数股东权益不计算合并价差，只有母公司权益才考虑合并价差。其为第一种方法。

少数股东权益 = 子公司所有者权益的账面价值 × 少数股东持股比例

合并形成的价差只有母公司享有的部分在合并财务报表中反映出来，不反映少数股东享有的部分。

合并资产负债表中只反映属于母公司享有的份额。

被并企业可辨认净资产公允价值高于账面价值的增值部分 = 全部增值额 × 母公司持股比例

合并商誉 = 实际投资成本 - 子公司可辨认净资产公允价值 × 母公司持股比例

第二种方法。少数股东享有被投资单位可辨认净资产公允价值高于账面的份额，不享有合并商誉。

少数股东权益 = 子公司可辨认净资产公允价值 × 少数股东持股比例

合并资产负债表中反映全部的子公司可辨认净资产公允价值高于其账面价值的部分。计入相关合并利润表中的成本费用也按全部金额反映。合并商誉仍然只反映属于母公司的份额。

第三种方法，根据所有权理论，少数股东权益也要计算全部合并价差，即少数股东权益既包括少数股东应享有的子公司可辨认净资产公允价值高于账面价值的份额，还包括享有合并商誉的份额。

子公司可辨认净资产默认公允价值 = 母公司的实际投资成本 ÷ 母公司持股比例
少数股东权益 = 子公司可辨认净资产默认公允价值 × 少数股东持股比例

合并形成的合并价差少数股东也进行分摊：

增值部分 = 全部增值额
合并商誉 = 子公司可辨认净资产默认公允价值 - 子公司可辨认净资产公允价值

本书将按母公司理论（第一种方法）计算少数股东权益。

第一个抵销分录是抵销母公司从子公司获得的投资收益、少数股东权益、子公司的现金股利分配及因采用权益法使母公司本期增加（贷）或减少（借）的投资成本，具体如下：

借：投资收益（母）
　　少数股东权益（少数股东分得的股利）
　　长期股权投资——对子公司投资（母）
　贷：应付普通股股利（子）

“投资收益”为利润表的项目，反映采用权益法核算从子公司分享的投资收益，按权益法摊销合并价差而影响的投资收益额。

“少数股东权益”为子公司宣告发放的现金股利乘以少数股东持股比例。

“长期股权投资”为资产负债表中因采用权益法核算而增加的投资账面价值和摊销合并价差而减少的投资账面价值，减少要借，增加了要贷，将其恢复到期初数。

“应付普通股股利”为利润分配表（所有者权益变动表）的项目，反映子公司宣布发放的现金股利。

通过这一抵销分录，将从子公司获得的“投资收益”变为0，对子公司的“长期股权投资”恢复到期初，应付普通股股利，项目为0。

第二个抵销分录是抵销子公司除宣告现金股利分配以外的其他利润分配，具体如下：

借：盈余公积——法定盈余公积
　　　　　　——任意盈余公积
　贷：提取法定盈余公积
　　　提取任意盈余公积

借方是抵销子公司通过利润分配而增加资产负债表中的盈余公积项目，贷方是抵销子公司利润分配表中的利润分配项目。

通过这一抵销分录，将子公司的利润分配给予冲销。

第三个抵销分录是抵销期初母公司的投资成本与子公司的所有者权益，具体如下：

①借：股本（子）
　　　资本公积（子）
　　　盈余公积（子）
　　　未分配利润（子）
　　　合并价差
　　贷：长期股权投资——对子公司投资（母）
　　　　少数股东权益

②合并价差用子公司的可辨认净资产公允价值超过账面价值的差额乘以母公司控股比例（只反映母公司的部分）及合并商誉代替：

借：存货（期初数×控股比例）
　　固定资产（期初数×控股比例）
　　无形资产（期初数×控股比例）
　　合并商誉（期初数）
　贷：合并价差（期初数）

由于在本会计期对合并价差进行了摊销，其期末的合并价差应比期初要少，已摊销的金额应反映在合并利润表中。一般将存货计入“营业成本”项目，本期摊销或减值计入“管理费用”项目。

③调整抵销分录为：

借：营业成本（存货部分×控股比例）

　　管理费用（固定资产折旧和无形资产摊销×控股比例）

　　资产减值损失（商誉减值）

　贷：存货（本年销售数）×控股比例

　　　固定资产（本年折旧数）×控股比例

　　　无形资产（本年摊销数）×控股比例

　　　合并商誉（本期减值数）

将①②③三个调整抵销分录合并为一个抵销分录：

借：股本（子）

　　资本公积（子）

　　盈余公积（子）

　　未分配利润（子）

　　存货（期初数－已销售数）×控股比例

　　固定资产（期初数－已折旧数）×控股比例

　　无形资产（期初数－已摊销数）×控股比例

　　合并商誉（期初数－已减值数）

　　营业成本（存货部分）

　　管理费用（固定资产折旧、无形资产摊销）

　　资产减值损失（合并商誉减值）

　贷：长期股权投资——对子公司投资（母）

　　　少数股东权益

最后，要确认少数股东权益：

借：少数股东收益（子公司的净利润×少数股东持股比例）

　贷：少数股东权益

存在少数股东情况下，采用母公司理论，应将上述第一、第二、第三个抵销分录和确认少数股东权益的分录合并为一个抵销分录：

抵销母公司的投资、少数股东权益、投资收益、子公司的期末权益及利润分配：

借：投资收益（本期发生的与子公司有关的投资收益）

　　少数股东收益（子公司的净利润×少数股权比例）

　　股本（子公司期初数）

　　资本公积（子公司期初数）

　　盈余公积（子公司期末数）

年初未分配利润（子公司期初数）
营业成本（本期摊销的存货的增值额）
管理费用（本期固定资产折旧、无形资产摊销）
资产减值损失（合并商誉减值）
固定资产（增值的固定资产价值未折旧额×控股比例）
无形资产（增值的无形资产价值未摊销额×控股比例）
合并商誉（合并商誉减已减值）
贷：长期股权投资（母公司期末数）
　　少数股东权益（子公司期末权益合计×少数股权比例）
　　提取法定盈余公积（子公司本期利润分配）
　　提取任意盈余公积（子公司本期利润分配）
　　应付普通股股利（子公司本期利润分配）

合并利润 = 母公司净利润

合并资产负债表的权益 = 母公司的权益 + 少数股东权益

合并后的少数股东权益 = 合并前的少数股东权益 +（子公司净利润 - 已宣告发放股利）× 少数股东持股比例

2. 合并后第一年的合并财务报表

【例 13】X 公司 201A 年 1 月 1 日以银行存款 2 500 万元购入 Y 公司 80% 的发行在外具有表决权的股份。X、Y 公司合并前的资产负债表见表 2 - 23：

表 2 - 23　资产负债表

201A 年 1 月 1 日　　　　（单位：万元）

项目	X 公司	Y 公司
银行存款	3 600	240
应收账款	810	420
存货	850	660
固定资产	3 500	2 500
减：累计折旧	800	700
无形资产	0	120
资产合计	7 960	3 240

（续上表）

项目	X 公司	Y 公司
短期借款	2 900	300
应付账款	2 000	540
应付所得税	156	60
股本	1 800	1 200
资本公积	300	348
盈余公积	779	772
未分配利润	25	20
负债与权益合计	7 960	3 240

对 Y 公司进行资产评估发现有三项资产增值（单位：万元）：

	账面价值	公允价值	差额	母公司的部分
存货	660	810	150	150×80%＝120
固定资产（净）	1 800	2 190	390	390×80%＝312
无形资产	120	150	30	30×80%＝24
合计			570	570×80%＝456

X 公司投资的会计处理为：

Y 公司可辨认净资产账面价值＝1 200＋348＋772＋20＝2 340（万元）

合并价差＝2 500－2 340×80%＝628（万元）

其中：可辨认净资产公允价值超过账面价值的差额＝［（3 810－300－540－60）－2 340］×80%＝（2 910－2 340）×80%＝456（万元）

合并商誉＝2 500－2 910×80%＝172（万元）

借：长期股权投资——投资成本　　25 000 000

　贷：银行存款　　25 000 000

X 公司通过合并后，“银行存款”余额减少 2 500 万元，“长期股权投资”增加 2 500 万元。

假设 201A 年 12 月 31 日 Y 公司全年实现净利润 320 万元，提取法定盈余公积 32 万元，提取任意盈余公积 83 万元，并宣告发放现金股利 210 万元。

（1）Y 公司利润分配的会计处理为：

借：利润分配——提取法定盈余公积　　320 000

　　　　　　——提取任意盈余公积　　830 000

　　　　　　——普通股股利　　2 100 000

　贷：盈余公积——法定盈余公积　　320 000

——任意盈余公积 830 000

应付股利 2 100 000

（2）X 公司按权益法编制会计分录如下：

按持股比例 80% 确认投资收益 = 320 × 80% = 256（万元）

借：长期股权投资——损益调整 2 560 000

贷：投资收益 2 560 000

按持股比例确定应分现金股利 = 210 × 80% = 168（万元）

借：应收股利 1 680 000

贷：长期股权投资——损益调整 1 680 000

摊销合并价差见表 2 – 24。

表 2 – 24 合并价差摊销表

项目	差额（万元）	摊销年限（年）	年摊销额（万元）
存货（当年全部销售）	150 × 80% = 120	1	120
固定资产	390 × 80% = 312	10	31.2
无形资产	30 × 80% = 24	3	8
合并商誉	172	减值	34.4
资产合计	628		193.6

根据计算编制合并价差摊销的会计分录如下：

借：投资收益 1 936 000

贷：长期股权投资 1 936 000

将以上的会计分录登记入账后，A 公司的“长期股权投资”与“投资收益”账户结果如下：

长期股权投资——投资成本

借方	贷方
25 000 000	
	1 936 000
23 064 000	

长期股权投资——损益调整

借方	贷方
2 560 000	
	1 680 000
880 000	

投资收益

借方	贷方
	2 560 000
1 936 000	
	624 000

“长期股权投资”账面价值为 2 394.4 万元，减少了 105.6 万元，“投资收益”增加了 62.4 万元。

Y 公司年末资产负债表的可辨认净资产情况如下：

普通股本	1 200
资本公积	348
盈余公积	887 = 772 + 115
未分配利润	15 = 20 − 5
合计	2 450（万元）

此时 X、Y 公司的资产负债资料见表 2 − 25。

表 2 − 25　资产负债表

201A 年 12 月 31 日　　（单元：万元）

项目	X 公司	Y 公司
银行存款	3 600 − 2 500 = 1 100	240 + 320 = 560
应收账款	810	420
存货	850	660
固定资产	3 500	2 500
减：累计折旧	800	700
无形资产	0	120
长期股权投资	2 500 + 256 − 168 − 193.6 = 2 394.4	
应收股利	168	
资产合计	7 960 + 62.4 = 8 022.4	3 560
短期借款	2 900	300
应付账款	2 000	540
应付股利		210
应付所得税	156	60
股本	1 800	1 200
资本公积	300	348
盈余公积	779	772 + 115 = 887
未分配利润	25 + 62.4 = 87.4	15
负债与权益合计	7 960 + 62.4 = 8 022.4	3 560

（3）假设 X 公司未发生其他会计业务，编制相关抵销分录如下：

抵销“投资收益”发生额、“长期股权投资”减少额、少数股东权益（应分股利）及子公司利润分配额：

借：投资收益　　624 000
　　少数股东权益（2 100 000 × 20%）　　420 000
　　长期股权投资——对 Y 公司投资　　1 056 000
　贷：利润分配——应付股利　　2 100 000

通过上述抵销分录，将“长期股权投资”恢复到期初的数字。X 公司利润表的“投资收益”项目为 0，Y 公司利润分配表（所有者权益变动表）的“分配现金股利”项目为 0。

抵销 Y 公司除宣告现金股利分配以外的其他利润分配：

借：盈余公积——法定盈余公积　　320 000
　　　　　　——任意盈余公积　　830 000
　贷：利润分配——提取法定盈余公积　　320 000
　　　　　　　——提取任意盈余公积　　830 000

此抵销分录将 Y 公司的盈余公积恢复到期初。

抵销 Y 公司期初的权益，X 公司的长期股权投资：

借：股本　　12 000 000
　　资本公积　　3 480 000
　　盈余公积　　7 720 000
　　未分配利润　　200 000
　　固定资产（3 120 000 – 312 000）　　2 808 000
　　无形资产（240 000 – 80 000）　　160 000
　　合并商誉（1 720 000 – 344 000）　　1 376 000
　　营业成本　　1 200 000
　　管理费用　　392 000
　　资产减值损失　　344 000
　贷：长期股权投资　　25 000 000
　　　少数股东权益（23 400 000 × 20%）　　4 680 000

确认少数股东收益：

借：少数股东收益　　640 000
　贷：少数股东权益　　640 000

可以将这四笔抵销分录再归为一笔抵销分录：

抵销母公司的投资、投资收益、子公司的期末权益及利润分配：

借：投资收益　624 000
　　少数股东收益　640 000
　　股本　12 000 000
　　资本公积　3 480 000
　　盈余公积　8 870 000
　　年初未分配利润　200 000
　　营业成本　1 200 000
　　管理费用　392 000
　　资产减值损失　344 000
　　固定资产　2 808 000
　　无形资产　160 000
　　合并商誉　1 376 000
　贷：长期股权投资　24 364 000
　　　少数股东权益（4 680 000 + 640 000 - 420 000）　4 900 000
　　　提取法定盈余公积　320 000
　　　提取任意盈余公积　830 000
　　　应付股利　1 680 000

同时，抵销应收、应付股利：

借：应付股利　1 680 000
　贷：应收股利　1 680 000

期末少数股东权益 = 期初少数股东权益 + 本期 Y 公司实现净利润而增加的少数股东权益 - 本期 Y 公司宣告发放现金股利而减少的少数股东权益 = 468 + 64 - 42 = 490（万元），应该等于 Y 公司期末的所有者权益 2 450 万元的 20%。

3. 合并后第二年的合并财务报表

【例 14】沿用例 13 的资料，假设 201B 年 12 月 31 日 Y 公司全年实现净利润 450 万元，提取法定盈余公积 45 万元，提取任意盈余公积 45 万元，并宣告发放现金股利 280 万元。

摊销合并价差见表 2 - 26。

表 2 - 26　合并价差摊销表

项目	差额（万元）	摊销年限（年）	年摊销额（万元）
存货（当年全部销售）	0		0
固定资产	280.8	9	31.2
无形资产	16	2	8
合并商誉	137.6	未减值	0
合计	434.4		39.2

A 公司采用权益法核算后有关账户记录情况如下：

长期股权投资——投资成本

借方	贷方
23 064 000	
	392 000
22 672 000	

长期股权投资——损益调整

借方	贷方
880 000	
3 600 000	2 240 000
2 240 000	

投资收益

借方	贷方
	3 600 000
392 000	
	3 208 000

X 公司编制的合并抵销分录为：

借：投资收益　3 208 000

　　少数股东收益　900 000

　　股本　12 000 000

　　资本公积　3 480 000

　　盈余公积（8 870 000 + 900 000）　9 770 000

　　年初未分配利润　150 000

　　管理费用　392 000

　　固定资产（2 808 000 - 312 000）　2 496 000

　　无形资产（160 000 - 80 000 ）　80 000

　　合并商誉　1 376 000

　贷：长期股权投资　24 912 000

　　　少数股东权益（4 900 000 + 900 000 - 560 000）　5 240 000

　　　提取法定盈余公积　450 000

　　　提取任意盈余公积　450 000

　　　应付股利　2 800 000

同时，抵销应收、应付股利：

借：应付股利　2 240 000

　贷：应收股利　2 240 000

4. 投资成本小于应享有被并企业可辨认净资产公允价值份额的合并财务报表

【例 15】W 公司 201A 年 1 月 1 日发行股份 500 万，每股面值 1 元，市场价格每股 2.5 元，换取 S 公司 90% 的股份。S 公司可辨认净资产的账面价值为

1 240万元，其中：股本 500 万元，资本公积 293.5 万元，盈余公积 434.5 万元，未分配利润 12 万元。公允价值为 1 478 万元。当时的可辨认资产、负债的公允价值除以下项目外，与账面价值相等（单位：万元）：

	账面价值	公允价值
存货	650	682
固定资产（净）	1 320	1 490
租赁权	0	36

假设该项合并为非同一控制下的企业合并，采用购买法核算。同时，W 公司还以银行存款支付了如下相关费用：

办理合并的手续费用和法律费用	20 万元
股票登记与发行费用	30 万元

投资成本 $=500\times2.5+20=1\ 270$（万元）

资本公积 $=500\times1.5-30=720$（万元）

（1）W 公司编制投资的会计分录如下：

W 公司应享有 S 公司可辨认净资产公允价值的份额 $=1\ 478\times90\%=1\ 330.2$（万元）

实际投资成本 $=500\times2.5+20=1\ 270$（万元）

按权益法核算，投资成本小于投资企业应享有被投资企业可辨认净资产公允价值的份额，长期股权投资成本调整为应享被投资企业可辨认净资产公允价值的份额为 1 330.2 万元，其差额 60.2（1 330.2 − 1 270）万元，计入当期损益。

借：长期股权投资——对 S 公司投资	13 302 000	
贷：股本		5 000 000
资本公积		7 200 000
银行存款		500 000
营业外收入		602 000

W 公司应该将 S 公司的合并价差中 S 公司可辨认净资产公允价值高于其账面价值的部分记录于备查账中，不反映负商誉 602 000 元。

母公司应享有子公司可辨认净资产公允价值超过其账面价值的差额为 214.2 万元。

	账面价值	公允价值	差额	母公司的部分（单位：万元）
存货	650	682	32	$32\times90\%=28.8$
固定资产（净）	1 320	1 490	170	$170\times90\%=153$
租赁权	0	36	36	$36\times90\%=32.4$
合计			238	$238\times90\%=214.2$

假设 S 公司 201A 年实现净利润 135 万元，提取盈余公积 77 万元，分配现金股利 60 万元。

①S 公司编制利润分配的会计分录如下：

借：利润分配——提取盈余公积　　770 000

　　　　　　——应付普通股股利　　600 000

　贷：盈余公积　　770 000

　　　应付股利　　600 000

②W 公司按权益法编制会计分录如下：

按持股比例 90% 确认投资收益 = 135 × 90% = 121.5（万元）：

借：长期股权投资——损益调整　　1 215 000

　贷：投资收益　　1 215 000

按持股比例确定应分现金股利 = 60 × 90% = 54（万元）：

借：应收股利　　540 000

　贷：长期股权投资——损益调整　　540 000

摊销合并价差见表 2 – 27。

表 2 – 27　合并价差摊销表

项目	差额（万元）	摊销年限（年）	年摊销额（万元）
存货（当年全部销售）	32 × 90% = 28.8	1	28.8
固定资产	170 × 90% = 153	10	15.3
租赁权	36 × 90% = 32.4	4	8.1
合计			52.2

根据计算编制合并价差摊销的会计分录如下：

借：投资收益　　522 000

　贷：长期股权投资　　522 000

将以上的会计分录登记入账后，W 公司的“长期股权投资”与“投资收益”账户结果如下：

长期股权投资——投资成本	
13 302 000	522 000
12 780 000	

长期股权投资——损益调整	
1 215 000	540 000
675 000	

投资收益	
522 000	1 215 000
	693 000

“长期股权投资”账面价值为 1 345. 5 万元，增加了 15. 3 万元，“投资收益”增加了 69. 3 万元。

（2）W 公司编制抵销分录：

W 公司、S 公司 201A 年 12 月 31 日个别财务报表资产见表 2－28 合并财务报表中所示。

抵销母公司“投资收益”、“少数股东权益”、“长期投资增加数”及子公司的现金股利分配：

借：投资收益　693 000
　　少数股东权益（600 000 ×10%）　60 000
　贷：应付普通股股利　600 000
　　　长期股权投资——对 S 公司投资　153 000

通过上述抵销分录，将 W 公司“长期股权投资”恢复到期初的数字。W 公司利润表的“投资收益”项目为 0，S 公司利润分配表（所有者权益变动）的“分配现金股利”项目为 0。

抵销 S 公司除宣告现金股利分配以外的其他利润分配：

借：盈余公积　770 000
　贷：提取盈余公积　770 000

此抵销分录将 S 公司的盈余公积恢复到期初。

抵销 S 公司期初的权益，W 公司的长期股权投资期初数：

借：股本　5 000 000
　　资本公积　2 935 000
　　盈余公积　4 345 000
　　未分配利润　120 000
　　固定资产（1 530 000－153 000）　1 377 000
　　无形资产（324 000－81 000）　243 000
　　营业成本　288 000
　　管理费用　234 000
　贷：长期股权投资　13 302 000
　　　少数股东权益（1 240 000 ×10%）　1 240 000

确认少数股东收益：

借：少数股东收益　　135 000

　贷：少数股东权益　　135 000

为方便在工作底稿中登记抵销分录，将上述四个抵销分录合为一个抵销分录。

借：投资收益　　693 000

　　少数股东收益　　135 000

　　股本　　5 000 000

　　资本公积　　2 935 000

　　盈余公积　　5 115 000

　　年初未分配利润　　120 000

　　固定资产（1 530 000 - 153 000）　　1 377 000

　　租赁权（324 000 - 81 000）　　243 000

　　销售成本　　288 000

　　管理费用　　234 000

　贷：长期股权投资（12 780 000 + 675 000）　　13 455 000

　　　少数股东权益（1 240 000 + 135 000 - 60 000）　　1 315 000

　　　提取盈余公积　　770 000

　　　应付普通股股利　　600 000

（3）编制合并工作底稿见表 2 - 28：

表 2 - 28　合并财务报表工作底稿　　（单位：元）

项目	W 公司	S 公司	调整与抵销		合并数
			借方	贷方	
利润表					
营业收入	78 000 000	13 250 000			91 250 000
营业成本	55 600 000	8 350 000	288 000		64 238 000
管理费用	5 806 500	960 000	234 000		7 000 500
销售费用	7 719 200	1 270 000			8 989 200
财务费用	1 080 000	620 000			1 700 000
投资收益	693 000		693 000		0
所得税费用	3 240 000	700 000			3 940 000
少数股东收益			135 000		135 000
净利润	5 247 300	1 350 000			5 247 300

（续上表）

项目	W公司	S公司	调整与抵销		合并数
			借方	贷方	
利润分配表					
本年净利润	5 247 300	1 350 000			5 247 300
加：期初未分配利润	420 000	120 000	120 000		420 000
可分配利润	5 667 300	1 470 000			5 667 300
减：盈余公积	1 828 000	770 000	770 000		2 430 000
现金股利	2 800 000	600 000	600 000		2 800 000
未分配利润	1 039 300	100 000			437 300
资产负债表					
银行存款	3 420 000	1 065 000			4 485 000
存货	14 600 000	6 380 000			20 980 000
其他流动资产	7 054 800	4 872 000			11 926 800
长期股权投资	13 455 000			13 455 000	0
固定资产（净）	45 800 000	14 083 000	1 377 000		61 260 000
专利权	112 500				112 500
租赁权			243 000		243 000
资产合计	84 442 300	26 400 000			99 007 300
应交税费	2 430 000	525 000			2 955 000
其他负债	30 475 000	12 725 000			43 200 000
少数股东权益				1 315 000	1 315 000
股本	17 000 000	5 000 000	5 000 000		17 000 000
资本公积	14 520 000	2 935 000	2 935 000		14 520 000
盈余公积	18 978 000	5 115 000	5 115 000		18 978 000
未分配利润	1 039 300	100 000			1 039 300
负债与权益合计	84 442 300	26 400 000			99 007 300

四、采用权益结合法进行合并的合并报表编制

采用权益结合法进行合并，“长期股权投资”是以被并企业可辨认净资产的账面价值入账的，没有产生合并价差，在编制合并财务报表时，比以购买法进行合并的简单得多。

第一个抵销分录是抵销母公司从子公司获得的投资收益、少数股东权益、子公司的现金股利分配及因采用权益法使母公司本期增加（贷）或减少（借）的投资成本：

借：投资收益（母）

少数股东权益（少数股东分得的股利）

长期股权投资——对子公司投资（母）

贷：应付普通股股利（子）

“投资收益”为利润表的项目，反映采用权益法核算从子公司分享的投资收益。

通过这一抵销分录，将从子公司获得的“投资收益”变为0，对子公司的“长期股权投资”恢复到期初，子公司利润分配表（或所有者权益变动表）应付普通股股利为0。

第二个抵销分录是抵销子公司除宣告现金股利分配以外的其他利润分配：

借：盈余公积——法定盈余公积

——任意盈余公积

贷：提取法定盈余公积

提取任意盈余公积

借方是抵销子公司通过利润分配而增加资产负债表中的盈余公积项目，贷方是抵销子公司利润分配表（或所有者权益变动表）中的利润分配项目。

通过这一抵销分录，将子公司的利润分配给予冲销。

第三个抵销分录是抵销期初母公司的投资成本与子公司的所有者权益。

借：股本（子）

资本公积（子）

盈余公积（子）

未分配利润（子）

贷：长期股权投资——对子公司投资（母）

少数股东权益

最后，要确认少数股东权益：

借：少数股东收益（子公司的净利润×少数股东持股比例）

贷：少数股东权益

将上述第一、第二、第三个抵销分录和确认少数股东权益的分录合并为一个抵销分录，具体如下：

抵销母公司的投资、少数股东权益、投资收益、子公司的期末权益及利润分配：

借：投资收益（本期发生的与子公司有关的投资收益）

少数股东收益（子公司的净利润×少数股权比例）

股本（子公司期初数）

资本公积（子公司期初数）
盈余公积（子公司期末数）
年初未分配利润（子公司期初数）
贷：长期股权投资（母公司期末数）
少数股东权益（子公司期末权益合计×少数股权比例）
提取法定盈余公积（子公司本期利润分配）
提取任意盈余公积（子公司本期利润分配）
应付股利（子公司本期利润分配）

本章主要名词

合并财务报表　合并工作底稿　购买法　权益结合法　抵销　权益法　少数股东权益　合并商誉　母公司理论　所有权理论

思考题

1. 合并报表编制的程序是什么？
2. 合并工作底稿中的抵销分录是否应在母公司或子公司的账上反映？
3. 为什么要确定可辨认净资产的公允价值？
4. 少数股东权益在什么情况下出现？在不同的理论下的解释和计算金额有何不同？
5. 母公司理论和所有权理论对合并价差的会计处理有何不同？
6. 购买法和权益结合法在合并报表时差异是什么？

练习题

1. 购买法下合并日合并资产负债表的编制

资料：A 公司于 201×年 6 月 30 日发行 100 000 股每股面值 1 元（公允价值 5 元）的股份，换取 B 公司 80% 发行在外的股份，其他有关费用包括法律费用 34 000 元，股票登记费 55 000 元，B 公司成为 A 公司的子公司。在合并前，两家公司的个别资产负债表如下：

（单位：元）

项目	A 公司	B 公司
银行存款	250 000	150 000
存货	860 000	600 000
其他流动资产	500 000	260 000
固定资产（净值）	3 400 000	1 500 000
无形资产	—	80 000

（续上表）

项目	A 公司	B 公司
资产合计	5 010 000	2 590 000
流动负债	430 000	914 000
长期负债	950 000	1 240 000
股本	1 500 000	100 000
资本公积	1 500 000	—
盈余公积	630 000	336 000
负债和所有者权益合计	5 010 000	2 590 000

B 公司的存货、固定资产（净值）、无形资产和长期负债的公允价值分别为 620 000 元、1 550 000 元、95 000 元和 1 225 000 元，其他项目的公允价值与账面价值相同。

要求：

（1）按购买法为 A 公司编制企业合并的分录；

（2）为编制合并日的合并资产负债表，编制必要的抵销和调整分录。

2. 权益结合法下合并日合并资产负债表的编制

资料：A 公司和 B 公司 201×年 12 月 31 日的所有者权益如下：

（单位：元）

项目	A 公司	B 公司
股本	200 000	100 000
资本公积	100 000	60 000
盈余公积	180 000	160 000
所有者权益合计	480 000	320 000

当时，A 公司发行 60 000 股股份换取 B 公司股份的 90%，B 公司成为 A 公司的子公司，这一合并业务符合权益结合法的条件。A 公司发生法律费用 40 000元，股票登记和发行费 30 000 元。

要求：

（1）为 A 公司编制记录合并业务的分录；

（2）编制合并日的抵销和调整分录。

3. 合并后抵销和调整分录的编制

资料：A 公司于 201×年 1 月 2 日支付 1 100 000 元购入了 B 公司 60% 的股

份，当时B公司净资产的信息如下：

项目	账面价值（元）	公允价值（元）	备注
存货	180 000	200 000	本年出售
其他流动资产	750 000	750 000	
设备（净值）	720 000	800 000	10年摊销
房屋（净值）	300 000	400 000	4年摊销
负债	（450 000）	（450 000）	
净资产	1 500 000	1 700 000	

合并商誉未发生减值。

B公司201×年实现的净利润为450 000元，提取法定盈余公积45 000元，提取任意盈余公积45 000万元，当年宣告发放现金股利250 000元。

要求：

（1）计算合并价差的摊销额并编制合并价差摊销的会计分录；

（2）计算201×年12月31日“长期股权投资”和“投资收益”的账户余额；

（3）根据母公司理论，为A公司编制201×年12月31日合并财务报表的抵销和调整分录。

第三章　企业集团内部存货购销业务的抵销

企业集团内部存货交易是指企业集团内部母、子公司之间或子公司与子公司之间所发生的商品交易或劳务提供等经济业务。从合并主体的角度看，由于内部存货交易所产生的营业收入、营业成本并不能反映企业集团的存货交易业务，只是将商品从企业集团的一个部门转移到另一个部门，因而内部交易产生的营业收入、营业成本及由此产生的未实现损益和存货增减额应该在编制合并财务报表时全部加以抵销。

通过本章学习，应该掌握：

○理解企业集团内部存货购销业务抵销的基本原理和内容

○掌握内部交易购进的存货在当期全部对外出售的抵销处理方法

○掌握内部交易存货在当期全部未对外出售的抵销处理方法

○掌握对外出售上期结存的内部交易存货的抵销处理方法

○掌握上期结存的内部交易存货在本期仍未对外出售的抵销处理方法

第一节　集团内部存货购销业务抵销的原理和内容

子公司与母公司及子公司与子公司之间发生的商品购销业务，对于母、子公司会计个体来说已实现了销售，且取得了一定的利润，但对于企业集团来说，母、子公司之间发生的购销业务，在该项商品被售给外界之前，是不能确认收入和利润的。商品购销在企业集团内部发生的转移不会产生合并收入和合并利润，就像企业内部上一车间将半成品转入下一车间继续生产一样。为了综合反映合并会计主体的营业收入和营业成本，在编制合并财务报表时，应当抵销相关营业收入、营业成本及存货中未实现的利润。

存货价值中包含的未实现内部销售损益是由于企业集团内部商品购销、劳务提供活动所引起的。在内部购销活动中，销售企业将集团内部销售作为收入确认并计算销售利润，而购买企业则是以支付购货的价款作为存货成本入账；在本期内未实现对外销售而形成期末存货时，其存货价值中也相应地包括两部分内容：一部分为真正的存货成本（即销售企业销售该商品的成本）；另一部分为销售企业的销售毛利（即销售收入减去销售成本的差额）。对于期末存货价值中包括的、销售毛利，从企业集团整体来看，并不是真正实现的利润。因为从整个企业集团来看，集团内部企业之间的商品购销活动实际上相当于企业内部物资调拨活动，既不会实现利润，也不会增加商品的价值。正是从这一意义上来说，将期末存货价值中包括的、销售企业作为利润确认的部分，称之为未实现内部销售损益。因此，在编制合并资产负债表时，应当将存货价值中包含的未实现内部销售损益予以抵销。

企业集团内部存货销售按不同价格可分为：①按成本销售存货；②按高于成本销售存货；③按低于成本销售存货。

企业集团内部存货交易的价格通常可由母公司决定，存货的出售可按成本，也可按非成本。如果内部存货交易是按成本出售，则不论购货方在合并财务报表编制日是否将存货出售给集团以外的企业，合并抵销分录是相同的，只需要抵销营业收入和营业成本。即使没有出售给集团以外的企业而形成期末存货，由于该存货是按成本价交易的，存货中也不存在未实现的利润。

如果内部存货交易是按非成本出售，可能是高于成本，也可能是低于成本。在这种情况下，购货方在合并财务报表编制日是否将存货出售给集团以外的企业，合并抵销分录是不相同的。购入存货方没有出售给集团以外的企业而形成了期末存货，由于该存货是按高于（或低于）成本价交易的，存货中包含了未实现的利润（或亏损），因此除抵销营业收入、营业成本以外，还要抵销期末存货中包含的未实现利润（或亏损）。

企业集团内部存货销售按销售方向可分为：①顺销；②逆销。通常，母公司向子公司销售为顺销或向下销售（Downstream Sale）。子公司向母公司销售为逆销或向上销售（Upstream Sale）。之所以这样称呼，是因为企业集团的组织结构中，母公司在上，子公司在下，自上而下为顺，自下而上为逆。

不论是顺销还是逆销，在合并财务报表中，总是要抵销内部交易的营业收入和营业成本；同时，还要将内部交易产生的期末存货中的未实现利润全部抵销，而与销售方向无关。但是，在不同销售方向下，未实现的利润对母公司个别财务报表和合并财务报表的影响是有区别的，除非子公司为母公司的全资子公司，没有少数股权存在。

在企业集团内部销售的情况下，母、子公司及子、子公司之间的存货销售，对购买方来说，可能出现下列几种情况：

（1）内部交易购进的存货在当期全部对外（出售给企业集团以外的企业）出售。

（2）内部交易购进的存货在当期全部未对外出售，形成了期末存货。

（3）本期没有内部交易购进存货，但对外出售了上期结存的内部交易形成的存货。

（4）本期没有内部交易购进存货，且上期结存的内部交易形成的存货在本期仍未对外出售，继续形成存货。

下面按这四种情况分别介绍编制合并财务报表的抵销分录。

第二节 内部交易存货在当期全部对外出售的抵销

内部交易购进的存货在当期全部出售给企业集团以外的企业的情况下，销货方已确认了营业收入和营业成本，购入方对外销售时也确认了营业收入和营业成本。但从企业集团来说，只能确认一次营业收入和营业成本。最终只有购入方的营业收入和销货方的营业成本是真实的，需要将购入方的营业成本与销货方的营业收入抵销。在这种情况下，全资子公司顺销和逆销的抵销分录是相同的，非全资子公司顺销和逆销的抵销分录也是相同的。

一、存货内部交易按高于成本的价格结算的抵销

在企业集团内部存货交易业务中，比较典型的是交易价格按成本加上一定的毛利确定，即交易价格高于成本。从销货企业来看，当其将存货出售给集团内部其他企业时，在其账上已确认了营业收入、营业成本和已实现的毛利，而购入企业也将本期购入的存货对外销售了。这时，出现了两个营业收入和两个营业成本。从企业集团来看，只有购入企业对外界销售所实现的营业收入才是真正的营业收入，销售企业的营业成本才是真正的营业成本。购入企业的营业成本与销售企业的营业收入应当抵销。

【例1】X公司为W公司的全资子公司，本期W公司将成本为80万元的商品以100万元的价格（按高于成本）销售给X公司（顺销），X公司本期以120万元的价格销售给集团以外的企业（此价格的多少与编制抵销分录无关），不考虑增值税，交易以银行存款结算。内部交易的存货已对外出售，没有产生未实现内部损益。

交易双方的会计分录见表3－1。

表3－1　W公司与X公司的会计分录　　　（单位：万元）

W公司			X公司		
确认收入：			购入存货：		
借：银行存款	100		借：存货	100	
贷：营业收入		100	贷：银行存款		100
结转成本：			对外出售确认收入：		
借：营业成本	80		借：银行存款	120	
贷：存货		80	贷：营业收入		120
			结转成本：		
			借：营业成本	100	
			贷：存货		100

根据表3－1，从交易双方的会计处理可以看出，对于企业集团来说，X公司对外销售确认的收入120万元是真实的营业收入，W公司结转的营业成本80万元是真实的营业成本；双方的银行存款一借一贷相同金额100万元对企业集团无影响；X公司的存货一借一贷相同金额100万元对企业集团也无影响。X公司收到的120万元银行存款是真实的，W公司结转发出存货成本80万元也是真实的，剩下W公司的营业收入100万元与X的营业成本100万元对于企业集团来说是没有意义的，所以应该抵销母公司确认的营业收入100万元和子公司结转的营业成本100万元。其合并抵销分录为：

借：营业收入（母公司）　　　　1 000 000

　贷：营业成本（子公司）　　　　1 000 000

二、存货内部交易按等于成本的价格结算

集团内部存货交易按成本价格结算的情况一般不多，但也是有可能的。如果企业内部存货交易是按成本结算的，同样会出现两个营业收入和两个营业成本，仍然需要抵销其中多余的营业收入与营业成本。

【例2】X公司为W公司的全资子公司，本期W公司将成本为80万元的商品以80万元的价格（按成本）销售给X公司，X公司本期以120万元的价格销售给集团以外的企业，不考虑增值税，交易以银行存款结算。

交易双方的会计分录见表3－2。

表3－2 W公司与X公司的会计分录 （单位：万元）

W公司			X公司		
确认收入：			购入存货：		
借：银行存款	80		借：存货	80	
贷：营业收入		80	贷：银行存款		80
结转成本：			对外出售确认收入：		
借：营业成本	80		借：银行存款	120	
贷：存货		80	贷：营业收入		120
			结转成本：		
			借：营业成本	80	
			贷：存货		80

根据表3－2，从交易双方的会计处理可以看出，对于企业集团来说，X公司对外销售确认的收入120万元是真实的营业收入，W公司结转的营业成本80万元是真实的营业成本；双方的银行存款一借一贷相同金额80万元对企业集团无影响；X公司的存货一借一贷相同金额80万元对企业集团也无影响。X公司收到的120万元银行存款是真实的，W公司结转发出存货80万元也是真实的，剩下W公司的营业收入80万元与X公司的营业成本80万元对于企业集团来说是没有意义的，所以应该抵销母公司确认的营业收入和子公司结转的营业成本80万元。其合并抵销分录为：

借：营业收入（母公司） 800 000

　贷：营业成本（子公司） 800 000

三、存货内部交易按低于成本的价格结算

集团内部存货交易按低于成本的价格结算的情况就更少了，因为这样做可能有转移利润之嫌。但不管怎样，这还是有可能的，我们仍需要介绍此种情况下的合并抵销分录。

【例3】X公司为W公司的全资子公司，本期W公司将成本为80万元的商品以70万元的价格（按低于成本）销售给X公司，X公司本期以120万元的价格销售给集团以外的企业，不考虑增值税，交易以银行存款结算。

交易双方的会计分录见表3－3。

表 3-3　W 公司与 X 公司的会计分录　（单位：万元）

W 公司	X 公司
确认收入： 借：银行存款　70 　贷：营业收入　　70 结转成本： 借：营业成本　80 　贷：存货　　80	购入存货： 借：存货　70 　贷：银行存款　　70 对外出售确认收入： 借：银行存款　120 　贷：营业收入　　120 结转成本： 借：营业成本　70 　贷：存货　　70

根据表 3-3，从交易双方的会计处理可以看出，对于企业集团整体来说，X 公司对外销售确认的收入 120 万元是真实的营业收入，W 公司结转的营业成本 80 万元是真实的营业成本；双方的银行存款一借一贷相同金额 70 万元，对企业集团无影响；X 公司的存货一借一贷相同金额 70 万元对企业集团也无影响。X 公司收到的 120 万元银行存款是真实的，W 公司结转发出存货 80 万元也是真实的，剩下 W 公司的营业收入 70 万元与 X 公司的营业成本 70 万元对于企业集团来说是没有意义的，所以应该抵销母公司确认的营业收入、子公司结转的营业成本 70 万元。其合并抵销分录为：

借：营业收入（母公司）　　700 000

　贷：营业成本（子公司）　　700 000

不管是顺销还是逆销，只要内部交易取得的存货当期对外实现了销售，不存在未实现的损益，其抵销分录均冲减销货方的营业收入，同时冲减购货方的营业成本。全资子公司与非全资子公司的处理方法一样。

第三节　内部交易存货在当期全部未对外出售的抵销

内部交易购进的存货在当期全部未出售给企业集团以外的企业的情况下，销货方已确认了营业收入、营业成本和毛利，但在子公司将这批存货对外出售之前，子公司的净利润不受影响，母公司虚增了利润。购入方只编制了购入存货的会计分录，但从企业集团来说，并没有对外销售商品，没有实现收入，不应该确认营业收入、营业成本及利润；并且子公司期末存货中可能包含未实现的利润或亏损（按成本结算除外）。既然顺销的存货仍留在子公司，而其毛利又增加母公司的利润，在权益法下，期末存货中的未实现利润就应该全部抵减母公司的利润，调整投资收益和长期股权投资，即在顺销情况下的调整会计分录为（在权益法核算确认投资收益时一起计算）：

借：投资收益（存货中未实现的利润）

　贷：长期股权投资（存货中未实现的利润）

注意，这是调整会计分录，也就是像合并价差中公允价值高于账面价值的差额摊销一样，调整母公司"投资收益"科目和"长期股权投资"科目，不是抵销分录。抵销分录是调整会计报表的项目。对于全资子公司而言，顺销与逆销的调整会计分录是一样的，但对于非全资子公司而言，顺销和逆销的调整会计分录是不一样的。

在逆销情况下，子公司将存货出售给母公司，增加了子公司的营业收入、营业成本和利润，母公司在将这批存货对外出售之前，母公司本身的经营收益并不受影响，然而母公司的净利润却受影响，因为母公司要按权益法确认在子公司净利润中的份额。如果是全资子公司，母公司应在当年将未实现的利润全部予以递延；如果是非全资子公司，则只需要将属于母公司的部分未实现利润予以递延，调整投资收益和长期股权投资，其调整会计分录为：

借：投资收益（存货中未实现的利润×控股比例）

　贷：长期股权投资（存货中未实现的利润×控股比例）

所以，内部交易未实现的利润编制调整会计分录不仅取决销售方向，还取决于母公司的控股比例。

但是，合并抵销分录却没有区别。如果是顺销，母公司在编制合并财务报表时应当抵销母公司的营业收入、营业成本及在子公司存货中包含的未实现利润。如果是逆销，母公司在编制合并财务报表时应当抵销子公司的营业收入、营业成本及在母公司存货中包含的未实现利润。

一、顺销业务的抵销

在顺销时，母公司的净利润包括了内部交易所产生的期末存货中的未实现利润，但子公司的净利润不受影响。

1. 存货内部交易按高于成本的价格结算

【例4】X公司为W公司的全资子公司，本期W公司将成本为80万元的商品以100万元的价格（按高于成本）销售给X公司，X公司本期没有将该批存货销售给集团以外的企业，形成了期末存货。交易以银行存款结算。

交易双方的会计分录见表3-4。

表3－4 W公司与X公司的会计分录 （单位：万元）

W公司	X公司
确认收入： 借：银行存款 100 贷：营业收入 100 结转成本： 借：营业成本 80 贷：存货 80	购入存货： 借：存货 100 贷：银行存款 100

根据表3－4，从交易双方的会计处理可以看出，对于企业集团来说，没有实现销售，不应该确认营业收入和营业成本。双方的银行存款一借一贷相同金额100万元对企业集团无影响；W公司的营业收入100万元和W公司的营业成本80万元对于企业集团来说是不存在的，并且X公司增加的存货金额比W公司减少的存货金额多了20万元，这20万元为W公司未实现的利润包含在X公司的存货价值中，所以应该抵销母公司确认的营业收入100万元、母公司结转的营业成本80万元以及子公司存货中包含的未实现利润20万元。

按照权益法编制调整会计分录（调整会计分录与确认投资收益一起做）如下：

借：投资收益 200 000
　贷：长期股权投资 200 000

其合并抵销分录为（合并抵销分录登记在合并工作底稿中）：

借：营业收入（母公司） 1 000 000
　贷：营业成本（母公司） 800 000
　　存货 200 000

2. 存货内部交易按等于成本的价格结算

【例5】X公司为W公司的全资子公司，本期W公司将成本为80万元的商品以80万元的价格（按成本）销售给X公司，X公司本期没有将该批存货销售给集团以外的企业，形成了期末存货。交易以银行存款结算。

交易双方的会计分录见表3－5。

表 3-5 W 公司与 X 公司的会计分录 （单位：万元）

W 公司	X 公司
确认收入： 借：银行存款 80 　贷：营业收入 80 结转成本： 借：营业成本 80 　贷：存货 80	购入存货： 借：存货 80 　贷：银行存款 80

根据表 3-5，从交易双方的会计处理可以看出，对于企业集团来说，双方的银行存款一借一贷相同金额 80 万元对企业集团无影响；X 公司增加的存货 80 万元与 W 公司减少的存货 80 万元相等，对企业集团也没有影响（其中没有包含未实现的利润）；只有 W 公司的营业收入 80 万元与 W 公司的营业成本 80 万元对于企业集团来说是没有意义的，所以应该抵销母公司确认的营业收入 80 万元和母公司结转的营业成本 80 万元。

由于是按成本销售的，期末存货中不存在未实现的损益，不需要编制调整会计分录。

其合并抵销分录为：

借：营业收入（母公司） 800 000

　贷：营业成本（母公司） 800 000

3. 存货内部交易按低于成本的价格结算

【例 6】X 公司为 W 公司的全资子公司，本期 W 公司将成本为 80 万元的商品以 70 万元的价格（按低于成本）销售给 X 公司，X 公司本期没有将该批存货销售给集团以外的企业，形成了期末存货。交易以银行存款结算。

交易双方的会计分录见表 3-6。

表 3-6 W 公司与 X 公司的会计分录 （单位：万元）

W 公司	X 公司
确认收入： 借：银行存款 70 　贷：营业收入 70 结转成本： 借：营业成本 80 　贷：存货 80	购入存货： 借：存货 70 　贷：银行存款 70

根据表3-6，从交易双方的会计处理可以看出，对于企业集团来说，双方的银行存款一借一贷相同金额70万元，对企业集团无影响；W公司的营业收入70万元与W公司的营业成本80万元对于企业集团来说是没有意义的，并且X公司增加的存货金额比W公司减少的存货金额少了10万元，这10万元为W公司未实现的亏损，减少了X公司的存货价值，所以应该抵销母公司确认的营业收入70万元、母公司结转的营业成本80万元以及增加子公司存货中少计的10万元。

按照权益法编制调整会计分录如下：

借：长期股权投资　　100 000

　贷：投资收益　　100 000

其合并抵销分录为：

借：营业收入（母公司）　　700 000

　　存货　　100 000

　贷：营业成本（子公司）　　800 000

对于顺销来说，全资子公司与非全资子公司的调整会计分录和合并抵销分录是完全一样的。

二、逆销业务的抵销

如果是全资子公司，逆销和顺销的调整会计分录与合并抵销分录也是一样处理。而非全资子公司逆销的调整会计分录不同，但合并抵销分录仍然与全资子公司的顺销一样处理。下面只介绍非全资子公司逆销的调整会计分录和抵销分录。

1. 存货内部交易按高于成本的价格结算

【例7】X公司为W公司拥有80%具有表决权的控股子公司，本期X公司将成本为80万元的商品以100万元的价格（按高于成本）销售给W公司，W公司本期没有将该批存货销售给集团以外的企业，形成了期末存货。交易以银行存款结算。

交易双方的会计分录见表3－7。

表3－7 W公司与X公司的会计分录 （单位：万元）

W公司	X公司
购入存货： 借：存货 100 　贷：银行存款 100	确认收入： 借：银行存款 100 　贷：营业收入 100 结转成本： 借：营业成本 80 　贷：存货 80

根据表3－7，从交易双方的会计处理可以看出，对于企业集团来说，没有实现销售，不应该确认营业收入和营业成本。双方的银行存款一借一贷相同金额100万元对企业集团无影响；X公司的营业收入100万元和营业成本80万元对于企业集团来说是不存在的，并且W公司增加的存货金额比X公司减少的存货金额多了20万元，这20万元为X公司未实现的利润包含在W公司的存货价值中，所以应该抵销子公司确认的营业收入100万元、子公司结转的营业成本80万元以及母公司存货中包含的未实现利润20万元。

按照权益法将未实现利润中属于母公司的部分予以递延编制调整会计分录：

借：投资收益（200 000×80%） 160 000

　贷：长期股权投资（200 000×80%） 160 000

其合并抵销分录为：

借：营业收入（子公司） 1 000 000

　贷：营业成本（子公司） 800 000

　　　存货 200 000

与顺销相比，其调整会计分录需要乘以母公司的持股比例，而抵销分录是一样的。

2. 存货内部交易按等于成本的价格结算

【例8】X公司为W公司拥有80%具有表决权的控股子公司，本期X公司将成本为80万元的商品以80万元的价格（按成本）销售给W公司，W公司本期没有将该批存货销售给集团以外的企业，形成了期末存货。交易以银行存款结算。

交易双方的会计分录见表3－8。

表3－8 W公司与X公司的会计分录 （单位：万元）

W公司	X公司
购入存货： 借：存货 80 　贷：银行存款 80	确认收入： 借：银行存款 80 　贷：营业收入 80 结转成本： 借：营业成本 80 　贷：存货 80

根据表3－8，从交易双方的会计处理可以看出，对于企业集团来说，双方的银行存款一借一贷相同金额80万元对企业集团无影响；W公司增加的存货80万元与X公司减少的存货80万元相等，对企业集团也没有影响（其中没有包含未实现的利润）；只有X公司的营业收入80万元与X公司的营业成本80万元对于企业集团来说是没有意义的，所以应该抵销子公司确认的营业收入80万元和子公司结转的营业成本80万元。

由于是按成本销售的，期末存货中不存在未实现的损益，不需要编制调整会计分录。

其合并抵销分录为：

借：营业收入（子公司）　　800 000

　贷：营业成本（子公司）　　800 000

3. 存货内部交易按低于成本的价格结算

【例9】X公司为W公司拥有80%具有表决权的控股子公司，本期X公司将成本为80万元的商品以70万元的价格（按低于成本）销售给W公司，W公司本期没有将该批存货销售给集团以外的企业，形成了期末存货。交易以银行存款结算。

交易双方的会计分录见表 3－9。

表 3－9 W 公司与 X 公司的会计分录 （单位：万元）

W 公司			X 公司		
购入存货：			确认收入：		
借：存货	70		借：银行存款	70	
贷：银行存款		70	贷：营业收入		70
			结转成本：		
			借：营业成本	80	
			贷：存货		80

根据表 3－9，从交易双方的会计处理可以看出，对于企业集团来说，双方的银行存款一借一贷相同金额 70 万元对企业集团无影响；X 公司的营业收入 70 万元与 X 公司的营业成本 80 万元对于企业集团来说是没有意义的，并且 W 公司增加的存货金额比 X 公司减少的存货金额少了 10 万元，这 10 万元为 X 公司未实现的亏损，减少了 W 公司的存货价值，所以应该抵销子公司确认的营业收入 70 万元、子公司结转的营业成本 80 万元以及增加母公司存货中少计的 10 万元。

按照权益法将未实现亏损中属于母公司的部分予以递延编制调整会计分录：

借：长期股权投资（100 000×80%） 80 000

　贷：投资收益（100 000×80%） 80 000

其合并抵销分录为：

借：营业收入（母公司） 700 000

　　存货 100 000

　贷：营业成本（子公司） 800 000

第四节 对外出售上期结存的内部交易存货的抵销

由于上期内部交易引起购入方没有将所购入存货对外出售而形成了期末存货，而上期末存货中包含了上期未实现的利润，在下一期购入企业通常会将上期结存的内部交易存货对外出售，这时上期期末存货中的未实现利润得以实现。在这种情况下，母公司应按照权益法将上期已编制的调整会计分录调整转回，调整投资收益和长期股权投资（做与上期相反的调整会计分录）。

借：长期股权投资（上期存货未实现利润本期已实现）

贷：投资收益（上期存货未实现利润本期已实现）

如果是非全资子公司，在逆销情况下，购入方（母公司）出售了上期形成的期存货，母公司应按权益法调整回属于母公司的份额。

借：长期股权投资（上期存货未实现利润本期已实现×持股比例）

贷：投资收益（上期存货未实现利润本期已实现×持股比例）

如果是全资子公司，母公司合并抵销分录为：

借：长期股权投资（上期存货未实现利润本期已实现）

贷：营业成本（上期存货未实现利润本期已实现）

如果是非全资子公司，母公司合并抵销分录为：

借：长期股权投资（上期存货未实现利润本期已实现×母公司持股比例）

少数股东权益（上期存货未实现利润本期已实现×少数股东持股比例）

贷：营业成本（上期存货未实现利润本期已实现）

我国目前的做法说明如下：

对于上期内部购进商品全部实现对外销售的情况下，由于不涉及内部存货价值中包含的未实现内部销售损益的抵销处理，在本期连续编制合并财务报表时不涉及对其进行处理的问题。但在上期内部购进并形成期末存货的情况下，在编制合并财务报表进行抵销处理时，存货价值中包含的未实现内部销售损益的抵销，直接影响上期合并财务报表中合并净利润金额的减少，最终影响合并所有者权益变动表中期末未分配利润金额的减少。由于本期编制合并财务报表是以母公司和子公司本期个别财务报表为基础，而母公司和子公司个别财务报表中未实现内部销售损益是作为其实现利润的部分包括在其期初未分配利润之中，以母子公司个别财务报表中期初未分配利润为基础计算得出的合并期初未分配利润的金额，就可能与上期合并财务报表中的期末未分配利润的金额不一致。因此，上期编制合并财务报表时抵销的内部购进存货中包含的未实现内部销售损益，也对本期的期初未分配利润产生影响，本期编制合并财务报表时必须在合并母、子公司期初未分配利润的基础上，将上期抵销的未实现内部销售损益对本期期初未分配利润的影响予以抵销，调整本期期初未分配利润的金额。

在连续编制合并财务报表的情况下，必须将上期抵销的存货价值中包含的未实现内部销售损益对本期期初未分配利润的影响予以抵销，调整本期期初未分配利润的金额：

借：期初未分配利润

贷：营业成本

一、顺销业务的抵销

1. 存货内部交易按高于成本的价格结算

【例10】X公司为W公司的全资子公司，上期W公司将成本为80万元的商品以100万元的价格（按高于成本）销售给X公司，X公司上期没有将该批存货销售给集团以外的企业，形成了期末存货。本期X公司将上期形成的期末存货以120万元全部对外出售。

交易双方的会计分录见表3-10。

表3-10　W公司与X公司的会计分录　　（单位：万元）

W公司	X公司
—	确认收入： 借：银行存款　　120 　贷：营业收入　　120 结转成本： 借：营业成本　　100 　贷：存货　　100

根据表3-10，从X公司的会计处理可以看出，对于企业集团来说，上期X公司存货中包含的未实现利润本期已经实现，应该确认营业收入和营业成本。但本期X公司的营业成本是100万元，比实际营业成本高了20万元（是上期存货中未实现的利润），因此母公司的抵销分录应该抵销子公司的营业成本，增加母公司长期股权投资。

由于上期存货中包含的未实现利润本期得以实现，公司应按照权益法编制调整转回的会计分录为：

借：长期股权投资　　200 000

　贷：投资收益　　200 000

其合并抵销分录为：

借：长期股权投资（母公司）　　200 000

　贷：营业成本（子公司）　　200 000

我国目前的做法是将借方“长期股权投资”用借“期初未分配利润”。

其合并抵销分录为：

借：期初未分配利润（母公司）　　200 000

　贷：营业成本（子公司）　　200 000

2. 存货内部交易按等于成本的价格结算

【例 11】X 公司为 W 公司的全资子公司，上期 W 公司将成本为 80 万元的商品以 80 万元的价格（按成本）销售给 X 公司，X 公司上期没有将该批存货销售给集团以外的企业，形成了期末存货。本期 X 公司将上期形成的期末存货以 120 万元全部对外出售。

交易双方的会计分录见表 3－11。

表 3－11　W 公司与 X 公司的会计分录　　（单位：万元）

W 公司	X 公司
—	确认收入： 借：银行存款　　120 　贷：营业收入　　120 结转成本： 借：营业成本　　80 　贷：存货　　80

根据表 3－11，从 X 公司的会计处理可以看出，对于企业集团来说，上期 X 公司存货中未包含未实现利润，应该确认营业收入和营业成本，且 120 万元的营业收入是真实的，80 万元的营业成本也是真实的（存货中未包含未实现的利润），因此母公司不需要编制抵销分录。

由于是按成本销售的，期末存货中不存在未实现的损益，上期没有编制调整会计分录，本期实现对外销售后也不需要编制调整转回的会计分录。

3. 存货内部交易按低于成本的价格结算

【例 12】X 公司为 W 公司的全资子公司，上期 W 公司将成本为 80 万元的商品以 70 万元的价格（按低于成本）销售给 X 公司，X 公司上期没有将该批存货销售给集团以外的企业，形成了期末存货。本期 X 公司将上期形成的期末存货以 120 万元全部对外出售。

交易双方的会计分录见表3－12。

表3－12 W公司与X公司的会计分录 （单位：万元）

W公司	X公司
—	确认收入： 借：银行存款 120 贷：营业收入 120 结转成本： 借：营业成本 70 贷：存货 70

根据表3－12，从X公司的会计处理可以看出，对于企业集团来说，上期X公司存货中包含的未实现损失（或亏损）本期已经实现，应该确认营业收入和营业成本。但本期X公司确认的营业成本是70万元比实际的营业成本少了10万元（是上期存货中未实现的亏损），因此母公司的抵销分录应该增加子公司的营业成本，增加母公司长期股权投资。

由于上期存货中包含的未实现利润本期得以实现，母公司应按照权益法编制调整转回的会计分录（与上期的调整分录相反）如下：

借：投资收益 100 000

　贷：长期股权投资 100 000

其合并抵销分录为：

借：营业成本（子公司） 100 000

　贷：长期股权投资（母公司） 100 000

对于顺销来说，全资子公司与非全资子公司的调整会计分录和合并抵销分录是一样的。

我国目前的做法是将贷方“长期股权投资”用贷“期初未分配利润”。

其合并抵销分录为：

借：营业成本（子公司） 200 000

　贷：期初未分配利润（母公司） 200 000

二、逆销业务的抵销

如果是全资子公司，逆销和顺销的调整会计分录与合并抵销分录也是一样处理，而非全资子公司逆销的调整会计分录和合并抵销分录则不相同。下面只介绍非全资子公司逆销的调整会计分录和合并抵销分录。

1. 存货内部交易按高于成本的价格结算

【例 13】X 公司为 W 公司拥有 80% 具有表决权的控股子公司，上期 X 公司将成本为 80 万元的商品以 100 万元的价格（按高于成本）销售给 W 公司，W 公司上期没有将该批存货销售给集团以外的企业，形成了期末存货。本期 W 公司将上期形成的期末存货于本期以 120 万元全部对外出售。

交易双方的会计分录见表 3－13。

表 3－13　W 公司与 X 公司的会计分录　　（单位：万元）

W 公司	X 公司
确认收入： 借：银行存款　　120 　贷：营业收入　　　120 结转成本： 借：营业成本　　100 　贷：存货　　　100	—

根据表 3－13，从 W 公司的会计处理可以看出，对于企业集团来说，上期 W 公司存货中包含的未实现利润本期已经实现，应该确认营业收入和营业成本。但本期 W 公司的营业成本是 100 万元，比实际营业成本高了 20 万元（是上期存货中未实现的利润），因此母公司的抵销分录应该抵销母公司的营业成本，按母公司应享有的份额增加母公司长期股权投资，按少数股东应享有的份额减少少数股东权益。

由于上期母公司存货中包含的未实现利润本期得以实现，母公司应按照权益法将属于母公司的部分编制调整转回会计分录（与上期相反的调整会计分录）如下：

借：长期股权投资（200 000 × 80%）　　160 000
　贷：投资收益（200 000 × 80%）　　160 000

其合并抵销分录为：

借：长期股权投资（200 000 × 80%）　　160 000
　　少数股东权益（200 000 × 20%）　　40 000
　贷：营业成本（母公司）　　200 000

我国目前的做法是将借方“长期股权投资”用借“期初未分配利润”。

其合并抵销分录为：

借：期初未分配利润（母公司） 160 000

少数股东权益 40 000

贷：营业成本（子公司） 200 000

2. 存货内部交易按等于成本的价格结算

【例 14】X 公司为 W 公司拥有 80% 具有表决权的控股子公司，上期 X 公司将成本为 80 万元的商品以 80 万元的价格（按成本）销售给 W 公司，W 公司上期没有将该批存货销售给集团以外的企业，形成了期末存货。本期 W 公司将上期形成的期末存货以 120 万元全部对外出售。

交易双方的会计分录见表 3－14。

表 3－14 W 公司与 X 公司的会计分录 （单位：万元）

W 公司	X 公司
确认收入： 借：银行存款 120 　贷：营业收入 120 结转成本： 借：营业成本 80 　贷：存货 80	—

根据表 3－14，从 W 公司的会计处理可以看出，对于企业集团来说，上期 W 公司存货中未包含未实现利润，应该确认营业收入和营业成本。且 120 万元的营业收入是真实的，80 万元的营业成本也是真实的（存货中未包含未实现的利润），因此母公司不需要编制抵销分录。

由于是按成本销售的，期末存货中不存在未实现的损益，上期没有编制调整会计分录，本期实现对外销售后也不需要编制调整转回的会计分录。

3. 存货内部交易按低于成本的价格结算

【例 15】X 公司为 W 公司拥有 80% 具有表决权的控股子公司，上期 X 公司将成本为 80 万元的商品以 70 万元的价格（按低于成本）销售给 W 公司，W 公司上期没有将该批存货销售给集团以外的企业，形成了期末存货。本期 W 公司将上期形成的期末存货以 120 万元全部对外出售。

交易双方的会计分录见表 3－15。

表 3－15　W 公司与 X 公司的会计分录　（单位：万元）

W 公司	X 公司
确认收入： 借：银行存款　120 　贷：营业收入　120 结转成本： 借：营业成本　70 　贷：存货　70	—

根据表 3－15，从交易双方的会计处理可以看出，对于企业集团来说，上期 W 公司存货中包含的未实现损失（亏损）本期已经实现，应该确认营业收入和营业成本。但本期 W 公司的营业成本是 70 万元，比实际营业成本低了 10 万元（是上期存货中未实现的亏损），因此母公司的抵销分录应该增加母公司的营业成本，按母公司应享有的份额减少母公司长期股权投资，按少数股东应享有的份额增加少数股东权益。

由于上期母公司存货中包含的未实现亏损本期得以实现，因此母公司应按照权益法将属于母公司的部分编制调整转回会计分录（与上期相反的调整会计分录）如下：

按照权益法将属于母公司的部分未实现亏损予以递延编制调整会计分录：

借：投资收益（100 000 ×80%）　80 000

　贷：长期股权投资（100 000 ×80%）　80 000

其合并抵销分录为：

借：营业成本（母公司）　100 000

　贷：长期股权投资（母公司）（100 000 ×80%）　80 000

　　　少数股东权益（100 000 ×20%）　20 000

我国目前的做法是将贷方“长期股权投资”用贷“期初未分配利润”。

其合并抵销分录为：

借：营业成本（子公司）　100 000

　贷：期初未分配利润（母公司）　80 000

　　　少数股东权益　20 000

第五节　上期结存的内部交易存货在本期仍未对外出售的抵销

上期结存的内部交易形成的存货由于某些原因在本期仍未对外出售而继续形成期末存货，编制合并财务报表时，购入方的存货中仍然包含上期未实现的损益。这时由于购入方未对外销售内部交易形成的存货，上期未实现的损益本期仍未实现，母公司不需要编制调整转回的会计分录。编制合并财务报表时，由于购入方的存货中仍然存在未实现的损益，因此母公司编制合并财务报表时需要抵销合并存货中包含的未实现损益，同时增加长期股权投资。同样全资子公司的顺销与逆销业务会计处理的抵销分录一样；非全资公司的顺销与全资子公司一样，非全资子公司的逆销会计处理与全资子公司的有所不同。这部分介绍的内容主要是为下一节集团内部长期资产交易的抵销分录打下基础。

一、顺销业务抵销

1. 存货内部交易按高于成本的价格结算

【例 16】X 公司为 W 公司的全资子公司，上期 W 公司将成本为 80 万元的商品以 100 万元的价格（按高于成本）销售给 X 公司，X 公司上期没有将该批存货销售给集团以外的企业，形成了期末存货。本期 X 公司仍然没有将该批存货对外出售，继续形成期末存货。

对于企业集团整体来说，由于上期 X 公司存货中包含的未实现利润本期仍然未实现，使 X 公司个别财务报表中的期末存货中包含了上期未实现的损益，母公司是以个别财务报表为基础编制合并财务报表的，所以需要抵销合并财务报表中存货项目包含的上期未实现的损益，同时增加母公司长期股权投资。

由于上期存货中包含的未实现利润本期仍然未实现，因而母公司不需要编制调整转回的会计分录。

其合并抵销分录为：

借：长期股权投资（母公司）　　　　200 000

　贷：存货（子公司）　　　　　　　　200 000

我国目前的做法是将借方“长期股权投资”用借“期初未分配利润”。

其合并抵销分录为：

借：期初未分配利润（母公司）　　　　200 000

　贷：存货（子公司）　　　　　　　　200 000

2. 存货内部交易按等于成本的价格结算

【例 17】X 公司为 W 公司的全资子公司，上期 W 公司将成本为 80 万元的商品以 80 万元的价格（按成本）销售给 X 公司，X 公司上期没有将该批存货销售给集团以外的企业，形成了期末存货。本期 X 公司仍然没有将该批存货对外出售，继续形成期末存货。

对于企业集团整体来说，由于上期 X 公司存货中未包含未实现利润，X 公司本期没有销售上期购入的内部交易存货，在 X 公司个别财务报表中，存货是以 W 公司的成本反映的（真实的），所以母公司既不需要编制调整会计分录，也不需要编制合并抵销分录。

3. 存货内部交易按低于成本的价格结算

【例 18】X 公司为 W 公司的全资子公司，上期 W 公司将成本为 80 万元的商品以 70 万元的价格（按低于成本）销售给 X 公司，X 公司上期没有将该批存货销售给集团以外的企业，形成了期末存货。本期 X 公司仍然没有将该批存货对外出售，继续形成期末存货。

对于企业集团整体来说，由于上期 X 公司存货中包含的未实现损失（或亏损）本期仍未实现，使 X 公司个别财务报表中的期末存货项目中包含了上期未实现的损失（比实际成本少了 10 万元），母公司是以个别财务报表为基础编制合并财务报表的，所以需要抵销合并财务报表中存货包含的上期未实现的损失（增加存货价值），同时减少母公司长期股权投资。

由于上期存货中包含的未实现利润本期仍然未实现，因而母公司不需要编制调整转回的会计分录。

其合并抵销分录为：

借：存货（子公司）	100 000	
贷：长期股权投资（母公司）		100 000

对于顺销来说，全资子公司与非全资子公司的调整会计分录和合并抵销分录是一样的。

我国目前的做法是将贷方“长期股权投资”用贷“期初未分配利润”。

其合并抵销分录为：

借：存货（子公司）	100 000	
贷：期初未分配利润（母公司）		100 000

二、逆销业务抵销

如果是全资子公司，逆销和顺销的调整会计分录与合并抵销分录也是一样处理，而非全资子公司逆销的调整会计分录和合并抵销分录则不相同。下面只介绍非全资子公司逆销的调整会计分录和合并抵销分录。

1. 存货内部交易按高于成本的价格结算

【例19】X公司为W公司拥有80%具有表决权的控股子公司，上期X公司将成本为80万元的商品以100万元的价格（按高于成本）销售给W公司，W公司上期没有将该批存货销售给集团以外的企业，形成了期末存货。本期W公司仍然没有将该批存货对外出售，继续形成期末存货。

对于企业集团来说，由于上期W公司存货中包含的未实现利润本期仍然未实现，使W公司个别财务报表中的期末存货中包含了上期未实现的损益，母公司是以个别财务报表为基础编制合并财务报表的，所以需要抵销合并财务报表中存货包含的上期未实现的损益，同时按应属于母公司享有的未实现利润增加母公司长期股权投资，按少数股东享有的份额冲减少数股东权益。

由于上期存货中包含的未实现利润本期仍然未实现，因而母公司不需要编制调整转回的会计分录。

其合并抵销分录为：

借：长期股权投资（200 000×80%） 160 000

少数股东权益（200 000×20%） 40 000

贷：存货（母公司） 200 000

我国目前的做法是将借方“长期股权投资”用借“期初未分配利润”。

其合并抵销分录为：

借：期初未分配利润 160 000

少数股东权益 40 000

贷：存货（母公司） 200 000

2. 存货内部交易按等于成本的价格结算

【例20】X公司为W公司拥有80%具有表决权的控股子公司，上期X公司将成本为80万元的商品以80万元的价格（按成本）销售给W公司，W公司上期没有将该批存货销售给集团以外的企业，形成了期末存货。本期W公司仍然没有将该批存货对外出售，继续形成期末存货。

对于企业集团来说，由于上期W公司存货中未包含未实现利润，W公司本期未对外销售，但期末形成的存货价值并未高估或低估，因此母公司不需要编制抵销分录。

由于是按成本销售的，期末存货中不存在未实现的损益，上期没有编制调整会计分录，本期也不需要编制调整转回的会计分录。

3. 存货内部交易按低于成本的价格结算

【例21】X公司为W公司拥有80%具有表决权的控股子公司，上期X公司将成本为80万元的商品以70万元的价格（按低于成本）销售给W公司，W公司上期没有将该批存货销售给集团以外的企业，形成了期末存货。本期W公司仍然没有将该批存货对外出售，继续形成期末存货。

对于企业集团来说，由于上期W公司存货中包含的未实现收益（或亏损）本期仍未实现，使W公司个别财务报表中的期末存货中包含了上期未实现的损益（比实际成本少了10万元），母公司是以个别财务报表为基础编制合并财务报表的，所以需要抵销合并财务报表中存货包含的上期未实现的损益（增加存货价值），同时按应属于母公司享有的减少母公司长期股权投资，按少数股东享有的份额，增加少数股东权益。

由于上期存货中包含的未实现损失本期仍然未实现，因而母公司不需要编制调整转回的会计分录。

其合并抵销分录为：

借：存货（母公司）　　100 000

　贷：长期股权投资（母公司）（100 000×80%）　　80 000

　　　少数股东权益（100 000×20%）　　20 000

我国目前的做法是将贷方“长期股权投资”用贷“期初未分配利润”。

其合并抵销分录为：

借：存货（母公司）　　100 000

　贷：期初未分配利润（母公司）　　80 000

　　　少数股东权益　　20 000

以上分别说明了内部存货交易四种情况的合并抵销原理，为了完整地了解集团内部存货交易对编制合并财务报表的影响，下面介绍顺销和逆销业务的两个实例。

三、顺销业务综合实例

【例22】甲公司拥有乙公司90%的具有表决权的股份。其他有关资料见表3-16。201B年年初甲公司“长期股权投资”账户余额为87万元，这一余额是由乙公司所有者权益100万元的90%减去201A年甲公司销售一批存货给子公司而形成的年末存货未实现的利润3万元构成。假设不存在合并价差（甲公司的实际投资成本等于乙公司可辨认净资产的公允价值，乙公司资产、负债的公允价值与账面价值相等）。

甲、乙公司201B年有关存货内部交易资料如下：

甲公司201B年向乙公司出售存货的毛利（售价30万元、成本22.5万元）75 000元；

201B 年乙公司将上期未出售的内部交易形成的存货本期出售，其毛利30 000元；

201B 年年末乙公司有 50% 的本期从甲公司购入的存货未对外出售毛利37 500元；

201B 年乙公司实现净利润 32 万元，宣告并发放现金股利 20 万元，提取盈余公积 10 万元。

母公司按权益法编制会计分录如下：

（1）按乙公司实现的净利确认投资收益：

借：长期股权投资 320 000 × 90% =288 000

　贷：投资收益 288 000

（2）收到应分的现金股利：

借：银行存款 200 000 × 90% =180 000

　贷：长期股权投资 180 000

（3）调整上期存货未实现的利润（本期已实现）：

借：长期股权投资 30 000

　贷：投资收益 30 000

（4）递延本期购入存货未实现的利润：

借：投资收益 37 500

　贷：长期股权投资 37 500

甲公司采用权益法核算后有关账户记录情况如下：

长期股权投资——投资成本

870 000	
870 000	

长期股权投资——损益调整

288 000	180 000
30 000	37 500
100 500	

投资收益

	288 000
37 500	30 000
	280 500

编制合并抵销分录如下：

（1）上期的内部交易存货本期外出售：

借：长期股权投资 30 000

贷：营业成本　　　　30 000

（2）本期内部交易存货未对外销售：

借：营业收入　　　　300 000

　贷：营业成本　　　　262 500

　　存货　　　　37 500

（3）抵销母公司投资收益、长期股权投资增减额、少数股东权益用子公司现金股利分配：

借：投资收益　　　　280 500

　少数股东权益　　　　20 000

　贷：长期股权投资　　　　100 500

　　应付普通股现金股利　　　　200 000

（4）抵销子公司除现金股利分配的其他利润：

借：盈余公积　　　　100 000

　贷：提取盈余公积　　　　100 000

（5）抵销母公司长期股权投资、子公司所有者权益，形成少数股东权益：

借：股本　　　　500 000

　资本公积　　　　100 000

　盈余公积　　　　340 000

　期初未分配利润　　　　60 000

　贷：长期股权投资（期初 87 万元 + 第一笔抵销分录的 3 万元）

　　　　900 000

　　少数股东权益（1 000 000 × 10%）　　　　100 000

（6）确认少数股东权益：

借：少数股东收益（320 000 × 10%）　　　　32 000

　贷：少数股东权益　　　　32 000

合并工作底稿见表 3 - 16。

表 3－16 甲公司合并财务报表工作底稿

201B 年 12 月 31 日 （单位：元）

项目	甲公司	乙公司	抵销分录		合并结果
			借方	贷方	
利润表					
营业收入	8 000 000	2 500 000	②300 000		10 200 000
营业成本	4 500 000	1 350 000		①30 000	
				②262 500	5 557 500
销售费用	2 532 500	750 000			3 282 500
少数股东收益			⑥32 000		32 000
投资收益	280 500		③280 500		0
所得税费用	200 000	80 000			280 000
净利润	1 048 000	320 000			1 048 000
利润分配表					
本年净利润	1 048 000	320 000			1 048 000
期初未分配利润	300 000	60 000	⑤60 000		300 000
可供分配的利润	1 348 000	380 000			1 348 000
减：提取盈余分积	848 000	100 000		④100 000	848 000
分配现金股利	400 000	200 000		③200 000	400 000
期末未分配利润	100 000	80 000			100 000
资产负债表					
银行存款	272 000	55 000			327 000
应收账款	435 000	25 000			460 000
存货	600 000	300 000		②37 500	862 500
其他流动资产	384 000	60 000			444 000
长期股权投资	970 500		①30 000	③100 500	
				⑤900 000	0
固定资产	5 018 500	760 000			5 778 500
资产合计	7 680 000	1 200 000			7 872 000
应付账款	510 000	60 000			570 000
其他负债	370 000	20 000			390 000
少数股东权益			③20 000	⑤100 000	
				⑥32 000	112 000
股本	4 000 000	500 000	⑤500 000		4 000 000
资本公积	1 000 000	100 000	⑤100 000		1 000 000
盈余公积	1 700 000	440 000	④100 000		
			⑤340 000		1 700 00

（续上表）

项目	甲公司	乙公司	抵销分录		合并结果
			借方	贷方	
未分配利润	100 000	80 000			100 000
权益合计	7 680 000	1 200 000			7 872 000

甲公司201B年年末“长期股权投资”账户余额为970 500元，是由乙公司201B年年末所有者权益1 120 000元的90%减去201B年年末存货未实现的利润37 500元构成的。

201B年年末少数股东权益112 000元，为子公司所有者权益1 120 000元的10%，与期末存货中未实现利润无关，而与逆销是有关的。

需要注意的是，第一个抵销分录的借方如果不是“长期股权投资”项目，而是“期初未分配利润”项目，则合并报表的“长期股权投资”项目就不会为零。

四、逆销业务综合实例

【例23】乙公司拥有丙公司80%具有表决权的股份。201B年年初乙公司“长期股权投资”账户余额为780 000元，这一余额是由丙公司所有者权益1 025 000元的80%减去201A年子（丙）公司销售一批存货给母公司（逆销）而形成的年末存货中未实现的利润50 000元的80%构成。假设不存在合并价差（乙公司的实际投资成本等于丙公司可辨认净资产的公允价值，丙公司资产、负债的公允价值与账面价值相等）。

丙（子）公司201B年有关存货内部交易资料如下：

201B年向乙公司出售存货毛利（售价40万元、成本32万元）80 000元；

201B年乙公司将上期未出售的存货本期出售，其毛利50 000元；

201B年年末乙公司有50%的本期从丙公司购入的存货未对外出售，其毛利40 000元；

201B年丙公司实现净利润300 000元，宣告并发放现金股利200 000元，提取盈余公积100 000元。

母公司按权益法编制会计分录如下：

（1）按丙公司实现的净利确认投资收益：

借：长期股权投资（300 000×80%）　　　　240 000

　贷：投资收益（300 000×80%）　　　　　　240 000

（2）收到应分的现金股利：

借：银行存款（200 000×80%）　　　　160 000

　贷：长期股权投资（200 000×80%）　　160 000

（3）调整上期存货未实现的利润（本期已实现）：

借：长期股权投资（50 000×80%）　　40 000

　贷：投资收益（50 000×80%）　　40 000

（4）递延本期购入存货未实现的利润：

借：投资收益（40 000×80%）　　32 000

　贷：长期股权投资（40 000×80%）　　32 000

丙公司采用权益法核算后有关账户记录情况如下：

长期股权投资——投资成本

借方	贷方
780 000	
780 000	

长期股权投资——损益调整

借方	贷方
240 000	160 000
40 000	32 000
88 000	

投资收益

借方	贷方
	240 000
32 000	40 000
	248 000

编制合并抵销分录：

（1）上期的内部交易存货本期外出售：

借：长期股权投资　　40 000

　　少数股东权益　　10 000

　贷：营业成本　　50 000

（2）本期内部交易存货未对外销售：

借：营业收入　　400 000

　贷：营业成本　　360 000

　　　存货　　40 000

（3）抵销母公司投资收益、长期股权投资增减额、少数股东权益及子公司现金股利分配：

借：投资收益　　248 000

　　少数股东权益　　40 000

　贷：长期股权投资　　88 000

　　　应付现金股利　　200 000

（4）抵销子公司除现金股利分配的其他利润分配：

借：盈余公积　　100 000

贷：提取盈余公积　　100 000

（5）抵销母公司长期股权投资、子公司所有者权益，形成少数股东权益：

借：股本　　600 000

资本公积　　150 000

盈余公积　　200 000

期初未分配利润　　75 000

贷：长期股权投资　　820 000

少数股东权益　　205 000

（6）确认少数股东权益：

在存货逆销的情况下，确认少数股东权益时应当按如下方法计算：

（子公司实现的利润＋本期实现期初存货中未实现的利润－期末存货中未实现的利润）×少数股东持股比例＝(300 000＋50 000－40 000)×20%＝62 000（元）

借：少数股东收益　　62 000

贷：少数股东权益　　62 000

如果不按此方法确认少数股东权益，而按子公司实现的净利润 300 000 元的 20% 确认，则合并利润表中的合并利润就不会等于母公司利润了。

合并工作底稿见表 3－17。

表 3－17　乙公司合并财务报表工作底稿

201B 年 12 月 31 日　　（单位：元）

项目	乙公司	丙公司	抵销分录		合并结果
			借方	贷方	
利润表					
营业收入	6 250 000	2 500 000	②400 000		8 350 000
营业成本	4 525 000	1 350 000		①50 000	
				②360 000	5 465 000
销售费用	1 027 000	770 000			1 797 000
少数股东收益			⑥62 000		62 000
投资收益	248 000		③248 000		0
所得税费用	150 000	80 000			230 000
净利润	796 000	300 000			796 000
利润分配					
本年净利润	796 000	300 000			796 000
期初未分配利润	16 000	75 000	⑤75 000		16 000
可供分配的利润	812 000	375 000			812 000

（续上表）

项目	乙公司	丙公司	抵销分录		合并结果
			借方	贷方	
减：提取盈余分积	416 000	375 000		④100 000	416 000
分配现金股利	300 000	100 000		③200 000	300 000
期末未分配利润	96 000	200 000			96 000
资产负债表		75 000			
银行存款	464 000				584 000
应收账款	786 000	120 000			911 000
存货	1 514 000	125 000		②40 000	1 986 000
其他流动资产	764 000	512 000			840 000
长期股权投资	868 000	76 000	①40 000	③88 000	
				⑤820 000	0
固定资产	3 864 000	857 000			4 721 000
资产合计	8 260 000	1 690 000			9 042 000
应付账款	320 000	170 000			490 000
其他负债	260 000	395 000			655 000
少数股东权益			①10 000	⑤205 000	
			③40 000	⑥62 000	217 000
股本	5 000 000	600 000	⑤600 000		5 000 000
资本公积	1 000 000	150 000	⑤150 000		1 000 000
盈余公积	1 584 000	300 000	④100 000		
			⑤200 000		1 584 000
未分配利润	96 000	75 000			96 000
权益合计	7 680 000	1 125 000			9 042 000

乙公司201B年年末“长期股权投资”账户余额为86 800元，是由丙公司201B年年末所有者权益1 125 000元的90%减去201B年年末存货未实现的利润40 000元的80%构成的。

201B年年末少数股东权益217 000元，是由子公司所有者权益1 125 000元的20%加上期末存货中未实现利润40 000元的20%构成的。

本章主要名词

内部存货购销　顺销　逆销　抵销处理

思考题

1. 什么是顺销和逆销？这两种方法在会计处理上有什么区别？

2. 有人认为，在抵销内部交易对合并财务报表所产生的影响时，可以只抵销净利润，销售收入和销售成本可以不予抵销，这样处理也不影响合并净利润。试评述这一观点。

3. 内部交易的销售收入和销售成本的抵销与少数股东权益的存在有关吗？为什么？

4. 内部交易的销售收入和销售成本的抵销对合并净利润有什么影响？

5. 在什么情况下，少数股权的净利润受内部交易的影响？在什么情况下不受影响？

6. 子公司期初和期末存货上的未实现损益对合并销售成本会有什么影响？

练习题

1. 练习企业集团内部存货业务的处理

资料：甲公司于201A年1月1日按账面价值购入了乙公司70%的股份。当年，甲公司销售给乙公司150 000元存货，销售价格按成本加成20%制定。201A年年末，这部分存货尚有30%没有出售。

要求：为甲公司编制201A年年末有关内部存货的抵销分录。

2. 练习企业集团内部存货业务的处理

资料：甲公司于201A年1月2日按账面价值购入了丙公司80%的股份，当时丙公司资产、负债的账面价值与公允价值相同。201A年丙公司将成本为10 000元的存货按12 000元出售给甲公司，201A年年末这部分尚有40%未向外出售。201A年这两家公司的利润如下：

	甲公司	丙公司
销售收入	500 000	300 000
投资收益	12 000	
销售成本	400 000	275 000
营业费用	52 000	10 000
净利润	60 000	15 000

要求：为甲公司编制201A年的合并利润表。

3. 了解内部存货业务对合并财务报表编制的影响

资料：丁公司是甲公司持有其75%股份的子公司，201A年共向甲公司出售存货750 000元，成本600 000元。201A年年末，这部分存货尚有30%没有向外出售。

要求：为甲公司编制必要的抵销分录。

第四章　集团内部长期资产业务的抵销

企业集团内部的长期资产交易业务，主要包括固定资产、无形资产的购销和租赁业务。长期资产的内部交易损益，在该资产未向外界出售或未被购入企业消耗之前，应当在编制合并财务报表时加以抵销。同样，在母公司按权益法处理子公司经营成果和利润分配时，也要抵销其对财务状况经营成果的影响。

通过本章学习，应该掌握：

○内部固定资产购销业务的种类

○内部固定资产顺销业务的抵销处理

○内部固定资产逆销业务的抵销处理

○内部无形资产的购销业务处理

○内部租赁业务处理

第一节　集团内部长期资产业务的内容及抵销原理

企业集团内部的长期资产交易业务，主要包括固定资产、无形资产的购销和租赁业务三大类。

由于固定资产与无形资产、租赁业务一样，在未来都需要对其进行折旧或摊销，在此采用集团内部固定资产交易业务来说明抵销的原理。

内部固定资产交易是指企业集团内部发生交易的一方与固定资产有关的购销业务。对于企业集团内部固定资产交易，根据销售企业销售的是产品还是固定资产，可以将其划分为两种类型：

第一种类型是企业集团内部企业将自身生产的产品销售给企业集团内的其他企业作为固定资产使用。

第二种类型是企业集团内部企业将自身的固定资产出售给企业集团内的其他企业作为固定资产使用。

在第一种类型的内部固定资产交易的情况下，即企业集团内部的母公司或子公司将自身生产的产品销售给企业集团内部的其他企业作为固定资产使用，这种类型的内部固定资产交易发生得比较多，也比较普遍。

与存货的情况不同，固定资产的使用寿命较长，往往要跨越几个会计年度。对于内部交易形成的固定资产，不仅在该内部固定资产交易发生的当期需要进行抵销处理，而且在以后使用该固定资产的期间也需要进行抵销处理。固定资产在使用过程中通过折旧的方式将其价值转移到产品价值之中，由于固定资产按原价计提折旧，在固定资产原价中包含未实现内部销售损益的情况下，每期计提的折旧费中也必然包含着未实现内部销售损益的金额，由此也需要对该内部交易形成的固定资产每期计提的折旧费进行相应的抵销处理。同样，如果购买企业对该项固定资产计提了固定资产减值准备，由于固定资产减值准备是以原价为基础进行计算确定的，在固定资产原价中包含未实现内部销售损益的情况下，对该项固定资产计提的减值准备中也必然包含着未实现内部销售损益的金额，由此也需要对该内部交易形成的固定资产计提的减值准备进行相应的抵销处理。

与存货业务一样，长期资产内部交易的方向也决定着未实现损益对母公司财务报表和合并财务报表的影响。顺销的未实现损益已包含在母公司的净利润中，应全部予以抵销，而与母公司持有子公司的股份比例无关。逆销的未实现损益已包含在子公司的净利润中，既然母公司只按其持有子公司股份的比例确认投资收益，那么抵销母公司长期股权投资账户的只能是属于母公司部分的未实现损益。

第二节　集团内部固定资产购销业务的抵销

企业集团内部固定资产交易，根据销售企业销售的是商品还是固定资产，可分为二类：第一类是销售企业销售存货，购买企业作为固定资产；第二类是销售企业销售固定资产，购买企业作为固定资产。这两种方式只会使第一年的合并抵销分录不一样，后期的合并抵销分录是一样的。因为销售企业销售存货，购入企业作为固定资产时，其未实现的损益反映在销售企业的营业收入、营业成本中，所以第一年的合并抵销分录应抵销母公司的营业收入和营业成本。销售企业销售固定资产，购入企业作为固定资产时，其未实现的损益反映在销售企业的营业外收入（或营业外支出）中，所以第一年的合并抵销分录应抵销母公司的营业外收入（或营业外支出）。

一、母公司销售商品，子公司购入作为固定资产（顺销）的抵销

1. 内部交易形成的固定资产在购入当期的抵销

在这种情况下，购买企业购进的固定资产，在其个别资产负债表中是以支付的价款作为该固定资产的原价列示，因此首先就必须将该固定资产原价中包含的未实现内部销售损益予以抵销。其次，购买企业对该固定资产计提折旧，折旧费计入相关资产的成本或当期损益。由于购买企业是以该固定资产的取得成本作为原价计提折旧的，取得成本中包含未实现内部销售损益，在相同的使用寿命下，各期计提的折旧费要大于不包含未实现内部销售损益时计提的折旧费，因此还必须将当期多计提的折旧额从该固定资产当期计提的折旧费中予以抵销。其处理程序如下：

（1）将与内部交易形成的固定资产相关的销售收入、销售成本以及原价中包含的未实现内部销售损益予以抵销。

（2）将内部交易形成的固定资产当期多计提的折旧费和累计折旧（或少计提的折旧费和累计折旧）予以抵销。对单个企业来说，计提折旧进行会计处理时，一方面增加当期的费用或计入相关资产的成本，另一方面形成累计折旧。因此，对内部交易形成的固定资产当期多计提的折旧费抵销时，应按当期多计提的折旧额，借记“固定资产——累计折旧”项目，贷记“管理费用”等项目（为便于理解，本节有关内部交易形成的固定资产多计提的折旧费的抵销，均假定该固定资产为购买企业的管理用固定资产，通过“管理费用”项目进行抵销）。

【例1】丙公司拥有丁公司70%的具有表决权股份，为丁公司的母公司。丙公司将一批商品销售给丁公司作为固定资产使用。该批商品的售价为100万元，成本为80万元，交易已通过银行存款结算。该项固定资产预计可使用4年，采用直线法计提折旧，假设预计无残值，当年全年计提折旧。

交易双方的会计分录见表4-1。

表 4－1　丙公司与丁公司的会计分录　　（单位：万元）

丙公司			丁公司		
确认收入：			购入固定资产：		
借：银行存款	100		借：固定资产	100	
贷：营业收入		100	贷：银行存款		100
结转成本：					
借：营业成本	80				
贷：存货		80			

根据表 4－1，由交易双方的会计处理可以看出，对于企业集团来说，没有实现销售，不应该确认营业收入、营业成本。双方的银行存款一借一贷相同金额 100 万元对企业集团无影响；丙公司的营业收入 100 万元、营业成本 80 万元对于企业集团来说是不存在的，并且丁公司增加的固定资产金额比丙公司减少的存货账面价值多了 20 万元，这 20 万元为丙公司未实现的利润包含在丁公司的固定资产价值中。所以应该抵销母公司确认的营业收入 100 万、营业成本 80 万元、子公司固定资产中包含的未实现利润 20 万元。

按照权益法，母公司应当编制调整会计分录如下：

借：投资收益　　200 000
　贷：长期股权投资　　200 000

顺销情况下，全资子公司和非全资子公司都应将反映在母公司利润表中的未实现损益全部进行调整，不是按比例调整。

其合并抵销分录为抵销营业收入、营业成本及固定资产中包括的未实现利润：

借：营业收入（母公司）　　1 000 000
　贷：营业成本　　800 000
　　　固定资产（子公司）　　200 000

该项固定资产当年全年计提折旧 100 ÷ 4 = 25（万元），其中多计提 20 ÷ 4 = 5（万元）。固定资产计提折旧，意味着逐渐实现了销售，应编制调整转回的会计分录如下：

借：长期股权投资　　50 000
　贷：投资收益　　50 000

按照多计提折旧的部分编制合并抵销分录如下：

借：固定资产——累计折旧　　50 000
　贷：管理费用——折旧费用　　50 000

2. 内部交易形成的固定资产在以后会计期间的抵销

内部交易形成的固定资产在以后会计期间只需要编制当年多计提折旧金额的调整会计分录如下：

借：长期股权投资

  贷：投资收益

在以后会计期间，该内部交易形成的固定资产仍然以原价在购买企业的个别资产负债表中列示，因此必须将原价中包含的未实现内部销售损益的金额予以抵销；相应地，销售企业以前会计期间由于该内部交易所实现的销售利润已调整了上年“长期股权投资”项目，编制抵销分录时，应将内部交易形成的固定资产原价中包含的未实现内部销售损益抵销，调整“长期股权投资”项目，即按照原价中包含的未实现内部销售损益的金额：

借：长期股权投资

  贷：固定资产——原价

其次，对于该固定资产在以前会计期间计提折旧而形成的期初累计折旧，由于将以前会计期间按包含未实现内部销售损益的原价为依据而多计提折旧的抵销，一方面必须按照以前会计期间累计多计提的折旧额抵销期初累计折旧，另一方面，由于以前会计期间累计折旧抵销而影响到“长期股权投资”，因此还必须调整“长期股权投资”金额。按以前会计期间抵销该内部交易形成的固定资产多计提的累计折旧额：

借：固定资产——累计折旧

  贷：长期股权投资

最后，该内部交易形成的固定资产在本期仍然计提了折旧，由于多计提折旧导致本期有关资产或费用项目增加并形成累计折旧，为此，一方面必须将本期多计提折旧而计入相关资产的成本或当期损益的金额予以抵销，另一方面将本期多计提折旧而形成的累计折旧额予以抵销，即按本期该内部交易形成的固定资产多计提的折旧额：

借：固定资产——累计折旧

  贷：管理费用

【例 2】仍用例 1 的资料，编制第二年的调整会计分录及抵销分录。

按第二年多计提的折旧 5 万元编制调整会计分录如下：

借：长期股权投资　　　　50 000

  贷：投资收益　　　　　　50 000

按照固定资产原价中包含的未实现内部销售损益的金额 20 万元编制抵销分录如下：

借：长期股权投资　　　　　　　　　　　　　　　200 000

　贷：固定资产——原价　　　　　　　　　　　　　　200 000

按以前会计期间抵销该内部交易形成的固定资产多计提的累计折旧额5万元编制抵销分录如下：

借：固定资产——累计折旧　　　　　　　　　　　50 000

　贷：长期股权投资　　　　　　　　　　　　　　　50 000

按本期该内部交易形成的固定资产多计提的折旧额5万元编制抵销分录如下：

借：固定资产——累计折旧　　　　　　　　　　　50 000

　贷：管理费用　　　　　　　　　　　　　　　　　50 000

第三年和第四年的调整会计分录和合并抵销分录与第二年完全一样。

二、销售企业销售固定资产，购买企业作为固定资产的抵销

企业集团内部企业将其自用的固定资产出售给集团内部的其他企业。对于销售企业来说，在其个别资产负债表中表现为固定资产的减少，同时在其个别利润表中表现为固定资产处置损益。当处置收入大于该固定资产账面价值时，表现为本期营业外收入；当处置收入小于固定资产账面价值时，则表现为本期营业外支出。对于购买企业来说，在其个别资产负债表中则表现为固定资产的增加，其固定资产原价中既包含该固定资产在原销售企业中的账面价值，也包含销售企业因该固定资产出售所实现的损益。但从整个企业集团来看，这一交易属于集团内部固定资产调拨性质，它既不能产生收益，也不会发生损失，固定资产既不能增值也不会减值。因此，必须将销售企业因该内部交易所实现的固定资产处置损益予以抵销，同时将购买企业固定资产原价中包含的未实现内部销售损益的金额予以抵销。通过抵销后，使其在合并财务报表中该固定资产原价仍然以销售企业的原账面价值反映。

1. 内部交易形成的固定资产在购入当期的抵销

在这种情况下，企业集团内部企业将自用的固定资产售给集团内部其他企业作为固定资产使用，对于销售企业来说，减少了固定资产原值、累计折旧，形成了营业外收入或营业外支出；对于购入企业来说，购入的固定资产原值中包含了销售企业的损益（除按账面价值销售外）。从企业集团来看，这一交易属于集团内部调拨，只是资产的存放地点发生了变化，既不应该产生收益，也不应该产生损失。因此，在编制合并财务报表时，需要将销售企业的营业外收入或营业外支出抵销，同时抵销购入企业固定资产原值中多计或少计的金额（未实现损益）。

【例3】丙公司拥有丁公司70%的具有表决权股份，为丁公司的母公司。

丙公司于201A年12月将自用固定资产一台销售给丁公司作为固定资产使用。该项固定资产原值为100万元，累计已计提折旧40万元，转让价格为70万元，交易已通过银行存款结算。购入企业从下一年开始计提折旧，预计使用5年。交易双方的会计分录见表4-2。

表4-2 丙公司与丁公司的会计分录 （单位：万元）

丙公司			丁公司		
确认收入：			购入固定资产：		
借：银行存款	70		借：固定资产	70	
累计折旧	40		贷：银行存款		70
贷：固定资产		100			
营业外收入		10			

根据表4-2交易双方的会计处理可以看出，对于企业集团整体来说，没有实现销售，不应该确认营业外收入。双方的银行存款一借一贷相同金额70万元对企业集团无影响；丙公司的营业外收入10万元对于企业集团来说是不存在的，并且丁公司增加的固定资产金额比丙公司减少的固定资产账面价值多了10万元，这10万元为丙公司未实现的利润包含在丁公司的固定资产价值中。所以应该抵销母公司确认的营业外收入10万元、子公司固定资产中包含的未实现利润10万元。

按照权益法，母公司应当编制调整会计分录如下：

借：投资收益　　100 000

　贷：长期股权投资　　100 000

顺销情况下，全资子公司和非全资子公司都应将反映在母公司利润表中的未实现损益全部进行调整，不是按比例调整。

其合并抵销分录为：

借：营业外收入（母公司）　　100 000

　贷：固定资产——原价（子公司）　　100 000

如果这一内部交易是按销售企业固定资产的账面价值结算的，销售企业不会产生损益，购入企业固定资产入账价值也没有包含未实现损益，则既不需要编制调整会计分录，也不需要编制合并抵销分录。

如果这一交易是按照低于销售企业固定资产账面价值结算的，销售企业产生了营业外支出，购入企业购入的固定资产入账价值低于了未实现损益部分。母子公司需要编制与高于固定资产账面价值结算相反的调整会计分录：

借：长期股权投资（固定资产交易未实现损失）

　贷：投资收益（固定资产交易未实现损失）

母公司编制合并抵销分录为：

借：固定资产（子公司）（固定资产交易未实现损失）

　贷：营业外支出（母公司）（固定资产交易未实现损失）

2. 内部交易固定资产计提折旧的抵销

内部交易形成的固定资产不仅影响本期的合并财务报表，还会影响未来各期（固定资产使用期）的合并财务报表。由于该内部交易固定资产在购买企业的使用期内分期计提折旧，因此在编制合并财务报表时，不仅要考虑购买企业固定资产原值中仍然包含的未实现损益（相当于上期购入的存货上期未对外售出，本期仍未对外售出），还要考虑购入企业使用固定资产时计提的折旧时多计提的部分。购入企业使固定资产计提折旧，相当于对外销售，母公司编制调整会计分录时，应分期编制调整转回的会计分录。

【例4】根据例3的资料，丙公司购入丁公司的固定资产预计在未来5年内使用，采用直线法计提折旧，预计净残值为0，从201B年开始计提折旧。

（1）201B年的调整会计分录和合并抵销分录。

201B年的调整会计分录为调整201B年开始计提折旧时将未实现的利润得以部分实现。

调整转回已计提折旧的实现的利润部分10÷5=2（万元）：

借：长期股权投资	20 000	
贷：投资收益		20 000

201B年的合并抵销分录有两个：

一是要抵销子公司固定资产原值中仍然包含的全部未实现利润（虽然计提了折旧，但固定资产原值是不变的），这一未实现利润对母公司201A年的长期股权投资账户是有影响的（201A年的调整会计分录），在本年合并工作底稿上要通过编制抵销分录加以抵销。

借：长期股权投资（母公司）	100 000	
贷：固定资产——原价（子公司）		100 000

二是抵销当年累计折旧中多计的部分和折旧费用中影响了当年利润的部分：

借：固定资产——累计折旧	20 000	
贷：折旧费用（管理费用）		20 000

（2）201C年的调整会计分录和合并抵销分录。

201C年的调整会计分录为调整201C年计提折旧时将未实现的利润得以部分实现。

调整转回已计提折旧的实现的利润部分 10 ÷ 5 = 2（万元）：

借：长期股权投资　　20 000

　贷：投资收益　　20 000

201C 年的合并抵销分录有三个：

一是要抵销子公司固定资产原值中仍然包含的全部未实现利润（虽然计提了折旧，但固定资产原值是不变的），这一未实现利润对母公司 201A 年的长期股权投资账户是有影响的（201A 年的调整会计分录），在本年合并工作底稿上要通过编制抵销分录加以抵销。

借：长期股权投资（母公司）　　100 000

　贷：固定资产——原价（子公司）　　100 000

二是抵销前一年累计折旧中累计多计的部分，这在前年度同样影响了母公司的长期股权投资：

借：固定资产——累计折旧　　20 000

　贷：长期股权投资　　20 000

三是抵销当年累计折旧中多计的部分和折旧费用中影响了当年利润的部分（一年）：

借：固定资产——累计折旧　　20 000

　贷：管理费用　　20 000

（3）201D 的调整会计分录和合并抵销分录。

201D 年的调整会计分录为调整 201D 年计提折旧时将未实现的利润得以部分实现。

调整转回已计提折旧的实现的利润部分 10 ÷ 5 = 2（万元）：

借：长期股权投资　　20 000

　贷：投资收益　　20 000

201D 年的合并抵销分录有三个：

一是要抵销子公司固定资产原值中仍然包含的全部未实现利润（虽然计提了折旧，但固定资产原值是不变的），这一未实现利润对母公司 201A 年的长期股权投资账户是有影响的（201A 年的调整会计分录），在本年合并工作底稿上要通过编制抵销分录加以抵销。

借：长期股权投资（母公司）　　100 000

　贷：固定资产——原价（子公司）　　100 000

二是抵销前两年累计折旧中多计的部分，这在前两年同样影响了母公司的长期股权投资：

借：固定资产——累计折旧　　40 000

贷：长期股权投资　　40 000

三是抵销当年累计折旧中多计的部分和折旧费用中影响当年利润的部分（一年）：

借：固定资产——累计折旧　　20 000

贷：管理费用　　20 000

（4）201E 年的调整会计分录和合并抵销分录。

201E 年的调整会计分录为调整 201E 年计提折旧时将未实现的利润得以部分实现。

调整转回已计提折旧的实现的利润部分 10 ÷ 5 = 2（万元）：

借：长期股权投资　　20 000

贷：投资收益　　20 000

201E 年的合并抵销分录有三个：

一是要抵销子公司固定资产原值中仍然包含的全部未实现利润（虽然计提了折旧，但固定资产原值是不变的），这一未实现利润对母公司 201A 年的长期股权投资账户是有影响的（201A 年的调整会计分录），在本年合并工作底稿上要通过编制抵销分录加以抵销。

借：长期股权投资（母公司）　　100 000

贷：固定资产——原价（子公司）　　100 000

二是抵销前三年累计折旧中多计的部分，这在前三年同样影响了母公司的长期股权投资：

借：固定资产——累计折旧　　60 000

贷：长期股权投资　　60 000

三是抵销当年累计折旧中多计的部分和折旧费用中影响了当年利润的部分：

借：固定资产——累计折旧　　20 000

贷：管理费用　　20 000

（5）201F 年的调整会计分录和合并抵销分录。

201F 年的调整会计分录为调整第五年计提折旧时将未实现的利润得以部分实现。

调整转回已计提折旧的实现的利润部分 10 ÷ 5 = 2（万元）：

借：长期股权投资　　20 000

贷：投资收益　　20 000

201F 年的合并抵销分录有三个：

一是要抵销子公司固定资产原值中仍然包含的全部未实现利润（虽然计提了折旧，但固定资产原值是不变的），这一未实现利润对母公司 201A 年的长期股权投资账户是有影响的（201A 年的调整会计分录），在本年合并工作底稿上要通过编制抵销分录加以抵销。

借：长期股权投资（母公司） 100 000

贷：固定资产——原价（子公司） 100 000

二是抵销前四年累计折旧中多计的部分，这在前四年同样影响了母公司的长期股权投资：

借：固定资产——累计折旧 80 000

贷：长期股权投资 80 000

三是抵销当年累计折旧中多计的部分和折旧费用中影响了当年利润的部分：

借：固定资产——累计折旧 20 000

贷：管理费用 20 000

将上述各年的调整会计分录和合并抵销分录归纳如下：

各年的调整会计分录均为：

借：长期股权投资 20 000

贷：投资收益 20 000

各年的抵销分录可列示如下（单位：万元）：

抵销分录	200B 年	201C 年	201D 年	201E 年	201F 年
长期股权投资	10	8	6	4	2
累计折旧	2	4	6	8	10
固定资产	10	10	10	10	10
管理费用	2	2	2	2	2

三、固定资产清理期间的抵销

对于销售企业来说，因该内部交易实现的利润作为长期股权投资进行了调整，直到购买企业对该内部交易形成的固定资产进行清理的会计期间为止。对购买企业来说，在内部交易形成的固定资产进行清理的期间，在其个别财务报表中表现为固定资产价值的减少；该固定资产清理收入减去该固定资产账面价值以及有关清理费用后的余额，则在其个别利润表中以营业外收入（或营业外支出）项目列示。

在这种情况下，购买企业内部交易形成的固定资产实体已不复存在，包含未实现内部销售损益在内的该内部交易形成的固定资产的价值已全部转移到用其加工的产品价值或各期损益中去了，因此不存在未实现内部销售损益的抵销问题。从整个企业集团来说，随着该内部交易形成的固定资产的使用寿命届满，其包含的未实现内部销售损益也转化为已实现利润。但是，由于销售企业因该内部交易所实现的利润作为长期股权投资直到购买企业对该内部交易形成的固定资产进行清理的会计期间为止，为此，必须调整长期股权投资。其次，在固定资产进行清理的会计期间，如果仍计提了折旧，本期计提的折旧费中仍然包含多计提的折旧额，因此需要将多计提的折旧额予以抵销。

购入企业（子公司）对内部交易形成的固定资产使用后进行报废处理、中途转让时，表明内部交易的固定资产中的未实现损益已经实现，在子公司个别资产负债表中表现为固定资产原值、累计折旧的减少，在子公司个别利润表中反映了处理固定资产的损益。购入企业固定资产处理有三种情况：①到期报废；②提前报废；③超期使用后报废。

1. 到期报废的抵销

根据前述固定资产在使过程中需要编制的一笔调整会计分录和三笔合并抵销分录，可以分别归纳出这三种情况下的合并抵销分录。

清理期末的调整会计分录为调整清理计提折旧时将未实现的利润得以部分实现。

调整转回已计提折旧的实现的利润部分 = 内部交易形成的固定资产中未实现的损益 ÷ 固定资产预计使用年限：

借：长期股权投资（未实现损益/预计使用年限）

　　贷：投资收益（未实现损益/预计使用年限）

清理期末的合并抵销分录有以下三个：

一是要抵销子公司固定资产原值中仍然包含的全部未实现利润（虽然计提了折旧，但固定资产原值是不变的），这一未实现利润对母公司第一年的长期股权投资账户是有影响的，在本年合并工作底稿上要通过编制抵销分录加以抵销。由于购入企业（子公司）已将该固定资产处置了，期末个别资产负债表上已没有该项“固定资产”的金额了，编制合并财务报表再抵销“固定资产”项目就没有意义了，因此，将“固定资产”项目改为“营业外收入”或“营业外支出”即可：

借：长期股权投资（母公司）（固定资产未实现损益）

　　贷：营业外收入（子公司）（固定资产未实现损益）

二是抵销前几年累计折旧中多计的部分，这在前几年同样影响了母公司的长期股权投资。同样由于购入企业（子公司）已将该固定资产处置了，期末个别资产负债表上已没有该项固定资产的“累计折旧”的金额了，编制合并财务报表再抵销“累计折旧”项目也就没有意义了，也应将“累计折旧”项目改为“营业外收入”或“营业外支出”即可：

借：营业外收入（前几年累计多计提的折旧额）

贷：长期股权投资（前几年累计多计提的折旧额）

三是抵销当年累计折旧中多计的部分和折旧费用中影响当年利润的部分。同样应将“累计折旧”项目改为“营业外收入”项目，或“营业外支出”项目：

借：营业外收入（最后一年多计提的折旧额）

贷：管理费用（最后一年多计提的折旧额）

如果将上述三笔抵销分录合并后，就得出如下简单的一笔抵销分录：

借：长期股权投资（最后一年多计提的折旧额）

贷：管理费用（最后一年多计提的折旧额）

【例5】母公司于201A年12月20日销售商品给其子公司，销售收入50万元，销售成本40万元。子公司购入此商品作为固定资产使用。母公司对其子公司拥有80%的控股权，子公司预计该项固定资产能使用4年，于201B年1月开始计提折旧，201E年12月31日使用到期，其中未实现利润为10万元，每年多计提折旧2.5万元。

第四年末的调整会计分录为：

借：长期股权投资　　25 000

贷：投资收益　　25 000

如果子公司使用到第四年末对该项固定资产报废，编制年末合并抵销分录如下：

借：长期股权投资　　25 000

贷：管理费用　　25 000

2. 提前报废的抵销

如果购入固定资产的企业将固定资产没使用到期就提前报废处理，调整会计分录应将报废年与提前年尚未转回的未实现损益金额全部转回，编制调整会计分录如下：

借：长期股权投资（全部未实现损益－前几年已转回数）

贷：投资收益（全部未实现损益－前几年已转回数）

提前报废的合并抵销分录同样可以利用三笔抵销分录归纳为：

一是要抵销子公司固定资产原值中仍然包含的全部未实现利润。

借：长期股权投资（母公司）（固定资产未实现损益）

贷：营业外收入（固定资产未实现损益）

二是抵销前几年累计折旧中多计的部分。

借：营业外收入（前几年累计多计提折旧额）

贷：长期股权投资（前几年累计多计提折旧额）

三是抵销当年累计折旧中多计的部分和折旧费用中影响当年利润的部分。

借：营业外收入（当年多计提折旧额）

　贷：管理费用（当年多计提折旧额）

【例6】母公司于201A年12月20日销售商品给其子公司，销售收入50万元，销售成本40万元。子公司购入此商品作为固定资产使用。母公司对其子公司拥有80%的控股权，子公司预计该项固定资产能使用4年，于201B年1月开始计提折旧，201E年12月31日使用到期，其中未实现利润为10万元，每年多计提折旧2.5元。假设子公司使用3年，于201D年12月报废。

编制调整会计分录将第三年和第四年的未实现利润进行调整：

借：长期股权投资　　50 000

　贷：投资收益　　50 000

编制合并抵销分录：

（1）抵销子公司固定资产原值中仍然包含的全部未实现利润：

借：长期股权投资（母公司）　　100 000

　贷：营业外收入　　100 000

（2）抵销前两年累计折旧中多计的部分：

借：营业外收入　　50 000

　贷：长期股权投资　　50 000

（3）抵销当年累计折旧中多计的部分和折旧费用中影响当年利润的部分：

借：营业外收入　　25 000

　贷：管理费用　　25 000

将三笔抵销分录合并结果为：

借：长期股权投资　　50 000

　贷：营业外收入　　25 000

　　　管理费用　　25 000

3. 超期使用固定资产及报废的抵销

购入企业超期使用内部交易形成的固定资产时，固定资产中未实现的损益在使用期已全部实现，不存在未实现利润，不需要编制调整会计分录。假设预计残值为0，购入固定资产的企业在使用期内已提足了折旧，个别财务报表中的该项固定资产原值与该项固定资产的累计折旧是相等的（实际上是指“固定资产”原值中包含的未实现损益与“累计折旧”中包含的未实现损益相等），固定资产超期使用没有计提折旧。同样也可以利用三笔抵销分录加以归纳得出合并抵销分录只需要编制借记“累计折旧”，贷记“固定资产”。

借：固定资产——累计折旧（全部未实现损益）

贷：固定资产（全部未实现损益）

如果子公司在超期使用后对固定资产报废，既不需要编制调整会计分录，也不需要编制合并抵销分录。也就是将上笔合并抵销分录均用“营业外收入”项目代替后，其结果是不需要编制抵销分录的。

四、内部固定资产逆销业务的抵销

当子公司向母公司出售固定资产时，只要母公司未对外售出，在销售当年的子公司账上存在着未实现损益。这一未实现损益应由母公司和少数股东共同承担，母公司应按其所持有的子公司股份的比例来调整其子公司净利润的份额，即将母公司所分享的内部交易中的未实现损益通过折旧过程逐步实现的未实现损益的份额调整投资收益和长期股权投资账户。

【例7】丙公司拥有丁公司70%的具有表决权股份。201A年12月10日，丁公司将自用固定资产一台销售给丙公司作为固定资产使用。该项固定资产原值为100万元，累计已计提折旧40万元，转让价格为70万元，交易已通过银行存款结算。丙公司购入固定资产预计在未来5年内使用，采用直线法计提折旧，预计净残值为0。201B年1月1日开始计提折旧。

（1）201A年末编制调整会计分录和合并抵销分录。

201A年末编制调整会计分录：

借：投资收益（100 000×70%） 70 000

　　贷：长期股权投资 70 000

201A年末编制合并抵销分录：

借：营业外收入（子公司） 100 000

　　贷：固定资产——原价（母公司） 100 000

（2）201B年末编制调整会计分录和合并抵销分录。

201B年末编制折旧额的调整会计分录：

借：长期股权投资（20 000×70%） 14 000

　　贷：投资收益 14 000

201B年末合并抵销分录如下：

①抵销母公司上一年调整长期股权投资的70 000元及少数股东的份额和母公司固定资产原值中包含的全部未实现利润（多计部分）：

借：长期股权投资（母公司）（100 000×70%） 70 000

　　少数股东权益（100 000×30%） 30 000

　　贷：固定资产——原价（母公司） 100 000

②抵销当年累计折旧和折旧费用中多计提的折旧部分：

借：固定资产——累计折旧　　20 000
　贷：管理费用　　20 000

（3）201C 年末编制调整会计分录和合并抵销分录。

201C 年末编制折旧额的调整会计分录：

借：长期股权投资（20 000×70%）　　14 000
　贷：投资收益　　14 000

201C 年末合并抵销分录如下：

①抵销母公司上一年调整长期股权投资的 70 000 元及少数股东的份额和母公司固定资产原值中全部未实现利润（多计部分）：

借：长期股权投资（母公司）　　70 000
　　少数股东权益　　30 000
　贷：固定资产——原价（母公司）　　100 000

②抵销当年累计折旧和折旧费用中多计提的折旧部分：

借：固定资产——累计折旧　　20 000
　贷：管理费用　　20 000

③抵销上一年累计折旧多计提部分：

借：固定资产——累计折旧　　20 000
　贷：长期股权投资（20 000×70%）　　14 000
　　　少数股东权益（20 000×30%）　　6 000

（4）201D 年未编制调整会计分录及合并抵销分录。

201D 年末编制折旧额的调整会计分录：

借：长期股权投资　　14 000
　贷：投资收益　　14 000

201D 年末合并抵销分录如下：

①抵销母公司上一年调整长期股权投资的 70 000 元及少数股东的份额和母公司固定资产原值中全部未实现利润（多计部分）：

借：长期股权投资（母公司）　　70 000
　　少数股东权益　　30 000
　贷：固定资产——原价（母公司）　　100 000

②抵销当年累计折旧和折旧费用中多计提的折旧部分：

借：固定资产——累计折旧　　20 000
　贷：管理费用　　20 000

③抵销前两年累计折旧多计提部分：

借：固定资产——累计折旧　　40 000

贷：长期股权投资（40 000×70%） 28 000

少数股东权益（40 000×30%） 12 000

（5）201E 年末编制调整会计分录及合并抵销分录。

201E 年末编制折旧额的调整会计分录：

借：长期股权投资 14 000

贷：投资收益 14 000

201E 年末合并抵销分录如下：

①抵销母公司上一年调整长期股权投资的 70 000 元及少数股东的份额和母公司固定资产原值中全部未实现利润（多计部分）：

借：长期股权投资（母公司） 70 000

少数股东权益 30 000

贷：固定资产——原价（母公司） 100 000

②抵销当年累计折旧和折旧费用中多计提的折旧部分：

借：固定资产——累计折旧 20 000

贷：管理费用 20 000

③抵销上一年累计折旧多计提部分：

借：固定资产——累计折旧 60 000

贷：长期股权投资（60 000×70%） 42 000

少数股东权益（60 000×30%） 18 000

（6）201F 年末编制调整会计分录及合并抵销分录。

201F 年末编制折旧额的调整会计分录：

借：长期股权投资 14 000

贷：投资收益 14 000

201F 年末合并抵销分录如下：

①抵销母公司上一年调整长期股权投资的 70 000 元及少数股东的份额和母公司固定资产原值中全部未实现利润（多计部分）：

借：长期股权投资（母公司） 70 000

少数股东权益 30 000

贷：固定资产——原价（母公司） 100 000

②抵销当年累计折旧和折旧费用中多计提的折旧部分：

借：固定资产——累计折旧 20 000

贷：管理费用 20 000

③抵销上一年累计折旧多计提部分：

借：固定资产——累计折旧 80 000

贷：长期股权投资（80 000 × 70%）　　56 000

　　少数股东权益（80 000 × 30%）　　24 000

第三节　集团内部无形资产转让业务的抵销

一、集团内部无形资产转让业务抵销的内容

无形资产包括专利、商标权、非专利技术、著作权、特许权和土地使用权等。使用寿命有限的无形资产，应在其预计的使用寿命内采用系统合理的方法对应摊销金额进行摊销。无形资产成本摊销，其实质与固定资产的折旧相同，只是固定资产在计提折旧时运用的是“累计折旧”科目核算，无形资产摊销采用“累计摊销”科目核算。企业集团内部转让无形资产，也会出现未实现损益，除非该无形资产已向外界转让。对还需要摊销的无形资产，在母公司账上按权益法处理的调整分录以及合并工作底稿中的抵销，与上一节集团内固定资产交易的抵销处理一样。

根据可获得的无形资产情况判断，有确凿证据表明无法合理估计其使用寿命的无形资产，应作为使用寿命不确定的无形资产。按照无形资产准则的规定，对于使用寿命不确定的无形资产，在持有期间内不需要摊销。对于集团内部购入不需要摊销的无形资产，其抵销分录就更为简单一些。

二、集团内部无形资产转让业务（顺销）抵销

当集团内部发生按非成本价转让无形资产时，从企业集团看也会产生未实现损益。这一交易损益会出现在销售企业的账上，但实际上这种损益并未实现，在权益法下，其影响应从投资收益中抵销，未实现损益在编制合并财务报表时也应抵销。同样，未实现损益对母公司和合并财务报表的影响取决于内部交易的方向（顺销还是逆销）。

【例8】201A 年 1 月 2 日，母公司甲向其拥有 90% 股份的子公司乙以 50 万元的价款转让一项无形资产。母公司甲的无形资产的账面价值为 30 万元。子公司乙取得该项无形资产后预计需要在未来 10 年内摊销。

201A 年末编制合并财务报表时的会计处理。

（1）根据权益法编制调整会计分录。

母公司权益法编制未实现利润 20 万元的调整会计分录：

借：投资收益　　200 000

　贷：长期股权投资　　200 000

调整子公司乙摊销无形资产中多摊销部分 2 万元。

借：长期股权投资　　20 000

　贷：投资收益　　20 000

（2）编制合并抵销分录。

抵销内部无形资产转让产生的内部未实现利润 20 万元：

借：营业外收入　　200 000

　贷：无形资产——账面原价　　200 000

抵销当年摊销无形资产中多摊销部分 2 万元：

借：无形资产——累计摊销　　20 000

　贷：管理费用　　20 000

201B 年末编制合并财务报表的会计处理。

（1）调整子公司乙摊销无形资产中多摊销部分 2 万元：

借：长期股权投资　　20 000

　贷：投资收益　　20 000

（2）编制合并抵销分录。

抵销内部无形资产转让产生的内部未实现利润 20 万元：

借：长期股权投资　　200 000

　贷：无形资产——账面原价　　200 000

抵销当年摊销无形资产中多摊销部分 2 万元：

借：无形资产——累计摊销　　20 000

　贷：管理费用　　20 000

抵销上年累计摊销无形资产中多摊销部分 2 万元（201D 年及以后年度每年增加 2 万元）：

借：无形资产——累计摊销　　20 000

　贷：长期股权投资　　20 000

子公司对该项无形资产对外转让，其编制调整会计分录及合并抵销分录与固定资产处理一样。

【例 9】201A 年 1 月 2 日，母公司甲向其拥有 90% 股份的子公司乙以 50 万元的价款转让一项无形资产。母公司甲的无形资产的账面价值为 30 万元。子公司乙取得该项无形资产后不对该项无形资产进行摊销。

201A 年末编制合并财务报表时的会计处理。

（1）根据权益法编制调整会计分录。

母公司权益法编制未实现利润 20 万元的调整会计分录：

借：投资收益　　200 000

贷：长期股权投资　　200 000

（2）编制合并抵销分录。

抵销内部无形资产转让产生的内部未实现利润 20 万元：

借：营业外收入　　200 000

贷：无形资产——账面原价　　200 000

201B 年末及以后，只要子公司乙账面上存在（拥有）该项无形资产，合并工作底稿上都要编制如下合并抵销分录：

抵销内部无形资产转让产生的内部未实现利润 20 万元：

借：长期股权投资　　200 000

贷：无形资产——账面原价　　200 000

假设若干年后子公司乙将该项无形资产对外出售（出售价格是产生损失还是利得与编制合并报表无关），企业集团在 201A 年确认的利得 20 万元已在子公司乙对外出售无形资产时得以实现。

按权益法处理应该调整因子公司乙向外界转让无形资产而实现的递延利得 20 万元。其调整会计分录为：

借：长期股权投资　　200 000

贷：投资收益　　200 000

合并抵销分录为：

借：长期股权投资　　200 000

贷：营业外收入　　200 000

三、集团内部无形资产转让业务（逆销）抵销

当子公司向母公司转让无形资产时，只要母公司未对外转让，子公司账上就存在着未实现损益。这一未实现损益应由多数股权和少数股权共同承担，母公司应按其所持股份的比例来调整其在子公司净利润的份额。

【例 10】201A 年 1 月 2 日，子公司乙向其拥有 90% 股份的母公司甲以 80 万元的价款转让一项无形资产。子公司乙的无形资产的账面价值为 60 万元。母公司甲取得该项无形资产后预计需要在未来 10 年内摊销。

201A 年末编制合并财务报表时的会计处理。

（1）根据权益法编制调整会计分录。

母公司甲按权益法编制未实现利润应由母公司享有的 $20\times90\%=18$（万元）的调整会计分录：

借：投资收益　　180 000

贷：长期股权投资　　180 000

调整母公司甲摊销无形资产中多摊销的部分 2×90% =1.8（万元）：

借：长期股权投资　　18 000

　贷：投资收益　　18 000

（2）编制合并抵销分录。

抵销内部无形资产转让产生的内部未实现利润 20 万元：

借：营业外收入　　200 000

　贷：无形资产——账面原价　　200 000

抵销当年摊销无形资产中多摊销部分 2 万元：

借：无形资产——累计摊销　　20 000

　贷：管理费用　　20 000

201B 年末编制合并财务报表的会计处理。

根据权益法编制调整会计分录。

（1）调整母公司甲摊销无形资产中多摊销应由母公司承担的部分 1.8 万元：

借：长期股权投资　　18 000

　贷：投资收益　　18 000

（2）编制合并抵销分录。

抵销内部无形资产转让产生的内部未实现利润 20 万元：

借：长期股权投资　　180 000

　　少数股东权益　　20 000

　贷：无形资产——账面原价　　200 000

抵销当年摊销无形资产中多摊销部分 2 万元：

借：无形资产——累计摊销　　20 000

　贷：管理费用　　20 000

抵销上年累计摊销无形资产中多摊销部分 2 万元（201D 年及以后年度每年增加 2 万元）：

借：无形资产——累计摊销　　20 000

　贷：长期股权投资　　18 000

　　　少数股东权益　　2 000

母公司对该项无形资产对外转让，其编制调整会计分录及合并抵销分录与固定资产处理一样。

【例 11】201A 年 1 月 2 日，子公司乙向其拥有 90% 股份的母公司甲以 100 万元的价款转让一项无形资产。子公司乙的无形资产的账面价值为 70 万元。母公司甲取得该项无形资产后不对该项无形资产进行摊销。

201A 年末编制合并财务报表时的会计处理。

（1）根据权益法编制调整会计分录。

母公司权益法编制未实现利润应由母公司承担的部分 30 × 90% = 27（万元）的调整会计分录：

借：投资收益　　270 000

　贷：长期股权投资　　270 000

（2）编制合并抵销分录。

抵销内部无形资产转让产生的内部未实现利润 30 万元：

借：营业外收入　　300 000

　贷：无形资产——账面原价　　300 000

201B 年末及以后，只要母公司甲账面上存在（拥有）该项无形资产，合并工作底稿上都要编制如下合并抵销分录：

抵销内部无形资产转让产生的内部未实现利润 30 万元：

借：长期股权投资　　270 000

　　少数股东权益　　30 000

　贷：无形资产——账面原价　　300 000

假设若干年后母公司甲将该项无形资产对外出售（出售价格是产生损失还是利得与编制合并报表无关），企业集团在 201A 年确认的利得 30 万元已在母公司甲对外出售无形资产时得以实现。

按权益法处理应该调整因母公司甲向外界转让无形资产而实现的递延利得 30 万元。其调整会计分录为：

借：长期股权投资　　270 000

　贷：投资收益　　270 000

合并抵销分录为：

借：长期股权投资　　270 000

　　少数股东权益　　30 000

　贷：营业外收入　　300 000

本章主要名词

内部长期资产　内部固定资产交易　内部无形资产交易　内部租赁

思考题

1. 在编制合并财务报表时，抵销固定资产内部交易影响的目的是什么？

2. 销售方向对处理固定资产内部交易的未实现损益是否有影响？若子公司的全部股份为母公司所控制，是否有影响？

3. 固定资产内部交易的顺销或逆销对计算少数股权净利润有何影响？

4. 固定资产内部交易所产生的未实现损益是怎样实现的？若固定资产在使用一段时期后又出售呢？

5. 若土地使用权可供企业无限期使用，当发生逆销业务时，怎样计算少数股权净利润？

6. 当发生无形资产内部交易时，母公司账上和合并工作底稿上应如何处理？

练习题

1. 练习企业集团内部固定资产业务的处理

资料：甲公司于201A年1月1日按账面价值购入乙公司90%的股份。当年8月31日，甲公司销售给乙公司一台机器设备，售价150 000元，成本100 000元。该机器尚可使用10年，按直线法计提折旧。

要求：

（1）为甲公司编制201A年年末有关该机器设备的抵销分录。

（2）编制第二年至第六年合并会计报表时的抵销分录。

（3）假设该机器设备第七年报废，编制第七年的合并抵销分录。

2. 练习企业集团内部土地使用权转让的处理

资料：乙公司是甲公司拥有其85%股份的子公司。201A年，乙公司将成本为250 000元的土地使用权按300 000元售给甲公司。201A年年末，甲公司仍持有该土地使用权，土地使用权可无限期使用。

要求：

（1）该土地使用权转让业务如何影响甲公司201A年的投资收益和净利润，以及201A年年末“长期股权投资”账户余额？

（2）该土地使用权转让业务对甲公司201A年合并财务报表有何影响？

（3）若201B年甲公司仍继续持有该土地使用权，对201B年甲公司的投资收益和净利润又有何影响？对201B年年末“长期股权投资”账户余额有何影响？

3. 掌握企业集团内部交易对合并财务报表编制的影响

资料：甲公司和其全资子公司乙公司201A年的单独利润表如下：

	甲公司	乙公司
销售收入	800 000	480 000
投资收益	80 000	
营业外收入（设备出售利得）	32 000	

销售成本	(480 000)	(320 000)
销售费用	(160 000)	(80 000)
净利润	272 000	80 000

但上述信息并没有包括内部交易所产生的影响。内部交易的有关资料如下：

201A 年 1 月 2 日，甲公司将账面价值 48 000 元的设备按 80 000 元出售给 D 公司。后者按直线法分 4 年计提折旧。

要求：

（1）计算 201A 年甲公司正确的投资收益额。

（2）编制 201A 年的合并利润表。

第五章　集团内部债权债务业务的抵销

企业集团内部除存货内部交易业务以外还经常存在企业集团内部之间的债权债务。这些债权债务对于集团整体来说是不存在的，在编制财务报表时需要抵销。

通过本章学习，应该掌握：

○集团内部债权债务的内容

○集团内部债权债务抵销的基本原理

○集团内部一般债权债务的抵销

○集团内部债券投资与应付债券抵销

第一节　内部应收应付及坏账的抵销

内部债权债务是指母公司与子公司、子公司与子公司之间的应收账款与应付账款、预付账款与预收账款、应付债券与债券投资以及相互借贷业务等项目。内部债权债务的发生，在企业集团一方的个别财务报表上反映为资产，另一方的个别财务报表上反映为负债，但从整个企业集团的角度来看，它只是集团内部资金运动，对企业集团整体既不增加资产，也未增加负债。因此在编制合并报表时，应将这些内部债权债务项目予以抵销。债权债务的抵销分录主要在合并资产负债表中进行，内容有：①应收账款与应付账款的抵销及坏账准备与资产减值损失的抵销；②应收票据与应付票据的抵销；③预付账款与预收账款的抵销；④持有至到期投资与应付债券抵销及投资收益与利息费用（财务费用）抵销；⑤应收股利与应付股利抵销；⑥其他应收款与其他应付款抵销。

一、当期内部应收应付及坏账准备的处理

母、子公司及子公司之间相互发生商品购销业务时，采用赊销方式结算就会形成应收应付往来，对于债权方来说还要按规定比例计提坏账准备。编制合并抵销分录时，一方面应抵销应收应付往来，另一方面还应抵销已计提的坏账

准备。

【例1】X公司为控股投资Y公司的母公司，假设X母公司期末应收账款100 000元中有40 000元为其Y子公司当期发生的应付账款，年末按规定比例5%计提了坏账准备5 000元，其中属于内部应收账款计提的坏账准备2 000元。

当存在内部应收账款计提坏账准备时，母公司应按权益法编制调整会计分录：

借：长期股权投资　　　　2 000

　贷：投资收益　　　　　　2 000

合并抵销分录为：

（1）抵销母、子公司的应收、应付账款40 000元：

借：应付账款　　　　40 000

　贷：应收账款　　　　　40 000

（2）抵销当年计提的坏账准备中属于子公司应收账款提取的部分2 000元（40 000 ×5%）：

借：坏账准备　　　　2 000

　贷：资产减值损失　　　　2 000

此抵销分录与抵销内部交易固定资产当期计提的折旧的抵销分录一样。

二、连续编制合并财务报表时坏账准备的抵销处理

与内部交易固定资产的抵销分录一样，不仅要抵销当期固定资产折旧中多计提的折旧部分，还要抵销前期累计固定资产计提的折旧中多计提的折旧部分。由于内部应收账款计提的坏账准备的抵销与抵销当期资产减值损失相对应，抵销前期已计提坏账准备的余额时，也应抵销前期资产减值损失。抵销前期资产减值损失实际上是增加前期合并净利润，最终将使下一会计期间合并利润分配表（所有者权益变动表）中的期初未分配利润数额增加。因此，在编制合并财务报表时，首先应将前期抵销的内部应收账款计提的坏账准备对本期期初未分配利润的影响予以抵销。借记“坏账准备”，贷记“长期股权投资”，然后对本期内部应收账款在个别财务报表中补提或冲提的坏账准备的数额也应予以抵销。

【例2】接前例，假设第二年X公司期末应收账款余额120 000元中有50 000元属于其Y子公司的应付账款，坏账准备提取率为5%，本年实际计提坏账准备1 000元（120 000×5% －5 000），其中属于内部应收账款补提的坏账准备的500元（50 000×5% －2 000）。

按权益法编制调整会计分录如下：

借：长期股权投资　　500

　贷：投资收益　　500

合并抵销分录为：

（1）抵销母、子公司应收应付账款 50 000 元：

借：应付账款　　50 000

　贷：应收账款　　50 000

（2）抵销上年内部应收账款已计提的坏账准备 2 000 元：

借：坏账准备　　2 000

　贷：长期股权投资　　2 000

（3）抵销当年内部应收账款补提的坏账准备 500 元：

借：坏账准备　　500

　贷：资产减值损失　　500

【例 3】假设第三年 X 公司应收账款期末余额为 140 000 元，其中 30 000 元属于 Y 子公司应收账款，坏账准备提取率为 5%，本年补提坏账准备 1 000 元（140 000 ×5% −6 000），但属于内部应收账款部分比上期有所减少，因此内部应收账款的坏账准备本期实际上是冲减了 1 000 元（30 000 ×5% −2 500）。

按照权益法编制调整回的会计分录如下：

借：投资收益　　1 000

　贷：长期股权投资　　1 000

合并抵销分录为：

（1）抵销母、子公司应收、应付账款 30 000 元：

借：应付账款　　30 000

　贷：应收账款　　30 000

（2）抵销前期内部应收账款已计提的坏账准备 2 500 元：

借：坏账准备　　2 500

　贷：长期股权投资　　2 500

（3）抵销当期内部应收账款冲减的坏账准备 1 000 元：

借：资产减值损失　　1 000

　贷：坏账准备　　1 000

如果子公司为应收账款，母公司为应付账款，则按内部存货逆销一样处理。

三、其他债权债务的抵销

集团内部应收账款和应付账款债权债务的抵销是比较复杂的，而不计提坏账准备也不计算利息费用和利息收益的一般债权债务的抵销比较简单，只需要抵销债权、债务的金额即可。

【例4】甲公司201A年个别资产负债表中预收账款100万元为其子公司乙公司预付账款；应收票据400万元为其子公司乙公司201A年向甲公司购买商品开具的商业承兑汇票。

对此，甲公司在编制合并资产负债表时，应编制如下抵销分录：

（1）将内部预收账款与内部预付账款抵销：

借：预收账款　　　　1 000 000

　贷：预付账款　　　　1 000 000

（2）将内部应收票据与内部应付票据抵销：

借：应付票据　　　　4 000 000

　贷：应收票据　　　　4 000 000

第二节　内部债权投资与应付债券业务的抵销

一、债权投资与应付债券抵销的原理

当一家企业发行债券时，债券的价值会受当时市场利率的影响，市场利率的变化将导致该债券价值和市场价值的不一致。若市场利率上升，债券的市场价值将会低于账面价值，发行公司将会实现利得，但发行公司并不在账上确认这一利得。同样，若市场利率下跌导致债券发行公司遭受损失，但账上也不予以确认。

在认识到市场利率变化对债券市场价值的影响后，可以通过赎回发行在外的债券来确认发行公司债券因市场利率变化而发生的但未在账上确认的损益。母公司可以控制企业集团内部所有的债券赎回业务以及其他决策。当市场利率发生有利于集团的变化时，母公司可采取以下措施：

（1）发行公司（母公司或子公司）可以运用自己的资金赎回它所发行的债券；

（2）发行公司（母公司或子公司）可以从外界按市场利率借入资金，然后用这笔资金赎回它所发行的债券；

（3）发行公司可从集团内部其他企业借入资金，然后用这笔资金赎回它所发行的债券；

（4）集团内部的其他企业（母公司或子公司）可以购买债券发行公司的债券，这时债券被推定为已经赎回。

前三种措施实际上已赎回了债券，在这三种情况下，以前未确认的损益由发行公司加以确认，并已包括在净利润中，从而在合并净利润中反映。第四种措施产生了推定赎回（Constructive Retirement）。集团内部的所有企业均具有法人资格，就单个企业而言，只有购入自己所发行的债券，才称得上债券赎回，购入集团内部其他企业的债券，则是一项投资。推定赎回是就企业集团而言的。由于母、子公司的债券投资和应付债券是一对往来账户，在合并过程中需要抵销，从企业集团来看，债券已经赎回。应付债券账面价值与债券投资的购买价格之间的差额，在编制合并财务报表时是一项损益。在权益法下，这也是母公司的一项损益。这项损益在发行公司账上并未确认，因为其债券被集团内部另一企业以债券投资形式持有。

从企业集团来看，虽然债券推定赎回在形式上不同，但债券赎回的实质与其他三种措施是完全相同。推定赎回对合并财务报表的影响与实际赎回是完全一致的。债券赎回损益就是债券发行后因市场利率变化而实现的损益，当债券被集团内部其他企业购入并持有时，在编制合并财务报表时应当确认。

二、推定损益的处理

集团内部一企业购入其他企业所发行的债券，从合并主体的意义上说，债券赎回了，故称为推定赎回。如果购入企业在购买债券时所支付的价格大于应付债券的账面价值（债券面值加未摊销溢价或减未摊销折价），则债券推定赎回发生了推定损失（Constructive Loss）；如果所支付的价格小于应付债券的账面价值，则发生了推定利得（Constructive Gain）。在这里，之所以称为“推定利得或损失”，是因为从企业集团来看，损益已经实现和确认，但在购入债券时并没有在集团内部有关企业的账上予以记录。

债券的推定损益，是指一家企业在按非债券账面价值从外界购入集团内部其他企业发行的债券时所产生的、从企业集团角度看已经实现的损益。当按债券账面价值购买集团内部其他企业所发行的债券，或者集团内部企业直接发生资金的借贷业务时，不会发生推定损益。

对债券推定损益的处理，存在一些不同意见。有人认为，债券推定赎回的推定损益应当按照债券的面值在购买公司和发行公司间分摊。这一观点被称为面值理论（Par Value Theory）。举例来说，假设母公司支付495 000元购入子公司发行在外的面值为500 000元、未摊销溢价为3 000元的一批债券，推定利得为8 000元（500 000 + 3 000 − 495 000），其中5 000元分摊给母公司，3 000元分摊给子公司。

另一种观点可称为代理理论（Agency Theory），认为购入内部债券的企业是在母公司的指令下起着债券发行公司的代理机构作用。这样，在上例中，推定利得 8 000 元应分配给子公司（发行公司），从合并财务报表看，相当于子公司按 495 000 元购入自己的债券。有时为简化处理手续，将推定损益全部分配给发行公司。

如上所述，市场利率的变化会使发行公司债券的实际价值发生变化，产生损益，因此，在会计上应当将这种损益分配到发行公司，而不论交易的形式如何，即不论由发行公司直接赎回还是由集团内部其他企业赎回。若不将推定损益的全部数额分摊到发行公司，则强调了交易的形式而忽略了交易的实质。从会计上说，交易的实质重于形式，编制合并财务报表实际上也体现了这一要求。从理论上说，代理理论要优于其他理论，所以本书主张将推定损益全部分配给发行公司。

虽然本节主要讨论内部债券业务，但有关做法和结论同样也适用于其他债券工具。为简化举例，假设债券溢价或折价按直线法而不是按实际利率法摊销，但这并不影响合并程序和技术。读者需要注意，实际利率法要比直线法更为准确。

债券赎回的方向同样也会影响母公司和合并净利润，影响少数股东净利润的计算。为有助于读者理解，这里需要指出的是，子公司购买母公司（母公司为发行公司）的债券相当于存货的顺销，推定损益应全部分配给母公司；母公司购买子公司（子公司为发行公司）的债券相当于存货的逆销，推定损益应全部分配给子公司。

三、子公司购入母公司债券的抵销

当子公司购入母公司发行在外的债券时，发生了债券的推定赎回。子公司将购入债券所支付的价款记为“持有至到期投资”，这是购入债券时发行公司和购买公司所作的唯一会计分录。所以，推定赎回所产生的推定损益并没有在集团内部有关企业的账上加以记录，相反，母、子公司账上仅仅能够反映应付债券和持有至到期投资账户的差异。

依照代理理论，子公司购入母公司的债券，所产生的损益应全部分配给母公司，子公司的损益则不受影响，从而少数股东利润也不受影响。在母公司的账上，债券赎回的推定损益应全部调整长期股权投资和投资收益账户，在合并财务报表中，推定损益应全部加以确认。

【例5】P 公司于201A 年1 月1 日按面值发行1 000 万元公司债券，年利率为10%，五年期限，每年年末付息一次。其子公司 S 公司购入其中的50 万元债券作为持有至到期投资。年末发行公司已付利息，投资企业已收到利息。

P公司在编制合并资产负债表时，应编制如下抵销分录：

（1）抵销债权债务：

借：应付债券——面值　　500 000

　贷：持有至到期投资　　500 000

（2）抵销发行公司的利息费用和投资公司的利息收入5万元（为区分长期股权投资收益，此处用利息收入）：

借：利息收入　　50 000

　贷：财务费用　　50 000

如果发行公司是以溢价或折价发行其债券，其抵销分录又要复杂一点。

【例6】P公司于201A年1月1日按溢价1 050万元发行面值为1 000万元公司债券，年利率为10%，期限为五年，每年年末付息一次。其子公司S公司以52.5万元购入其中的面值为50万元债券作为持有至到期投资。年末发行公司已付利息，投资企业已收到利息，双方的溢价（利息调整）均按直线法摊销。

P公司在编制合并资产负债表时，应编制如下抵销分录：

（1）抵销债权债务：

借：应付债券——面值　　500 000

　　　　　——溢价　　20 000

　贷：持有至到期投资——面值　　500 000

　　　　　　　　　——溢价　　20 000

（2）抵销发行公司的利息费用和投资公司的利息收入4.5万元（5万元利息收入扣除0.5万元溢价摊销）：

借：利息收入　　45 000

　贷：财务费用　　45 000

如果债券投资企业持有的企业集团内部成员企业的债券并不是从发行债券的企业直接购入，而是在证券市场上从第三方手中购入的，则会产生推定损益，其合并抵销分录就会更为复杂。

【例7】假设甲公司在201A年12月31日以720 000元代价购入了乙公司80%的股份，乙公司净资产公允价值等于账面价值，投资成本与所取得的净资产账面价值相等。当时，乙公司的所有者权益900 000元由股本500 000元，资本公积100 000元，盈余公积280 000元和未分配利润20 000元构成。201B年末，乙公司提取盈余公积增加了30 000元，按权益法甲公司长期股权投资达到了744 000元。201C年1月1日，甲公司账面上有一批发行在外的债券，面值

150 000 元，未摊销溢价 1 500 元，票面利率 10%，当时，乙公司从证券市场以 14 250 元的代价购入甲公司发行的面值为 15 000 元的一批债券。除此之外，集团内部没有其他交易。

乙公司的这一购买债券行为导致 10% 的甲公司债券的推定赎回，并产生推定赎回利得 900 元，可计算如下：

购入 10% 甲公司债券的账面价值［(150 000 + 1 500) × 10%］ = 15 150（元）

乙公司支付的购买价格 14 250 元

债券赎回的推定利得 900 元

在购入债券时，通常编制的会计分录为乙公司记录债券投资的分录：

借：持有至到期投资——面值	15 000	
贷：持有至到期投资——折价（利息调整）		750
银行存款		14 250

若甲公司按权益法处理子公司的经营成果及其分配，于年末编制以下一笔调整会计分录，确认推定利得对母公司净利润的影响：

借：长期股权投资	900	
贷：投资收益		900

假设在 201C 年 1 月 1 日发生债券赎回推定利得后即编制合并财务报表，工作底稿中抵销甲公司 10% 应付债券和乙公司持有至到期投资的分录中，还应确认 900 元的推定利得，分录为：

借：应付债券——面值	15 000	
——溢价（利息调整）	150	
贷：持有至到期投资		14 250
营业外收入（为区分长期股权投资收益）		900

在工作底稿上编制这一抵销分录之后，合并利润表将会出现 900 元的债券赎回利得，乙公司的持有至到期投资被抵销，合并资产负债表上的应付债券只有甲公司发行给外界的 136 350 元（135 000 元面值 + 1 350 元未摊销溢价），而不是原来的 151 500 元。

201C 年，甲公司在其账上应摊销应付债券溢价，而乙公司在其账上要摊销持有至到期投资的折价（利息调整）。再假设债券利息于每年 7 月 1 日和 12 月 31 日各付一次，应付债券在 201H 年 1 月 1 日到期（乙公司购入后还有 5 年）。两个公司均按直线法摊销折价或溢价，201C 年甲公司将摊销 20% 的应付债券溢价，乙公司将摊销 20% 的债券投资折价，有关分录见表 5 – 1（为区分股权投资的投资收益，债券投资收益用“利息收入”科目核算）所示。

表 5-1 母、子公司会计分录

（单位：元）

甲公司账面记录		乙公司账面记录	
7 月 1 日：		7 月 1 日：	
借：财务费用（150 000×10%/2）	7 500	借：银行存款（15 000×10%/2）	750
贷：银行存款	7 500	贷：利息收入	750
12 月 31 日：		12 月 31 日：	
借：财务费用	7 500	借：银行存款	750
贷：银行存款	7 500	贷：利息收入	750
借：应付债券——溢价	300	借：持有至到期投资——折价	150
贷：财务费用	300	贷：利息收入	150

201C 年 12 月 31 日，在将上述分录过入甲公司和乙公司的账册之后，有关该债券的余额如下：

甲公司账上		乙公司账上	
应付债券——面值	150 000	持有至到期投资——面值	15 000
——溢价	1 200	——折价	600
财务费用	14 700	利息收入	1 650

这时，持有至到期投资账户余额（14 400 元）与应付债券账面价值的 10%（15 120 元）的差额为 720 元，而不是 201C 年年初的 900 元，201C 年年初年末相差 180 元（900－720）。这是因为在甲公司和乙公司账上推定利得已部分实现。201C 年，甲公司账上摊销应付债券溢价 20%，而乙公司账上摊销债券投资折价 150 元。180 元的差额反映在与推定赎回债券有关的利息收入和利息费用上，也就是 1 650 元利息收入减去 14 700 元利息费用的 10% 的差额。

180 元的差额还可以用另一种方法解释，甲公司本年摊销溢价 300 元，与推定赎回债券有关的部分为 30 元（300×10%），减少了利息费用，而乙公司债券投资折价摊销 150 元，全部与推定债券赎回有关，增加利息收入，两者合计在各自账上实现利得 180 元（30＋150），从而使年末债券的推定利得减少 180 元。所以，持有至到期投资和应付债券的折价和溢价摊销过程实际上是推定损益在母、子公司账上的逐步实现过程，折价和溢价的摊销导致利息收入和利息费用发生差异。201C 年 12 月 31 日，工作底稿上抵销持有至到期投资和应付债券有关账户的分录为：

（1）抵销持有至到期投资和应付债券，并确认至年末的债券赎回利得：

借：应付债券——面值　　　　15 000

——溢价　　120

持有至到期投资——折价（利息调整）　　600

贷：持有至到期投资——面值　　15 000

营业外收入　　720

（2）抵销利息收入和利息费用，并确认已反映在本年利息收入和利息费用的债券赎回利得：

借：利息收入　　1 650

贷：财务费用　　1 470

营业外收入　　180

（3）抵销因确认利息收入和利息费用所发生的应收、应付利息：

借：应付利息　　750

贷：应收利息　　750

201C 年发生了推定债券赎回业务，所以当年推定利得应为 900 元，若将上述分录（1）、（2）合而为一，则债券赎回利得体现为一个数额。注意，当年推定损益的部分实现数总是等于所抵销的利息收入和利息费用的差额。事实上，由于债券的存续期还有 5 年，每年部分实现的推定损益数额为 900 元的五分之一，即 180 元。但在溢价或折价按实际利率法摊销时，则不存在这种关系。

甲公司和乙公司 201C 年各自的财务报表见表 5－2 的前两栏（其中“营业成本”不包括利息收入和利息费用）。这里需要说明甲公司“长期股权投资”和“投资收益”账户余额的计算过程。

甲公司投资收益 40 720 元计算如下：

乙公司账面净利润 50 000 元的 80%　　40 000

加：债券的推定利得　　900

减：推定利得的部分实现（900/5）　　180

201C 年投资收益　　40 720

201C 年，甲公司按权益法处理乙公司经营成果及其分配的有关会计分录如下：

（1）按乙公司的账面净利润确认投资收益：

借：长期股权投资（50 000×80%）　　40 000

贷：投资收益　　40 000

（2）调整内部债券业务所引起的推定利得对投资收益的影响：

借：长期股权投资（900－180）　　720

贷：投资收益　　720

（3）收到乙公司所发放的股利：

借：银行存款（20 000×80%）　　16 000

贷：长期股权投资　　　　　　　　　　　　　　　　　　16 000

将推定利得900元加到甲公司的投资收益，是因为从企业集团角度看它已经实现了，这一推定利得随着甲公司摊销应付债券溢价和乙公司摊销债券投资折价而逐步在两个公司各自的账上得以反映。

甲公司在201C年的投资收益因债券推定赎回而增加了720元（900元推定利得减去180部分实现）。201D年、201E年、201F年和201G年，甲公司每年的投资收益将因债券推定利得在两个公司账上的逐步实现而减少180元，换言之，在这四年中，甲公司除了按乙公司的账面净利润确认投资收益以外，还应按部分实现的推定利得调整投资收益，调整会计分录为：

借：投资收益　　　　　　　　　　　　　　　　　　180

贷：长期股权投资　　　　　　　　　　　　　　　　　　180

201H年1月1日，债券到期日，推定利得已全数加以确认，甲公司的“长期股权投资”账户的余额等于乙公司所有者权益账面价值的80%。

201C年甲公司和乙公司合并工作底稿见表5－2。

表5－2　甲公司合并财务报表工作底稿

201C年12月31日　　　　（单位：元）

项目	甲公司	乙公司	调整分录		合并主体
			借方	贷方	
利润表					
营业收入	400 000	300 000			700 000
营业成本	225 000	180 000			405 000
销售费用	119 020	71 650			190 670
营业外收入				（1）720 （2）180	900
利息收入		1 650	（2）1 650		0
利息费用	14 700			（2）1 470	13 230
少数股东利润			（6）10 000		10 000
投资收益	40 720		（4）40 720		0
净利润	82 000	50 000			82 000
利润分配表					
净利润	82 000	50 000			82 000
加：期初未分配利润	10 000	20 000			10 000
可供分配的利润	92 000	70 000			92 000

（续上表）

项目	甲公司	乙公司	调整分录		合并主体
			借方	贷方	
减：提取盈余公积	52 000	30 000		（3）30 000	52 000
分配现金股利	30 000	20 000		（4）20 000	30 000
未分配利润	10 000	20 000			10 000
资产负债表					
长期股权投资	768 720			（4）24 720	
				（5）744 000	0
持有至到期投资		14 400	（1）600	（1）15 000	0
其他资产	1 083 780	1 107 600			2 191 380
资产合计	1 852 500	1 122 000			2 191 380
应付债券——面值	150 000		（1）15 000		135 000
——溢价	1 200		（1）120		1 080
其他负债	201 300	162 000			363 300
少数股东权益			（4）4 000	（6）10 000	192 000
				（5）186 000	
股本	1 000 000	500 000	（5）500 000		1 000 000
资本公积	100 000	100 000	（5）100 000		100 000
盈余公积	390 000	340 000	（3）30 000		
			（5）310 000		390 000
未分配利润	10 000	20 000			10 000
负债与权益合计	1 852 500	1 122 000			2 191 380

为便于说明，将工作底稿上的几笔抵销分录列示如下：

（1）抵销债券投资和应付债券，并确认至年末的债券赎回利得。

借：应付债券——面值　　15 000

　　　　　——溢价（利息调整）　　120

　　持有至到期投资——折价摊销（利息调整）　　600

　贷：持有至到期投资——面值　　15 000

　　　营业外收入　　720

这一分录抵销了甲公司 10% 的应付债券及其溢价、乙公司的债券投资，并确认了推定利得 720 元，720 元的推定利得意味着债券推定赎回总共 900 元推定利得中，在 201C 年 12 月 31 日甲公司和乙公司账上 720 元还没有确认。

（2）抵销利息收入和利息费用，并确认已反映在本年利息收入和利息费用的债券赎回利得。

借：利息收入　　1 650

　贷：财务费用　　1 470

　　　营业外收入　　180

分录（2）抵销了利息收入和利息费用对应项目。而利息收入和利息费用的差额表示，一部分推定利得在201C年通过溢价和折价的摊销已在两个公司的账上得以确认。此数为180元，需要贷记“营业外收入”，使其增加到900元。若将分录（1）和（2）合并，债则券赎回利得仅表示为一个数额。

（3）抵销因乙公司实现净利润而提取的盈余公积，使盈余公积恢复到年初数。

借：盈余公积　　30 000

　贷：利润分配——提取盈余公积　　30 000

（4）抵销甲公司本年长期股权投资账户的增加数、投资收益和乙公司已宣告并发放的股利，减少少数股东权益，使长期股权投资账户恢复到年初数。

借：投资收益　　40 720

　　少数股东权益（20 000×20%）　　4 000

　贷：利润分配——股利分配　　20 000

　　　长期股权投资　　24 720

（5）抵销年初甲公司长期股权投资账户余额和乙公司所有者权益各账户余额，并确立少数股东权益。

借：股本　　500 000

　　资本公积　　100 000

　　盈余公积　　310 000

　　未分配利润　　20 000

　贷：长期股权投资　　744 000

　　　少数股东权益（930 000 ×20%）　　186 000

（6）计算并确立乙公司中属于少数股权的净利润，并增加少数股东权益。

借：少数股东利润（50 000×20%）　　10 000

　贷：少数股东权益　　10 000

（7）抵销因确认利息收入和利息费用所发生的应收、应付利息。

借：应付利息　　750

　贷：应收利息　　750

由于本例是子公司购入母公司发行的债券，推定利得应全部分配给母公司，子公司的净利润不受影响，从而少数股东利润也不受影响，因此，工作底稿“合并主体”栏中的“少数股东权益”192 000元正好等于乙公司201C年年末账面净资产 960 000 元的 20%，这也说明编制的合并工作底稿是正确的。

201C 年末母公司“长期股权投资”余额为 768 720 元，为子公司期末所有者权益 960 000 元的 80%，加上调整推定损益的 720 元，所以，在下年编制抵销分录时，不能贷记“营业外收入”，而应贷记“长期股权投资”。

债券赎回利得只会出现在债券推定赎回的当年，以后年份不会出现。在内部债券业务发生后的年份，只要债券仍为乙公司所持有，两家公司应继续在其账上处理该债券。甲公司报告利息费用 1 470 元，乙公司报告利息收入 1 650 元，两家公司也要分别摊销溢价和折价。按照权益法，180 元的差额在甲公司账上应确认为投资收益的调整数。201D—201G 年的合并财务报表中，与内部债券业务有关的所有余额应加以抵销。201D—201G 年甲公司和乙公司账上与内部债券交易有关账户的年末余额列示见表 5－3。

表 5－3　甲、乙公司与内部债券交易有关账户的年末余额

（单位：元）

甲公司账面年末余额	201D 年	201E 年	201F 年	201G 年
财务费用	14 700	14 700	14 700	14 700
应付债券——面值	150 000	150 000	150 000	150 000
——溢价	900	600	300	0
乙公司账面年末余额				
利息收入	1 650	1 650	1 650	1 650
持有至到期投资——折价	450	300	150	0
持有至到期投资——面值	15 000	15 000	15 000	15 000

（1）以 201D 年为例，与内部债券交易有关的调整会计分录为：

借：投资收益　　180

　贷：长期股权投资　　180

（2）抵销分录为：

借：应付债券——面值　　15 000

　　　　　——溢价　　90

　持有至到期投资——折价　　450

　贷：持有至到期投资——面值　　15 000

　　长期股权投资　　540

借：利息收入　　1 650

　贷：财务费用　　1 470

长期股权投资——对乙公司投资　　180

如果读者已对内部债券业务对合并财务报表编制的影响非常熟悉，上述二笔抵销分录也可合并成一笔分录。上述抵销分录将内部债券交易有关的对应账户余额已全部抵销了。抵销分录中贷记“长期股权投资”合计720元，可使甲公司年初该账户的余额与乙公司所有者权益各账户余额的80%建立起对等关系。在权益法下，由于201C年甲公司账上已将推定利得调整投资收益，增加“长期股权投资”720元。换言之，201D年年初的“长期股权投资”账户余额比乙公司所有者权益各账户余额的80%多720元。201D年抵销分录中贷记“长期股权投资”720元就在于抵销这一增加数，从而使甲公司长期股权投资账户余额与乙公司所有者权益各账户余额的80%建立对等关系。

201E年、201F年和201G年的合并工作底稿上也应编制类似的抵销和调整分录，只是贷记“长期股权投资”的合计数逐年递减，分别为540元、360元和180元，也就是区别在分录（1）。

【例8】合并财务报表的综合案例：

P公司能够控制S公司，S公司为股份有限公司。201A年12月31日，P公司个别资产负债表中对S公司的长期股权投资的金额为3 000万元，拥有S公司80%的股份。P公司在个别资产负债表中采用成本法核算该项长期股权投资。

201A年1月1日，P公司用银行存款3 000万元购得S公司80%的股份（假定P公司与S公司的企业合并属于非同一控制下的企业合并）。P公司备查簿中记录的S公司在201A年1月1日可辨认资产、负债及或有负债的公允价值的资料见表5－4。

表5－4　P公司备查账簿

201A年1月1日　　（单位：万元）

项目	账面价值	公允价值	差额	合并报表调整	余额	备注
S公司：						
流动资产	3 800	3 800				
非流动资产	1 900	2 000				
其中：固定资产——A办公楼	600	700	100	5	695	剩余折旧20年
资产总计	5 700	5 800				

（续上表）

项目	账面价值	公允价值	差额	合并报表调整	余额	备注
流动负债	1 300	1 300				
非流动负债	900	900				
负债总计	2 200	2 200				
股本	2 000					
资本公积	1 500					
盈余公积	0					
未分配利润	0					
股东权益合计	3 500					
负债与股东权益总计	5 700					

201A 年 1 月 1 日，S 公司股东权益总额为 3 500 万元，其中股本为 2 000 万元，资本公积为 1 500 万元，盈余公积为 0 元，未分配利润为 0 元。

201A 年，S 公司实现净利润 1 000 万元，提取法定公积金 100 万元，向 P 公司分派现金股利 480 万元，向其他股东分派现金股利 120 万元，未分配利润为 300 万元。S 公司因持有的可供出售的金融资产的公允价值变动计入当期资本公积的金额为 100 万元。

201A 年 12 月 31 日，S 公司股东权益总额为 4 000 万元，其中股本为 2 000 万元，资本公积为 1 600 万元，盈余公积为 100 万元，未分配利润为 300 万元。

P 公司与 S 公司个别资产负债表分别见表 5－5 和表 5－6。

表 5－5　资产负债表（简表）

编制单位：P 公司　　　　201A 年 12 月 31 日　　　　（单位：万元）

资产	期末金额	年初金额	负债和所有者权益	期末金额	期初金额
流动资产：			流动负债：		
货币资金	1 000	3 000	应付票据	1 000	1 000
应收票据	1 400	1 000	应付账款	3 000	2 000
其中：应收 S 公司票据	400		预收账款	200	300
应收账款	1 800	1 300	其中：预收 S 公司账款	100	
其中：应收 S 公司账款	475		应付职工薪酬	1 000	2 100

（续上表）

资产	期末金额	年初金额	负债和所有者权益	期末金额	期初金额
预付账款	770		应交税费	800	1 000
存货	1 000	3 800	流动负债合计	6 000	6 400
其中：向S公司购入存货	1 000		非流动负债：		
流动资产合计	5 970	9 100	长期借款	2 000	2 000
非流动资产：			应付债券	600	600
持有至到期投资	200	200	非流动负债合计	2 600	2 600
其中：持有S公司债券	200	200	负债合计	8 600	9 000
长期股权投资	4 700	1 700	所有者权益		
其中对S公司投资	3 000		实收资本	4 000	4 000
固定资产	4 100	3 300	资本公积	800	800
其中：向S公司购入固定资产	200		盈余公积	1 000	732
无形资产	630	700	未分配利润	1 200	468
非流动资产合计	9 630	5 900	所有者权益合计	7 000	6 000
资产总计	15 600	15 000	负债和所有者权益总计	15 600	15 000

表5-6 资产负债表（简表）

编制单位：S公司　　201A年12月31日　　（单位：万元）

资产	期末金额	年初金额	负债和所有者权益	期末金额	年初金额
流动资产：			流动负债：		
货币资金	500	300	应付票据	400	300
应收票据	300	100	其中：应付P公司票据	400	
应收账款	760	600	应付账款	500	600
预付账款	400		其中：应付P公司	500	

（续上表）

资产	期末金额	年初金额	负债和所有者权益	期末金额	年初金额
其中：预付P公司账款	100		预收账款		50
存货	1 100	2 900	应付职工薪酬	100	350
流动资产合计	3 060	3 900	应交税费	60	200
非流动资产：			流动负债合计	1 060	1 500
可供出售金融资产	800	700	非流动负债：		
持有至到期投资			长期借款	700	700
长期股权投资			应付债券	200	200
固定资产	2 100	1 300	其中：应付P公司债券	200	200
其中向P公司购入固定资产	108		非流动负债合计	900	900
无形资产			负债合计	1 960	2 400
非流动资产合计	2 900	2 000	股东权益：		
			股本	2 000	2 000
			资本公积	1 600	1 500
			其中：可供出售金融资产	100	
			盈余公积	100	0
			未分配利润	300	0
			股东权益合计	4 000	3 500
资产总计	5 960	5 900	负债和股东权益总计	5 960	5 900

P公司和S公司的利润表见表5－7。

表5－7　P、S公司利润表

201A年度　　　　（单位：万元）

项目	P公司	S公司
一、营业收入	8 700	6 300

（续上表）

项目	P公司	S公司
减：营业成本	4 450	4 570
营业税金	300	125
销售费用	15	10
管理费用	100	12
财务费用	300	90
资产减值损失	25	
投资收益	500	
二、营业利润	4 010	1 493
加：营业外收入		
减：营业外支出	10	
三、利润总额	4 000	1 493
减：所得税费用	1 320	493
四、净利润	2 680	1 000
五、每股收益		

P公司和S公司的所有者权益变动表分别见表5－8和5－9。

表5－8　P公司所有者权益变动表

201A年度　　　　　　　　（单位：万元）

项目	实收资本	资本公积	盈余公积	未分配利润	所有者权益合计
一、上年年末余额	4 000	800	732	468	6 000
加：会计政策变更					
前期差错理正					
二、本年年初余额	4 000	800	732	468	6 000
三、本年增减变动					
（一）净利润				2 680	2 680
（二）直接计入所有者权益的利得和损失					
（三）可供出售金融资产公允价值变动					

（续上表）

项目	实收资本	资本公积	盈余公积	未分配利润	所有者权益合计
（四）利润分配			268	-1 948	1 680
1. 提取盈余公积			268	-268	0
2. 对所有者的分配				-1 680	-1 680
四、本年年末余额	4000	800	1 000	1 200	7 000

表5-9　S公司所有者权益变动表

201A年度　　　　　　　　（单位：万元）

项目	实收资本	资本公积	盈余公积	未分配利润	所有者权益合计
一、上年年末余额	2 000	1 500	0	0	3 500
加：会计政策变更					
前期差错更正					
二、本年年初余额	2 000	1 500	0	0	3 500
三、本年增减变动					
（一）净利润				1 000	1 000
（二）直接计入所有者权益的利得和损失					
（三）可供出售金融资产公允价值变动		100			100
（四）利润分配			100	-700	-600
1. 提取盈余公积			100	-100	
2. 对所有者的分配				-600	-600
四、本年年末余额	2 000	1 600	100	300	4 000

相关资料说明：

（1）P公司201A年个别资产负债表中应收账款475万元为201A年向S公司销售商品发生的应收销货款的账面价值，P公司对该笔应收账款计提的坏账准备为25万元。S公司201A年个别资产负债表中应付账款500万元为201A年向P公司购进商品存货发生的应付购货款。

（2）P公司201A年个别资产负债表中预收账款100万元为S公司预付账款；应收票据400万元为S公司201A年向P公司购买商品3 500万元开具的票面金额为400万元的商业承兑汇票；S公司应付债券200万元为P公司所持有。S公司201A年确认的应向P公司支付的债券利息费用总额为20万元（假定该债券的票面利率与实际利率相差较小）。

（3）S公司201A年向P公司销售商品1 000万元，其销售成本为800万元，该商品的销售毛利率为20%。P公司购进的该商品201A年全部未实现对外销售而形成期末存货。

（4）S公司以300万元的价格将其生产的产品销售给P公司，其销售成本为270万元，因此该内部固定资产交易实现的销售利润30万元。P公司购买该产品作为管理用固定资产使用，按300万元入账。假设P公司对该固定资产按3年的使用寿命采用年限平均法计提折旧，预计净残值为0。该固定资产交易时间为201A年1月1日，本章为简化抵销处理，假定P公司该内部交易形成的固定资产按12个月计提折旧。

（5）P公司将其账面价值为130万元某项固定资产以120万元的价格出售给S公司仍作为管理用固定资产使用。P公司因该内部固定资产交易发生处置损失10万元。假设S公司以120万元作为该项固定资产的成本入账，S公司对该固定资产按5年的使用寿命采用年限平均法计提折旧，预计净残值为0。该固定资产交易时间为201A年6月29日，S公司该内部交易固定资产在201A年按6个月计提折旧。

（6）假设P公司201A年利润表的营业收入中有3 500万元，为向S公司销售产品取得的销售收入，该产品销售成本为3 000万元，S公司在本期将该商品全部对外出售，其销售收入为5 000万元，销售成本为3 500万元，并分别在其利润表中列示。

假定S公司的会计政策和会计期间与P公司一致，不考虑P公司和S公司及合并资产、负债的所得税影响。

P公司与S公司之间发生的内部交易业务在编制抵销分录时一并介绍。

1. 对P公司长期股权投资采用的成本法核算调整为权益法核算

我国《企业会计准则第2号——长期股权投资》规定，投资企业在确认应享有被投资单位净损益的份额时，应当以取得投资时被投资单位各项可辨认资产等的公允价值为基础，对被投资单位的净利润进行调整后确认。在本例中，P公司在编制合并财务报表时，应当首先根据P公司的备查簿中记录的S公司可辨认资产、负债在购买日（201A年1月1日）的公允价值的资料（见表5－4），调整S公司的净利润。按照P公司备查簿中的记录，在购买日，S公司可辨认资产、负债及或有负债的公允价值与账面价值存在差异仅有一项，即A办公楼，公允价值高于账面价值的差额为100万元（700－600），按年限平均法每年应补计提的折旧额为5万元（100÷20）。假定A办公楼用于S公司的总部管理。在合并工作底稿中，应作的调整分录如下：

（1）S公司固定资产公允价值高于账面价值100万元，P公司享有80万元，按20年计提折旧，每年计提折旧4万元。

借：投资收益　　40 000

　　贷：长期股权投资——对S公司投资　　40 000

（2）根据权益法核算，按S公司实现的净利润1 000万元的80%确认投资收益。

借：长期股权投资——损益调整——S公司　　8 000 000

　　贷：投资收益　　8 000 000

（3）根据权益法核算，将分回的股利冲减投资成本，并冲销成本法确认的投资收益480万元（成本法核算时已贷记“投资收益”480万元）。

借：投资收益　　4 800 000

　　贷：长期股权投资——损益调整——S公司　　4 800 000

（4）根据权益法，S公司因可供出售金融资产增值，母公司按比例调整长期股权投资和资本公积。

借：长期股权投资——其他权益变动——S公司　　800 000

　　贷：资本公积——其他资本公积　　800 000

（5）本期计提内部应收账款的坏账准备25万元，产生未实现损益，根据权益法，应编制如下调整会计分录：

借：长期股权投资——损益调整——S公司　　250 000

　　贷：投资收益　　250 000

（6）S公司201A年向P公司销售商品1 000万元，其销售成本为800万元，P公司未对外出售全部形成存货（逆销），产生未实现损益200万元，按权益法应编制调整会计分录为：

借：投资收益　　1 600 000

　　贷：长期股权投资——损益调整——S公司　　1 600 000

（7）S公司以300万元的价格将其生产的产品销售给P公司作为固定资产（逆销），其销售成本为270万元，因此该内部固定资产交易形成未实现的利润30万元，当年多计提折旧10万元，按权益法应编制调整会计分录为：

借：投资收益（30×80% －10×80%） 160 000

贷：长期股权投资——损益调整——S 公司 160 000

（8）P 公司将其账面价值为 130 万元某项固定资产以 120 万元的价格出售给 S 公司仍作为管理用固定资产使用。P 公司因该内部固定资产交易形成未实现损失 10 万元，并且有半年折旧多计提 1 万元，按权益法应编制调整会计分录为（100 000－10 000）：

借：长期股权投资——损益调整——S 公司 90 000

贷：投资收益 90 000

通过以上的调整会计分录，并登记相关账簿。

“长期股权投资”期末余额为 4 954 万元，其中对 S 公司投资为 3 254 万元。

“投资收益”本期发生额为 674 万元，其中，持有至到期投资收益 20 万元。

“资本公积”期末余额 880 万元。

2. 根据以上资料编制合并财务报表的抵销分录

（1）抵销投资收益、少数股东权益、子公司现金股利分配、对 S 公司长期股权投资增加数及持有至到期投资的财务费用：

借：投资收益 6 740 000

少数股东权益（6 000 000×20%） 1 200 000

贷：利润分配——应付股利 6 000 000

长期股权投资——对 S 公司投资 1 740 000

财务费用 200 000

（2）抵销因子公司增加资本公积而形成的其他资本公积、增加长期股权投资金额、少数股东应享有的份额：

借：资本公积 1 000 000

贷：长期股权投资 800 000

少数股东权益 200 000

通过上述抵销分录，将“长期股权投资”恢复到期初的数字。P 公司利润表的“投资收益”项目为 0，S 公司利润分配表（所有者权益变动表）的“分配现金股利”项目为 0。

（3）抵销 S 公司除宣告现金股利分配以外的其他利润分配：

借：盈余公积——法定盈余公积 1 000 000

贷：提取法定盈余公积 1 000 000

此抵销分录将 S 公司的盈余公积恢复到期初。

（4）抵销 S 公司期初的权益，P 公司的长期股权投资：

借：股本　　20 000 000

　资本公积　　15 000 000

　合并价差　　2 000 000

　贷：长期股权投资　　30 000 000

　　少数股东权益　　7 000 000

合并价差中有 120 万元为合并商誉，100×80%为被并子公司（S 公司）可辨认净资产的公允价值高于其账面价值的部分，应由母公司享有的部分 100×80%＝80（万元），未包括少数股东应享有的部分。固定资产计提折旧 5 万元，属于母公司享有的部分 4 万元计入管理费用，合并商誉未发生减值。具体如下：

借：固定资产（1 000 000×80%－40 000）　　760 000

　管理费用　　40 000

　商誉　　1 200 000

　贷：合并价差　　2 000 000

（5）确认少数股东收益＝（子公司实现的净利润－存货逆销产生的期末未实现利润－固定资产逆销产生的期末未实现利润）×少数股权比例＝［1000－200－（30－10）］×20%＝156（万元）：

借：少数股东收益　　1 560 000

　贷：少数股东权益　　1 560 000

（6）抵销内部应收账和应付款：

借：应付账款　　5 000 000

　贷：应收账款　　5 000 000

（7）抵销内部应收账款计提的坏账准备：

借：应收账款——坏账准备　　250 000

　贷：资产减值损失　　250 000

（8）将内部预收账款与内部预付账款抵销时，应编制如下抵销分录：

借：预收账款　　1 000 000

　贷：预付账款　　1 000 000

（9）将内部应收票据与内部应付票据抵销时，应编制如下抵销分录：

借：应付票据　　4 000 000

　贷：应收票据　　4 000 000

（10）将持有至到期投资中债券投资与应付债券抵销时，应编制如下抵销分录：

借：应付债券　　2 000 000

　贷：持有至到期投资　　2 000 000

(11) 在编制 201A 年合并财务报表时，内部存货逆销形成期末存货应进行如下抵销处理：

借：营业收入　　10 000 000

　贷：营业成本　　8 000 000

　　存货　　2 000 000

(12) 内部存货逆销形成固定资产中未实现利润，应编制抵销分录如下：

借：营业收入　　3 000 000

　贷：营业成本　　2 700 000

　　固定资产——原价　　300 000

(13) 该固定资产折旧年限为 3 年，原价为 300 万元，预计净残值为 0，当年计提的折旧额为 100 万元，而按抵销其原价中包含的未实现内部销售损益后的原价计提的折旧额为 90 万元，当期多计提的折旧额为 10 万元。本例中应当按 10 万元分别抵销管理费用和累计折旧。

借：固定资产——累计折旧　　100 000

　贷：管理费用　　100 000

(14) 内部固定资产顺销，该固定资产的处置损失与固定资产原价中包含的未实现内部销售损益的抵销。

借：固定资产——原价　　100 000

　贷：营业外支出　　100 000

(15) 该固定资产折旧年限为 5 年，原价为 120 万元，预计净残值为 0，201A 年计提的折旧额为 12 万元，而按抵销其原价中包含的未实现内部销售损益后的原价计提的折旧额为 13 万元，当期少计提的折旧额为 1 万元。本例中应当按 1 万元分别抵销管理费用和累计折旧。

借：管理费用　　10 000

　贷：固定资产——累计折旧　　10 000

(16) 内部存货顺销全部对外销售未形成期末存货，对此，编制合并利润表将内部销售收入和内部销售成本予以抵销时，应编制如下抵销分录：

借：营业收入　　35 000 000

　贷：营业成本　　35 000 000

表 5-10　合并利润表工作底稿　（单位：万元）

项目	P 公司	S 公司	合计金额	抵销分录		合并金额
				借方	贷方	
利润表						
营业收入	8 700	6 300	15 000	（11）1 000 （12）300 （16）3 500		10 200
营业成本	4 450	4 570	9 020		（11）800 （12）270 （16）3 500	4 450
营业税金	300	125	425			425
销售费用	15	10	25			25
管理费用	100	12	112	（4）4 （15）1	（13）10	107
财务费用	300	90	390		（1）20	370
资产减值损失	25		25		（7）25	0
投资收益	674		674	（1）674		0
营业利润	4 148	1 493	5 677			4 823
营业外支出	10		10		（14）10	0
利润总额	4 174	1 493	5 667			4 823
所得税费用	1 320	493	1 813			1 813
少数股东收益				（5）156		156
净利润	2 854	1 000	3 854			2 854

表 5-11　合并资产负债表工作底稿　（单位：万元）

项目	P 公司	S 公司	合计金额	抵销分录		合并金额
				借方	贷方	
资产负债表						
流动资产：						
货币资金	1 000	500	1 500			1 500
应收票据	1 400	300	1 700		（9）400	1 300
其中：应收 S 公司票据	400		400		（9）400	0

（续上表）

项目	P公司	S公司	合计金额	抵销分录		合并金额
				借方	贷方	
应收账款	1 800	760	2 560	（7）25	（6）500	2 085
其中：应收S公司账款	475		475	（7）25	（6）500	0
预付款项	770	400	1 170		（8）100	1 070
其中：预付P公司款项		100	100		（8）100	0
存货	1 000	1 100	2 100		（11）200	1 900
其中：向S公司购入	1 000		1 000		（11）200	800
流动资产合计	5 970	3 060	9 030			7 855
非流动资产：						
可供出售金融资产		800	800			800
持有至到期投资	200		200		（10）200	0
其中：持有S公司债券	200		200		（10）200	0
长期股权投资	4 954		4 954		（1）174 （2）80 （4）3 000	1 700
其中：对S公司投资	3 254		3 254		（1）174 （2）80 （4）3 000	0
固定资产	4 100	2 100	6 200	（4）76 （13）10 （14）10	（12）30 （15）1	6 265
其中：S公司办公楼				（4）76		76
向S公司购入	200			（13）10	（12）30	180
向P公司购入		108	108	（14）10	（15）1	117
无形资产	630		630			630
合并商誉				（4）120		120
非流动资产合计	9 630	2 900	12 530			9 515
资产总计	15 854	5 960	21 814			17 370
流动负债：						

（续上表）

项目	P公司	S公司	合计金额	抵销分录		合并金额
				借方	贷方	
应付票据	1 000	400	1 400	（9）400		1 000
其中：应付P公司		400	400	（9）400		0
应付账款	3 000	500	3 500	（6）500		3 000
其中：应付P公司		500	500	（6）500		0
预收账款	200		200	（8）100		100
其中：预收S公司	100		100	（8）100		0
应付职工薪酬	1 000	100	1 100			1 100
应交税费	800	60	860			860
流动负债合计	6 000	1 060	7 060			6 060
非流动负债：						
长期借款	2 000	700	2 700			2 700
应付债券	600	200	800	（10）200		600
其中：应付P公司		200	200	（10）200		0
非流动负债合计	2 600	900	3 500			3 300
负债合计	8 600	1 960	10 560			9 360
所有者权益：						
实收资本	4 000	2 000	6 000	（4）2 000		4 000
资本公积	880	1 600	2 480	（2）100 （4）1 500		880
其中：可供出售金融资产公允价值变动		100	100	（2）100		0
盈余公积	1 000	100	1 100	（3）100		1 000
未分配利润	1 374	300	1 674			1 374
少数股东权益				（1）120	（2）20 （4）700 （5）156	756
所有者权益合计	7 254	4 000	11 254			8 010
负债和所有者权益总计	15 854	5 960	21 814			17 370

表 5-12 合并所有者权益变动表工作底稿 （单位：万元）

项目	P 公司	S 公司	合计金额	抵销分录		合并金额
				借方	贷方	
未分配利润——年初	468	0	468	（4）0		468
归属于母公司净利润	2 854					2 854
利润分配	1 948	700	2 648	（1）600 （3）100		1 948
未分配利润——年末	1 374					1 374
归属于少数股东的未分配利润——年初						
少数股东权益					（5）156	156
对少数股东的利润分配					120	120
当属于少数股东的未分配利润——年末					36	36
资本公积——年初	800	1 500	2 300	（4）1 500		800
可供出售金融资产公允价值变动		100		（2）100		0
权益法形成的其他权益变动	80					80
资本公积——年末	880	1 600	2 480	（2）100 （4）1 500		880
盈余公积——年初	732	0	732	（4）0		732
提取盈余公积	268	100	368	（3）100		268
盈余公积——年末	1 000	100	1 100	（3）100		1 000

合并现金流表编制的抵销分录如下：

（1）母公司收到子公司分配现金股利 480 万元，债券投资利息 20 万元。

借：分配股利、利润或偿付利息支付的现金　　　　5 000 000

贷：取得投资收益收到的现金　　5 000 000

（2）P公司于201A年向S公司销售商品的价款3 500万元中实际收到S公司支付的银行存款2 600万元，同时S公司还向P公司开具了票面金额为400万元的商业承兑汇票。S公司201A年向P公司销售商1 000万元元的价款全部收到。应编制如下抵销分录：

借：购买商品、接受劳务支付的现金　　36 000 000

贷：销售商品、提供劳务收到的现金　　36 000 000

（3）S公司201A年1月1日向P公司销售商品300万元作为固定资产的价款全部收到。应编制如下抵销分录：

借：购建固定资产、无形资产和其他长期资产支付的现金　　3 000 000

贷：销售商品、提供劳务收到的现金　　3 000 000

（4）P公司向S公司出售固定资产的价款120万元全部收到。应编制如下抵销分录：

借：购建固定资产、无形资产和其他长期资产收到的现金　　1 200 000

贷：处置固定资产、无形资产和其他长期资产支付的现金　　1 200 000

表5－13　现金流量表合并工作底稿　　（单位：万元）

项目	P公司	S公司	合计金额	抵销分录		合并金额
				借方	贷方	
经营活动产生的现金流量：						
销售商品收到现金	7 675	5 990	13 665		（2）3 600 （3）300	9 765
收到其他与经营活动有关的现金						
经营活动现金流入小计	7 675	5 990	13 665			9 765
购买商品支付现金	1 420	3 270	4 690	（2）3 600		1 090
支付工资支付现金	1 100	250	1 350			1 350
支付税费	1 820	758	2 578			2 578
支付其他与经营活动相关的现金	45	22	67			67

（续上表）

项目	P公司	S公司	合计金额	抵销分录		合并金额
				借方	贷方	
经营活动现金流出小计	4 385	4 300	8 685			5 085
经营活动产生的现金流量净额	3 290	1 690	4 980			4 680
投资活动产生的现金流量：						
收回投资收到现金						
取得投资收益收到现金	500		500	（1）500		0
处置长期资产收到现金	120		120	（4）120		0
收到其他与投资相关的现金						
投资活动现金流入小计	620		620			0
购买长期资产支付现金	930	800	1 730	（3）300 （4）120		1 310
投资支付的现金						
取得子公司支付现金	3 000		3 000			3 000
支付其他与投资相关的现金						
投资活动现金流出小计	3 930	800	4 730			4 310
投资活动产生的现金流量净额	-3 310	-800	-4 110			-4 310
筹资活动产生的现金流量：						
吸收投资收到现金						
收到其他与筹资活动有关的现金						
筹资活动现金流入量小计						

（续上表）

项目	P公司	S公司	合计金额	抵销分录		合并金额
				借方	贷方	
偿还债务支付的现金						
分配股利支付的现金	1 980	690	2 670	（1）500		2 170
其中：子公司支付给少数股东的现金股利						
支付其他与筹资活动有关的现金						
筹资活动现金流出小计	1 980	690	2 670			2 170
筹资活动产生的现金流量净额	-1 980	-690	-2 670			-2 170
现金及现金等价物增加	-2 000	200	-1 800			-1 800
年初现金及现金等价物余额	3 000	300	3 300			3 300
年末现金及现金等价物余额	1 000	500	1 500			1 500

本章主要名词

内部债权债务　推定损失　推定利得

思考题

1. 内部债权债务指的是什么？
2. 内部债权债务的抵销分录内容主要有哪些？
3. 连续编制合并合计报表时坏账准备的抵销如何处理？
4. 如何处理推定损益？

练习题

1. M公司在201A年、201B年、201C年三年期末对其100%控股子公司S公司的应收账款余额分别为500 000元、800 000元和700 000元，M公司按应收账款余额的6%计提坏账准备。请用权益法编制201B 年、201C 年两年有关应收账款与坏账准备的合并抵销分录。

2. 甲公司为乙公司的母公司，拥有乙公司 70% 的有表决权的股份。甲公司于201A 年 1 月 1 日对外外发行公司债券面值 1 000 万元，年利率为 8%，5 年到期，每年年末支付利息。假设甲公司分别以 950 万元折价、1 000 万元平价、1 040 万元溢价发行，其子公司乙公司直接从母公司于发行日购入 10 万元面值的债券，发行方和投资方对债券的溢价和折价均采用直线法摊销。请编制 201A 年末合并抵销分录。

3. 甲公司为乙公司的母公司，拥有乙公司 70% 的有表决权的股份。甲公司于201A 年 1 月 1 日以折价 950 万元对外外发行公司债券面值 1 000 万元，年利率为 8%，5 年到期，每年年末支付利息。201B 年 1 月 1 日，其子公司乙公司以 10 万元平价从企业集团外的单位或个人购入甲公司 10 万元面值的债券，发行方和投资方对债券的溢价和折价均采用直线法摊销。请编制 201B 年末合并抵销分录。

4. 甲公司为乙公司的母公司，拥有乙公司 70% 的有表决权的股份。甲公司于201A 年 1 月 1 日以折价 950 万元对外外发行公司债券面值 1 000 万元，年利率为 8%，5 年到期，每年年末支付利息。201B 年 1 月 1 日，其子公司乙公司以 10.4 万元溢价从企业集团外的单位或个人购入甲公司 10 万元面值的债券，发行方和投资方对债券的溢价和折价均采用直线法摊销。请编制 201B 年末合并抵销分录。

第六章　外币业务与外币财务报表折算

随着经济业务日益全球化，国际交易越来越多，以本国货币作为记账本位币时，必须将外币结算的业务折算成本国货币入账。同时，由于跨国公司越来越普遍，母公司在编制合并财务报表之前，需将境外子公司的财务报表折算为以本国货币反映的财务报表。

通过本章学习，应该掌握：

○外币的概念及汇率的种类

○外币业务的一项业务观与两项业务观

○外币业务的会计处理

○外币财务报表折算的概念

○外币财务报表折算的方法

第一节　外币业务概述

一、外币业务核算的意义

在经济日益全球化的趋势下，资本的跨国流动和国际贸易不断扩大。一方面，外资银行投入外币资本参股内资银行，外资企业在我国内地开办外商独资、合资企业，向内资企业或国内市场不断注入外币资本，使得我国的资本市场中外币资本不断增加；另一方面，内资企业与国际市场之间的业务往来不断增加，不断向国际市场拓展业务，参与国际资本市场竞争的程度和规模呈不断增强趋势，这样，企业可能以任何货币对发生的交易进行计价或结算，企业在其他国家或在我国境内设立的子公司、联营企业、合营企业和分支机构也可能采用不同于该企业记账本位币的货币进行记账。

为了反映企业或企业集团的经营业绩和财务状况，需要将以不同货币计量的资产、负债、收入、费用等折算为同一种货币反映，或将以其他货币反映的子公司、联营企业、合营企业和分支机构的经营业绩和财务状况折算为企业记账本位币反映。企业选定的用于反映企业经营业绩和财务状况的货币即为记账本位币。记账本位币以外的货币称为外币。以外币计价或者结算的交易称为外币交易。以外币反映的财务报表称为外币财务报表。将外币交易或外币财务报表折算为记账本位币反映的过程即为外币折算。

2006 年，财政部发布的《企业会计准则第 19 号——外币折算》规定，国内企业的会计核算通常以人民币为记账本位币。业务收支以外币为主的企业，也可以选定某种外币作为记账本位币，但编制的财务报表应当折算为人民币反映。境外企业向我国有关部门编报财务报表，应当折算为人民币反映。这就是说，我国企业正式编制财务报表的货币只能是人民币，而记账本位币是可以选择的。因此，其总公司在汇总各境外分公司等分支机构以外币表示的财务报表或母公司将其境外子公司纳入合并范围编制合并财务报表时，都有必要将境外分支机构的境外子公司的财务报表折算为总公司或母公司记账本位币表示的财务报表。外币折算准则着重解决了记账本位币的确定、外币交易的会计处理和外币财务报表的折算问题。

二、记账本位币的确定

1. 企业记账本位币的确定

记账本位币（Bookkeeping Base Currency）是指企业经营所处的主要经济环境中的货币。通常情况下这一货币是企业主要收、支现金的经济环境中的货币。例如，我国企业一般以人民币作为记账本位币。需要说明的是，虽然我国会计上所称的记账本位币与国际会计准则中的功能货币名称不同，但实质内容是一致的。

我国《企业会计准则第 19 号——外币折算》对如何选择记账本位币进行了规范，并规定了确定记账本位币需要考虑的因素。企业选定记账本位币，应当考虑下列因素：

（1）该货币主要影响商品和劳务销售价格，通常以该货币进行商品和劳务销售价格的计价和结算；

（2）该货币主要影响商品和劳务所需人工、材料和其他费用，通常以该货币进行上述费用的计价和结算。

企业在选定记账本位币时，上述两项因素应综合考虑，不能仅考虑其中一项。例如，国内甲公司为外贸自营出口企业，超过 70% 的营业收入来自向欧盟各国的出口，其商品销售价格主要受欧元的影响，以欧元计价。因此，从影响商品和劳务销售价格的角度看，甲公司应选择欧元作为记账本位币。如果甲公司除厂房设施和 30% 的人工成本在国内以人民币结算外，生产所需原材料、机器设备及70%以上的人工成本以欧元在欧盟市场采购，则可确定甲公司的记账本位币是欧元。但是，如果甲公司的人工成本、原材料及相应的厂房设施、机器设备等95%以上在国内采购并以人民币计价，则难以判定甲公司的记账本位币应选择欧元还是人民币，还需要兼顾考虑以下因素，以确定甲公司的记账本位币：融资活动获得的资金以及保存从经营活动中收取款项时所使用的货币。

如果甲公司取得的欧元营业收入在汇回国内时直接换成了人民币存款，且甲公司对欧元波动产生的外币风险进行了套期保值，甲公司可以确定其记账本位币为人民币。

又如，乙公司为国内一家婴儿配方奶粉加工企业，其原材料牛奶全部来自澳大利亚，主要加工技术、机器设备及主要技术人员均由澳大利亚方面提供，生产的婴儿配方奶粉面向国内销售。为满足采购原材料牛奶等所需澳元的需要，乙公司向澳大利亚某银行借款10亿澳元，期限为20年，该借款是乙公司当期流动资金净额的4倍。由于原材料采购以澳元结算，且企业经营所需要的营运资金，即融资获得的资金也使用澳元，因此，乙公司应当以澳元作为记账本位币。

需要说明的是，在确定企业的记账本位币时，上述因素的重要程度因企业具体情况的不同而不同，需要企业管理当局根据实际情况进行判断。但是，这并不能说明企业管理当局可以根据需要随意选择记账本位币，企业管理当局根据实际情况确定的记账本位币只能有一种货币。企业选择的记账本位币一经确定，不得随意改变，除非与确定记账本位币相关的企业经营所处的主要经济环境发生重大变化。

2. 境外经营记账本位币的确定

境外经营是指企业在境外的子公司、合营企业、联营企业、分支机构。当企业在境内的子公司、联营企业、合营企业或者分支机构选定的记账本位币不同于企业的记账本位币时，也应当视同境外经营。会计准则中所说的境外经营是个广义的概念，子公司、合营企业、联营企业、分支机构是否属于境外经营，不是以位置是否在境外为判定标准，而是要看其选定的记账本位币是否与企业相同。

企业选定境外经营的记账本位币，除考虑前面所讲的因素外，还应考虑下列因素：

（1）境外经营对其所从事的活动是否拥有很强的自主性。如果境外经营所从事的活动是视同企业经营活动的延伸，该境外经营应当选择与企业记账本位币相同的货币作为记账本位币；如果境外经营所从事的活动拥有极大的自主性，境外经营不能选择与企业记账本位币相同的货币作为记账本位币。

（2）境外经营活动中与企业的交易是否在境外经营活动中占有较大比重。如果境外经营与企业的交易在境外经营活动中所占的比例较高，境外经营应当选择与企业记账本位币相同的货币作为记账本位币，反之，则应选择其他货币。

（3）境外经营活动产生的现金流量是否直接影响企业的现金流量、是否可以随时汇回。如果境外经营活动产生的现金流量直接影响企业的现金流量，并可随时汇回，境外经营应当选择与企业记账本位币相同的货币作为记账本位币，反之，则应选择其他货币。

（4）境外经营活动产生的现金流量是否足以偿还其现有债务和可预期的债务。如果境外经营活动产生的现金流量在企业不提供资金的情况下，难以偿还其现有债务和在正常情况下可预期的债务，境外经营应当选择与企业记账本位币相同的货币作为记账本位币，反之，则应选择其他货币。

3. 记账本位币的变更

企业选择的记账本位币一经确定，不得改变，除非与确定记账本位币相关的企业经营所处的主要经济环境发生了重大变化。主要经济环境发生重大变化，通常是指企业主要产生和支出现金的环境发生重大变化，使用该环境中的货币最能反映企业的主要交易业务的经济结果。

企业因经营所处的主要经济环境发生重大变化，确需变更记账本位币的，应当采用变更当日的即期汇率将所有项目折算为变更后的记账本位币，折算后的金额作为新的记账本位币的历史成本。由于采用同一即期汇率进行折算，因此，不会产生汇兑差额。企业需要提供确凿的证据证明企业经营所处的主要经济环境确实发生了重大变化，并应当在附注中披露变更的理由。

企业记账本位币发生变更的，其比较财务报表应当以可比当日的即期汇率折算所有资产负债表和利润表项目。

三、外币业务的内容

外币业务（Foreign Currency Transaction），或称“外币经济业务”，是指企业以记账本位币以外的其他货币进行款项收付、往来结算和计价的经济业务。如企业购买或销售以外币计价的商品或劳务；企业借入或出借外币资金；企业取得或处理以外币计价的资产，承担或清偿以外币计价的债务。

外币业务并不仅仅是与外国客户进行的各项业务，与国内客户进行的业务也可能是外币业务。确定外币业务的关键是以外币计价的业务，即以记账本位币以外的其他货币计价的业务。外币业务是相对于某一特定企业而言的，比如，我国企业与日本企业之间发生一笔商品购销业务，如果这一业务是以人民币作为计价和结算的货币单位，那么这一业务对于我国企业来说就不属于外币业务，而对于日本企业来说，则是外币业务；如果这一业务是以日元作为计价和结算的货币单位，那么对我国企业来说是外币业务，而对于日本企业来说，就不属于外币业务了。如国内企业相互之间的经济业务，如双方约定以某一外国货币作为计价和结算的货币单位，则也属于外币业务的范围。

我国外币折算准则规范的外币交易包括：买入或者卖出以外币计价结算的商品或者劳务；借入或者借出外币资金；其他以外币计价结算的交易。

买入或者卖出以外币计价的商品或者劳务，通常情况下指以外币买卖商品，或者以外币结算劳务合同。这里所说的商品是一个泛指的概念，可以是有实物形态的存货、固定资产等，也可以是无实物形态的无形资产、债权或股权等。例如，以人民币为记账本位币的国内甲公司向国外乙公司出口商品，以美元结算货款；再如，甲企业购买境内某公司发行的B股股票，或者购买海外某公司发行的欧元债券等，上述交易均属于甲公司的外币交易。企业与银行发生货币兑换业务，包括与银行进行结汇或售汇，也属于外币交易。

借入或者借出外币资金，指企业向银行或非银行金融机构借入以记账本位币以外的货币表示的资金，或者银行或非银行金融机构向人民银行、其他银行或非银行金融机构借贷以记账本位币以外的货币表示的资金，以及发行以外币计价或结算的债券等。

其他以外币计价或者结算的交易，指以记账本位币以外的货币计价或结算的其他交易。例如，接受外币现金捐赠等。

外币交易折算的会计处理主要涉及两个环节，一是在交易日对外币交易进行初始确认，将外币金额折算为记账本位币金额；二是在资产负债表日对相关项目进行折算，因汇率变动产生的差额记入当期损益。

外币业务的具体内容可以归纳为如下几种：

（1）外币兑换业务：一种货币兑换为另一种货币的业务，如企业销售获得的外币结售给银行，以及从银行购入外汇。

（2）外币借贷业务：从银行或其他金融机构取得外币借款以及归还外币借款的业务。

（3）外币交易业务：发生商品购销活动后，以外币进行款项收付、往来结算的会计业务。

（4）吸收外币投资业务：企业吸收以记账本位币以外的各种外币投资者的投资业务。

（5）外币折算业务：把外币的金额重新表述为另一种货币。例如，将用美元表述的财务报表重新表述为用人民币表述的财务报表。进行外币折算，并不是实际发生了兑换或交易外币经济业务，而仅仅是改变其计量单位。

四、外汇与汇率

1. 外汇的概念

外汇（Foreign Exchange）通常是指以外币表示的用于国际结算的支付手段。国际货币基金组织曾将外汇一词解释为：“外汇是货币行政当局（中央银行、货币机构、外汇平衡基金组织及财政部）以银行存款或长、短期政府债券等形式保持的，在国际收支逆差时可以使用的债权。”根据我国《外汇管理条例》的规定，外汇具体包括：外国货币，如纸币和铸币；外币有价证券，如外国政府公债、外币国库券、外币公司债券、外币股票、外币息票等；外币支付凭证，如外币票据（支票、汇票和期票）、外币银行存款凭证、外币邮政储蓄凭证；其他外汇资金等。

2. 外汇汇率及标价方法

无论是在交易日对外币交易进行初始确认时，还是在资产负债表日对外币交易余额进行处理，抑或对外币财务报表进行折算，均涉及折算汇率的选择。

外汇汇率，简称为汇率（Exchange Rate），又叫汇价。它是一个国家的货币换算为另一个国家的货币的比率，或者说是两个国家或地区的不同货币之间的比价。汇率的标价方法分为直接标价法和间接标价法。

（1）直接标价法（Direct Quote Method）是以一定数量的外国货币来表示可兑换若干数量本国货币作为计价标准的汇率，也称为直接汇率。如1美元兑换6.20元人民币（USD1 = RMB6.20）。在直接标价法下，是假定外币的金额固定不变，所折合的本国货币数额随着外国货币与本国货币之间的币值对比情况而变化，即汇率的变化是由于本国货币的币值变化所引起的。当汇率上升时，表示要兑换同样数量的外国货币，需付出较多数量的本国货币，即表明本国货币币值下降或贬值（Devaluation）；当汇率下降时，则表示兑换同样数量的外国货币需要较少的本国货币，即表明本国货币币值上升或升值（Revaluation）。因此，直接标价法也称应付标价法。目前，世界上大多数国家，包括我国在内，都是采用直接标价法。

（2）间接标价法（Indirect Quote Method）是以一定数量的本国货币表示可兑换若干外国货币作为计价标准的汇率，也称为间接汇率。如1元人民币兑换0.161美元（RMB1 = USD0.161）。在间接标价法下，假设本国货币的金额固定不变，所折合的外国货币金额随着本国货币与外国货币之间的比值对比情况而变化，即汇率的变化是由于外国货币的币值变动所引起的。当汇率上升时，表示以同样数量的本国货币可兑换到较多的外国货币，表明本国货币币值上升，当汇率下降时，表示以同样数量的本国货币只能兑换较少的外国货币，表明本国货币币值下降。因此，间接标价法也称为应收标价法。

3. 汇率的种类

（1）现行汇率与历史汇率。现行汇率（Current Rate）是指企业涉及外币经济业务时的市场汇率。历史汇率（Historical Rate）是指企业以前涉及外币业务时所使用的账面汇率。现行汇率与历史汇率是相对的，前一交易日的现行汇率相对于当日来说是历史汇率，当日的现行汇率或即期汇率相对于次日来说又是历史汇率。

（2）记账汇率与账面汇率。记账汇率是指企业发生外币经济业务进行会计处理时所使用的汇率。记账汇率（Recording Rate）可以是会计记账当日的市场汇率，也可以是记账当期某一天的市场汇率。账面汇率（Recorded Rate）是指企业以前发生的外币业务在登记入账时所使用的汇率，即过去的记账汇率。如果记账汇率采用当日的市场汇率，则记账汇率就是现行汇率；如果记账汇率采用当月1日的市场汇率，则记账汇率为历史汇率。账面汇率一般都是历史汇率。

（3）即期汇率与远期汇率。按照外币买卖成交后交割期期间的不同，汇率可分为即期汇率与远期汇率。即期汇率（Spot Rate）又称为现行汇率，是指外币买卖双方成交后立即交割时所使用的汇率，也就是人们通常所说的“买入现汇”或“卖出现汇”时所使用的汇率。远期汇率（Forword Rate）是指外币买卖双方成交后约定在以后一定期限的某一日交割时所使用的约定汇率，即“远期外汇”或“期货外汇”买卖时所使用的预期汇率。

当汇率变动不大时，为简化核算，企业在外币交易日或对外币财务报表的某些项目进行折算时也可以选择即期汇率的近似汇率折算。即期汇率的近似汇率是“按照系统合理的方法确定的、与交易发生日即期汇率近似的汇率”，通常是指当期平均汇率或加权平均汇率等。以人民币兑美元的周平均汇率为例，假定人民币兑美元每天的即期汇率为：

周一为6.25，周二为6.30，周三为6.20，周四为6.22，周五为6.28，则周平均汇率为（6.25 + 6.30 + 6.20 + 6.22 + 6.28）÷5 = 6.25。月平均汇率的计算方法与周平均汇率的计算方法相同。月加权平均汇率需要采用当月外币交易的外币金额作为权重进行计算。

无论是采用平均汇率，还是加权平均汇率，抑或其他方法确定的即期汇率的近似汇率，该方法应在前后各期保持一致。如果汇率波动使得采用即期汇率的近似汇率折算不适当时，应当采用交易发生日的即期汇率折算。至于何时不适当，则需要企业根据汇率变动情况及计算即期汇率的近似汇率的方法等进行判断。

（4）买入汇率、卖出汇率与中间汇率。买入汇率（Bid Rate）是指银行向客户买入外币时所使用的汇率，即银行收取客户外币时的出价。卖出汇率（Ask Rate）是指银行向客户出售外币时所使用的汇率，即银行出让外币时的售价。中间汇率（Mid－rate）是指银行买入汇率与卖出汇率之间的平均汇率。银行的中间汇率＝（买入汇率＋卖出汇率）÷2。买入汇率与卖出汇率是从银行的角度来讲的。卖出汇率或卖出价一般高于买入汇率或买入价，其差额为银行或经纪人买卖外汇的收益。

无论买入价，还是卖出价均是立即交付的结算价格，都是即期汇率。为方便核算，会计准则规定企业用于记账的即期汇率一般指当日中国人民银行公布的人民币汇率的中间价。但是，在企业发生单纯的货币兑换交易或涉及货币兑换的交易时，仅用中间价不能反映货币买卖的损益，需要使用买入价或卖出价折算。

中国人民银行每日公布外汇市场人民币兑美元、欧元、英镑、加拿大元、日元、港元等的比价。企业发生的外币交易涉及有比价，可直接采用公布的人民币汇率的价格作为即期汇率进行折算；企业发生的外币交易涉及没有比价的，应以国家外汇管理局公布的各种货币对美元折算率采用套算的方法进行折算，发生的外币交易涉及人民币以外的货币之间折算的，可直接采用国家外汇管理局公布的各种货币对美元折算率进行套算。

套算公式为：

某种货币对人民币的汇率＝美元对人民币的基准汇率/美元对该种货币的汇率

【例1】某日美元对人民币的基准汇率为USD1＝RMB6.20，国家外汇管理局提供的纽约外汇市场美元对瑞士法郎的汇率为USD1＝CHF 0.95。套算出瑞士法郎对人民币的汇率为：

瑞士法郎对人民币的汇率＝6.20÷0.95＝6.53

美元、人民币以外的货币之间的汇率，按照国家外汇管理局提供的纽约外汇市场美元对其他主要外币的汇率进行套算，按套算后的汇率作为折算汇率。套算公式为：

货币A对货币B的汇率＝美元对货币B的汇率/美元对货币A的汇率

【例2】某日国家外汇管理局提供的纽约外汇市场美元对澳大利亚元的汇率为1美元＝0.95澳大利亚元，1美元＝1.2新西兰元。套算出澳大利亚元对新西兰元的汇率为：

澳大利亚元对新西兰元的汇率＝1.2÷0.95＝1.26

对外币业务的外币金额进行折算后，应当按照折算为记账本位币的金额在外币账户中进行登记，同时还必须按照外币的金额进行登记。

4．外汇汇兑损益

由于外币借贷和清偿日期、或因购销业务发生的应收应付外币账款发生和结算日之间汇率的不同，以同样的外币金额折合为本国货币金额时会形成差额。在月份（季度或年度）终了时，对于各外币账户的外币期末余额，企业应当按照期末市场汇率折算为记账本位币的金额，各外币账户期末余额折算为记账本位币的金额与相对应的记账本位币账户的期末余额之间会形成差额，这就是汇兑损益（Exchange Gains and Losses）。外汇汇兑损益是指企业发生的外币业务在折合为记账本位币时，由于汇率的变动而产生的记账本位币的折算差额和不同外币兑换发生的收付差额给企业带来的收益或损失。会计上的汇兑损益包括已实现汇兑损益和未实现汇兑损益。

已实现汇兑损益是指外币业务结算在财务报表的编制之前所形成的损益，已结算了的外币债权债务所产生的汇兑损益。

未实现汇兑损益是指外币业务结算在财务报表的编制之后所形成的损益，未结算的债权债务在编报表时产生的汇兑损益。

5．远期升水与远期贴水

在外汇市场上，任何一个时点上的期汇汇率都不等于现汇汇率。在一个时点上期汇汇率与现汇汇率之间的差额，叫做远期升水或远期贴水。

由于汇率标价方法不同，升水、贴水的计算也不一样。在间接标价法下，当期汇汇率低于现汇汇率时，其差额为升水；反之则为贴水。比如，在我国外汇市场上，现汇汇率为1元人民币＝0.161美元，2个月的期汇汇率为1元人民币＝0.160美元，则称2个月的美元期汇为升水；如果3个月的期汇汇率为1元人民币＝0.163美元，则称3个月的美元期汇为贴水。

在直接标价法下，升水与贴水的计算正好与间接标价法相反。当期汇汇率低于现汇汇率时，其差额为贴水；反之则为升水。比如，在我国外汇市场上，现汇汇率1美元＝6.25元人民币，2个月的期汇汇率为1美元＝6.28元人民币，则2个月的美元期汇为升水；如果3个月的期汇汇率为1美元＝6.20元人民币，则3个月的美元期汇为贴水。

第二节　外币业务的会计处理

一项外币业务的发生，从其发生日到结算日，往往要经过一定的时间，有的还可能跨越年度决算期。在此期间内，由于交易发生日、报表编制日和交易结算日各个时点上外汇汇率的变动，必然会产生以下四个会计处理问题：

（1）外币业务发生时的原始记录，主要是借贷和应收应付外币账户的记录；

（2）应收应付外币账款到期结算的记录；

（3）外币汇兑损益的账务处理；

（4）在会计期末如何调整外币账户余额来反映未实现外币汇兑损益。

一、外币业务会计处理的观点

在外币交易中，由于各个时点上汇率的变动，使得以记账本位币表示的购入商品的成本、销售商品的收入，以及与此相关的应收应付账款的金额，在交易发生日与交易结算日具有不同的价值。因此，应以哪一个时点的价值作为所购商品的成本或所销商品的收入，如何处理由于汇率变动而产生的外币折算损益，成为外币业务会计需要解决的问题。对此，国际会计界存在着两种不同的观点，即一项业务观和两项业务观。

1．一项业务观

一项业务观或单项业务观（Single Transaction Perspective），指一项外币业务必须在外币货款结算后才算正式完成，对于该项活动购进商品的购买成本或销售商品的销售收入的确定取决于外币货款结算日的汇率。从购销活动到账款结算，只是某一交易的两个阶段。这种观点认为，由于汇率的变动，用记账本位币计价入账的购入商品成本或销售商品收入，在购销货款没有以外币结算以前，其价值是不确定的，因而，在交易发生日和报表编制日将购销商品的外币金额按当日的市场汇率折合为记账本位币的入账金额都是暂时的、过渡性的。只有在购销货款以外币结算以后，才能以记账本位币最终确定所购商品的成本或所销商品的收入。按照这一观点，由于交易发生日、报表编制日、交易结算日汇率变动所发生的折合成记账本位币的全部差额，都列作已入账的购入商品成本或销售商品收入的调整，而不作为外币折算损益处理。

【例3】某企业采用人民币作为记账本位币，12 月 1 日赊购美国销售商的一批商品，价款 20 000 美元，该笔款项于次年 1 月 31 日以美元结清。有关汇率的变动情况如下：

12 月 1 日，即期汇率为 USD1 = RMB6. 0

12 月 31 日，即期汇率为 USD1 = RMB6. 2

1 月 31 日，即期汇率为 USD1 = RMB6. 1

（1）交易发生日：12 月 1 日按当日汇率将该项交易外币金额折合成人民币入账，购货成本和应付账款的人民币金额为 20 000 × 6. 0 = 120 000（元）。

借：存货　　　　　　　　　　　　　　120 000

贷：应付账款（20 000USD ×6.0）　　120 000

（2）报表编制日：12 月 31 日按当日的汇率调整存货成本和应付账款金额。调整金额为（6.2 –6.0）×20 000 =4 000（元）。

借：存货　　4 000

贷：应付账款　　4 000

（3）交易结算日：1 月 31 日按当日的汇率调整存货成本和应付账款金额，调整金额为（6.2 –6.1）×20 000 =2 000（元）。

借：应付账款　　2 000

贷：存货　　2 000

同时支付外币（美元）现金或银行存款进行款项结算，按当日的汇率折合成人民币 6.1 ×20 000 =122 000（元），并编制会计分录如下：

借：应付账款（20 000USD ×6.1）　　122 000

贷：现金　　122 000

交易结算日的两笔简单会计分录可以编制成一笔复合会计分录如下：

借：应付账款（20 000USD ×6.2）　　124 000

贷：存货　　2 000

现金（20 000USD ×6.1）　　122 000

经过以上的账务处理，企业所购 20 000 美元的存货成本是按交易结算日的汇率折算成人民币 122 000 元 =20 000 美元 ×6.1 计价入账的。单项业务观实际上就是以现金的收付确认经济业务的完成。从交易发生到货款结算期间，不管汇率有任何变化，最终确定所购存货成本或销售收入的是货款结算日的汇率，在此期间所作的调整分录都是暂时的、过渡性的。也就是说，这种处理方法是将外汇兑换损益作为购货成本或销售收入的一部分，而不单独计列为外汇兑换损益。

单项业务观的会计处理方法并不符合国际公认会计原则。根据会计的“实现原则”，应该于购销商品时，而不是以现金收付时确认购销商品的价值。如果在购入商品时立即支付货款，则不会因支付货款而发生外币汇兑损益。因此，外币汇兑损益不是因直接购销商品而发生的，所以外币汇兑损益不应计入购销商品的成本之中，而应单独计列为外币汇兑损益项目。另外，采用单项业务观进行会计处理时，汇率变动引起外币债权债务折算差额需要对其外币业务（购货成本或销售收入）进行追溯调整，手续较为复杂，工作量也比较大。特别是当外币购销业务与外币债权债务结算发生在不同的会计期间的情况下，对原入账的购货成本或销售收入进行追溯调整则更加困难。同时将汇率引起的外币折算差额追溯调整原相关的账户，不单独予以反映，导致不能清晰地反映汇率变动对企业的影响，不能集中地提供外汇风险的信息。

2. 两项业务观

两项业务观（Two-transaction Perspective）是将商品购销交易及账款的结算看作是两项独立的但互相联系的业务。这种观点认为，在交易发生时，所购商品的成本和所销商品的收入应按当时的汇率将外币金额折合成记账本位币确定下来，而与以后货款的结算业务无关。至于在报表编制日和交易结算日因汇率变动而产生的外币折算差异，则作为外币汇兑损益处理，在“汇兑损益”账户中单独进行核算，而不记入购货成本或销售收入中。

在两项业务观下，对于货款结算前发生的汇兑损益有两种处理方法：一种是作为已实现的损益，列入当期损益表；另一种是作为未实现的递延汇兑损益，列入资产负债表，直到交易结算时才作为已实现的损益列入损益表。

【例4】某企业采用人民币作为记账本位币，5月1日销售一批商品给美国商人，协议规定于6月30日以美元结清。该批货款50 000美元。有关汇率资料如下：

5月1日，即期汇率为USD1 = RMB6.0

5月31日，即期汇率为USD1 = RMB6.2

6月30日，即期汇率为USD1 = RMB6.3

第一种方法，将汇率变动的折算差异作为已实现的损益。

（1）交易发生日：5月1日按当日汇率将实现的商品销售收入和应收账款折合成人民币入账。销售收入和应收账款的人民币金额为50 000美元×6.0 = 300 000元。

借：应收账款（50 000USD×6.0）　　300 000

　贷：销售收入　　300 000

（2）报表编制日：5月31日按编表日汇率调整应收账款，并将折算差额(6.2 − 6.0)×50 000美元 = 10 000元作为已实现的汇兑损益入账。

借：应收账款　　10 000

　贷：汇兑损益　　10 000

（3）交易结算日：6月30日按当日的汇率调整应收账款，并将折算差额(6.3 − 6.2)×50 000美元 = 5 000元作为已实现的汇兑损益入账，同时收取美元现金或银行存款50 000美元。

借：应收账款　　5 000

　贷：汇兑损益　　5 000

同时：

借：现金（50 000USD×6.3）　　315 000

贷：应收账款（50 000USD ×6.3）　　　　315 000

以上两笔会计分录可作为一笔复合会计分录：

借：现金（50 000USD ×6.3）　　　　315 000

　贷：应收账款（50 000USD ×6.2）　　　　310 000

　　　汇兑损益　　　　5 000

第二种方法，在结算之前，先将汇率变动产生的汇兑损益作为递延损益，于结算时，再将递延汇兑损益全部转作已实现损益。

（1）交易发生日：将实现的商品销售收入和应收账款折合成人民币入账。

借：应收账款（50 000USD ×6.0）　　　　300 000

　贷：销售收入　　　　300 000

（2）报表编制日：将调整应收账款的外币折算差额作为递延汇兑损益入账。

借：应收账款　　　　10 000

　贷：递延汇兑损益　　　　10 000

（3）交易结算日：将以前的递延损益10 000元和本期汇率变动产生的损益5 000元确认为当期的损益入账，同时收取美元现金或银行存款。

借：现金（50 000USD ×6.3）　　　　31 5000

　　递延汇兑损益　　　　10 000

　贷：应收账款（50 000USD ×6.2）　　　　310 000

　　　汇兑损益　　　　15 000

通过以上会计处理的比较，可以看出汇率变化的三种不同处理结果。这三种方法均反映了外汇汇率的变动，只是在财务报表的不同时期和不同项目上予以反映。一项业务观是将从购销业务发生到货款结算期间外币汇率变动而产生的外币折算差额不单独作为汇兑损益列示，而是作为购货商品的成本或销售商品的收入。两项业务观的两种处理方法均将汇率变动所产生的外币折算差额与购销商品的成本或收入作为两项独立的业务分别进行会计处理，只是外汇折算差额归属于不同的会计期间。其中，第一种会计处理方法是将外币折算差额作为已实现损益在汇率变动的各个会计期间予以确认并在财务报表中予以反映。第二种会计处理方法是在货款结算之前将汇率变动所产生的外币折算差额作为未实现损益，待货款结算时将该业务的未实现损益全部转入当期的已实现损益并在当期的财务报表中予以反映。

两项业务观在商品购销成立时确认商品的购货成本或商品的销售收入符合会计的“收入实现”原则，同时，把汇率变动所产生的外币折算差额确认为各会计期的已实现损益或未实现损益（递延汇兑损益）。它说明，诸如外币现金、外币存款、外币应收账款、外币应付款等货币性项目，是暴露在汇率变动的风险之下的，这也标志着它们潜在兑换能力的变动。

二、日常外币业务的会计处理

对外币业务进行核算，首先必须将外币金额按规定的记账汇率折算为记账本位币表示的金额，记账汇率为何种汇率呢？根据我国企业会计准则的规定，企业外币业务发生时，一般应采用外币业务发生时的市场汇率作为记账汇率，将外币金额折合为记账本位币入账，也可以采用外币业务发生当期期初的市场汇率作为记账汇率。

1. 外币兑换业务的会计处理

外币兑换业务是指企业从银行等金融机构购入外汇或向银行等金融机构卖出外汇。企业从银行购入外汇时，一方面应按取得的外汇金额和记账汇率折合为记账本位币登记外币存款账户，另一方面要按实际收到的外币金额和银行卖出汇率折算的实际支付的记账本位币金额入账，并将银行卖出汇率高于记账汇率之间的折算差额记入汇兑损益。企业卖出外汇给银行时，一方面应将实际支付的外汇金额按记账汇率折合的记账本位币金额登记外币银行存款账户，另一方面要按实际支付的外币和买入汇率折合应收到的记账本位币金额入账，并将银行买入汇率低于记账汇率所产生的折算差额记入汇兑损益。对于汇兑损益的会计核算可以单独设置“汇兑损益”科目核算或在“财务费用——汇兑损益”科目内核算。

【例5】某企业将10 000美元卖给银行，当日的银行买入价USD1 = RMB6.0，企业按当日的市场汇率USD1 = RMB6.1作为记账汇率记账。

借：银行存款——人民币　　　　60 000

　　汇兑损益　　　　1 000

　贷：银行存款（10 000USD × 6.1）　　　　61 000

按规定，有些企业不允许开立外汇现汇账户，其所取得的外币要及时结售给银行。实际上，这些企业取得的任何外币都必须立即卖给银行，从而形成外币兑换业务。

【例6】某企业以业务发生日的市场汇率作为记账汇率。该企业5月5日出口了价格为20 000美元的商品给一外商，当天的市场汇率为USD1 = RMB6.1，5月10日收到此笔外汇并结售给银行，当天的市场汇率USD1 = RMB6.1，结汇的银行买入汇率USD1 = RMB6.05。

5月5日的会计分录为：

借：应收账款（20 000USD × 6.1）　　　　122 000

　贷：销售收入　　　　122 000

5 月 10 日的会计分录为：

借：银行存款——人民币　　121 000

　　汇兑损益　　1 000

　贷：应收账款（20 000USD ×6.1）　　122 000

“应收账款”账户借方和贷方的汇率差额为市场汇率变动所产生的外币折算差额（6.1 -6.0） ×20 000 美元 =2 000 元，可以于收款时确认记入汇兑损益，也可以于月末调账时处理。

2. 外币借贷业务的会计处理

允许开立外汇现汇账户的企业，借款业务的账务处理比较简单，只需把所借外币按记账汇率（当日市场汇率或当期期初市场汇率）折算为记账本位币入账即可。

【例 7】某企业从银行借入美元短期借款 50 000 美元，当日的市场汇率 USD1 = RMB6.0。

借：银行存款（50 000USD ×6.0）　　300 000

　贷：短期借款（50 000USD ×6.0）　　300 000

各月末按月末的市场汇率调整“短期借款”外汇账户余额，并确定汇兑损益。

假设还款时的汇率为 1 美元 =6.1 元。

借：短期借款（50 000USD ×6.1）　　305 000

　贷：银行存款（50 000USD ×6.1）　　305 000

“短期借款”账户借方和贷方由于市场汇率变动所产生的折算差额可以于还款时确认为汇兑损益，也可以于期末进行调整时一并处理。

借：汇兑损益　　5 000

　贷：短期借款　　5 000

不允许开立外汇现汇账户的企业，在归还借款时因卖出汇率与记账汇率不同会产生折算损益。

【例 8】某企业从银行借入 5 000 美元归还应付账款，借款日的市场汇率 USD1 = RMB6.1。

借：应付账款（5 000USD ×6.1）　　30 500

　贷：短期借款（5000USD ×6.1）　　30 500

假设还款日的市场汇率为 USD1 = RMB6.2，银行卖出汇率为 USD1 = RMB6.25。

借：短期借款（5000USD ×6.2）　　31 000

　　汇兑损益（购买外汇产生的汇兑损益）　　250

贷：银行存款——人民币　　31 250

"短期借款"外币账户借方与贷方的差额即汇率变动产生的汇兑损益可于月末进行调整时确认其汇兑损益。

借：汇兑损益　　500

贷：短期借款　　500

3. 外币交易业务的会计处理

企业发生的外币交易业务包括进口、出口，以及其他以外币结算的收入和支出业务。企业发生外币交易的，应当在初始确认时采用交易日的即期汇率或即期汇率的近似汇率将外币金额折算为记账本位币金额入账，以确定购货成本或销售收入的入账价值，同时还应按外币的金额及折合为记账本位币的金额登记有关的外币账户。由于借方和贷方使用相同的汇率折算，所以平时不会产生汇兑损益。

【例9】国内甲公司的记账本位币为人民币。201A 年 12 月 4 日，向国外乙公司出口商品一批，货款共计 80 000 美元，且尚未收到，当日汇率为 1 美元 = 6.2 元人民币。甲公司应进行以下账务处理：

借：应收账款（80 000USD × 6.2）　　496 000

贷：主营业务收入　　496 000

【例10】国内某公司的记账本位币为人民币，属于增值税一般纳税企业。201A 年 5 月 12 日，从国外购入某原材料，共计 50 000 美元，当日的即期汇率为 1 美元 = 6.2 元人民币，按照规定计算应缴纳的进口关税为 31 000 元人民币，支付的进口增值税为 63 580 元人民币，货款尚未支付，进口关税及增值税已由银行存款支付。相关会计分录如下：

借：原材料　　341 000

应交税费——应交增值税（进项税额）　　52 700

贷：应付账款——美元　　310 000

银行存款　　83 700

我国《企业会计准则——应用指南》规定，企业收到投资者以外币投入的资本，无论是否有合同约定汇率，均不得采用合同约定汇率和即期汇率的近似汇率折算，而是采用交易日即期汇率折算，这样，外币投入资本与相应的货币性项目的记账本位币金额相等，不产生外币资本折算差额。

【例11】国内甲公司的记账本位币为人民币。201A 年 12 月 12 日，与某外商签订投资合同，当日收到外商投入资本 200 000 美元，当日汇率为 1 美元 = 6.2 元人民币，假定投资合同约定汇率为 1 美元 = 6.3 元人民币。甲公司应进行以下账务处理：

借：银行存款　　　　　　　　　　　　　　　　1 240 000

　贷：实收资本　　　　　　　　　　　　　　　　1 240 000

如果按照合同汇率记账，则差额记入"资本公积"账户。

4. 会计期末或结算日调整外币账户余额的会计处理

资产负债表日，企业应当分外币货币性项目和外币非货币性项目进行处理。

(1) 货币性项目的处理。

货币性项目是企业持有的货币和将以固定或可确定金额的货币收取的资产或者偿付的负债。货币性项目分为货币性资产和货币性负债，货币性资产包括现金、银行存款、应收账款和应收票据以及准备持有至到期的债券投资等；货币性负债包括应付账款、其他应付款、短期借款、应付债券、长期借款、长期应付款等。

对于外币货币性项目，资产负债表日或结算日，因汇率波动而产生的汇兑差额作为财务费用处理，同时调增或调减外币货币性项目的记账本位币金额。汇兑差额指的是对同样数量的外币金额采用不同的汇率折算为记账本位币金额所产生的差额。例如，资产负债表日或结算日，以不同于交易日即期汇率或前一资产负债表日即期汇率的汇率折算同一外币金额产生的差额即为汇兑差额。

【例12】国内甲公司的记账本位币为人民币。201A年12月4日，向国外乙公司出口商品一批，货款共计80 000美元，货款尚未收到，当日即期汇率为1美元=6.20元人民币。假定201A年12月31的即期汇率为1美元=6.25元人民币（假定不考虑增值税等相关税费）。

对该笔交易产生的外币货币性项目"应收账款"采用201A年12月31的即期汇率1美元=6.25元人民币折算为记账本位币为500 000元人民币（80 000×6.25），与其交易日折算为记账本位币的金额496 000元人民币（80 000×6.20）的差额为4 000元人民币，应当计入当期损益，同时调整货币性项目的原记账本位币金额。相应的会计分录为：

借：应收账款　　　　　　　　　　　　　　　　4 000

　贷：财务费用——汇兑损益　　　　　　　　　　　4 000

假定201B年1月31日收到上述货款（即结算日），当日的即期汇率为1美元=6.22元人民币，甲公司实际收到的货款80 000美元折算为人民币应当是497 600（80 000×6.22）元人民币，与当日应收账款中该笔货币资金的账面金额500 000元人民币的差额为2 400元人民币。当日甲公司应作如下会计分录：

借：银行存款　　　　　　　　　　　　　　　　497 600

　　财务费用——汇兑损益　　　　　　　　　　　2 400

　贷：应收账款　　　　　　　　　　　　　　　　500 000

【例 13】国内 A 公司的记账本位币为人民币。201A 年 8 月 24 日，向国外 B 供货商购入商品一批，商品已经验收入库。根据双方供货合同，货款共计 100 000 美元，货到后 10 日内 A 公司付清所有货款。当日即期汇率为 1 美元 = 6.20 元人民币。假定 201A 年 8 月 31 日的即期汇率为 1 美元 = 6.25 元人民币（假定不考虑增值税等相关税费）。

对该笔交易产生的外币货币性项目"应付账款"采用 8 月 31 日即期汇率 1 美元 = 6.25 元人民币折算为记账本位币为 625 000 元人民币（100 000 × 6.25），与其交易日折算为记账本位币的金额 620 000 元人民币（100 000 × 6.20）的差额为 5 000 元人民币，应计入当期损益，相应的会如下计分录为：

借：财务费用——汇兑损益　　5 000

　贷：应付账款　　5 000

9 月 3 日，A 公司根据供货合同以美元存款付清所有货款（即结算日）。当日的即期汇率为 1 美元 = 6.23 元人民币。A 公司应作会计分录：

借：应付账款　　625 000

　贷：银行存款　　623 000

　　财务费用——汇兑损益　　2 000

企业可以于月末（季末或年末），对所有货币性外币账户余额按期末汇率进行调整，以确定外汇汇兑损益。

【例 14】某企业有关外币账户期末调整的资料见表 6－1：

表 6－1　某企业有关外币账户期末调整资料表

外币科目	美元余额	调整前人民币余额	期末汇率	调整后人民币余额	差额
银行存款	10 000（借）	61 000	6.0	60 000（借）	1 000（损失）
应收账款	0	200	6.0	0	200（损失）
应付账款	2 000（贷）	12 200	6.0	12 000（贷）	200（收益）
短期借款	1 000（贷）	6 100	6.0	6 000（贷）	100（收益）
合计					900（损失）

期末根据上述计算，编制会计分录如下：

借：财务费用——汇兑损益　　900

　短期借款　　100

　应付账款　　200

　贷：银行存款　　1 000

　　应收账款　　200

（2）非货币性项目的处理。

非货币性项目是货币性项目以外的项目，如：存货、长期股权投资、交易性金融资产（股票、基金）、固定资产、无形资产等。

①对于以历史成本计量的外币非货币性项目，已在交易发生日按当日即期汇率折算，资产负债表日不应改变其原记账本位币金额，不产生汇兑差额。

【例15】某外商投资企业的记账本位币是人民币。201A年8月15日，进口一台机器设备，设备价款500 000美元，尚未支付，当日的即期汇率为1美元=6.20元人民币。201A年8月31日的即期汇率为1美元=6.25元人民币。假定不考虑其他相关税费，该项设备属于企业的固定资产，在购入时已按当日即期汇率折算为人民币3 100 000元。由于“固定资产”属于非货币性项目，因此，201A年8月31日，不需要按当日即期汇率进行调整。

但是，由于存货在资产负债表日采用成本与可变现净值孰低计量，因此，在以外币购入存货并且该存货在资产负债表日的可变现净值以外币反映的情况下，在计提存货跌价准备时应当考虑汇率变动的影响。

【例16】甲公司以人民币为记账本位币。201A年11月20日，甲公司以每台2 000美元的价格从美国某供货商手中购入国际最新型号H商品10台，并于当日支付了相应货款（假定甲公司有美元存款）。201A年12月31日，已售出H商品2台，国内市场仍无H商品供应，但H商品在国际市场的价格已降至每台1 950美元。

11月20日的即期汇率是1美元=6.20元人民币，12月31日的汇率是1美元=6.25元人民币。假定不考虑增值税等相关税费，甲公司应作会计分录如下：

11月20日，购入H商品：

借：库存商品——H　　　　124 000

　　贷：银行存款　　　　　　124 000

12月31日，由于库存8台H商品市场价格下跌，表明其可变现净值低于成本，应计提存货跌价准备。

借：资产减值损失　　　　1 160

　　贷：存货跌价准备　　　　1 160

$2\ 000\times8\times6.20-1\ 950\times8\times6.25=1\ 700$ 元（人民币），其中包含存货价格下跌2 480元，汇率影响上升780元。

本例中，期末，在计算库存商品——H商品的可变现净值时，在国内没有相应产品的价格，因此，只能以H商品的国际市场价格为基础确定其可变现净值。但需要考虑汇率变动的影响，期末以国际市场价格为基础确定的可变现净值应按照期末汇率折算，再与库存H商品的记账本位币成本相比较，确定其应提的跌价准备。

②对于以公允价值计量的股票、基金等非货币性项目，如果期末的公允价值以外币反映，则应当先将该外币按照公允价值确定当日的即期汇率折算为记账本位币金额，再与原记账本位币金额进行比较，其差额作为公允价值变动损益，计入当期损益。

【例17】国内甲公司的记账本位币为人民币。201A年12月5日，甲公司以每股1.5美元的价格购入乙公司B股10 000股作为交易性金融资产，当日即期汇率为1美元=6.30元人民币，款项已付。201A年12月31日，由于市价变动，当月购入的乙公司B股的市价变为每股2美元，当日即期汇率为1美元=6.20元人民币。假定不考虑相关税费的影响。

201A年12月5日，该公司对上述交易应做以下会计处理：

借：交易性金融资产　　　　945 000

　贷：银行存款（10 000×1.5USD×6.30）　　　　94 500

根据《企业会计准则第22号——金融工具确认和计量》规定，交易性金融资产以公允价值计量。由于该项交易性金融资产是以外币计价，在资产负债表日，不仅应考虑美元市价的变动，还应一并考虑美元与人民币之间汇率变动的影响，上述交易性金融资产在资产负债表日的人民币金额为124 000（2×10 000×6.20）元，与原账面价值94 500元（即1.5×10 000×6.30）的差额为29 500元人民币，应计入公允价值变动损益。相应的会计分录为：

借：交易性金融资产　　　　29 500

　贷：公允价值变动损益　　　　29 500

29 500元人民币既包含甲公司所购乙公司B股股票公允价值变动的影响，又包含人民币与美元之间汇率变动的影响。

假设201B年2月27日，甲公司将所购乙公司B股股票按当日市价每股2.2美元全部售出（即结算日），所得价款为22 000美元，按当日汇率为1美元=6.25元人民币折算为人民币金额为137 500元，与其原账面价值人民币金额124 000元的差额为13 500元人民币，对于汇率的变动和股票市价的变动不进行区分，均作为投资收益进行处理。因此，售出当日甲公司的会计分录为：

借：银行存款　　　　137 500

　贷：交易性金融资产　　　　124 000

　　　投资收益　　　　13 500

三、分账制记账方法

分账制记账方法是一种外币交易的账务处理方法，是相对于前面介绍的统账制而言的。我国的许多金融保险企业均采用分账制记账方法。外币折算准则没有提及分账制记账方法，但在外币折算准则应用指南中对此作出了相应规定。金融保险企业的外币交易频繁，涉及外币币种较多，可以采用分账制记账方法进行日常核算。资产负债表日，应当分别对货币性项目和非货币性项目进行处理：货币性项目按资产负债表日即期汇率折算，非货币性项目按交易日即期汇率折算，产生的汇兑差额计入当期损益。

分账制记账方法下，为保持不同币种借贷方金额合计相等，需要设置“货币兑换”账户进行核算。实务中，又可采取两种方法核算：

1. 所有外币交易均通过“货币兑换”科目处理

在这种方法下，会计处理包括以下内容：

（1）企业发生的外币交易同时涉及货币性项目和非货币性项目的，按相同外币金额同时记入货币性项目和“货币兑换（外币）”科目，同时，按以交易发生日即期汇率折算为记账本位币的金额，记入非货币性项目和“货币兑换（记账本位币）”科目。

（2）企业发生的交易仅涉及记账本位币以外的一种货币反映的货币性项目的，按相同币种金额入账，不需要通过“货币兑换”科目核算；如果涉及两种以上货币，按相同币种金额记入相应货币性项目和“货币兑换（外币）”科目。

（3）期末，应将所有以记账本位币以外的货币反映的“货币兑换”科目余额按期末汇率折算为记账本位币金额，并与“货币兑换（记账本位币）”科目余额相比较，其差额转入“汇兑损益”科目：如为借方差额，借记“汇兑损益”科目，贷记“货币兑换（记账本位币）”科目；如为贷方差额，借记“货币兑换（记账本位币）”科目，贷记“汇兑损益”科目。

（4）结算外币货币性项目产生的汇兑差额计入“汇兑损益”。

【例18】假定甲银行采用分账制记账方法，选定的记账本位币为人民币并以人民币列报财务报表。201A年9月，甲银行发生以下交易：

（1）9月5日，收到投资者投入的货币资本100 000美元，无合同约定汇率，当日汇率为1美元＝6.30元人民币。

（2）9月10日，以2 000美元购入一台固定资产，当日汇率为1美元＝6.20元人民币。

（3）9月15日，某客户以31 500元人民币购入5 000美元，当日美元卖出价为1美元＝6.30元人民币。

（4）9月20日，发放短期贷款5 000美元，当日汇率为1美元＝6.35元人民币。

（5）9月25日，向其他银行拆借资金10 000欧元，期限为1个月，年利率为3%，当日的汇率为1欧元＝8.00元人民币。

(6) 9 月 30 日的汇率为 1 美元 =6.40 元人民币，1 欧元 =8.20 元人民币。

对于上述交易，企业应作如下会计分录：

(1) 9 月 5 日，收到美元资本投入：

借：银行存款（USD） USD100 000

　贷：货币兑换（USD） USD100 000

借：货币兑换（RMB） RMB630 000

　贷：实收资本 RMB630 000

(2) 9 月 10 日，以美元购入固定资产：

借：固定资产 RMB12 400

　贷：货币兑换（RMB） RMB12 400

借：货币兑换（USD） USD2 000

　贷：银行存款（USD） USD2 000

(3) 9 月 15 日，售出美元：

借：银行存款（USD） RMB31 500

　贷：货币兑换（RMB） RMB31 500

借：货币兑换（USD） USD5 000

　贷：银行存款（USD） USD5 000

(4) 9 月 20 日，发放美元短期贷款：

借：贷款（USD） USD5 000

　贷：银行存款（USD） USD5 000

(5) 9 月 25 日，向其他银行拆借欧元资金：

借：银行存款（EUR） EUR 10 000

　贷：拆入资金（EUR） EUR 10 000

"货币兑换（USD）"账户的贷方余额为 USD93 000（USD100 000 - USD2 000 - USD5 000），按月末汇率折算为人民币金额余额为RMB595 200 = 93 000 ×6.40。

"货币兑换（RMB）"账户有借方余额 586 100 元 =630 000 - 12 400 - 31 500。

"货币兑换"账户的借方余额合计为 RMB586 100，贷方余额合计为 RMB595 200，借贷方之间的差额为 RMB9 100，即为当期产生的汇兑差额，相应的会计分录为：

借：货币兑换（RMB） RMB9 100

　贷：汇兑损益 RMB9 100

2. 外币交易的日常核算不通过"货币兑换"科目

在外币交易发生时直接以发生的币种进行账务处理，期末，由于所有账户均需要折算为记账本位币列报，因此，所有以外币反映的账户余额均需要折算为记账本位币余额，其中，货币性项目以资产负债表日即期汇率折算，非货币性项目以交易日即期汇率折算。折算后，所有账户借方余额之和与所有账户贷方余额之和的差额即为当期汇兑差额，应当计入当期损益。

【例 19】仍以例 18 资料为例，日常核算中相应会计分录如下：

（1）9 月 5 日，收到美元资本投入：

借：银行存款——美元户　　USD100 000

　贷：实收资本　　USD100 000

（2）9 月 10 日，以美元购入固定资产：

借：固定资产　　USD2 000

　贷：银行存款——美元户　　USD2 000

（3）9 月 15 日，售出美元：

借：银行存款——人民币户　　RMB31 500

　贷：银行存款——美元户　　USD5 000

（4）9 月 20 日，发放美元短期贷款：

借：贷款 USD　　USD5 000

　贷：银行存款——美元户　　USD5 000

（5）9 月 25 日，向其他银行拆借欧元资金：

借：银行存款（EUR）　　EUR 10 000

　贷：拆入资金（EUR）　　EUR 10 000

资产负债表日，编制账户科目余额（人民币）的调节表见表 6－2：非人民币货币性项目以资产负债表日即期汇率折算，非人民币非货币性项目以交易日即期汇率折算。

表 6－2　账户科目余额（人民币）调节表

借方余额账户	币种	外币余额	汇率	人民币余额	贷方余额账户	币种	外币余额	汇率	人民币余额
银行存款	美元	88 000	6.40	645 200	拆入资金	欧元	10 000	8.20	82 000
	欧元	10 000	8.20						
贷款	美元	5 000	6.40	32 000	实收资本	美元	100 000	6.30	630 000
固定资产	美元	2 000	6.20	12 400					
银行存款	人民币			31 500					

（续上表）

借方余额账户	币种	外币余额	汇率	人民币余额	贷方余额账户	币种	外币余额	汇率	人民币余额
人民币余额合计				721 100	人民币余额合计				712 000
汇兑损益									9 100

相应会计分录如下：

借：货币兑换（RMB）　　　　RMB9 100

　贷：汇兑损益　　　　RMB9 100

需要说明的是，无论是采用分账制记账方法，还是采用统账制记账方法，只是账务处理程序不同，但产生的结果应当相同，计算出的汇兑差额相同，相应的会计处理也相同，均计入当期损益。

第三节　外币财务报表折算

一、外币财务报表折算的意义

外币财务报表折算简称为外币折算（Foreign Currency Translation），是指从事国际经营活动的公司根据外汇汇率使用某种货币重新表述以另一种货币反映的财务报表。

母公司为了全面、综合反映其整体的财务状况和经营成果，并向国内外的投资者、债权人提供有用的财务信息，需要编制合并财务报表。由于财务报表的使用者主要是母公司的投资者和债权人，合并报表一般要按母公司所使用的货币来反映，而跨国公司的国外子公司通常不是使用母公司所在国货币编制财务报表，而是使用当地货币编制财务报表的，因此母公司在编制合并财务报表时，需要将国外子公司按当地货币编制的财务报表用外汇汇率翻译并折算成母公司所使用的货币表述的财务报表。对于跨国公司来说，外币财务报表折算的根本目的，是使母公司的股东、债权人通过合并财务报表取得包括各国子公司在内的、以同一货币表示的财务信息，以便他们了解整个公司的财务状况和经营成果，从而进行有效的预测和决策。

从总公司与国外分公司的关系来看，总公司对其国外分公司的管理与控制是十分严密的。由于总公司和分公司是一个整体的两个部分，它们自身报表的意义不如整体报表的意义，必须把单个的财务状况和经营成果合并起来，使之形成一个完整的财务报表，因此，这也要求进行外币财务报表折算。

另外，随着国际投资活动范围的不断扩大，对会计资料在国际间交流的需要也相应增加。为此，一个非跨国公司或独立经营的公司，也常常需要将它的会计资料从一个国家传送给另一个国家的报表使用者（投资者和债权人）。这种情况一般在一个公司打算在外国证券市场发行股票，取得一个国外子公司，与外国企业进行联合经营，以及单纯地将其经营成果或财务状况与外国股东进行转达时出现。这样，一个独立的经营公司也有必要将其以本国货币反映的财务报表翻译成以接受报表国货币表述的财务报表，以满足外国投资者和债权人的需要。

二、外币财务报表折算的基本方法

外币财务报表折算的关键是外汇汇率的选用问题。如果外汇汇率是稳定不变的，则外汇报表折算是相当简单的。但是，在实际工作中，外汇汇率是不断变动的，而且变动幅度较大。被折算的财务报表中资产、负债、收入、费用、权益等项目很多，哪一个项目应该使用哪一种汇率进行折算，是个复杂而又有争议的问题。目前，国际上对这一问题还没有形成为各国公认的理论和方法。一般有四种外币财务报表折算方法可供选用：现行汇率法、流动与非流动项目法、货币与非货币项目法和时态法。

1. 现行汇率法

现行汇率法（Current Rate Method），是采用编表日的现行汇率将折算财务报表中的所有资产、负债、收入和费用项目均按现行汇率进行折算，只有资本项目是按历史汇率进行折算。此方法可使折算后报表中的各项目基本保持原有的比例结构。

2. 流动与非流动项目法

流动与非流动项目法（Current-noncurrent Method）要求，流动资产和流动负债项目按编表日的现行汇率折算；非流动资产和非流动负债及资本项目按资产取得或负债与资本确立当时的历史汇率折算；非流动资产的折旧和摊销分别按有关资产的历史汇率折算；收入和费用项目按其实现或发生期的平均汇率折算。此方法的不足在于没有充分的理由说明为什么流动性项目和非流动性项目应采用不同的汇率进行折算。

3. 货币与非货币项目法

货币与非货币项目法（Monetary-nonmonetary Method）要求，货币性资产与负债项目按编表日的现行汇率折算；非货币性资产与负债及资本按资产取得或负债及资本形成日的历史汇率折算；收入、费用项目按实现或发生期的平均汇率折算。此方法的不足之处与流动与非流动项目法的一样。

4. 时态法

时态法（Temporal Method）要求现金、应收、应付项目（含流动的与非流动的）按编表日的现行汇率折算；其他所有资产、负债及资本项目则依其特性分别按现行汇率或历史汇率折算。所谓“依其特性”是指在被折算公司报表上以历史成本记载的资产、负债及资本项目按历史汇率折算；以现行成本记载的资产、负债及权益按现汇率折算。这主要是有些企业采用“成本与市价孰低法”计价存货与投资时出现的情况。该方法的优点是使折算后的资产、负债及权益保持交易发生时原有的计量基础，记账的价值基础改变了，使用的折算汇率也随之改变。

以上四种方法使用的汇率可用表6-3加以比较。

表6-3　资产负债表项目外币折算方法比较

项目名称	现行汇率法	流动与非流动项目法	货币与非货币项目法	时态法
现金	C	C	C	C
应收账款	C	C	C	C
存货				
按成本计价	C	C	H	H
按市价计价	C	C	H	C
投资				
按成本计价	C	H	H	H
按市价计价	C	H	H	C
固定资产	C	H	H	H
其他资产	C	H	H	H
应付账款	C	C	C	C
长期负债	C	H	C	C
普通股票	H	H	H	H
留存收益	a	a	a	a

注：C代表平均汇率；H代表历史汇率；a代表折算的平均数。

2006年，财政部发布的《企业会计准则第19号——外币折算》规定，资产负债表中的资产和负债项目采用资产负债表日的即期汇率折算，所有者权益项目除“未分配利润”项目外，其他项目采用发生时的即期汇率（历史汇率）

折算。利润表中的收入和费用项目，采用交易发生日的即期汇率折算，也可以采用按照系统合理的方法确定的、与交易发生日即期汇率近似的汇率折算（平均汇率）。折算产生的外币财务报表折算差额，在资产负债表中所有者权益项目下单独列示。这一规定属于现行汇率法。

三、外币财务报表折算差额的处理

外币财务报表折算差额，也称外币财务报表折算损益，是指外币财务报表折算时，由于报表的不同项目采用不同汇率折算而产生的差额。如果报表折算时各项目采用同一个汇率则不会产生报表折算损益。外币财务报表折算差额主要取决于两个因素：①受汇率变动影响的有关资产和负债项目相比的差额；②汇率变动的方向，即外汇汇率变动是升值还是贬值。当汇率升值或贬值时，如果受外汇汇率变动影响的有关资产项目的金额与负债项目的金额相等，则资产项目发生的折算损益就会被负债项目发生的折算损益所抵销。如果受外汇汇率变动影响的资产金额大于负债金额，当汇率上升时将会产生折算利得，当汇率下降时将会产生折算损失。如果受外汇汇率变动影响的资产金额小于负债金额，当汇率上升时将会产生折算损失，汇率下降时将会产生折算利得。除了以上两个影响因素外，其差额的大小还与所选用的折算方法密切相关。这是因为，受汇率变动影响的只是按编表日现行汇率折算的项目，即不包括按历史汇率折算的项目。在不同的折算方法下，对不同的报表项目使用不同的汇率折算，因而受汇率变动影响的资产和负债项目也不相同，由此产生的折算差额也不一样。在现行汇率法下，只有以外币计算的净资产额（总资产减总负债）受汇率变动的影响；在流动与非流动项目法下，只有以外币计量的流动资产净额（流动资产大于流动负债）或流动负债净额（流动资产小于流动负债）受外汇汇率变动的影响；在货币与非货币项目法下，只有以外币计量的货币性资产或货币性负债受外汇汇率变动的影响；在时态法下，只有以外币计量的货币性资产和按现行汇率折算的非货币性资产（存货和投资）之和减去以外币计量的货币性负债的差额受汇率变动的影响。

对于外币财务报表折算差额的会计处理，目前还没有一致的看法，归纳起来有两种：一种作递延项目处理，一种作当期损益处理。

作为递延项目处理是将报表折算差额以单独项目列示于资产负债表的股东权益内，作为累计递延处理。主张采用此方法的人士认为，外币财务报表折算差额仅是以外汇汇率将以一种货币表示的报表折算为以另一种货币表示的报表所产生的未实现损益。这种损益并没有真正以当地的现金来实现，或可用于进行再投资或汇回本国。由于外币汇率变化无常，本期表现为外币折算收益，下期可能转换为外币折算损失，所以如果将它列入本期损益，必然会使财务报表使用者产生误解。此方法也有利于保持被调整公司财务报表有关项目的原有比例关系，有利于进行财务比率分析的对比。但此方法被认为不符合稳健性原则，掩盖了外汇汇率的影响。

作为当期损益处理是将本期发生的外币财务报表折算差额作为当期损益处理，以“折算损益”项目列示于收益表内，并与其他损益合并反映在资产负债表的所有者权益项目中。主张采用此方法的人士认为，汇率变动是不容掩盖的客观事实。这是因为汇率变动已引起资产和负债折算后价值的改变。由于资产净额的变动必然会使企业收益额受到影响。这种外币财务报表折算损益的做法，符合稳健性原则。但是，在通货膨胀情况下，大幅度的汇率变动所造成的为数可观的外币财务报表折算损益，必将使企业损益表中的收益金额同时反映了企业经营结果和汇率变动影响，而不能反映企业正常的经营成果，容易使会计信息使用者产生误解。

由此可见，对外币折算差额的处理至今还没有一个能为人们普遍接受的理想方法。一般来说，在选用外币财务报表折算方法时，应根据国外经营单位是国外实体还是母公司经营活动的有机组成部分，分别采用现行汇率法或时态法。采用现行汇率法时，报表的折算差额一般作为递延项目处理；采用时态法时，报表折算差额一般列入当期损益。

四、流动与非流动项目法

区分流动与非流动项目法是早期普遍采用过的方法。例如，美国执业会计师协会会计程序委员会于 1939 年发布的第 4 号会计研究公报《国外经营活动与外汇》中推荐的就是此法，1953 年修订后作为第 43 号会计研究公报《对第 1 至 42 号会计公报的重述和修改》的第十二章重新发表。区分流动与非流动项目法折算外币财务报表的程序为：对国外子公司资产负债表中的流动资产和流动负债项目的外币金额，按报表编制日的现行汇率折算；对非流动资产和非流动负债项目的外币金额，按取得各资产或承担各该负债时的历史汇率折算；对股本的外币金额按股票发行时的汇率折算；留存收益则可利用资产负债表平衡原理轧算而得；对收益项目，除固定资产折旧费和无形资产摊销费应按取得时的历史汇率折算外，其他项目可按平均汇率折算；销售成本需要按定期盘存制方法计算求得，股利分配按支付股利日汇率折算。

【例 20】中国 W 公司（母公司）在国外设有 X 公司（子公司），X 公司使用所在国货币（美元）记账。该公司 201A 年的资产负债表、损益表及留存收益表和有关外汇汇率资料列示见表 6－4、表 6－5、表 6－6。

表 6-4　X 公司资产负债表

201A 年 12 月 31 日

项目	金额
现金	USD600
应收账款	1 200
存货	
按成本计价	
按市价计价	2 400
长期应收款	2 200
固定资产	7 200
减：累计折旧	(2 000)
资产合计	11 600
应付账款	1 600
短期借款	1 400
长期负债	2 000
股本	4 000
留存收益	2 600
负债与权益合计	11 600

表 6-5　X 公司利润及利润分配表

201A 年度

项目	金额
营业收入	USD16 000
营业成本	13 000
折旧费用	400
管理费用	1 400
营业利润	1 200
减：所得税费用（税率为 25%）	300
净利润	900
年初未分配利润	2 400
可分配利润	3 300
减：分配股利	700
年末留存收益	2 600

表 6-6 有关外汇汇率表

项目	金额
本期末现行汇率（12 月 31 日）	USD1 = RMB6. 6
上期末汇率	USD1 = RMB6. 52
本期平均汇率	USD1 = RMB6. 54
股票发行日汇率	USD1 = RMB6. 5
本期第 4 季度平均汇率	USD1 = RMB6. 58
上期第 4 季度平均汇率	USD1 = RMB6. 53
股利支付日汇率	USD1 = RMB6. 56
固定资产购置日汇率	USD1 = RMB6. 50
长期负债发生日汇率	USD1 = RMB6. 51
长期应收款发生日汇率	USD1 = RMB6. 52

（1）按流动与非流动项目法将 X 公司以美元表示的资产负债表折算成以人民币表示的报表，见表 6-7。表内所有流动性资产和流动性负债项目均按编表日的现行汇率折算，其他项目按历史汇率折算。

表 6-7 X 公司资产负债表

201A 年 12 月 31 日

项目	美元	汇率	人民币
现金	USD600	6. 60	3 960
应收账款	1 200	6. 60	7 920
存货			
按成本计价			
按市价计价	2 400	6. 60	15 840
长期应收款	2 200	6. 52	14 344
固定资产	7 200	6. 50	46 800
减：累计折旧	（2 000）	6. 50	13 000
资产合计	11 600		75 864
应付账款	1 600	6. 60	10 560
短期借款	1 400	6. 60	9 240
长期负债	2 000	6. 51	13 020
股本	4 000	6. 50	26 000
留存收益	2 600		17 044①
负债与权益合计	11 600		75 864

① 注：根据折算出的资产总额倒挤计算的 75 864 -（10 560 + 9 240 + 13 020 + 26 000） = 17 044（元）。

（2）将X公司的外币表示的收益及留存收益表折算成以人民币表示的报表，见表6－8。表内营业收入、管理费用及所得税费用项目按平均汇率折算，折旧费按历史汇率折算，股利分配按支付日汇率折算，营业成本采用定期盘存制先进先出法计算求得。折算损益作为当期损益处理。

表6－8　X公司收益及留存收益表　　201A年

项目	美元	汇率	人民币
营业收入	USD16 000	6.54	104 640
营业成本	13 000		84 836③
折旧费用	400	6.50	2 600
管理费用	1 400	6.54	9 156
折算损益			115④
营业利润	1 200		8 163
减：所得税费用（税率为25%）	300	6.54	1 962
净利润	900		6 201
年初未分配利润	2 300		15 435①
可分配利润	3 200		21 636
减：分配股利	700	6.56	4 592
年末留存收益	2 600		17 044②

注：①根据上年折算资产负债表的年末留存收益数15 435元填列。

②根据已折算出来的资产负债表内数字填列。

③营业成本折算成人民币的计算：

期初存货＋本期购货－期末存货＝营业成本

期初存货折算金额从上年的折算资产负债表中获得：USD2 000×6.52＝13 040（元）

本期购货USD13 400按年平均汇率计算：USD13 400×6.54＝87 636（元）

期末存货USD2 400按现行汇率折算：USD2 400×6.60＝15 840（元）

营业成本＝2 000＋13 400－2 400＝USD13 000折算成人民币为：13 040＋87 636－15 840＝84 836（元）。

④折算损益根据下列公式倒挤计算求得：

可分配利润＝17 044＋4 592＝21 636（元）

税后净利＝21 636－15 435＝6 201（元）

税前利润＝6 201＋1 962＝8 163（元）

折算损益＝104 640－(84 836＋2 600＋9 156＋8 163)＝－115（元）（折算收益）。

区分流动和非流动项目法的理论依据是非流动资产在短期内不会转变为现金，所以它们不受现行汇率变动的影响。但这种折算方法存在着明显的缺点，它对为什么按照这种分类而采用不同的汇率所依据的理论并不完善。例如，存货是以历史成本计价的，而在这种折算方法下，存货所使用的外币折算汇率却不是历史汇率而是现行汇率，因而，折算后的存货金额既不能反映存货的历史成本，也不能反映存货的现实价值。这样的报表数字是毫无意义的，可能会进一步歪曲报表的真实信息。

美国在20世纪30年代曾广泛采用此种方法，至70年代后，已被现行汇率法和时态法代替，目前只有极少数国家采用此法。

五、货币与非货币项目法

货币与非货币项目法是将需要折算的资产、负债项目划分为货币性项目与非货币性项目，并分别采用不同的汇率进行折算。这种方法是由美国密歇根大学教授赫普沃斯（Samuel. H. epworth）提出来的。他在1956年发表的《国外业务报告》一书中，提出应当放弃传统的区分流动与非流动项目的折算方法，而应按资产和负债项目的属性，即货币性和非货币性分类折算。凡货币性资产、负债，因其价值是按外币的固定总额表述的，汇率一有变动，其本国货币等值就会发生变动的。因此，应按资产负债表日的现行汇率折算。凡非货币性资产或负债在汇率变动时，其当地货币价值不是固定不变，而是随着当地通货贬值或升值后当地物价的上涨或下跌而变动的。因此，历史成本计量的价值应按购置或取得日及负债发生日适用的历史汇率折算。股东权益部分中实收资本（股本）按股票发行时的历史汇率折算，留存收益则为轧算的平衡数字。收益表的折算方法与区分流动与非流动项目法相同。

现仍以前例说明货币性非货币性法的折算。

（1）将X公司以外币表示的资产负债表折算成以人民币表示的报表，见表6-9。表内所有货币性资产和负债项目均以编报日现行汇率折算，其他项目按历史汇率折算，期初存货按上年第四季度平均汇率折算，期末存货按本期第四季度平均汇率折算。

表 6-9　X 公司资产负债表

201A 年 12 月 31 日

项目	美元	汇率	人民币
现金	USD600	6.60	3 960
应收账款	1 200	6.60	7 920
存货			
按成本计价			
按市价计价	2 400	6.58	15 792
长期应收款	2 200	6.60	14 520
固定资产	7 200	6.50	46 800
减：累计折旧	（2 000）	6.50	13 000
资产合计	11 600		75 992
应付账款	1 600	6.60	10 560
短期借款	1 400	6.60	9 240
长期负债	2 000	6.60	13 200
股本	4 000	6.50	26 000
留存收益	2 600		16 992①
负债与权益合计	11 600		75 992

注：①根据已折算出来的资产总额倒挤计算求得：75 992 -（10 560 + 9 240 + 13 200 + 26 000）= 16 992（元）。

（2）将 X 公司以外币表示的收益及留存收益表折算成以人民币表示的报表，见表 6-10。表内营业收入、管理费用、所得税费用项目均按年平均汇率折算，折旧费用按历史汇率折算，股利分配按支付日汇率折算，营业成本按定期盘存制（先进先出法）计算，折算损益作为当期损益处理。

表 6-10　X 公司收益及留存收益表　　201A 年

项目	美元	汇率	人民币
营业收入	USD16 000	6.54	104 640
营业成本	13 000		84 904③
折旧费用	400	6.50	2 600
管理费用	1 400	6.54	9 156
折算损益			126④
营业利润	1 200		8 106
减：所得税费用（税率为 25%）	300	6.54	1 962

（续上表）

项目	美元	汇率	人民币
净利润	900		6 144
年初未分配利润	2 300		15 440①
可分配利润	3 200		21 584
减：分配股利	700		4 592
年末留存收益	2 600	6.56	16 992②

注：①根据上年度报表数 15 440 元填列。

②根据本年已折算出来的资产负债表有关项目金额填列。

③销售成本折算人民币计算：

期初存货＋本期购货－期末存货＝营业成本

期初存货折算金额从上年第 4 季度的汇率折算：USD2 000×6．53＝13 060 元

本期购货 USD13 400 按年平均汇率计算：USD13 400×6．54＝87 636 元

期末存货 USD2 400 按本年第 4 季度汇率折算：USD2 400×6．58＝15 792 元

营业成本＝2 000＋13 400－2 400＝ USD13 000 折算成人民币为：13 060＋87 636－15 792＝84 904（元）。

④折算损益根据下列公式倒挤求得：

可分配利润＝16 992＋4 592＝21 584（元）

税后利润＝21 584－15 440＝6 144（元）

税前利润＝6 144＋1 962＝8 106（元）

折算损益＝104 640－(84 904＋2 600＋9 156＋8 106)＝－126（元）（折算收益）。

该方法与区分流动与非流动项目法的主要区别在于存货的折算汇率不同。区分货币与非货币项目折算法是按照资产和负债的所属性质而不是按照其周转时间的长短来考虑。这样就可以避免存货价值在折算后的不合理情况。但是该方法与区分流动与非流动项目法一样，依然不能对资产和负债作出较合理的分类，以适用于不同的折算率。这是因为非货币性项目并不一定都按历史汇率折算才合理。如果一个非货币性项目是以历史成本反映的，那么使用历史汇率就能得到合理的折算金额，如果是以现时价格反映的，那么使用现行汇率折算而不使用历史汇率折算是合理的，时态法就是按照此原理而产生的。

六、时态法

时态法，也叫时间度量法，是指依据资产和负债项目的计价时间，分别按历史汇率或现行汇率折算。这种方法是由美国会计学家 L. 络伦森（Leonaird Lorensen）于 1972 年在《会计研究论文集》第 12 号中提出来的，其

目的是为了克服区分货币与非货币项目法的上述缺陷，在概念依据上进一步推导出外币折算的主要原则。他认为，外币折算只是一种计量变换程序，是对既定价值的重新表述。外币折算只应用来改变计量单位，而不能用来改变计量项目的属性。也就是说，凡是以历史成本记录的资产和负债项目，按历史汇率折算；凡是以现行价值记录的资产负债项目，按现行汇率折算。由于所使用的外汇汇率与计价的时间相关，因而称为时态法。

为了说明时态法的应用，现仍以前述资料为例进行报表折算。

（1）将X公司以外币表示的资产负债表折算成以人民币表示的报表，见表6－11。表内所有货币项目按编表日现行汇率折算。其他项目按其历史汇率折算（含按成本计价的存货）。

表6－11　X公司资产负债表

201A年12月31日

项目	美元	汇率	人民币
现金	USD600	6.60	3 960
应收账款	1 200	6.60	7 920
存货			
按成本计价			
按市价计价	2 400	6.60	15 840
长期应收款	2 200	6.60	14 520
固定资产	7 200	6.50	46 800
减：累计折旧	（2 000）	6.50	13 000
资产合计	11 600		75 940
应付账款	1 600	6.60	10 560
短期借款	1 400	6.60	9 240
长期负债	2 000	6.60	13 200
股本	4 000	6.50	26 000
留存收益	2 600		16 940①
负债与权益合计	11 600		75 940

注：①根据已折算出来的资产总额倒挤计算求得：75 940 －（10 560＋9 240＋13 200＋26 000）＝16 940（元）。

（2）将X公司以外币表示的收益及留存收益表折算成以人民币表示的报表，见表6－12。表内除营业成本及年初留存收益项目之外，其他项目折算汇率及折算人民币金额均同货币与非货币项目法的折算方法一样。

表 6-12 X 公司收益及留存收益表 201A 年

项目	美元	汇率	人民币
营业收入	USD16 000	6.54	104 640
营业成本	13 000		84 836③
折旧费用	400	6.50	2 600
管理费用	1 400	6.54	9 156
折算损益			1④
营业利润	1 200		8 049
减：所得税费用（税率为25%）	300	6.54	1 962
净利润	900		6 087
年初未分配利润	2 300		15 445①
可分配利润	3 200		21 532
减：分配股利	700	6.56	4 592
年末留存收益	2 600		16 940②

注：①根据上年度报表数 15 445 元填列。

②根据本年已折算出来的资产负债表有关项目金额填列。

③销售成本折算人民币计算：

期初存货 + 本期购货 - 期末存货 = 营业成本

期初存货折算金额从上年的折算资产负债表中获得：USD2 000 × 6.52 = 13 040（元）

本期购货 USD13 400 按年平均汇率计算：USD13 400 ×6.54 = 87 636（元）

期末存货 USD2 400 按本年末汇率折算：USD2 400 ×6.60 = 15 840（元）

营业成本 = 2 000 + 13 400 - 2 400 = USD13 000 折算成人民币为：13 040 + 87 636 - 15 840 = 84 836（元）。

④折算损益根据下列公式倒挤求得：

可分配利润 = 16 940 + 4 592 = 21 532（元）

税后利润 = 21 532 - 15 445 = 6 087（元）

税前利润 = 6 087 + 1 962 = 8 049（元）

折算损益 = 104 640 - （84 836 + 2 600 + 9 156 + 8 049） = -1（元）（折算收益）。

时态法的主要特点在于它的灵活性和合理性。该方法的实质在于，折算的报表应当保持资产、负债在原报表中的计算基础。为了保持各资产负债表项目的计量基础，对各项目应分别按其计量所属日期的汇率折算。时态法同货币与非货币项目法理论依据不同。它不是以资产、负债项目的货币性与非货币性作为选择汇率的依据，而是以资产、负债项目的计量基础作为选择折算汇率的依据。在具体做法上，不同点在于，对现行价格计价的资产项目（比如存货、投资）采用的折算汇率是现行汇率，对以成本计价的存货投资则又采用历史汇率折算，因此该方法具有灵活性。但由于对资产负债表项目使用的折算汇率不同，因而折算后的资产负债表有关项目间的比例不同于原报表中的比例，这也是该方法存在的不足。

七、现行汇率法

现行汇率法是1968年英格兰与威尔士特许会计师协会在其第25号关于“美国货币外汇比价主要变动的会计处理”说明中所倡导的方法。在现行汇率法下，对外币资产中的所有资产和负债项目，都按期末现行汇率折算，实收资本按其形成日的历史汇率折算；对折算表中的收入和费用项目按确认这些项目的现行汇率或当期平均汇率折算。美国第52号财务会计准则要求按平均汇率折算，第21号国际会计准则允许其在平均汇率或期末汇率之间选用。由此看来，现行汇率折算外币财务报表，实际上是对外币财务报表的各项目乘上一个相同的系数（除资本项目外）。如果外币财务报表折算时所有的项目均按同一汇率折算，则不会出现折算差额。正因为“资本”项目是按不同的汇率（历史汇率）折算的，因而产生了“折算差额”。现行汇率法不将其“折算差额”作为“折算损益”计入当期损益，而是进行递延处理，作为“折算调整额”列入资产负债表权益项目之下。“折算调整额”将逐年累积，并与留存收益分开列示。此方法是外币财务报表折算方法的最简单方法。我国《企业会计准则第19号——外币折算》规定采用现行汇率法折算外币财务报表。

为了说明现行汇率法的折算，仍以前述资料为例。

（1）将X公司以外币表示的收益及留存收益表折算成以人民币表示的报表，见表6－13。表内营业收入、费用项目按年平均汇率折算，股利分配按支付日汇率折算。

表6－13　X公司收益及留存收益表　　201A年

项目	美元	汇率	人民币
营业收入	USD16 000	6.54	104 640
营业成本	13 000	6.54	85 020
折旧费用	400	6.54	2 616
管理费用	1 400	6.54	9 156
营业利润	1 200		7 848
减：所得税费用（税率为25%）	300	6.54	1 962

（续上表）

项目	美元	汇率	人民币
净利润	900		5 886
年初未分配利润	2 300		15 500①
可分配利润	3 200		21 386
减：分配股利	700	6. 56	4 592
年末留存收益	2 600		16 794

注：①根据上年损益表及留存收益表中数字填列。

（2）将X公司资产负债表折算成以人民币表示的报表，见表6－14。表内所有外币资产和负债项目均按编表日的现行汇率折算，只有股东权益项目按历史汇率折算。折算损益按递延处理，以“折算调整额”项目单独列示。

表6－14　X公司资产负债表

201A 年 12 月 31 日

项目	美元	汇率	人民币
现金	USD600	6. 60	3 960
应收账款	1 200	6. 60	7 920
存货			
按成本计价			
按市价计价	2 400	6. 60	15 840
长期应收款	2 200	6. 60	14 520
固定资产	7 200	6. 60	47 520
减：累计折旧	（2 000）	6. 60	13 200
资产合计	11 600		76 560
应付账款	1 600	6. 60	10 560
短期借款	1 400	6. 60	9 240
长期负债	2 000	6. 60	13 200
股本	4 000	6. 50	26 000
留存收益	2 600		16 794①
折算调整额			766②
负债与权益合计	11 600		75 940

注：①根据已折算出来的利润表的年末留存收益确定。

②根据折算出来的资产总额倒挤计算得出：76 560 －（10 560 + 9 240 + 13 200 + 26 000 + 16 794）= 766（元）。

现行汇率法的主要优点是简单易行，基本上能保持子公司原有报表中的财务结构，现行汇率法带来的主要问题是假设以子公司所在东道国的当地货币表述的资产负债项目都将承受外汇风险，这在目前世界各国通行的以历史成本为主要会计计量模式的情况下，显然不太合理。以现行汇率折算一项历史成本金额，得出来的结果就既不像历史成本，也不像现行市价。但从目前实际情况来看，现行市价法的采用是较为普遍的，目前采用现行汇率法折算报表的国家有英国、法国、德国、荷兰、瑞士、丹麦、日本、澳大利亚、希腊、新加坡和印度等。

八、我国外币财务报表的折算方法

企业的子公司、合营企业、联营企业和分支机构如果采用与企业相同的账本位币，即便是设在境外，其财务报表也不存在折算问题。但是，如果企业境外经营的记账本位币不同于企业的记账本位币，在将企业的境外经营通过合并、权益法核算等纳入到企业的财务报表中时，需要将企业境外经营的财务报表折算为以企业记账本位币反映的财务报表。

在对企业境外经营财务报表进行折算前，应当调整境外经营的会计期间和会计政策，使之与企业会计期间和会计政策相一致，根据调整后的会计政策及会计期间编制相应货币（记账本位币以外的货币）的财务报表，再按照以下方法对境外经营财务报表进行折算：

（1）资产负债表中的资产和负债项目，采用资产负债表日的即期汇率折算，所有者权益项目除“未分配利润”项目外，其他项目采用发生时的即期汇率折算。

（2）利润表中的收入和费用项目，采用交易发生日的即期汇率或即期汇率的近似汇率折算。

（3）产生的外币财务报表折算差额，在编制合并财务报表时，应在合并资产负债表中所有者权益项目下单独作为“外币财务报表折算差额”项目列示。

比较财务报表的折算比照上述规定处理。

【例20】国内甲公司的记账本位币为人民币，该公司仅有一全资子公司X公司，X公司设在美国，自主经营。201B年12月31日，甲公司准备编制合并财务报表，需要先将X公司的美元财务报表折算为人民币表述。X公司的有关资料如下：

201B年12月31日的即期汇率为1美元=6.12元人民币，201B年的平均汇率为1美元=6.30元人民币，实收资本为125 000美元，发生日的即期汇率为1美元=6.57元人民币，201A年12月31日的即期汇率为1美元=6.525元人民币，累计盈余公积为11 000美元，折算为人民币72 270元，累计未分配利润为20 000美元，折算为人民币129 600元，乙公司在年末提取盈余公积6 000美元。

根据资料编制外币折算报表，见表6－15利润表、表6－16资产负债表。

表 6-15　X 公司利润表

201B 年度

项目	美元	汇率	人民币
一、营业收入	105 000		661 500
减：营业成本	40 000	6.30	252 000
营业税金及附加	6 000	6.30	37 800
销售费用	8 000	6.30	50 400
管理费用	12 000	6.30	75 600
财务费用	10 000	6.30	63 000
二、营业利润	29 000		182 700
加：营业外收入	5 000	6.30	31 500
减：营业外支出	4 000	6.30	25 200
三、利润总额	30 000		189 000
减：所得税费用（税率为 25%）	10 000	6.30	63 000
四、净利润	20 000		126 000

表 6-16　X 公司资产负债表

201B 年 12 月 31 日

资产	美元	汇率	人民币	负债及权益	美元	汇率	人民币
流动资产：				流动负债：			
货币资金	20 000	6.12	122 400	短期借款	10 000	6.12	61 200
交易性金融资产	10 000	6.12	61 200	应付票据	2 000	6.12	12 240
应收票据	8 000	6.12	48 960	应付账款	15 000	6.12	91 800
应收账款	22 000	6.12	134 640	应付职工薪酬	12 000	6.12	73 440
存货	40 000	6.12	244 800	应交税费	3 000	6.12	18 360
流动资产合计	100 000		612 000	流动负债合计	42 000		257 040
非流动资产：				非流动负债：			
固定资产	120 000	6.12	734 400	长期借款	12 000	6.12	73 440
无形资产	30 000	6.12	183 600	长期应付款	20 000	6.12	122 400
非流动资产合计	150 000		918 000	非流动负债合计	32 000		195 840
				负债合计	74 000		452 880
				所有者权益			
				实收资本	125 000	6.57	821 250
				盈余公积	17 000		110 070①
				未分配利润	34 000		217 800②
				报表折算差额			-72 000③
				所有者权益合计	176 000		1 077 120
资产合计	250 000		1 530 000	负债和权益合计	250 000		1 530 000

注：①本年计提盈余公积×本年平均汇率+上期末盈余公积折算的人民币金额=6 000×6.30+72 270=110 070（元）。

②本年结余未分配利润×本年平均汇率+上期末累计未分配利润折算的人民币金额=14 000×6.30+129 600=217 800（元）。

③资产人民币总额-负债人民币总额-实收资本-盈余公积-未分配利润人民币金额=1 530 000-（257 040+195 840）-821 250-110 070-217 800=-72 000（元）（折算损失）。

在企业境外经营为其子公司的情况下，企业在编制合并财务报表时，应按少数股东在境外经营所有者权益中所享有的份额计算少数股东应分担的外币报表折算差额，并入少数股东权益列示于合并资产负债表。

母公司含有实质上构成对子公司（境外经营）净投资的外币货币性项目的情况下，在编制合并财务报表时，应分别针对以下两种情况编制抵销分录：

（1）实质上构成对子公司净投资的外币货币性项目以母公司或子公司的记账本位币反映，则该外币货币性项目产生的汇兑差额应转入“外币财务报表折算差额”。

（2）实质上构成对子公司净投资的外币货币性项目以母、子公司的记账本位币以外的货币反映，则应将母、子公司此项外币货币性项目产生的汇兑差额相互抵销，差额计入“外币财务报表折算差额”。

如果合并财务报表中各子公司之间也存在实质上构成对另一子公司（境外经营）净投资的外币货币性项目，在编制合并财务报表时应比照上述原则编制相应的抵销分录。

本章主要名词

外币交易交易日　资产负债表结算日　货币性项目　非货币性项目　外币财务报表折算

思考题

1. 记账本位币的确定原则是什么？

2. 外币交易业务包括哪些？

3. 资产负债表日，外币货币性项目和外币非货币性项目的会计处理有什么不同？

4. 非恶性通货膨胀条件下，外币财务报表如何结算？

5. 企业在处理境外经营时，其外币财务报表折算差额如何处理？

练习题

1. 外币交易的会计处理——货币性项目

资料：国内 A 公司选定的记账本位币是人民币。201A 年 12 月 31 日，市场汇率为 1 美元 =6.29 元人民币，该公司有关外币货币性账户余额如下：

应收账款	10 万美元
应付账款	5 万美元
银行存款	20 万美元

该公司于 201B 年 1 月发生如下业务：

（1）1 月 5 日对外销售产品，销售收入 20 万美元，当日即期汇率 1 美元 =6.32 元人民币，款项尚未收到。

（2）1 月 10 日从银行借入短期外币借款 18 万美元，当日即期汇率 1 美元 =6.31元人民币。

（3）1 月 12 日从国外进口原材料 22 万美元，款项由外币存款支付，当日即期汇率 1 美元 =6.30 元人民币，另以人民币支付 5.4 万元关税和 24.48 万元增值税。

（4）1 月 18 日购进原材料一批，价款总计 16 万美元，款项尚未支付，当日即期汇率 1 美元 =6.31 元人民币。

（5）1 月 20 日收到 1 月 5 日的销货款 10 万美元，当日即期汇率 1 美元，当日即期汇率 1 美元 =6.33 元人民币。

（6）1 月 31 日偿还 1 月 10 日借入的外币 18 万元，当日即期汇率 1 美元 =6.34 元人民币。

要求：

（1）编制该公司 1 月份外币业务的会计分录；

（2）计算 1 月份汇兑损益。

2. 外币交易的会计处理——非货币性项目

资料：A 公司是外商投资企业，其记账本位币是人民币。201A 年 12 月 31 日，市场汇率为 1 美元 =6.30 元人民币，该公司 201A 年 9 月有关外币非货币性账户余额如下：

（1）存货 400 万美元人民币金额为 2 528 万元；

（2）可供出售金融资产 700 万美元人民币金额为 4 410 万元；

（3）固定资产 500 万美元人民币金额为 3 125 万元。

201A 年 12 月 31 日，假定上述项目没有发生增减变动，但存货市场价格下跌，已降至 380 万美元，可供出售金融资产市价发生变动，金额为 730 万美元。

要求：

（1）写出资产负债表日应作的会计处理；

（2）分别计算201A年12月31日各外币账户的汇兑收益或损失金额。

3. 外币财务报表的折算

资料：国内甲公司的记账本位币为人民币。该公司在美国有一子公司乙公司，乙公司确定的记账本位币为美元。根据合同约定，甲公司拥有乙公司70%的股权，并能够对乙公司的财务和经营政策施加重大影响。201A年12月31日，甲公司确认其在乙公司的投资应分享或分担的乙公司实现的净损益的份额时，需要先将乙公司的美元财务报表折算为人民币表述。有关资料如下：

201A年12月31日的汇率为1美元=6.20元人民币，201A年的平均汇率为1美元=6.25元人民币，实收资本、资本公积发生日的即期汇率为1美元=6.30元人民币，上年末的累计盈余公积为140万美元，折算为人民币为868万元人民币，累计未分配利润为100万美元，折算为人民币为621万元，甲、乙公司均在年末提取盈余公积。

要求：根据资料编制外币折算的利润表和资产负债表。

B公司利润表

201A年度

项目	美元	汇率	人民币
一、营业收入	3 000		
减：营业成本	1 800		
管理费用	200		
财务费用	100		
二、营业利润	900		
加：营业外收入	100		
三、利润总额	1 000		
减：所得税费用	300		
四、净利润	700		

B公司资产负债表

201A年12月31日

资产	美元	汇率	人民币	负债及所有者权益	美元	汇率	人民币
流动资产：				流动负债：			
货币资金	300			短期借款	560		
交易性金融资产	1 000			应付票据	300		
应收票据	400			应付账款	200		
应收账款	600			应交税费	100		
存货	200			流动负债合计	1 160		
流动资产合计	4 300			非流动负债：			
非流动资产：				长期借款	1 000		
固定资产	4 000			长期应付款	200		
无形资产	1 000			非流动负债合计	1 200		
非流动资产合计	5 000			负债合计	2 360		
				所有者权益：			
				实收资本	6 000		
				盈余公积	300		
				未分配利润	640		
				报表折算差额			
				所有者权益合计	6 940		
资产合计	9 300			负债和所有者权益合计	9 300		

第七章　衍生金融工具与套期保值会计

衍生金融工具的迅猛发展，数量及交易额的爆发性增长，给金融领域乃至整个经济领域带来了深刻的影响。本章主要介绍衍生金融工具的产生与发展、衍生金融工具的概念及简单的会计处理。本章的最后将简要介绍用于套期保值的金融衍生工具及被套期业务的会计处理，即套期会计的简单应用。

通过本章学习，应该掌握：

〇衍生金融工具和套期保值的基本概念

〇远期、期货、期权和互换的定义及特点

〇套期保值的基本原理及特点

〇主要衍生金融工具的会计处理方法

〇简单的套期保值业务及会计处理

第一节　衍生金融工具概述

一、衍生金融工具的产生与发展

早在12世纪，欧洲的法兰得斯商人就开始使用商品远期交易合同；类似于现在的期货和期权交易的一些商业活动在16、17世纪的日本大阪和荷兰阿姆斯特丹的大米、花卉市场也极为盛行；到了19世纪中叶，正式的商品期货交易所开始在芝加哥和纽约成立。实际上，从广义上讲，纸币也正是最早出现的衍生金融工具之一。因为在金本位制下，纸币的价值正是取决于其价格符号所代表的黄金的价值，即它的金额大小由原生工具——黄金的价值决定。

衍生金融工具在近40年来其惊人的交易规模扩张速度，不断增加使用者，使用目的和范围不断多样化、广泛化。西方国家以商品远期、商品期货为代表的衍生工具的自然演进过程经历了若干个世纪，但这个阶段的衍生工具应用范围狭窄、交易品种稀少、市场规模极为有限，与现在的衍生工具不可同日而语。

真正现代意义上的衍生金融工具是在20世纪70年代产生的。1973年后，由于“布雷顿森林体系”彻底瓦解，西方国家货币的汇率普遍与美元脱钩而采用浮动汇率制。同时，不少国家又逐步放弃了对利率的管制，由于汇率加利率的双重变动，使得基础金融工具的价值变得很不稳定。为了降低基础金融工具的风险，真正现代意义上的衍生金融工具应运而生。1972年5月16日，美国芝加哥商品交易所（CME）货币市场分部在国际外汇市场动荡不定的情况下，率先创办了国际货币市场（IMM），推出了英镑、加元、西德马克、日元、瑞士法郎、墨西哥比索等货币期货合约，标志着第一代现代金融衍生产品的诞生。1973年4月，芝加哥期权交易所（CBOE）正式推出股票期权。1975年利率期货在芝加哥期货交易所（CBOT）问世。20世纪70年代中期产生的第一代衍生产品，在后布雷顿森林体系（即以汇率、利率频繁波动为特征的国际货币体系）时代（The Post - Britton Woods Era）得到了很大发展。这一时期的衍生工具主要是与货币、利率有关的金融期货、期权，它们在各自不同的期货与期权交易所市场内进行交易。

从当时的情况来看，衍生金融工具为基础金融工具的持有者提供了一种有效的对冲风险的手段，从而避免或减少由于汇率、利率的不利变动而给人们带来的预期收益的减少或成本的增加，在转移风险和价格发现上作用也很明显；而且它在促进金融市场的稳定和发展，加速经济信息的传递，优化资源的合理配置，引导资金有效流动，增强国家金融宏观调控的能力等方面都起到了积极而重要的作用。正是因为以上的这些优点，衍生金融工具自20世纪70年代产生后保持了较快的发展速度。

20世纪80年代，金融衍生产品获得了空前的发展。1981年，美国所罗门兄弟公司（Solomon Brothers Co.）成功地为美国国际商用机器公司（IBM）和世界银行进行了美元与西德马克和瑞士法郎之间的货币互换。1982年股票指数期货也隆重登场。到20世纪80年代中期，已有美国、英国、德国、法国、荷兰、加拿大、澳大利亚、新西兰、日本、新加坡、巴西等11个国家的交易所进行了金融期货交易。

20世纪80年代后期，期权和互换市场得到很大发展，期权交易与互换技术相结合衍生出的互换期权也得到广泛运用。此外，期权场外交易尤其活跃。1989年底，包括利率封顶、保底期权以及互换期权等在内的期权场外交易名义本金总额达4 500亿美元。1990年，上述场外交易期权交易额几乎等于场内交易的利率期权总额，达5 600亿美元。20世纪90年代以来，金融衍生产品仍保持了强劲的发展势头，品种数目、市场深度和广度均有了迅猛的提高。在金融自由化浪潮的推动下，更多的非金融部门纷纷参与金融活动，外国银行与证券商逐渐进入本国市场。金融部门之间、金融部门与非金融部门之间以及本国金融业与进入本国市场的外国银行、证券业之间的竞争日趋激烈，寻求新的金融衍生产品是保有并扩大市场份额、提高自身实力的有效手段。金融机构为强化竞争实力、创造利润，同时也为协助厂商及客户立足于瞬息万变的金融市场，不断推出了规避风险的新兴金融产品。

近20年来，金融衍生产品的交易规模也一直迅猛增长，动荡不安的金融市场环境极大地刺激了有组织的衍生市场的发展。投资全球化、新交易所的开设、新产品的出现及参与交易的市场主体的扩大，进一步加快了衍生金融市场的发展。

在我国，衍生金融工具的发展却是一波三折。这使得政府对发展衍生金融工具的态度慎之又慎，相应地我国现有的衍生金融工具的品种也相对单调，范围也十分有限。随着中国市场化经济改革的进一步深入，企业作为独立的微观经济主体，已经意识到风险管理的必要性，对利用多种金融工具进行理财活动也有很大的需求。近年来，国际黄金、石油、有色金属、粮食等市场价格变动剧烈，利率、汇率的频繁波动也成为一个长期趋势。利用衍生金融工具防范商品价格、汇率、利率风险，已经成为广大企业的潜在要求。为适应这种形势的需要，我国近几年来衍生金融工具突飞猛进地发展，我国关于衍生金融工具会计的研究列入了会计学界的重要议事日程。

二、衍生金融工具的定义

衍生金融工具（Financial Derivatives）又被称为金融衍生商品、金融衍生品、金融派生品、衍生金融产品等，具有高收益、高风险以及未来交易的特点，它既可作为筹集资金和转移风险的有效手段，也可提高投机套利的机会，其数量庞大、种类繁多、结构复杂、发展迅速，而且目前正处于成长期。

衍生金融工具是在传统金融工具的基础上发展起来的，因此在讨论衍生金融工具的定义及特点之前，先对金融工具做一个简要的说明。

金融工具，简要而言就是一种书面凭证，在这个凭证中以明确规定交易双方的权利与义务等为内容。如支票、汇票、债券、股权证、信托书、信托收据等。

IASC关于金融工具的定义是在IASC No. 32中确定的，金融工具是指“同时增加一个企业的金融资产和另一个企业的金融负债或权益工具的合约”。这一定义包括了基本工具，如应收款项、应付款项和权益证券，以及衍生金融工具，如金融远期、期货、期权、互换。至于衍生金融工具的会计定义，则在IASC No. 39中得以确定，衍生金融工具指具有以下特征的金融工具。

（1）其价值随特定利率、证券价格、商品价格、汇率价格或利率指数、信用等级或信用指数、或类似变量的变动而变动，变量为非金融资产的，该变量与合同的任何一方不存在特定关系。

衍生工具的价值变动取决于标的变量的变化。例如，人民币债券远期合同的价值变化主要取决于人民币基准利率的变化。衍生工具的结算金额，也往往通过标的变量作用于衍生工具的名义金额来确定。其中，衍生工具的“名义金额”既指一定数量的货币金额，也可能指一定数量的股份，还可能指衍生工具合同所约定的一定数量的其他项目。衍生工具的结算金额也可能不需要通过名义金额确定，而是通过合同中明确的结算条款确定。例如，某衍生工具要求合同的一方在6个月的LIBOR（伦敦银行同业贷款利率）上涨幅度超过100点时支付给另一方1 000万元，就属于此种情形。

（2）不要求初始净投资，或与对市场条件变动具有类似反应的其他类型合同相比，要求较少的净投资。

企业从事衍生工具交易不要求初始净投资，通常指签订某项衍生工具合同时不需要支付现金或现金等价物。例如，某企业与其他企业签订一项将来买入债券的远期合同，就不需要在签订合同时支付将来购买债券所需要的现金。但是，不要求初始净投资，并不排除企业按照约定的交易惯例或规则相应缴纳一笔保证金，比如，企业进行期货交易时要求缴纳一定的保证金。缴纳保证金不构成一项企业解除负债的现时支付，因为保证金仅具有“保证”性质。

在某些情况下，企业从事衍生工具交易也会遇到要求进行现金支付的情况，但该现金支付只是相对很少的初始净投资。例如，从市场上购入备兑认股权证，就需要先支付一笔款项。但相对于行权时购入相应股份所需要支付的款项，此项支付往往是很小的。又如，企业进行货币互换时，通常需要在合同签订时支付以某种货币表示的一笔款项，但同时也会收到以另一种货币表示的“等值”的一笔款项，无论是从该企业的角度，还是从其对手（合同的另一方）的角度看，初始净投资均为零。

（3）在未来日期结算。衍生工具在未来某一日期结算，表明衍生工具结算需要经历一段特定期间。但是，“在某一日期结算”不能理解为只在未来某一日期进行一次结算。例如，利率互换可能涉及合同到期前多个结算日期。另外，有些期权可能由于是价外期权而到期不行权，也是在未来日期结算的一种方式。

需要指出的是，如买卖非金融项目的合同，根据企业预期购买、出售或使用要求，以获取或交付非金融项目为目的而签订，那么，此类合同不符合衍生工具的定义。但是，当此类合同可以通过现金或其他金融工具净额结算或通过交换金融工具结算，或者合同中的非金融项目可以方便地转换为现金时，这些合同应当比照衍生工具进行会计处理。例如，可以采用现金净额方式进行结算的商品期货合约。

相比之下，SFAS No. 105 和 SFAS No. 107 对金融工具的定义更易理解：一项金融工具可定义为现金、一个主体的权益证券或是一项合约，该合约必须同时具备以下两个条件：

（1）要求一个主体承担下列约定的义务：交付现金或其他金融工具给另一主体，或在潜在不利情况下与另一主体交换金融工具；

（2）给予另一方主体约定权利：从一个主体收取现金或其他金融工具，或在潜在有利的条件下与另一主体交换金融工具。

随后，SFAS No. 119 进一步定义了衍生金融工具是期货、远期合约、互换和期权合约以及类似的金融工具，如利率上限与下限和固定利率借款义务（承诺）等。

2006 年 2 月新会计准则的颁布弥补了我国在衍生金融工具会计研究领域的空白，标志着我国衍生金融工具会计有了系统全面的规范。《企业会计准则第 22 号——金融工具确认和计量》对金融工具定义为："指形成一个企业的金融资产，并形成其他企业的金融负债或权益工具的合同。"根据《企业会计准则第 24 号——套期保值》的规定，衍生工具通常可以作为套期工具，衍生工具包括远期合同、期货合同、互换和期权，以及具有远期合同、期货合同、互换和期权中一种或一种以上特征的工具。比如，企业为规避库存铁制品价格下跌的风险，可以通过卖出一定数量的铁制品的期货合同加以实现，其中为卖出铁制品所签订的期货合同即为衍生金融工具中的一种。

尽管从形式上看，SFAS 中对金融工具与衍生金融工具的定义与 IASC 相比显得具体、直观、更易理解，但两者都试图建立一个一般性的框架，以使准则所规范的金融工具不仅包括现有的，而且包括未来可能出现的。因为金融创新可谓日新月异，如果只对个别创新工具制定准则，那么会计准则就会总处于被动地位，适用范围受到限制。原则性的、广泛的定义和规范才更适应现实环境的需要。因此，也很自然地，关于运用衍生金融工具投资而产生的金融资产或金融负债在报表上应予以列示的问题明确地得到了解决。纵观我国新会计准则对金融工具和衍生金融工具概念的描述，已经和 IASC 的规定基本相同，体现了我国会计准则在新形势下与国际化接轨的发展方向和潮流。

三、衍生金融工具的分类

1. 按照衍生金融工具产品形态和业务特点划分

根据衍生金融工具产品形态和业务特点，衍生金融工具可划分为金融远期、金融期货、金融期权和金融互换。

金融远期（Financial Forwards），是指衍生金融交易双方同意在未来日期按照固定价格交换金融资产的合约。金融远期规定了将来交换的资产、交换的日期、交换的价格和数量，合约条款因合约双方的需要不同而不同。金融远期主要有远期利率协议、远期外汇合约、远期股票合约等。

金融期货（Financial Futures），是指衍生金融交易双方在有组织的交易所内以公开竞价的形式达成的，在将来某一特定时间交割标准数量金融现货的协议。金融期货主要包括外汇期货、利率期货和股票指数期货等。

金融期权（Financial Options），是指衍生金融交易双方按约定价格，在约定日期内就是否买卖某种金融工具所达成的合约。金融期权包括现货期权和期货期权两大类，每一大类又可分为很多小类。

金融互换（Financial Swaps），是指两个或两个以上的当事人按共同商定的条件，在约定的时间内交换一定支付款项的金融交易。金融互换主要有货币互换和利率互换等。

在上述四类衍生金融工具中，金融远期是其他三种衍生金融工具的始祖，其他衍生金融工具均可以认为是金融远期的延伸或变形。目前，大家比较一致的观点是，按照产品形态和特点划分衍生金融工具是最基本、最常见的分类方法，衍生金融工具的最基本形式为金融远期、金融期货、金融期权和金融互换四种。

2. 按照基础金融工具种类划分

衍生金融工具按照基础金融工具的种类不同，可划分为股权式衍生金融工具、货币式衍生金融工具和利率式衍生金融工具三种。

股权式衍生金融工具（Equity Derivatives），是指以股票或股票指数为基础金融工具的衍生金融工具。主要包括股票期货、股票期权、股票指数期货、股票指数期权以及上述合约的混合交易合约。

货币式衍生金融工具（Currency Derivatives），是指以各种货币作为基础金融工具的衍生金融工具。主要包括远期外汇合约、货币期货、货币期权、货币互换以及上述合约的混合交易合约。

利率式衍生金融工具（Interest Derivatives），是指以利率或利率的载体为基础金融工具的衍生金融工具。主要包括远期利率协议、利率期货、利率期权、利率互换以及上述合约的混合交易合约。

3. 按照基础金融工具交易形式的不同划分

按照基础金融工具交易形式的不同划分，衍生金融工具包括风险收益对称型衍生金融工具和风险收益不对称型衍生金融工具两种类型。

风险收益对称型衍生金融工具是指衍生金融交易双方风险收益对称，在将来某一日期都负有按一定条件进行交易的义务。属于这一类型的有金融远期（包括远期外汇合约、远期利率协议等），金融期货（包括货币期货、利率期货、股票指数期货等）、金融互换（包括货币互换、利率互换等）。

风险收益不对称型衍生金融工具是指衍生金融交易双方风险收益不对称，合约购买方有权选择履行合约与否。属于这一类的有金融期权（包括货币期权、利率期权、股票期权、股票指数期权等），另外还有期权的变通形式认股权证（Warrants，包括非抵押认股权证和备兑认股权证）、可转换债券、利率上限、利率下限、利率上下限等。

本书根据衍生金融工具产品形态和业务特点，将衍生金融工具划分为金融远期、金融期货、金融期权和金融互换，并在下面章节作具体介绍。

四、主要衍生金融工具

1. 金融远期

金融远期，也被称为远期协议，指衍生金融交易双方同意在未来日期按照固定价格交换金融资产的合约。金融远期规定了将来交换的资产、交换的日期、交换的价格和数量，合约条款因合约双方的需要不同而不同。金融远期主要有远期利率协议、远期外汇合约、远期股票合约等。为了规避未来不确定性风险，远期就成为人们锁定未来交易（或价格）的一种有效工具。例如，订购飞机票、预付保险费等等就是简单的远期协议。

在远期合约之中，经常会涉及一些专业术语。

（1）签约日：签订合约的日期。

（2）到期日：合约执行的最后日期。

（3）执行价：合约执行的价格。

（4）买方：合约规定的购买方，一般预计所交易的资产价格可能上涨，也叫看涨、多方、多头。

（5）卖方：合约规定的销售方，一般预计所交易的资产价格可能下跌，也叫看跌、空方、空头。

远期合约的主要参与者包括银行、企业和政府。远期合约优势在于可以根据双方的需要来拟定合约的条款。远期合约的风险相对较高。

2. 金融期货

金融期货，是指衍生金融交易双方在有组织的交易所内以公开竞价的形式达成的，在将来某一特定时间交割标准数量金融现货的协议。金融期货主要包括外汇期货、利率期货和股票指数期货等。期货合约是期货交易的买卖双方进行交易的重要凭证，是期货交易者遵守期货交易所的规定，在公平竞价形式买卖的具有标准质量、数量、交收地点、交收时间及交收方式的合约。订立期货合约，在合约制约下进行交易，是现代期货交易中最主要的方式。

1972年5月16日，美国芝加哥商品交易所在固定汇率崩溃、国际外汇市场剧烈波动的情况下，率先推出了英镑、加拿大元、西德马克、日元、瑞士法郎、法国法郎、墨西哥比索等七种货币期货合同，标志着金融期货的正式诞生。

金融期货与金融远期都是签订远期交易协定、约定以一定价格到期交割一定数量金融工具的衍生金融工具，它们都明显有别于当场即时交割的现货买卖。但两者之间却存在着许多方面的差异：

（1）金融期货集中在交易所内进行，一般不容许场外交易。交易所为金融期货提供交易场所和必需的设备，同时制定一系列规章制度，保证市场的规范，使参与者可以在有序、公平、集中的市场上平等竞价买卖合约。金融期货的清算作业由交易所内设立的清算所完成。

（2）金融期货实行保证金制度。期货交易者在立仓时必须交纳一定的初始保证金，多为所买卖合约价值的5%～10%，并需在持仓期间维持一定的履约保证金，为所买卖的合约提供一种财力保证。而金融远期一般不需交付保证金。由于交易主要在银行间或银行与企业间进行，交易过程缺少统一的清算机构，因而使其信用风险增大。

（3）金融期货实行保证金的盯市。每日交易结束后，结算所即对会员的持仓量按当日合约市价进行计算，将每日因市价变动而引起的盈亏计入保证金账户。这种盯市给交易者带来一个不断变动的保证金账户和一系列未实现的期货交易盈亏。而金融远期合约平时不结损益，只有合约到期方结算损益。

（4）金融期货最终实际交割比例较小，金融期货多以平仓作为交易的结束，而不是交割。而金融远期代表了商品与货币的现货支付，远期合同90%以上最终要进行实物交割。

期货交易与现货交易有着本质的区别，这些本质的区别构成了期货交易的主要特点：①交易对象不同。现货交易的对象是商品本身，而期货交易的对象是标准化的期货合约。期货合约通常规定交易单位、交易规格、交割月份、交易时间、最后交割日、交割等级和方式、涨跌停板幅度等。在合约签订后，所有因素中只有价格因素是变动的，这样可大大减少交易手续，降低交易成本，使交易者免于实物交割的诸多不便。②交易的目的不同。现货交易基本上是一手交钱，一手交货。卖方通过现货交易实现商品的价值，买方通过现货交易取得所需要的商品。期货交易的目的则是规避风险或者获取收益，而不是到期获得实物。

3. 金融期权

金融期权是一种证券化契约，它赋予期权的购买者或持有人有权在一个事先约定的时间或在这个时间之前，以契约中预先规定的价格（也称为履约价格或执行价格）向期权的出售者购买或出售一定数量标的物的权利，这种权利可以不行使，但一旦行使，则出售者必须履行合同。

期权有两种类型：买入期权（也称为看涨期权）和卖出期权（也称为看跌期权）。前者赋予期权购买者可按固定价格向期权出售者购买指定标的物的权利。后者赋予期权购买者可按固定价格向期权出售者出售指定标的物的权利。

无论是买入期权还是卖出期权，按行使期权的有效日划分，又可以分为欧式期权和美式期权。欧式期权的买方只能在到期日行使权力，而美式期权的买方可以在到期日前任何一天履约。1973 年 4 月，芝加哥期权交易所成立，正式推出股票期权买卖，标志着金融期权的诞生。购买者取得期权必须支付给出售者的一笔金额，称为期权费，此即意味着期权合同者拥有的是权利而不是义务，它可以从市场价格和履约价格中选择对它有利的价格，从而将它的损失控制在期权费内。但是，期权持有者的收益却是无限的，它取决于市场多大幅度地朝着有利于他的方向变化。期权出售者的风险与收益正好与期权持有者相反。期权出售者的收益只局限于期权费，而损失的可能性却是无限的。这一基本的风险与收益的不对称性存在于期权的买卖双方之间。

4. 金融互换

金融互换是指两个或两个以上当事人按共同商定的条件，在约定的时间内交换一系列支付款项的金融交易。

1981 年，美国所罗门兄弟公司成功地为美国国际商用机器公司（IBM）和世界银行进行了美元与西德马克和瑞士法郎之间的互换，标志着金融互换的诞生。20 世纪 80 年代产生和发展起来的金融互换，目前已成为各国银行、国际组织、跨国公司积极参与运用的新型金融工具，并且形成了有着独自标的和交易程序的互换市场。金融互换被公认为 20 世纪 80 年代最重大的金融创新工具之一。

金融互换有货币互换和利率互换两种基本形式：

（1）货币互换。货币互换是指交易双方互相交换不同币种、相同期限、等值资金债务或资产的货币的一种预约业务。货币互换交易的进行，首先需要存在两个在期限和金额上具有共同利益且货币需求相反的伙伴。它可以概括为以下几点：第一，首先以约定的协议汇率进行本金的互换；第二，每年或每半年以约定的利率和本金为基础进行利息支付的互换；第三，协议到期时，以预先商定的协议汇率将原来的本金换回。

（2）利率互换。利率互换是指双方在债务币种同一的情况下，互相交换不同形式利率（如一方以固定利率换取另一方的浮动利率，或一方以浮动利率换取另一方的固定利率）的一种预约业务。利率互换由于双方交换的币种相同，故一般采用净额支付的方法来结算。由于不同筹资者的资金成本不同，交易者在追求利润最大化的目标中，便利用互换合同取得满足自身需要且成本最低的资金。假设甲、乙两公司都想在欧洲货币市场上筹集一笔欧洲美元资金。甲公司信用等级较高，为AAA级，若以固定利率筹资，利率按10.5%计，若以浮动利率筹资，按LIBOR+0.5%计。乙公司信用等级为A级，若以固定利率筹资，利率按12%计，若以浮动利率筹资，按LIBOR+1.5%计。对于例中两种筹资方式，甲公司具有绝对优势，乙公司却处于绝对劣势。但甲公司在固定利率市场有相对优势，甲公司在固定利率市场贷款，乙公司在浮动利率市场贷款，甲、乙两公司进行利率互换的结果是：乙公司转变其LIBOR+1.5%为固定利率11.75%，较其市场固定利率12%低0.25%；甲公司支付LIBOR+1.5%给乙公司，由收到的固定利率11.75%扣除市场固定利率10.5%后高出的1.25%抵销后，甲公司实际上只支付了LIBOR+0.25%。通过利率互换使双方都降低0.25%的资金成本，达到了双方互惠的目的。

五、衍生金融工具的计量

1. 衍生金融工具对传统财务会计的影响

（1）对财务会计要素的影响。

传统的会计要素，例如资产，按照美国财务会计准则委员会财务会计概念公告，资产被定义为是指因过去发生的交易和事项而形成的企业所拥有和控制的经济资源，该资源预期会给企业带来经济利益。负债被定义为因过去发生的交易和事项而形成的企业现有的义务，履行该义务预期会导致经济利益流出。而衍生金融工具的特点之一就是契约所体现的交易并未发生。无论是金融资产或是金融负债，都来自于双方签订的合约，这种合约尽管被当事人所控制，并代表一定的未来经济利益，但其立足点不在于过去发生的交易事项，而在于未来期间契约的履行情况。也就是说，金融工具并不符合资产定义中的“过去的交易和事项”。如外汇远期合同，在合同签订时，双方就承担了在未来约定的时间以某一特定的远期汇率将一种货币兑换成另一种货币的权利（或义务）。显然，依照会计要素的传统定义，由于它仅仅是一种合同，在签订时并不意味着任何交易或事项的发生，不是严格意义上的资产或负债，因而无法在财务报表上予以反映。

（2）对会计确认标准的影响。

在会计确认环节上，现行会计理论的核心观念为权责发生制，同时要求被确认的项目要具有可定义性、可计量性、相关性和可靠性。权责发生制的会计确认标准是以过去发生的事项为基础，对未来发生的事项则不予确认。而衍生金融工具的发生都预示着将来一系列的财务变动。虽然在签订合约时确立了双方的权利和义务，但并未实际发生交易。例如，签订远期合同后，预示着将来某一时日必须履约交割，按事先约定的条件以某种金融资产交换另一特定的金融资产；参与期货或期权交易后，不仅预示着保证金户头（在期货交易中买卖双方都设立，在期权交易中仅卖方设立）上账户金额随着市价波动而不停变动，还预示着将来会发生对冲、履约，交割或放弃履约等行为。因此，按照权责发生制，现行财务会计不能反映未来发生的活动，也就不能及时提示衍生金融工具的价格变动情况，使得信息的使用者无法分析企业操作衍生金融工具的效益，也掩盖了其潜在的风险。

（3）对会计计量基础的影响。

现行财务会计是以历史成本作为计量基础的，即以交易发生时的原始成本作为记录资产、负债、收入、费用的依据，确认后一般不再变动。但这种计量标准存在一定弊端，如将物价变动、通货膨胀等因素排除在财务会计信息系统之外。由于衍生金融工具交易的特点决定了其交易要经过一个或长或短的时间过程，而不是在一个时点上完成的。而且在交易过程中，交易市场价格在不断变化之中，对交易者来讲可能是盈利也可能是亏损。如果按照原始入账价值一律不变，就不能反映出衍生金融工具真正的价值及其变动，也就违背了会计主体经济活动的真实性原则。那么，衍生金融工具交易将使人们进一步认识一个更为根本的会计计量观念——公允价值。IASC（国际会计准则委员会）将其定义为："公允价值是指熟悉情况并自愿的双方，在公平交易的基础上进行资产交换或债务结算的金额。"公允价值已经远远超出了现行计量属性的范畴，它正昭示着一种新的计量观念的诞生。

（4）对财务报告披露的影响。

财务会计报告的目标是决策有用性。按照美国财务会计准则委员会的解释，对使用者决策最相关的信息，主要是关于会计主体未来现金流量的金额、时间和不确定性的信息。衍生金融工具交易频繁、金额巨大、蕴含风险，披露衍生金融工具信息的目的就是通过会计报表及其附注向报表使用者提供已确认或未确认的衍生金融工具对企业财务状况、经营成果以及现金流量等方面影响的信息。然而传统的财务报表却无法满足充分披露衍生金融工具信息的目的。这说明传统的财务报表在揭示会计信息方面具有许多局限性，财务报表只能是货币化的数量信息，对非货币化的会计信息无法反映，衍生金融工具作为表外业务不能纳入会计报表系统；传统财务报表具有固定的格式、项目及填列方法，而对于企业有关衍生金融工具这种特殊的经济业务却无法反映等。由此可见，传统财务报表已经无法适应金融形势的发展变化，从中难以了解衍生金融工具的交易及其风险状况，这显然与充分揭示的原则相违背。

2. 衍生金融工具的确认

按照现行的财务会计理论，衍生金融工具不能被认为是会计要素，但在实际中，为了达到会计目标，会计主体必须对衍生金融工具的有关信息作出全面反映，以充分揭示衍生金融工具的损益及风险，以及对财务状况的影响。因此，首先应将衍生金融工具按其性质确认为金融资产或金融负债。

按照国际会计准则《金融工具第 48 号征求意见稿》："金融资产指的是：①现金；②从其他企业收取现金或其他资产的契约性权利；③在可能有利的情形下与另一个企业交换金融工具的契约性权利；④另一个企业的权益性工具。"

金融负债是指任何契约性的义务，即：①向另一个企业转移现金或其他金融资产；②在可能不利的情形下与另一企业交换金融工具的义务。

上述金融资产和金融负债符合下列条件时应在企业的资产负债表中确认：①和金融资产或金融负债相关的所有实质性风险和报酬已经转移到了本企业；②企业所获得的资产的成本或公允价值或承担的债务金额必须可以可靠地计量。例如，看涨期权购买者在期权合约签订并支付期权费后，就取得了在到期日或到期日之前按约定价格购买外汇的权利，与合约有关的风险和报酬均转移给了购买者（购买者有可能在有利的条件下按约定价格购买外汇而取得高额利润，也承担着因条件不利而放弃购买所产生损失的风险），所支付的期权费用是取得看涨期权的客观的、可计量的成本，在这种情况下，购买者应将期权合约作为一项资产在报表中加以确认。

金融资产或金融负债符合下列条件时应终止确认：①和资产或负债相关的风险和报酬实质上已经转移到别的企业，且其所含的成本或公允价值能够客观地加以计量；②契约的基本权利或义务已经履行、解除、注销或已经期满无效。

3. 衍生金融工具的计量

国际会计准则委员会在《编报财务报表的概念框架》中对计量是这样描述的："计量是在资产负债表或损益表中决定已确认报表项目的货币金额的过程。"在传统会计理论体系中，企业在进行会计核算时常用的计量基础是历史成本，但随着衍生金融工具的运用，历史成本计量基础不可能也不应该是财务会计的唯一计量基础。从反映会计主体经济活动真实性出发，应真实地反映市场参与者所持有的衍生工具的价值，就要引用“公允价值”来作为这类交易的计量属性。因为只有采用公允价值来计量衍生金融工具，才可以提高衍生金融工具的可见度，对那些没有初始成本的衍生金融工具可以通过它的公允价值在财务报告中得以反映，客观地反映与衍生金融工具相关的风险以及对企业财务状况和经营成果的影响。这样，无论对于企业管理者本身还是对于其他财务报表使用者均能获得正确评价企业行为的信息。按照国际会计准则委员会的定义，公允价值是指“熟悉情况并自愿的双方，在公平交易的基础上进行资产交换或负债结算的金额”。“对于每一类已确认和未确认的金融资产和金融负债，企业应披露关于公允价值的信息。如果在及时性或成本所限范围内，难以充分可靠地确定金融资产或金融负债的公允价值，该项事实连同关于其公允价值有关目标的衍生金融工具的主要特征一起披露。”当企业持有的金融资产和金融负债价格发生变化后，就应该按照公允价值重新进行表述，在会计报表中予以披露。当交易活跃、市场价格稳定的情况下，公允价值就是现行市价。因此，今后财务会计计量属性的发展趋势是：在相当长的时间内历史成本和公允价值将长期并存。

金融资产和金融负债的计量包括初始确认的计量和契约生效后的财务报表日的计量。当一项金融资产或金融负债最初确认时，应该按照为取得该项资产的付出或产生该项负债所得补偿的公允价值予以计量，这一点与传统的计量基础并无不同。问题的关键在于契约生效日后的财务报表如何对金融资产或金融负债进行计量。契约生效日后财务报表日金融资产或金融负债的计量分以下三种情况进行：

（1）长期持有或持有至到期日的金融资产或金融负债，通常按初始确认的金额计量，这一点与传统的计量基础相同。

（2）为保值而持有的金融资产或金融负债，按报表日的公允价值或者现行市价进行计量，因公允价值或现行市价变动而产生的损益，在因所保值的资产或负债公允价值的变动而形成的损益得到确认时才能计入当期利润表。如果保值的对象在未来交易，公允价值或现行市价变动形成的损益则递延至交易发生时调整交易的公允价值。例如，对于外币约定付款套期保值期汇合同，合同生效后的财务报表日汇率变动而发生的汇兑损益，作为递延汇兑损益入账，至契约完全履行以后，再将递延汇兑损益计入所购资产的成本。

（3）上述以外的其他金融资产或金融负债，按其在报表日的公允价值或现行市价进行计量，因公允价值或现行市价变动所形成的利得或损失计入当期损益。

第二节 衍生金融工具的会计处理

一、金融期货交易的会计处理

期货交易可分为商品期货交易和金融期货交易。利用商品期货合约来进行“买空”、“卖空”的投机活动，这种商品期货合约应视为金融期货合约。金融期货交易则包括利率期货、外汇期货和股票指数期货。这里，通过一个实例来说明关于期货交易的基本会计程序。

由于期货交易是在期货交易所进行的，它为交易的参与者建立头寸（“多头”或“空头”）和结算头寸提供了极大的方便和灵活性，交易的参与者可根据行情随时转手平仓，通过保证金存款办理结算，取回在买卖中赚得的利润，如果结算时的亏损额超过保证金存款，则需偿付不足的部分，即实行“差额结算”的原则。

1. 期货合约的初始确认

期货合约本身就是交易的标的物。根据 IAS（国际会计准则）No. 39 的要求，当企业成为金融工具合约条款的一方时，应该在资产负债表内确认金融资产（合约权利）或金融负债（合约义务）。因此，要对期货合约进行初始确认。

2. 对初始保证金的调整与期货合约公允价值变动的确认

在签订期货合约时缴纳的保证金，可称为初始保证金，它属于应收款的性质。期货合约公允价值（市价）的变动及其导致的盈亏，在会计中应予确认。此项盈亏额可以逐日计算并调整初始保证金的金额，使之达到应占交易标的物的约定百分比。但交易所往往是对保证金的余额规定一条保持线，当保证金存款降低到保持线以下时，将要求交易者追加，超过保持线时，可予以退回超额部分，这是保持保证金。保证金的追加或退回，也是在期货合约期间应作的会计处理。

3. 转手平仓的差额结算或到期实际交割

期货合约既然用于投机牟利，合约持有者主要是根据行情变化在合约期间转手平仓，通过保证金存款进行“差额结算”，收回赚得的利润或补交导致的亏损，并终止确认这项期货合约。只有在到期实际交割时，才要作出实际交割的会计记录。

【例 1】长江公司 201A 年期货业务的经济事项如下：

（1）1 月 1 日支付 10 万元取得某期货交易所的会员资格，另外，支付年费 3 万元。

（2）3月1日为业务所需，存入保证金600 000元。

（3）5月1日买入1 000吨绿豆期货合约，每吨价格2 500元，交易佣金为1‰（下同）。

（4）5月10日卖出标准铝100吨，每吨15 000元。

（5）6月30日，期货的市场价格为绿豆每吨价格2 540元，标准铝每吨15 600元。

（6）8月1日，以每吨2 560元的价格卖出绿豆期货，交易佣金为1‰。

（7）8月30日，以每吨15 800元的价格进行标准铝期货实物交割（不考虑增值税），交易佣金为1.2‰，该铝产品的实际成本为每吨12 000元。

相应的会计处理为：

1月1日支付会员费：

借：长期股权投资——期货会员资格投资　　100 000

　贷：银行存款　　100 000

支付年费：

借：管理费用——期货年会费　　30 000

　贷：银行存款　　30 000

3月1日存入保证金：

借：期货投资——期货保证金　　600 000

　贷：银行存款　　600 000

5月1日记录绿豆期货：

借：期货投资——商品期货（绿豆）　　2 500 000

　贷：期货交易清算——商品期货（绿豆）　　2 500 000

支付佣金：

借：期货投资——商品期货（绿豆）　　2 500

　贷：期货投资——期货保证金　　2 500

5月10日卖出标准铝期货：

借：期货投资——商品期货（铝）　　1 500 000

　贷：期货交易清算——商品期货（铝）　　1 500 000

支付佣金：

借：期货投资——商品期货（铝）　　1 500

　贷：期货投资——期货保证金　　1 500

6月30日记录期货价值变动：

借：期货投资——商品期货（绿豆）　　40 000

　贷：公允价值变动损益——商品期货（绿豆）　　40 000

借：公允价值变动损益——商品期货（铝） 60 000
　贷：期货投资——商品期货（铝） 60 000

8 月 1 日登记绿豆期货的平仓及支付的交易佣金：

借：期货投资——商品期货（绿豆） 2 560
　贷：期货投资——期货保证金 2 560

借：期货投资——期货保证金 60 000
　　期货交易清算——商品期货（绿豆） 2 500 000
　　公允价值变动损益——商品期货（绿豆） 40 000
　贷：期货损益 54 940
　　　期货投资——商品期货（绿豆） 2 545 060

8 月 30 日登记交易佣金的支付：

借：期货投资——商品期货（铝） 1 896
　贷：期货投资——期货保证金 1 896

借：期货损益 83 396
　　期货交易清算——商品期货（铝） 1 500 000
　贷：期货投资——商品期货（铝） 1 443 396
　　　公允价值变动损益——商品期货（铝） 60 000
　　　期货投资——期货保证金 80 000

记录铝期货合约的实物交割：

借：期货投资——期货保证金 1 580 000
　贷：主营业务收入 1 580 000

结转铝产品的实际成本：

借：主营业务成本 1 200 000
　贷：库存商品——铝制品 1 200 000

二、金融远期交易的会计处理

金融远期，是指衍生金融交易双方同意在未来日期按照固定价格交换金融资产的合约。金融远期规定了将来交换的资产、交换的日期、交换的价格和数量，合约条款因合约双方的需要不同而不同。

以远期外汇合约为例，远期外汇合约的公允价值在考虑时间价值的影响后，按各计量时点的远期外汇汇率进行折算。在评估远期外汇合约的公允价值时一般考虑三方面的信息，即合同约定利率、现行远期汇率和折现率。其中折现率是指某公司增量借款利率。

签订远期合约时不作会计分录，只登记备忘录；待每期期末记录远期合约的价值变动，借记“公允价值变动损益——明细科目”，贷记“衍生金融工具——明细科目”；执行远期合约时，借记“衍生金融工具——明细科目”，贷记“公允价值变动损益——明细科目”，贷记“投资收益——明细科目”以确认收益，同时，借记“银行存款科目”，贷记“衍生金融工具——明细科目”。

【例2】长江公司于201A年1月1日签订一份4个月期的购买10 000 000欧元的远期合同。各时点有关该远期合同的即期汇率和远期汇率的资料见表7－1。

表7－1

日期	欧元兑换人民币的即期汇率	201A年4月30日欧元兑换人民币的远期汇率
201A年1月1日	10.67	10.80
201A年3月31日	11.08	11.00
201A年4月30日	10.90	10.90

已知长江公司折现率（年增量贷款利率）为12%，各时点远期合约的公允价值的计算和会计处理如下：

首先计算欧元远期合约的公允价值变动额，见表7－2。

表7－2

日期	远期合约汇率	市场远期汇率	差异	估计交割的现金流量	折现因子	估计公允价值变动额
201A年3月31日	10.80	11.00	0.20	2 000 000	1.01	1 980 198
201A年4月30日	10.80	10.90	0.10	1 000 000	1	1 000 000

签订远期合约时不作会计分录，只登记备忘录。

201A年3月31日记录远期合约的价值变动：

借：衍生金融工具——远期欧元　　1 980 198

　贷：公允价值变动损益——远期欧元　　1 980 198

201A年4月30日执行远期合约：

借：公允价值变动损益——远期欧元　　1 980 198

　贷：衍生金融工具——远期欧元　　980 198

　　　投资收益——远期欧元　　1 000 000

同时：

借：银行存款　　　　　　　　　　　　　　　　　　1 000 000

　　贷：衍生金融工具——远期欧元　　　　　　　　　　1 000 000

三、金融期权交易的会计处理

期权合约是一种选择权合约，其持权人（期权合约的买方）享有在合约期满或期满之前按约定的价格购买或销售一定数额的某种金融资产的权利。如果行情有利，他有权选择买进或卖出该种金融资产；如果行情不利，他可以放弃行使买进或卖出的权利。而期权合约的立权人（即发行人，卖方）则有义务在买方要求履约时出售或购入该种金融资产。必须在期满时作出选择的期权，是欧洲国家流行的欧式期权；可以在期满之前的任何时候作出选择的期权，则是美国流行的美式期权。

1. 看涨期权与看跌期权

如果期权合约的买方有权选择买进某种金融资产，这种期权通常称为“看涨期权”，因为行情看涨才对购买有利，所以看涨期权即“购买选择权”。如果期权合约的买方有权选择卖出某种金融资产，这种期权通常称为“看跌期权”，因为行情看跌才对卖出有利，所以看跌期权即“销售选择权”。

2. 期权合约的标的物（基础工具）

期权合约是一项债权性证券，而作为期权合约交易对象的标的物则可能是要求卖方向买方转让或从买方受让的一项金融资产。而且，当期权合约得到执行时，这一债权性证券也就构成买方的一项金融资产。但是，在执行之前，买方的权利和卖方的义务并不受合约将予执行这一可能情况的影响，合约是否执行，完全由买方决定。因此，作为期权合约交易对象的标的物的风险仍在卖方一边，买方能否在签约时将这一标的物确认为金融资产或金融负债（同时，把相应的承诺确认为金融负债或金融资产），还是要在决定执行合约之时，才将作为交易对象的标的物确认为金融资产或金融负债，仍然是一个有争议的问题。

3. 期权费

在签订期权合约时，买方向卖方支付的“期权费”应符合对衍生金融工具初始确认的两项标准，然后，对期权费的公允价值变动，可以参照金融市场上其标的物的行情，或者没有市场报价者则通过“期权定价模型”，确定其变动后的公允价值。从性质上说，期权费就是标的物的现行市价与期权合约的执行价格之差，可称之为期权的内含价值；在期权合约未到期之前，期权费的价值中还包括表示获利可能性的时间价值。

4. 期权合约的终止确认

期权合约在被执行或期满不执行时或是转让给其他买方时终止确认。得到的收益（利得）或承受的损失，将计入当期损益。

【例3】长江公司201A年10月31日以价格为30 000元签订一份4个月的购买20 000份黄山公司股票的看涨期权，黄山公司的股票价格此时为每股50元。201A年12月31日，黄山公司股票的价格为每股60元，该期权的时间价值为20 000元。201B年1月1日，长江公司以200 000元的价格出售手中的股票期权。试作出上述业务的会计处理。

长江公司的会计处理如下：

201A年10月31日购入股票期权：

借：衍生金融工具——股票看涨期权	30 000	
贷：银行存款		30 000

201A年12月31日登记股票期权的公允价值变动和时间价值：

借：衍生金融工具——股票看涨期权	200 000	
贷：公允价值变动损益——股票看涨期权		200 000
借：公允价值变动损益——股票看涨期权	10 000	
贷：衍生金融工具——股票看涨期权		10 000

201B年1月1日记录出售股票期权：

借：银行存款	200 000	
公允价值变动损益——股票看涨期权	190 000	
贷：衍生金融工具——股票看涨期权		220 000
投资收益		170 000

四、金融互换交易的会计处理

互换是在跨国公司以及国外附属公司之间常用的一种财务活动安排，是指交易双方协议以一定价格，在固定时间互相交换现金流量的一种合同。这种交换可由交易双方直接进行，也可通过中介机构进行。互换业务自从产生以来便得到空前发展。根据客户不同需求和市场的资金供应状况，产生和发展了许多不同结构的金融互换产品。金融互换有利率互换和货币互换两种基本形式。

1. 利率互换的会计处理

利率互换是利用双方在国际金融市场上的比较优势来达到管理债务（抵补利率风险）或降低融资成本的目的。由于在利率互换中双方交换的利率币种相同，因此，一般采用净额支付的方法来结算，即在交易中双方一般只计算互换的利息差异并进行结算，而不发生本金的实际转换。利率互换涉及的会计问题视其性质和对象的不同而不同，除了要考虑不同计息方式互换现金流量的影响外，还应考虑标的资产和标的负债的影响。

2. 货币互换的会计处理

货币互换是将一种货币的本金和固定利息与等价的另一种货币的本金和固定利息进行互换，亦即交易双方的不同货币债务的本金和利息的现金流量的交换。由于货币具有时间价值，在计算现金流量时需按一定的折现率折现，如双方债务的现金流量的现值相等，就表明这两笔债务等价，因此互换交易是可行的。这时的折现率为互换交易的内含报酬率。

签订互换合约时不涉及会计业务，故不作会计分录，只在备忘录作登记处理，合同约定的折算期间末，登记互换的价值变动：借记“公允价值变动损益——明细科目”，贷记“衍生金融工具——明细科目”；登记互换的净额结算：借记“财务费用”，贷记“银行存款”。每个约定时期（如半年）都如此处理，互换到期时，登记互换的价值变动：借记“公允价值变动损益——明细科目”，贷记“衍生金融工具——明细科目”；同时登记互换的净额结算：借记“财务费用”，贷记“银行存款”。

接下来将以利率互换为例对具体会计处理进行详细的解说。

先运用零息法计算每期的互换公允价值，然后计算每个利息支付日互换的公允价值和互换的支付额，最后编制每个合约约定日期内（本例以半年为例）的会计分录。

【例4】201A 年 1 月 1 日，长江公司作为支付浮动利息收取固定利息的一方参与一项名义本金额为 10 000 000 美元的 2 年期的互换。合同约定，每个半年末，公司可以收到年利率为 8% 的固定利息收入，并以 LIBOR + 1% 支付浮动利息，以前一个利息支付日的 LIBOR 为准。201A 年 1 月 1 日的 LIBOR 为 7.5%。合同期间的利率见表 7 – 3。

表 7 – 3

日期	LIBOR
201A 年 1 月 1 日	7.50%
201A 年 6 月 30 日	7.60%
201A 年 12 月 31 日	7.70%
201B 年 6 月 30 日	7.80%
201B 年 12 月 31 日	8.00%

接下来，用零息法登记每个半年的会计分录。

首先运用零息法对互换的公允价值进行计算，见表7－4：

表7－4

日期	浮动利率：LIBOR＋1%	8%的固定利率与浮动利率之间的差额	下半年的支付额	剩下的付息期	以LIBOR＋1%折现的NPV	NPV的变动值
201A年1月1日	8.50%	－0.50%	25 000	4	－90 215	－90 215
201A年6月30日	8.60%	－0.60%	30 000	3	－82 781	7 434
201A年12月31日	8.70%	－0.70%	35 000	2	－65 684	17 097
201B年6月30日	8.80%	－0.80%	40 000	1	－38 314	27 370
201B年12月31日	9.00%	－1.00%		0	—	38 314

（建议运用Excel或同类电子数据表软件进行操作，可大大提高计算的速度。）

互换中的借款利息金额和互换的支付额见表7－5。

表7－5

日期	互换支付额
201A年1月1日	0
201A年6月30日	25 000
201A年12月31日	30 000
201B年6月30日	35 000
201B年12月31日	40 000

登记会计分录：

201A年1月1日登记互换的价值变动：

借：公允价值变动损益——互换　　90 215

　贷：衍生金融工具——互换　　90 215

201A年6月30日登记互换的价值变动：

借：衍生金融工具——互换　　7 434

　贷：公允价值变动损益——互换　　7 434

登记互换的净额结算：

借：财务费用　　25 000

贷：银行存款　　25 000

201A 年 12 月 31 日略

201B 年 6 月 30 日略

201B 年 12 月 31 日登记互换的价值变动：

借：衍生金融工具——互换　　38 314

贷：公允价值变动损益——互换　　38 314

登记互换的净额结算：

借：财务费用　　40 000

贷：银行存款　　40 000

五、衍生金融工具的列报

会计信息披露的目的就是要为报表使用者提供关于确认的或尚未确认的金融工具对企业财务状况、经营业绩、现金流量的影响等方面的信息，以便他们可以合理估计有关金融工具的风险和未来现金流量，是会计确认、计量的最终表现形式。

由于衍生金融工具自身的特点，致使它的披露应有如下特点：

（1）财务报告可分为定量化信息和定性化信息。与传统的披露方法相比，衍生金融工具在披露时定性化信息将会起较大作用。在定性化信息的披露中，应包括每类金融工具的范围和性质，对企业未来现金流量的金额、时间分布和不确定性可能产生影响的重大条件和情况的信息以及所采取的会计政策。

（2）披露中有提供有关确认或尚未确认的金融工具相关风险程度的信息。由于衍生金融工具交易伴随有利率风险和信用风险等重大风险，因此必须通过表外注释的方法予以披露。利率风险是指市场利率变动带来的衍生金融工具价值的变动风险。对于利率风险的披露，包括合约规定的再定价日或到期日以及实际利率等方面的信息。信用风险是指由于衍生金融工具交易的一方不履约而导致另一方发生损失。信用风险的披露需要说明合约另一方无法履约时企业可能遭受的最大损失、企业对收回抵押品所采取的会计政策、信用风险的集中程度等。

（3）披露有关公允价值的信息，包括估价方法及重要手段。在历史成本与公允价值作为计量基础长期共存的情况下，对衍生金融工具的金额披露，无论是在表内确认的，还是在附注中说明的，均应列明各自的计量基础。对公允价值的取得，一般以有效运行的市场中金融工具的报价为准。如果这一价格难以取得，可以通过各种估价模型或方法对公允价值进行估计，但应对估价方法加以说明。

(4) 传统报表侧重于事后的会计信息披露，而对衍生金融工具的信息披露更趋向于对未来事项的判断和预计。

由于衍生金融工具的风险评价是建立在对未来经济活动事项的预计之上的，因而，对衍生金融工具的披露造成一定的困难。如何对衍生金融工具进行披露，可以从三方面进行：一是对现行财务报表的结构进行改进，对于能够合理确认和计量的金融工具，要列为正式报表项目加以反映，以使得报表使用者能直接地取得有关金融工具的信息；二是增加报表的数量，编制一些专门反映金融工具情况的报表，如“金融头寸表”等，用于满足特殊需要；三是完善财务报表体系，强化“表外注释”在财务报表中的地位，但此时的表外注释不再是原来意义上的“附注说明”，而应与其他财务报表共同构成财务报表体系的主要内容。

第三节　套期保值概述

一、套期保值的概念

套期保值（Hedging）是指企业为规避外汇风险、利率风险、商品价格风险、股票价格风险、信用风险等，指定一项或一项以上套期工具，使套期工具的公允价值或现金流量变动预期抵销被套期项目全部或部分公允价值或现金流量变动。

企业运用商品期货进行套期时，其套期保值策略通常是，买入（卖出）与现货市场数量相当、但交易方向相反的期货合同，以期在未来某一时间通过卖出（买入）期货合同来补偿现货市场价格变动所带来的实际价格风险。

相对于非金融企业，金融企业面临较多的金融风险，如利率风险、外汇风险、信用风险等，对套期保值有更多的需求。例如，某上市银行为规避汇率变动风险，与汇金公司签订外币期权合同对现存数额较大的美元敞口进行套期保值。

二、套期保值的分类

为运用套期会计方法，套期保值（以下简称套期）按套期关系（即套期工具和被套期项目之间的关系）可划分为公允价值套期、现金流量套期和境外经营净投资套期。

1. 公允价值套期

公允价值套期（Fair Value Hedges），是指对已确认资产或负债、尚未确认的确定承诺，或该资产或负债、尚未确认的确定承诺中可辨认部分的公允价值变动风险进行的套期。该类价值变动源于某类特定风险，且将影响企业的损益。如①企业对承担的固定利率负债的公允价值变动风险进行套期。②航空公司签订了一项3个月后以固定外币金额购买飞机的合同（未确认的确定承诺），为规避外汇风险对该确定承诺的外汇风险进行套期。③电力公司签订了一项6个月后以固定价格购买煤炭的合同（未确认的确定承诺），为规避价格变动风险对该确定承诺的价格变动风险进行套期。

2. 现金流量套期

现金流量套期（Gash Flow Hedges），是指对现金流量变动风险进行的套期。该类现金流量变动源于与已确认资产或负债、很可能发生的与预期交易有关的某类特定风险，且将影响企业的损益。如：①企业对承担的浮动利率债务的现金流量变动风险进行套期。②航空公司为规避3个月后预期很可能发生的与购买飞机相关的现金流量变动风险进行套期。③商业银行对3个月后预期很可能发生的与可供出售金融资产处置相关的现金流量变动风险进行套期。

对确定承诺的外汇风险进行的套期，企业可以作为现金流量套期或公允价值套期。

3. 境外经营净投资套期

境外经营净投资套期（Net Investment Hedges of Foreign Operations），是指对境外经营净投资外汇风险进行的套期。境外经营净投资，是指企业在境外经营净资产中的权益份额。

企业既无计划也无可能于可预见的未来会计期间结算的长期外币货币性应收项目（含贷款），应当视同境外经营净投资的组成部分。因销售商品或提供劳务等形成的期限较短的应收账款不构成境外经营净投资。

套期保值主要涉及套期工具和被套期项目的条件、套期会计方法的运用条件，以及公允价值套期、现金流量套期、境外经营净投资套期的会计处理规定等。

三、套期工具

1. 可以作为套期工具的金融工具

套期工具（Hedging Instruments），是指企业为进行套期而指定的、其公允价值或现金流量变动预期可抵销被套期项目的公允价值或现金流量变动的衍生工具，对外汇风险进行套期还可以将非衍生金融资产或非衍生金融负债作为套期工具。

（1）衍生工具通常可以作为套期工具。衍生工具包括远期合同、期货合同、互换和期权，以及具有远期合同、期货合同、互换和期权中一种或一种以上特征的工具。例如，某企业为规避库存铜价格下跌的风险，可以卖出一定数量铜期货合同。其中，铜期货合同即是套期工具。

但是，某项衍生工具无法有效地对冲被套期项目风险的，不能作为套期工具。例如，企业发行的期权就不能作为套期工具，因为该期权的潜在损失可能大大超过被套期项目的潜在利得，从而不能有效地对冲被套期项目的风险。与此不同的是，购入期权的一方可能承担的损失最多就是期权费，而可能拥有的利得通常等于或大大超过被套期项目的潜在损失，因而购入期权的一方可以将购入的期权作为套期工具。为此，套期保值准则规定，对于利率上下限期权，或由一项发行的期权和一项购入的期权组成的期权，其实质相当于企业发行一项期权的（即企业收取了净期权费）收益，不能将其指定为套期工具。

（2）非衍生金融资产或非衍生金融负债通常不能作为套期工具，但被套期风险为外汇风险时，某些非衍生金融资产或非衍生金融负债也可以作为套期工具。例如，某种外币借款可以作为对同种外币结算的销售（确定）承诺的套期工具；又如，持有至到期投资可以作为规避外汇风险的套期工具。

（3）无论是衍生工具还是某些非衍生金融资产或非衍生金融负债，其作为套期工具的基本条件就是其公允价值应当能够可靠地计量。因此，在活跃市场上没有报价的权益工具投资，以及与该权益工具挂钩并须通过交付该权益工具进行结算的衍生工具，由于其公允价值难以可靠地计量，不能作为套期工具。

企业自身的权益工具既非企业的金融资产也非金融负债，因而也不能作为套期工具。

（4）在运用套期会计方法时，只有涉及报告主体以外的主体的工具（含符合条件的衍生工具或非衍生金融资产或非衍生金融负债）才能作为套期工具。这里所指报告主体，指企业集团或集团内的各企业，也指提供分部信息的各分部。因此，在分部或集团内各企业的财务报表中，只有涉及这些分部或企业集团以外的主体的工具及相关套期指定，才能在符合套期保值准则规定条件时运用套期会计方法。而在集团合并财务报表中，如果这些套期工具及相关套期指定并不涉及集团外的主体，则不能对其运用套期会计方法进行处理。

2. 对套期工具的指定

（1）企业对套期工具进行计量时，通常以该工具整体为对象，采用单一的公允价值基础对其进行计量；同时，由于引起套期工具公允价值变动的因素具有相互关联性，因此，企业应当将其整体或其一定比例（例如，名义金额的50%）指定为套期工具。但是，由于期权的内在价值和远期合同的升水通常可以单独计量，为便于提高某些套期策略的有效性，套期保值准则允许企业在对套期工具进行指定时，就期权和远期合同作出例外处理，即：对于期权，企业可以将期权的内在价值和时间价值分开，只就内在价值变动将期权指定为套期工具；对于远期合同，企业可以将远期合同的利息和即期价格分开，只就即期价格变动将远期合同指定为套期工具。

（2）企业通常可将单项衍生工具指定为对一种风险进行套期，但同时满足下列条件的，也可以指定为对一种以上的风险进行套期：

①各项被套期风险可以清晰辨认；

②套期有效性可以证明；

③可以确保该衍生工具与不同风险头寸之间存在具体指定关系。

其中，套期有效性，是指套期工具的公允价值或现金流量变动能够抵销被套期风险引起的被套期项目公允价值或现金流量变动的程度。

如甲企业的记账本位币是人民币，承担了一项 5 年期美元浮动利率负债。为规避该金融负债的外汇风险和利率风险，甲企业可以与某金融机构签订一项交叉货币利率互换合同，使该互换合同的条款与该金融负债的条款相“匹配”，并将该互换合同指定为套期工具。根据该互换合同，甲企业可以定期收取按美元浮动利率计算确定的利息，同时支付按人民币固定利率计算确定的利息。

（3）企业可以将两项或两项以上衍生工具的组合或该组合的一定比例指定为套期工具。对于外汇风险套期，企业可以将两项或两项以上非衍生工具的组合或该组合的一定比例，或将衍生工具和非衍生工具的组合或该组合的一定比例指定为套期工具。

（4）企业虽然可以将整体套期工具的一定比例指定为套期工具，但不能在套期关系中将套期工具剩余期限内的某一时段进行套期指定。例如，某公司拥有一项支付固定利息、收取浮动利息的互换合同，打算将其用于对所发行的浮动利率债券进行套期。该互换合同的剩余期限为 10 年，而债券的剩余期限为 5 年。在这种情况下，甲公司不能在互换合同剩余期限中的某 5 年将互换指定为套期工具。

四、被套期项目

1. 可以作为被套期项目的项目

被套期项目（Hedged Items），是指使企业面临公允价值或现金流量变动风险，且被指定为被套期对象的下列项目：①单项已确认资产、负债、确定承诺、很可能发生的预期交易，或境外经营净投资；②一组具有类似风险特征的已确认资产、负债、确定承诺、很可能发生的预期交易，或境外经营净投资；③分担同一被套期利率风险的金融资产或金融负债组合的一部分（仅适用于利率风险公允价值组合套期）。其中，确定承诺，是指在未来某特定日期或期间，以约定价格交换特定数量资源、具有法律约束力的协议；预期交易，是指尚未承诺但预期会发生的交易。

（1）作为被套期项目，应当使企业面临公允价值或现金流量变动风险（即被套期风险）在本期或未来期间会影响企业的损益。与之相关的被套期风险，通常包括外汇风险、利率风险、商品价格风险、股票价格风险、信用风险等。企业的一般经营风险（如固定资产毁损风险等）不能作为被套期风险，因为这些风险不能具体辨认和单独计量。同样的，企业合并交易中，与购买另一个企业的确定承诺相关的风险（不包括外汇风险）也不能作为被套期风险。

（2）衍生工具不能作为被套期项目，但对于外购的、嵌在另一项金融工具（主合同）中的期权，如果其与主合同存在紧密关系，且混合工具没有被指定为以公允价值计量且其变动计入当期损益的金融工具，则可以作为被套期项目。

（3）对于信用风险或外汇风险，企业可以将持有至到期投资作为被套期项目，而对于利率风险或提前还款风险，则不可以作为被套期项目。

（4）采用权益法核算的股权投资不能在公允价值套期中作为被套期项目，因为在权益法下，投资方只是将其在联营企业或合营企业中的损益份额确认为当期损益，而不确认投资的公允价值变动。与之相类似，在母公司合并财务报表中，对子公司投资也不能作为被套期项目，但对境外经营净投资可以作为被套期项目，因为相关的套期指定针对的是外汇风险，而非境外经营净投资的公允价值变动风险。

（5）在运用套期会计方法时，只有涉及报告主体以外的主体的资产、负债、确定承诺或很可能发生的预期交易才能作为被套期项目。因此，企业集团内的各组成企业或分部之间发生的套期活动，只能在各组成企业的财务报表或分部的分部报告中运用套期会计方法，而不能在企业集团合并财务报表中对其予以反映。但是，发生在企业集团内两个组成企业或两个分部之间的外币交易形成的外币货币性项目（如外币应收款项），如果其外币汇兑损益不能相互抵销，则可以在企业集团合并财务报表中运用套期会计方法。例如，按照《企业会计准则第 19 号——外币折算》的规定，当企业集团内的两个关联企业采用不同的记账本位币时，它们之间形成的应收（应付）款项产生的外汇汇兑损益通常不能全额抵销。与之类似，企业集团内部两个关联企业之间很可能发生的预期交易，按照进行此项交易的主体的记账本位币以外的货币标价（即按外币标价），且相关的外汇风险将影响合并利润或损失的，该很可能发生的预期交易（外汇风险）可以在合并财务报表中作为被套期项目。

2. 对被套期项目的指定

（1）将金融项目指定为被套期项目。

对于金融资产或金融负债而言，将其指定为被套期项目具有较多选择。只要被套期风险可以辨认且套期有效性可以计量，仅与金融资产或金融负债现金流量或公允价值的一部分相关的风险，均可以作为被套期风险。相应地，相关金融资产或金融负债可以指定为被套期项目。例如，某附息金融资产或金融负债全部利率风险中的可辨认且可单独计量的部分（如无风险利率组成部分），就可以作为被套期项目。

金融资产和金融负债现金流量的一部分指定为被套期项目时，被指定部分的现金流量应当少于该金融资产或金融负债现金流量总额。但是，企业可以仅就一项特定风险（LIBOR 变动形成的风险等），将金融资产或金融负债整体的所有现金流量进行指定。例如，假定企业有一项实际利率为 LIBOR－1% 的附息金融负债，则其不能将债务本金和以 LIBOR 确定的利息指定为被套期项目，也不能将－1% 指定为被套期项目，但企业可以就 LIBOR 变动引起的该金融负债整体（即债务本金和以 LIBOR－1% 确定的利息）公允价值或现金流量变动，将该金融负债整体指定为被套期项目。

在金融资产或金融负债组合利率风险的公允价值套期中（也仅限于这种套期），企业可以将某种货币金额（如人民币、美元或欧元）而不是单项资产或负债指定为被套期项目，并对与其相关的利率风险部分进行套期。在风险管理实务中，一项组合中可能既包括金融资产，也包括金融负债，但指定的货币金额应当反映为资产或负债。

（2）将非金融项目指定为被套期项目。

通常情况下，企业难以区分和计量与非金融项目特定风险（不包括外汇风险）相关的公允价值或现金流量变动。因此，企业在将非金融资产或非金融负债指定为被套期项目时，对应的被套期风险只限于与该非金融资产或非金融负债相关的全部风险或外汇风险。例如，甲公司预期从乙公司购买一批轮胎。甲公司和乙公司的记账本位币分别为美元和人民币。由于轮胎是非金融项目，因此，甲公司只能将与轮胎有关的所有风险或其中的外汇风险指定为被套期风险。但是，甲公司不能将预期购买的轮胎所含橡胶成分的成本变动风险指定为被套期风险。

（3）将若干项目的组合指定为被套期项目。

对具有类似风险特征的资产或负债组合进行套期时，该组合中的各单项资产或负债应当同时承担被套期风险，且该组合内各单项金融资产或单项金融负债由被套期风险引起的公允价值变动，应当预期与该组合由被套期风险引起的公允价值整体变动基本成比例。例如，当被套期组合因被套期风险形成的公允价值变动为10%时，该组合中各单项金融资产或单项金融负债因被套期风险形成的公允价值变动应当限制在9%至11%之间较小的范围内。

套期有效性是通过比较套期工具（或一组类似的套期工具）和被套期项目（或一组类似的被套期项目）的公允价值或现金流量变动而确定的，因此，在运用套期会计方法时，企业不能将金融资产和金融负债形成的净头寸指定为被套期项目。例如，企业不能将具有类似期限的固定利率金融资产和固定利率金融负债形成的净头寸指定为被套期项目。在这种情况下，企业往往可以通过其他办法达到几乎相同的规避风险效果。例如，某商业银行有承担类似风险和到期期限的金融资产和金融负债分别为1亿元和9 000万元，两者形成的净头寸为1 000万元。对此，该商业银行可以仅将金融资产总额中的1 000万元指定为被套期项目。进而言之，如果相关的资产和负债是固定利率项目，对应的套期关系是公允价值套期；如果是浮动利率项目，则对应的套期关系是现金流量套期。

五、运用套期保值会计的条件

对于满足套期保值准则规定条件的公允价值套期、现金流量套期和境外经营净投资套期，企业可运用套期会计方法进行处理。套期会计方法，是指在相同会计期间将套期工具和被套期项目公允价值变动的抵销结果计入当期损益的方法。

套期保值准则规定，公允价值套期、现金流量套期或境外经营净投资套期同时满足下列条件的，才能运用套期会计方法进行处理：

第一，在套期开始时，企业对套期关系（即套期工具和被套期项目之间的关系）有正式指定，并准备了关于套期关系、风险管理目标和套期策略的正式书面文件。该文件至少载明了套期工具、被套期项目、被套期风险的性质以及套期有效性评价方法等内容。套期必须与具体可辨认并被指定的风险有关，且最终影响企业的损益。

第二，该套期预期高度有效，且符合企业最初为该套期关系所确定的风险管理策略。

第三，对预期交易的现金流量套期，预期交易应当发生的可能性很大，且必须使企业面临最终将影响损益的现金流量变动风险。

第四，套期有效性能够可靠地计量，即被套期风险引起的被套期项目的公允价值或现金流量以及套期工具的公允价值能够可靠地计量。

第五，企业应当持续地对套期有效性进行评价，并确保该套期在套期关系被指定的会计期间内高度有效。

第四节 套期保值的会计处理

一、公允价值套期会计

1. 公允价值套期会计处理基本要求

公允价值套期满足运用套期会计方法条件的，应当按照下列规定处理：

（1）套期工具为衍生工具的，公允价值变动形成的利得或损失应当计入当期损益；套期工具为非衍生工具的，账面价值因汇率变动形成的利得或损失应当计入当期损益。

（2）被套期项目因被套期风险形成的利得或损失应当计入当期损益，同时调整被套期项目的账面价值。被套期项目为按成本与可变现净值孰低进行后续计量的存货、按摊余成本进行后续计量的金融资产或可供出售金融资产的，也应当按此规定处理。

2. 被套期项目利得或损失的具体处理要求

（1）对于金融资产或金融负债组合一部分的利率风险公允价值套期，企业对被套期项目形成的利得或损失可按下列方法处理：

①被套期项目在重新定价期间内是资产的，在资产负债表中资产项下单列项目反映，待终止确认时转销；

②被套期项目在重新定价期间内是负债的，在资产负债表中负债项下单列项目反映，待终止确认时转销。

（2）被套期项目是以摊余成本计量的金融工具的，对被套期项目账面价值所作的调整，应当按照调整日重新计算的实际利率在调整日至到期日的期间内进行摊销，计入当期损益。

对利率风险组合的公允价值套期，在资产负债表中单列的相关项目，也应当按照调整日重新计算的实际利率在调整日至相关的重新定价期间结束日的期间内摊销。采用实际利率法进行摊销不切实可行的，可以采用直线法进行摊销。此调整金额应当于金融工具到期日前摊销完毕；对于利率风险组合的公允价值套期，应当于相关重新定价期间结束日前摊销完毕。

（3）被套期项目为尚未确认的确定承诺的，该确定承诺因被套期风险引起的公允价值变动累计额应当确认为一项资产或负债，相关的利得或损失应当计入当期损益。

（4）在购买资产或承担负债的确定承诺的公允价值套期中，该确定承诺因被套期风险引起的公允价值变动累计额（已确认为资产或负债），应当调整履行该确定承诺所取得的资产或承担的负债的初始确认金额。

3. 终止运用公允价值套期会计方法的条件

套期满足下列条件之一的，企业应终止运用公允价值套期会计：

（1）套期工具已到期、被出售、合同终止或已行使。

套期工具展期或被另一项套期工具替换时，展期或替换是企业正式书面文件所载明的套期策略组成部分的，不作为已到期或合同终止处理。

（2）该套期不再满足运用套期会计方法的条件。

（3）企业撤销了对套期关系的指定。

4. 公允价值套期会计处理举例

【例5】201A年1月1日，W公司为规避所持有存货甲公允价值变动风险，与某金融机构签订了一项衍生工具合同（即衍生工具乙），并将其指定为201A年上半年存货甲价格变化引起的公允价值变动风险的套期。衍生工具乙的标的资产与被套期项目存货在数量、质次、价格变动和产地方面相同。

201A年1月1日，衍生工具乙的公允价值为零，被套期项目（存货甲）的账面价值和成本均为1 000 000元，公允价值是1 100 000元。201A年6月30日，衍生工具乙的公允价值上涨了25 000元，存货甲的公允价值下降了25 000元。当日W公司将存货甲出售，并将衍生工具乙结算。

W公司采用比率分析法评价套期有效性，即通过比较衍生工具乙和存货甲的公允价值变动评价套期有效性。W公司预期该套期完全有效。

假定不考虑衍生工具的时间价值、商品销售相关的增值税及其他因素，W公司的账务处理如下：

（1）201A年1月1日：

借：被套期项目——库存商品甲　　1 000 000

　贷：库存商品——甲　　1 000 000

（2）201A年6月30日：

借：套期工具——衍生工具乙　　25 000

　贷：套期损益　　25 000

借：套期损益　　25 000

　贷：被套期项目——库存商品甲　　25 000

出售存货甲：

借：应收账款或银行存款　　1 075 000

　贷：主营业务收入　　1 075 000

结转甲存货的销售成本：

借：主营业务成本　　975 000

贷：被套期项目——库存商品甲　　975 000

结算衍生工具乙：

借：银行存款　　25 000

贷：套期工具——衍生工具乙　　25 000

由于 W 公司采用了套期策略，规避了存货公允价值变动风险，因此其存货公允价值下降没有对预期毛利额 100 000 元（1 100 000 - 1 000 000）或（1 075 000 - 975 000）产生不利影响。

假定 201A 年 6 月 30 日，衍生工具乙的公允价值上涨了 22 500 元，存货甲的公允价值下降了 25 000 元。其他资料不变，W 公司的账务处理如下：

（1）201A 年 1 月 1 日：

借：被套期项目——库存商品甲　　1 000 000

贷：库存商品——甲　　1 000 000

（2）201A 年 6 月 30 日：

借：套期工具——衍生工具乙　　22 500

贷：套期损益　　22 500

借：套期损益　　25 000

贷：被套期项目——库存商品甲　　25 000

出售存货甲：

借：应收账款或银行存款　　1 075 000

贷：主营业务收入　　1 075 000

结转甲存货的销售成本：

借：主营业务成本　　975 000

贷：被套期项目——库存商品甲　　975 000

结算衍生工具乙：

借：银行存款　　22 500

贷：套期工具——衍生工具乙　　22 500

说明：两种情况的差异在于，前者不存在“无效套期损益”，后者存在“无效套期损益”2 500 元，从而对 W 公司当期利润总额的影响相差 2 500 元。

【例 6】201A 年 1 月 1 日，甲公司以每股 50 元的价格从二级市场上购入乙公司股票 20 000 股（占乙公司有表决权股份的 3%），且将其划分为可供出售金融资产。为规避该股票价格下跌风险，甲公司于 201A 年 12 月 31 日支付期权费 120 000 元购入一项看跌期权。该期权的行权价格为每股 65 元，行权日期为 201C 年 12 月 31 日。甲公司购入的乙公司股票和卖出期权的公允价值见表 7 - 6。

表 7－6　甲公司购入的乙公司股票和卖出期权的公允价值表　（单位：元）

项目	201A 年 12 月 31 日	201B 年 12 月 31 日	201C 年 12 月 31 日
乙公司股票			
每股价格	65	60	57
总价	1 300 000	1 200 000	1 140 000
卖出期权			
时间价值	120 000	70 000	0
内在价值	0	100 000	160 000
总价	120 000	170 000	160 000

甲公司将该卖出期权指定为对可供出售金融资产（乙公司股票投资）的套期工具，在进行套期有效性评价时将期权的时间价值排除在外，即不考虑期权的时间价值变化。

假定甲公司于 201C 年 12 月 31 日行使了卖出期权，同时不考虑税费等其他因素的影响。

据此，甲公司套期有效性分析及账务处理如下：

（1）201A 年 1 月 1 日，确认购买乙公司股票：

借：可供出售金融资产　　1 000 000

　贷：银行存款　　1 000 000

（2）201A 年 12 月 31 日，确认乙公司股票价格上涨 20 000 ×（65－50）：

借：可供出售金融资产　　300 000

　贷：资本公积——其他资本公积　　300 000

指定可供出售金融资产为被套期项目：

借：被套期项目——可供出售金融资产　　1 300 000

　贷：可供出售金融资产　　1 300 000

购入卖出期权并指定为套期工具的期权费用：

借：套期工具——卖出期权　　120 000

　贷：银行存款　　120 000

（3）201B 年 12 月 31 日，确认套期工具公允价值变动——内在价值变动：

借：套期工具——卖出期权　　100 000

　贷：套期损益　　100 000

确认被套期项目公允价值变动（1 300 000－1 200 000）：

借：套期损益　　100 000

贷：被套期项目——可供出售金融资产　　100 000

确认套期工具公允价值变动——时间价值（120 000 - 70 000）：

借：套期损益　　50 000

贷：套期工具——卖出期权　　50 000

（4）201C 年 12 月 31 日，确认套期工具公允价值变动——内在价值变动：

借：套期工具——卖出期权　　60 000

贷：套期损益　　60 000

确认被套期项目公允价值变动（1 200 000 - 1 140 000）：

借：套期损益　　60 000

贷：被套期项目——可供出售金融资产　　60 000

确认套期工具公允价值变动——时间价值：

借：套期损益　　70 000

贷：套期工具——卖出期权　　70 000

确认卖出期权行权：

借：银行存款　　1 300 000

贷：套期工具——卖出期权　　160 000

被套期项目——可供出售金融资产　　1 140 000

将直接计入资本公积的可供出售金融资产价值变动转出，计入当期损益：

借：资本公积——其他资本公积　　300 000

贷：套期损益　　300 000

【例 7】甲公司为境内商品生产企业，采用人民币作为记账本位币。201A 年 2 月 3 日，甲公司与某境外公司签订了一项设备购买合同（确定承诺），设备价格为外币 X（本题下称 FCX）270 000 元，交货日期为 201A 年 5 月 1 日。

201A 年 2 月 3 日，甲公司签订了一项购买外币 Y（本题下称 FCY）240 000 元的远期合同。根据该远期合同；甲公司将于 201A 年 5 月 1 日支付人民币147 000 元购入 FCY 240 000 元，汇率为 1FCY = 0.612 5 元人民币（即 201A 年 5 月 1 日的现行远期汇率）。

甲公司将该远期合同指定为对由于人民币元/FCX 汇率变动可能引起的、确定承诺公允价值变动风险的套期工具，且通过比较远期合同公允价值总体变动和确定承诺人民币元公允价值变动评价套期有效性。假定最近 3 个月，人民币元对 FCY、FCX 之间的汇率变动具有高度相关性。201A 年 5 月 1 日，甲公司履行确定承诺并以净额结算了远期合同。

与该套期有关的远期汇率资料见表 7 - 7。

表 7－7　与该套期有关的远期汇率资料

日期	201A 年 5 月 1 日 FCY/RMB 的远期汇率	201A 年 5 月 1 日 FCX/RMB 的远期汇率
201A 年 2 月 3 日	1FCY＝0.612 5RMB	1FCX＝0.545 4RMB
201A 年月 31 日	1FCY＝0.598 3RMB	1FCX＝0.531 7RMB
201A 年 5 月 1 日	1FCY＝0.577 7RMB	1FCX＝0.513 7RMB

远期合同和确定承诺的公允价值变动见表 7－8。

表 7－8　远期合同和确定承诺的公允价值变动　（单位：元）

项目	2 月 3 日	3 月 31 日	5 月 1 日
（1）远期合同			
5 月 1 日结算用的 RMB/FCY 的远期汇率	0.612 5	0.598 3	0.577 7
金额单位：FCY	240 000	240 000	240 000
远期价格（FCY 240 000 元折算成 RMB）	147 000	143 592	138 648
合同价格（RMB）	（147 000）	（147 000）	（147 000）
以上两项的差额（RMB）	0	（3 408）	（8 352）
公允价值（上述差额的现值，假定折现率为 6%）	0	（3 391）	（8 352）
本期公允价值变动		（3 391）	（4 961）
（2）确定承诺			
5 月 1 日结算用的 RMB/FCX 的远期汇率	0.545 4	0.531 7	0.513 7
金额单位：FCX	270 000	270 000	270 000
远期价格（FCX270 000 元折算成 RMB）	（147 258）	（143 559）	（138 699）
初始远期价格（RMB）270 000×0.545 4	147 258	147 258	147 258
以上两项的差额（RMB）	0	3 699	8 559
公允价值（上述差额的现值，假定折现率为 6%）	0	3 681	8 559
本期公允价值变动		3 681	4 878
（3）无效套期部分（以 FCY 标价的远期合同和以 FCX 标价的确定承诺两者公允价值变动的差额）		290	（83）

根据资料作如下会计处理（为简化核算，假定不考虑设备购买有关的税费因素、设备运输和安装费用等）：

（1）201A 年 2 月 3 日：

无须进行账务处理，因为远期合同和确定承诺当日公允价值均为零。

（2）201A 年 3 月 31：

借：被套期项目——确定承诺　　3 681

　贷：套期损益　　3 681

借：套期损益　　3 391

　贷：套期工具——远期合同　　3 391

（3）201A 年 5 月 1 日：

借：被套期项目——确定承诺　　4 878

　贷：套期损益　　4 878

借：套期损益　　4 961

　贷：套期工具——远期合同　　4 961

确认远期合同结算：

借：套期工具——远期合同　　8 352

　贷：银行存款　　8 352

确认履行确定承诺购入固定资产：

借：固定资产——设备　　147 258

　贷：银行存款　　138 699

　　　被套期项目——确定承诺　　8 559

甲公司通过运用套期策略，使所购设备的成本锁定在将确定承诺的购买价格 FCX270 000 元，按 1FCX = 0. 545 4RMB（套期开始日的远期合同汇率）进行折算确定的金额上。

二、现金流量套期会计

1. 现金流量套期会计处理基本要求

现金流量套期满足运用套期会计方法条件的，应当按照下列规定处理：

（1）套期工具利得或损失中属于有效套期的部分，应当直接确认为所有者权益，并单列项目反映。该有效套期部分的金额，按照下列两项的绝对额中较低者确定：

①套期工具自套期开始的累计利得或损失；

②被套期项目自套期开始的预计未来现金流量现值的累计变动额。

（2）套期工具利得或损失中属于无效套期的部分（即扣除直接确认为所有

者权益后的其他利得或损失），应当计入当期损益。

（3）在风险管理策略的正式书面文件中，载明了在评价套期有效性时将排除套期工具的某部分利得或损失或相关现金流量影响的，被排除的该部分利得或损失的处理适用《企业会计准则第22号——金融工具确认和计量》。

2. 套期工具利得或损失的后续处理要求

（1）被套期项目为预期交易，且该预期交易使企业随后确认一项金融资产或一项金融负债的，原直接确认为所有者权益的相关利得或损失，应当在该金融资产或金融负债影响企业损益的相同期间转出，计入当期损益，但是，企业预期原直接在所有者权益中确认的净损失全部或部分在未来会计期间不能弥补时，应当将不能弥补的部分转出，计入当期损益。

（2）被套期项目为预期交易，且该预期交易使企业随后确认一项非金融资产或一项非金融负债的，企业可以选择下列方法处理：

①原直接在所有者权益中确认的相关利得或损失，应当在该非金融资产或非金融负债影响企业损益的相同期间转出，计入当期损益。但是，企业预期原直接在所有者权益中确认的净损失全部或部分在未来会计期间不能弥补时，应当将不能弥补的部分转出，计入当期损益；

②将原直接在所有者权益中确认的相关利得或损失转出，计入该非金融资产或非金融负债的初始确认金额。

非金融资产或非金融负债的预期交易形成了一项确定承诺时，该确定承诺满足运用套期保值准则规定的套期会计方法条件的，也应当选择上述两种方法之一进行处理。

企业选择了上述两种处理方法之一作为会计政策后，应当一致地运用于相关的所有预期交易套期，不得随意变更。

（3）不属于以上（1）或（2）所指情况的，原直接计入所有者权益中的套期工具利得或损失，应当在被套期预期交易影响损益的相同期间转出，计入当期损益。

3. 终止运用现金流量套期会计方法的条件

（1）套期工具已到期、被出售、合同终止或已行使。

在套期有效期间直接计入所有者权益中的套期工具利得或损失不应当转出，直至预期交易实际发生时，再按有关规定处理。

套期工具展期或被另一项套期工具替换，且展期或替换是企业正式书面文件所载明套期策略组成部分的，不作为已到期或合同终止处理。

（2）该套期不再满足运用套期保值准则规定的套期会计方法的条件。

在套期有效期间直接计入所有者权益中的套期工具利得或损失不应当转

出，直至预期交易实际发生时，再按有关规定处理。

（3）预期交易预计不会发生。

在套期有效期间直接计入所有者权益中的套期工具利得或损失应当转出，计入当期损益。

（4）企业撤销了对套期关系的指定。

对于预期交易套期，在套期有效期间直接计入所有者权益中的套期工具利得或损失不应当转出，直至预期交易实际发生或预计不会发生。预期交易实际发生的，应按有关规定处理；预期交易预计不会发生的，原直接计入所有者权益中的套期工具利得或损失应当转出，计入当期损益。

4．现金流量套期会计处理举例

【例8】201A年1月1日，DEF公司预期在201A年6月30日将销售一批商品X，数量为100 000吨。为规避该预期销售有关的现金流量变动风险，DEF公司于201A年1月1日与某金融机构签订了一项衍生工具合同Y，且将其指定为对该预期商品销售的套期工具。衍生工具Y的标的资产与被套期预期商品销售在数量、质次、价格变动和产地等方面相同，并且衍生工具Y的结算日和预期商品销售日均为201A年6月30日。

201A年1月1日，衍生工具Y的公允价值为零，商品的预期销售价格为1 100 000元。201A年6月30日，衍生工具Y的公允价值上涨了25 000元，预期销售价格下降了25 000元。当日，DEF公司将商品X出售，并将衍生工具Y结算。

DEF公司采用比率分析法评价套期有效性，即通过比较衍生工具Y和商品X预期销售价格变动评价套期有效性。DEF公司预期该套期完全有效。

假定不考虑衍生工具的时间价值、商品销售相关的增值税及其他因素，DEF公司的账务处理如下：

（1）201A年1月1日，DEF公司不作账务处理。

（2）201A年6月30日，确认衍生工具的公允价值变动：

借：套期工具——衍生工具Y　　25 000

　贷：资本公积——其他资本公积（套期工具价值变动）　　25 000

确认商品X的销售：

借：应收账款或银行存款　　1 075 000

　贷：主营业务收入　　1 075 000

确认衍生工具Y的结算：

借：银行存款　　25 000

　贷：套期工具——衍生工具Y　　25 000

确认将原计入资本公积的衍生工具公允价值变动转出，调整销售收入：

借：资本公积——其他资本公积（套期工具价值变动） 25 000

　贷：主营业务收入 25 000

【例9】ABC公司于201A年11月1日与境外DEF公司签订合同，约定于201B年1月31日以外币（FC）每吨60元的价格购入100吨橄榄油。ABC公司为规避购入橄榄油成本的外汇风险，于当日与某金融机构签订一项3个月到期的远期外汇合同，约定汇率为1FC＝45人民币元，合同金额FC 6 000元。201B年1月31日，ABC公司以净额方式结算该远期外汇合同，并购入橄榄油。

假定：

（1）201A年12月31日，1个月FC对人民币远期汇率为1FC＝44.8人民币元，人民币的市场利率为6%；

（2）201B年1月31日，FC对人民币即期汇率为1FC＝44.6人民币元；

（3）该套期符合运用套期保值准则所规定的运用套期会计的条件；

（4）不考虑增值税等相关税费。

（简要提示：根据套期保值准则，对外汇确定承诺的套期既可以划分为公允价值套期，也可以划分为现金流量套期。）

情形（1），ABC公司将上述套期划分为公允价值套期，其会计处理如下：

①201A年11月1日：

远期合同的公允价值为零，不作账务处理，将套期保值进行表外登记。

②201A年12月31日：

远期外汇合同的公允价值＝［（45－44.8）×6 000/（1＋6%×1/12）］＝1 194（元）。

借：套期损益 1 194

　贷：套期工具——远期外汇合同 1 194

借：被套期项目——确定承诺 1 194

　贷：套期损益 1 194

③201B年1月31日：

远期外汇合同的公允价值＝（45－44.6）×6 000＝2 400（元）。

借：套期损益 1 206

　贷：套期工具——远期外汇合同 1 206

借：套期工具——远期外汇合同 2 400

　贷：银行存款 2 400

借：被套期项目——确定承诺 1 206

　贷：套期损益 1 206

借：库存商品——橄榄油　　267 600

　贷：银行存款　　267 600

将被套期项目的余额调整橄榄油的入账价值：

借：库存商品——橄榄油　　2 400

　贷：被套期项目——确定承诺　　2 400

情形（2），ABC 公司将上述套期划分为现金流量套期，其会计处理如下：

①201A 年 11 月 1 日：

不作账务处理，将套期保值进行表外登记。

②201A 年 12 月 31 日：

远期外汇合同的公允价值 =（45 - 44.8）×6 000/（1 + 6% ×1/12）= 1 194（元）。

借：资本公积——其他资本公积（套期工具价值变动）　　1 194

　贷：套期工具——远期外汇合同　　1 194

③201B 年 1 月 31 日：

远期外汇合同的公允价值 =（45 - 44.6）×6 000 = 2 400（元）。

借：资本公积——其他资本公积（套期工具价值变动）　　1 206

　贷：套期工具——远期外汇合同　　1 206

借：套期工具——远期外汇合同　　2 400

　贷：银行存款　　2 400

借：库存商品——橄榄油　　267 600

　贷：银行存款　　267 600

ABC 公司将套期工具于套期期间形成的公允价值变动累计额（净损失）暂记在所有者权益中，在处置橄榄油影响企业损益的期间转出，计入当期损益。该净损失在未来会计期间不能弥补时，将全部转出，计入当期损益。

三、境外经营净投资套期会计

1. 境外经营净投资套期会计处理原则

对境外经营净投资的套期，企业应按类似于现金流量套期会计的规定处理：

（1）套期工具形成的利得或损失中属于有效套期的部分，应当直接确认为所有者权益，并单列项目反映。

处置境外经营时，上述在所有者权益中单列项目反映的套期工具利得或损失应当转出，计入当期损益。

（2）套期工具形成的利得或损失中属于无效套期的部分，应当计入当期损益。

2. 境外经营净投资套期会计处理举例

【例10】201A年10月1日，XYZ公司（记账本位币为人民币）在其境外子公司FS有一项境外净投资外币5 000万元（即FC 5 000万元）。为规避境外经营净投资外汇风险，XYZ公司与某境外金融机构签订了一项外汇远期合同，约定于201B年4月1日卖出FC 5 000万元。XYZ公司每季度对境外净投资余额进行检查，且依据检查结果调整对净投资价值的套期。其他有关资料见表7－9。

表7－9　有关汇率资料　　（单位：元）

日期	即期汇率（FC/RMB）	远期汇率（FC/RMB）	远期合同的公允价值
201A年10月1日	1．71	1．70	0
201A年12月31日	1．64	1．63	3 430 000
201B年3月31日	1．60	不适用	5 000 000

XYZ公司在评价套期有效性时，将远期合同的时间价值排除在外。假定XYZ公司的上述套期满足运用套期会计方法的所有条件。

XYZ公司的账务处理如下：

（1）201A年10月1日：

借：被套期项目——境外经营净投资　　85 500 000

　贷：长期股权投资　　85 500 000

外汇远期合同的公允价值为零，不作账务处理。

（2）201A年12月31日，确认远期合同的公允价值变动：

借：套期工具——外汇远期合同　　3 430 000

　　财务费用——汇兑损失　　70 000

　贷：资本公积——其他资本公积　　3 500 000

确认对子公司净投资的汇兑损益：

借：外币报表折算差额　　3 500 000

　贷：被套期项目——境外经营净投资　　3 500 000

（3）201B年3月31日，确认远期合同的公允价值变动：

借：套期工具——外汇远期合同　　1 570 000

　　财务费用——汇兑损失　　430 000

　贷：资本公积——其他资本公积　　2 000 000

确认对子公司净投资的汇兑损益：

借：外币报表折算差额　　2 000 000

贷：被套期项目——境外经营净投资　　2 000 000

确认外汇远期合同的结算：

借：银行存款　　5 000 000

贷：套期工具——外汇远期合同　　5 000 000

境外经营净投资套期（类似现金流量套期）产生的利得在所有者权益中列示，直至子公司被撤销。

本章主要名词

金融工具　衍生金融工具　期货　远期合约　多头或多方　空头或空方　期权　看涨期权　看跌期权　价外期权　价内期权　平价期权　互换　利率互换　套期　公允价值　套期保值　套期工具　被套期项目　远期外汇合同　境外经营净投资　套期有效性　公允价值套期　现金流量套期

思考题

1. 你认为我国衍生金融工具发展缓慢的原因是什么？今后发展趋势如何？

2. 衍生金融工具的特点是什么？有什么作用？

3. 衍生金融工具如何分类及划分标准是什么？

4. 比较历史成本和公允价值在会计计量上的优缺点，你认为哪种计价方法更适合衍生金融工具的计量？

5. 什么是套期保值？套期保值的原理是什么？

6. 套期保值的业务分为哪几类？

7. 运用套期保值会计的条件有哪些？

8. 何为套期有效性？套期有效性的评价方法有哪几种？

练习题

1. W 公司 201A 年期货业务的经济事项如下：

（1）1 月 1 日支付 1 万元取得某期货交易所的会员资格，另外，支付年费 0. 5 万元；

（2）3 月 1 日为业务所需，存入保证金 60 000 元；

（3）5 月 1 日买入 1 000 吨大米期货合约，每吨价格 2 500 元，交易佣金为 1‰（下同）；

（4）5 月 10 日卖出铜制品期货 100 吨，每吨价格 20 000 元；

（5）6 月 30 日，期货的市场价格为大米每吨价格 2 540 元，铜制品每吨价格20 050元；

（6）8 月 1 日，以每吨 2 560 元的价格卖出大米期货，交易佣金为 1‰；

（7）8 月 30 日，以每吨 20 100 元的价格进行铜制品期货实物交割（不考虑增值税），交易佣金为 1.2‰，该铜制品的实际成本为每吨 18 000 元。

试作出上述事项的会计分录。

2. W 公司于 201A 年 1 月 1 日签订一份 4 个月期的购买 10 000 000 美元的远期合同。各时点有关该远期合同的即期汇率和远期汇率的资料见下表：

日期	美元兑换人民币的即期汇率	201A 年 4 月 30 日美元兑换人民币的远期汇率
201A 年 1 月 1 日	7.5	7.55
201A 年 3 月 31 日	7.4	7.45
201A 年 4 月 30 日	7.6	7.6

已知 W 公司折现率（年增量贷款利率）为 12%。

试计算各时点远期合约的公允价值，并作出会计处理。

3. W 公司 201A 年 10 月 31 日以价格为 30 000 元签订一份 4 个月的购买 80 000 份 A 公司股票的看涨期权，A 的股票价格此时为每股 20 元。201A 年 12 月 31 日，A 公司股票的价格为每股 30 元，该期权的时间价值为 50 000 元。201B 年 1 月 1 日，W 公司以 400 000 元的价格出售手中的股票期权。

试作出上述业务的会计处理。

4. 201A 年 1 月 1 日，W 公司作为支付浮动利息收取固定利息的一方参与一项名义本金额为 50 000 000 美元的 2 年期的互换。合同约定，每个半年末，公司可以收到年利率为 10% 的固定利息收入，并以 LIBOR + 1.5% 支付浮动利息，以前一个利息支付日的 LIBOR 为准。201A 年 1 月 1 日的 LIBOR 为 7.55%。合同期间的利率见下表：

日期	LIBOR
201A 年 1 月 1 日	7.55%
201A 年 6 月 30 日	7.60%
201A 年 12 月 31 日	7.70%
201B 年 6 月 30 日	7.80%
201B 年 12 月 31 日	8.00%

用零息法登记每个半年的会计分录。

5. 201A 年 1 月 1 日，H 公司为规避所持有 A 商品公允价值变动风险，与某金融机构签订了一项衍生工具合同（即衍生工具 X），并将其指定为 201A 年上半年 A 商品价格变化引起的公允价值变动风险的套期。衍生工具 X 的标的资产与被套期项目存货在数量、质次、价格变动和产地方面相同。

201A 年 1 月 1 日，衍生工具 X 的公允价值为零，被套期项目（A 商品）的账面价值和成本均为 2 000 000 元，公允价值是 2 100 000 元。201A 年 6 月 30 日，衍生工具 X 的公允价值上涨了 40 000 元，A 商品的公允价值下降了 40 000元。当日 H 公司将 A 商品出售，并将衍生工具 X 结算。

H 公司采用比率分析法评价套期有效性，即通过比较衍生工具 X 和存货 A 的公允价值变动评价套期有效性。H 公司预期该套期完全有效。假定不考虑衍生工具的时间价值、商品销售相关的增值税及其他因素，编制相关会计处理。

6. 201A 年 10 月 1 日，W 公司（记账本位币为人民币）在其境外子公司 FS 有一项境外净投资外币 8 000 万元（即 FC 8 000 万元）。为规避境外经营净投资外汇风险，W 公司与某境外金融机构签订了一项外汇远期合同，约定于 201B 年 4 月 1 日卖出 FC 8 000 万元。W 公司每季度对境外净投资余额进行检查，且依据检查结果调整对净投资价值的套期。其他有关资料见下表：

有关汇率资料

日期	即期汇率（FC/RMB）	远期汇率（FC/RMB）	远期合同的公允价值（元）
201A 年 10 月 1 日	1.71	1.70	0
201A 年 12 月 31 日	1.64	1.63	5 400 000
201B 年 3 月 31 日	1.60	不适用	8 000 000

试作上述业务的会计处理。

第八章　租赁会计

租赁是资产的所有者将其使用权让渡于另一方以获得租金报酬的一种经济活动形式。租赁是随着商品交换的产生而形成的，经历了漫长的历史发展过程。租赁在我国发展不是很快，相应的会计处理的规范出台较晚，租赁会计还是一个较新的领域。

通过本章学习，应该掌握：

○融资租赁的实质

○融资租赁的会计处理

○经营租赁的会计处理

○售后租回的会计处理

第一节　租赁会计概述

一、租赁业务的产生和发展

古代租赁是一种原始的实用信用，它产生于相互交换实物的需要，其特征是没有固定的租赁契约形式和报酬条件。近代早期租赁主要是以获取出租物使用权为目的的租赁信用形式。其特征是签订租赁合同并规定租金报酬。

现代租赁产生于20世纪50年代，此时正是“二战”结束后的恢复建设时期，很多大规模的企业正在重建，传统的设备急需更新，因而对扩大投资、更新技术的需求旺盛。要解决这些问题需要大量的资金支持，传统的融资方式已经无法满足这种需求。因此，在银行和企业的共同参与下，金融资本和工业资本在信贷环节相互融通，一种以融通资金为特点的现代租赁应运而生。自从1952年美国诞生了第一家租赁公司，现代租赁形成并迅速发展。20世纪60年代，现代租赁业在欧洲和日本相继发展，70年代中期，在发展中国家也得到进一步的发展，90年代，现代租赁又跨入了一个崭新的时期。据世界银行的报告，租赁业已经成为金融业的一个重要分支，在世界私有投资中已经占有

12.5%的份额。在发展中国家现代租赁业日益发挥着重要作用，排名在世界前50名的租赁市场中有半数是发展中国家。

二、我国现代租赁业务的发展

租赁在我国有悠久的历史，最早可以追溯到周秦时期，汉唐后逐渐兴盛起来。传统的租赁形式是以马、土地、房屋等作为出租对象。这一租赁的形式对现代租赁的发展起到重要作用。

我国现代租赁业务起步较晚，20世纪80年代先后成立的中国东方租赁有限公司和中国租赁有限公司，标志着我国现代租赁业的兴起。此后，近二十年来，我国现代租赁业务发展迅速，取得了显著的成绩。主要表现在：第一，具有相当规模的专业租赁机构。目前，较大规模的租赁公司除中国东方租赁有限公司、中国租赁有限公司以外，还有中国环球租赁有限公司、中国对外贸易租赁公司。另外，我国中外合资融资租赁公司已有40多家，外方股东涉及40多家世界著名的大银行、大商社、大跨国公司。第二，具有完整的租赁系统。租赁机构在租赁业务初步展开时，相对集中在经济发达的大城市。随着现代租赁业务的发展，内地各省市也纷纷组建租赁公司，进而形成了全国性公司、区域性公司和地方公司，构成具有一定规模的租赁业务网络。在租赁业务经营范围上，不仅具有综合性租赁公司，而且成立了专业化租赁公司。第三，具有专业的人才队伍。从事现代租赁业务的人员需要有较高的业务素质，应通晓国际金融、税收、会计、法律等方面的知识，了解国际市场行情，具有综合业务能力。在我国租赁企业发展中，培养了一大批从事租赁业务的人员，形成了一支具有专业能力的人才队伍。

三、租赁业务特点及分类

租赁（Leases）是资产的所有者将其资产的使用权让渡给另一方以获得租金报酬的一种经济活动，也就是出租人在承租人给予一定报酬（租金）的前提下，授予承租人在约定的期限内使用租赁财产的权利的一种行为。在租赁业务开始时，出租人与承租人一般都要签订有偿转让资产使用权的合同或协议，这种合同或协议通常被称为租约。

1. 租赁业务的特点

企业的租赁业务与一般的商品交易不同，具有以下特点：

（1）租赁资产的使用权和所有权分离。这一特点与商品交易活动是不同的。在商品交易活动中，购买方只要按交易条件支付有关价款，就可以同时获得商品的所有权和使用权。任何租赁业务，租赁期内，出租人出让或承租人取得的只是资产的使用权，租赁资产的所有权仍然归出租人。租期届满，租赁资产的所有权可以归还给出租人，也可以由承租人廉价购买，具体应视租约的规定。因此，租赁资产的所有权与使用权分离是租赁业务的主要特征。

（2）“融资”与“融物”相结合。租赁属于一种信用形式，出租人让渡资产，无异于向需要使用资产的承租人同时提供了等量的资金信贷；承租人租入资产，也无异于同时取得了相当于资产购置成本的信贷资金。显然比先筹资后购置资产的方式更加迅速，能使企业尽快形成生产经营能力。因此，“融资”与“融物”相统一，是租赁业务的又一主要特征。

（3）租赁资产的形式灵活方便。这一特点与分期付款销售是不同的。虽然两者在货币信贷与物资信贷相结合方面是相同的，但分期付款销售只能解决购买方一时的资金困难，无法解决企业对某种设备的短期使用，而非长期拥有的需要。租赁业务非常灵活，出租人对承租人的限制和要求相对较少，它既满足承租人短期或临时使用资金的需要，也可解决承租人需永久拥有某种设备但一次性购买付现能力不足的困难；租期的选择也很灵活，短的几个月，长则数年；租期届满，租赁资产的处理方式也多种多样，可由承租人留购，也可退还出租人等。

2. 租赁的相关概念

（1）租赁期（Lease Term），是指租赁协议规定的不可撤销的租赁期间。如果承租人有权选择续租该资产，并且在租赁开始日就可以合理确定承租人将会行使这种选择权，不论是否再支付租金，续租期也包括在租赁期之内。

（2）租赁开始日（Inception of the Lease），是指租赁协议日与租赁各方就主要条款作出承诺日中的较早者。在租赁开始日，承租人和出租人应当将租赁认定为融资租赁或经营租赁，并确定在租赁期开始日应确认的金额。

（3）租赁期开始日（The Lease Beginning Date），是指承租人有权行使其使用租赁资产权利的日期，表明租赁行为的开始。在租赁期开始日，承租人应当对租入资产、最低租赁付款额和未确认融资费用进行初始确认；出租人应当对应收融资租赁款、未担保余值和未实现融资收益进行初始确认。

（4）担保余值（Guaranteed Residual Value），就承租人而言，是指由承租人或与其有关的第三方担保的资产余值；就出租人而言，是指就承租人而言的担保余值加上与承租人和出租人均无关、但在财务上有能力担保的第三方担保的资产余值。其中，资产余值是指在租赁开始日估计的租赁期届满时租赁资产的公允价值。为了促使承租人谨慎地使用租赁资产，尽量减少出租人自身的风险和损失，租赁协议有时要求承租人或与其有关的第三方对租赁资产的余值进行担保，此时的担保余值是针对承租人而言的。除此以外，担保人还可能是与承租人和出租人均无关，但在财务上有能力担保的第三方，如担保公司，此时的担保余值是针对出租人而言的。

（5）未担保余值（The Unguaranteed Residual Value），是指租赁资产余值中扣除就出租人而言的担保余值以后的资产余值。对出租人而言，如果租赁资产余值中包含未担保余值，表明这部分余值的风险和报酬并没有转移，其风险应由出租人承担，因此，未担保余值不能作为应收融资租赁款的一部分。

（6）最低租赁付款额（Minimum Lease Payments），是指在租赁期内，承租人应支付或可能被要求支付的各种款项（不包括或有租金和履约成本），加上由承租人或与其相关的第三方担保的资产余值。承租人有购买租赁资产选择权，所订立的购买价款预计将远低于行使选择权时租赁资产的公允价值，因而在租赁开始日就可以合理确定承租人将会行使这种选择权，购买价款应当计入最低租赁付款额。

（7）或有租金（Or Have the Rent），是指金额不固定、以时间长短以外的其他因素（如销售量、使用量、物价指数等）为依据计算的租金。

（8）履约成本（The Performance Cost），是指租赁期内为租赁资产支付的各种使用费用，如技术咨询和服务费、人员培训费、维修费、保险费等。

（9）最低租赁收款额（The Minimum Lease Receipts），是指最低租赁付款额加上独立于承租人和出租人的第三方对出租人担保的资产余值。

3. 租赁业务的分类

租赁业务多种多样，可按不同的标准进行分类。租赁的不同的类型，其会计处理方法有较大的差别。因此，正确地对租赁业务进行分类是相当重要的。

（1）按与租赁资产所有权有关的风险和报酬是否转移为标准，可将租赁分为融资租赁和经营租赁。

融资租赁（Financing Lease），也称为资本租赁（Capital Lease），它是为满足企业经营使用上的长期性需要而发生的资产租赁。经营租赁（Operating Lease）是为满足企业经营使用上的临时或季节性需要而发生的资产租赁。

承租人和出租人应当在租赁开始日将租赁分为融资租赁和经营租赁。满足下列标准之一的，即应认定为融资租赁；除融资租赁以外的租赁为经营租赁。

①在租赁期届满时，资产的所有权转移给承租人。即如果在租赁协议中已经约定，或者根据其他条件在租赁开始日就可以合理地判断，租赁期届满时出租人会将资产的所有权转移给承租人，那么该项租赁为融资租赁。

②承租人有购买租赁资产的选择权，所订立的购价预计远低于行使选择权时租赁资产的公允价值，因而在租赁开始日就可合理地确定承租人将会行使这种选择权。例如，出租人和承租人签订了一项租赁协议，租赁期限为3年，租

赁期届满时承租人有权以10 000元的价格购买租赁资产，在签订租赁协议时估计该租赁资产租赁期届满时的公允价值为40 000元，由于购买价格仅为公允价值的25%（远低于公允价值40 000元），如果没有特别的情况，承租人在租赁期届满时将会购买该项资产。在这种情况下，在租赁开始日即可判断该项租赁应当认定为融资租赁。

③租赁期占租赁资产使用寿命的大部分。这里的“大部分”指租赁期占租赁开始日租赁资产使用寿命的75%以上（含75%，下同）。这条标准强调的是租赁期占租赁资产使用寿命的比例，而非租赁期占该项资产全部可使用年限的比例。如果租赁资产是旧资产，在租赁前已使用年限超过资产自全新时起算可使用年限的75%以上时，则这条判断标准不适用，不能使用这条标准确定租赁的分类。例如，某项租赁设备全新时可使用年限为10年，已经使用了3年，从第4年开始租出，租赁期为6年，由于租赁开始时该设备使用寿命为7年，租赁期占使用寿命85.7%（6年/7年），符合第3条标准，因此，该项租赁应当归类为融资租赁。如果从第4年开始，租赁期为3年，租赁期占使用寿命的42.9%（3年/7年），就不符合第3条标准，因此该项租赁不应认定为融资租赁（假定也不符合其他判断标准）。假如该项设备已经使用了8年，从第9年开始租赁，租赁期为2年，此时，该设备使用寿命为2年，虽然租赁期为使用寿命的100%（2年/2年），但由于在租赁前该设备的已使用年限超过了可使用年限（10年）的75%（8年/10年=80%>75%），因此，也不能采用这条标准来判断租赁的分类。

④就承租人而言，租赁开始日最低租赁付款额的现值几乎相当于租赁开始日租赁资产公允价值；就出租人而言，租赁开始日最低租赁收款额的现值几乎相当于租赁开始日租赁资产公允价值。这里的“几乎相当于”指在90%以上。

⑤租赁资产性质特殊，如果不作较大修整，只有承租人才能使用。这条标准是指租赁资产是由出租人根据承租人对资产型号、规格等方面的特殊要求专门购买或建造的，具有专购、专用性质。这些租赁资产如果不作较大的重新改制，其他企业通常难以使用。在这种情况下，该项租赁也应当认定为融资租赁。

租赁准则着重解决三个方面的问题，一是承租人对租入资产入账价值的确定和未确认融资费用的分摊问题；二是出租人租赁收入的分配问题；三是售后租回交易中售价与租赁资产账面价值差额的处理。

（2）按出租人取得租赁物的来源和方式为标准，可将租赁分为直接融资租赁、销售方式租赁、杠杆租赁、售后回租和转租租赁。

直接融资租赁（Direct Financing Lease）是融资租赁的典型形式，出租人直接将生产制造或买入的固定资产租给承租人，直接签订租赁合同收取租金，涉及出租人和承租人两方。充当直接租赁的出租人一般是专门的租赁公司。

销售方式租赁（Sales Lease）是指出租人通过租赁方式将资产转租给承租人而赚取收益的行为。这种租赁的出租人可以从销售财产和取得利息两个方面获取收益。销售方式租赁的出租人一般为既从事资产生产、买卖，又从事资产租赁或销售的生产企业。

杠杆租赁（Leveraged Lease）是指出租人只垫支购买资产所需资金的一部分，其余部分则以所购资产做担保向贷款人借款支付，再将资产出租给承租人使用，并按照合同收取租金。这种情况下，出租人同时是借款人，需将收取的租金首先用于偿还贷款，否则租赁资产的所有权就可能转移给贷款人。

售后回租（Sale and Leaseback）是指承租人将所购买的资产出售给出租人，再从出租人租回使用。租赁业务包含两个方面的交易内容，一是承租人与出租人的资产买卖，二是承租人与出租人的资产租赁。这种租赁对承租人而言，通过资产的出售，既可以解决承租人对资金的急需，得到相当于资产市价的货币资金；通过资产的租赁，又可以在租赁期间用年支付额不大的租金获取原资产的使用权。

转租租赁（Sublet Lease）是指在租赁合同有效期间内承租人不退出租赁关系，而将租赁物出租给次承租人使用，并收取租金。在转租租赁中，承租人与再次承租人之间也是一个租赁关系，原承租人与出租人之间的租赁关系仍然继续存在。

四、租赁会计的产生和发展

租赁业务的飞速发展对财务会计提供信息产生了新的要求。第二次世界大战以后，由于美国的租赁业务向着多样化、复杂化方向发展，依据传统的会计方法处理存在着许多问题。为此，西方会计界不断制定、修订这项业务的会计准则。美国会计师协会为建立公认的租赁会计准则，自 1949 年美国注册会计师协会所属的会计程序委员会首次发布了 38 号《会计研究公告》——规定在财务报表中如何列示和说明租赁业务引起的资产、负债增减变动。1953 年美国会计程序委员会发表了第 43 号公告，说明承租人财务报表应如何列示长期租赁问题。1949 年和 1966 年美国注册会计师协会所属的会计原则委员会先后发布了有关租赁会计的第 5 号和第 7 号意见书。1976 年美国财务会计准则委员会发表了第 13 号《财务会计准则公告——租赁会计》，这一公告被公认为权威性的租赁会计理论基础和处理准则。1982 年，国际会计准则委员会发表了《国际会计准则——租赁会计》，作出了租赁会计处理的基本规定，进而形成了较为成熟的租赁会计。

我国财政部于2001年1月18日发布了《企业会计准则——租赁》，又于2006年2月15日修订发布了《企业会计准则第21号——租赁》。

租赁会计（The Lease Accounting）是以租赁业务过程中租赁各方的资产、负债、收益、费用等要素为核算对象，研究租赁活动中资金运动及其增减变化和结果，从而提供与租赁业务有关的会计信息。因而，租赁会计是运用会计学的理论和方法，以货币作为计量单位，对租赁活动进行综合的、全面的、连续的和系统的反映、监督与管理的一种专门会计。

第二节　经营租赁会计

一、国际会计准则对经营租赁的会计处理

《国际会计准则第17号——租赁》规定：承租人对于经营租赁，除非另外的系统方法能代表使用者收益的时间形态，否则租赁付款应在租赁期内按直线法确认为收益表中的一种费用，即使实际支付并不按这个基础。

出租人应按资产的性质，在其资产负债表上列示经营租赁资产。经营租赁形成的财务收益应按直线法在租赁期内确认为收益。赚取租赁收益时发生的费用应确认为营业成本或费用。为赚取经营租赁的租金收入而特别发生的初始直接费用，可以递延，并按租金收益的确认比例在整个租赁期内加以分摊；也可在费用发生的当期确认为费用。租赁资产的折旧应采用与出租人的类似资产通常采用的折旧政策相一致的政策；折旧费应按《国际会计准则第4号——折旧会计》和《国际会计准则第16号——固定资产》规定的基础计算。为确定一项租赁资产是否已减值，企业应运用有关资产减值的国际会计准则，该准则在以下方面作了若干要求：企业应如何检查其资产的账面金额；如何确定资产的可收回金额；何时应确认减值损失和转回减值损失。

二、我国会计准则对经营租赁的会计处理

1. 承租人对经营租赁的会计处理

我国《企业会计准则第21号——租赁》及《会计准则应用指南》对租赁有明确的规定。在经营租赁下，与租赁资产所有权有关的风险和报酬并没有实质上转移给承租人，承租人不承担租赁资产的主要风险，承租人对经营租赁的会计处理比较简单。承租人不需要将所取得的资产的使用权资本化，相应地也不必将所承担的付款义务列做负债。其主要问题是解决应支付的租金与计入当

期费用的关系。承租人在经营租赁下发生的租金应当在租赁期内各个期间按照直线法确认为费用；如果其他方法更合理也可以采用其他方法。某些情况下，应将租金总额在整个租赁期内，而非在租赁期扣除免租期后的期间内按照直线法或其他合理方法进行分摊。在出租人承担了承租人的某些费用的情况下，应将该费用从租金总额中扣除，并将租金余额在租赁期内进行分摊。在出租人承担了承租人的某些费用的情况下，应将该费用从租金总额中扣除，并将租金余额在租赁期内进行分摊。其会计处理为：确认各期租金费用时，借记“长期待摊费用”等科目，贷记“其他应付款”等科目；实际支付租金时，借记“其他应付款”等科目，贷记“银行存款”、“现金”等科目。

对承租人在经营租赁中发生的初始直接费用，应当计入当期损益。其账务处理为：借记“管理费用”等科目，贷记“银行存款”等科目。

在经营租赁下，承租人对或有租金的处理与融资租赁下相同，即在实际发生时计入当期损益。其账务处理为：借记“管理费用”等科目，贷记“银行存款”等科目。

此外，为保证租赁资产的安全和有效使用，承租人应设置“经营租赁资产”备查簿作备查登记，以反映和监督租赁资产的使用、归还和结余情况。承租人还应在财务报告中披露与经营租赁有关的下列事项：①资产负债表日后连续三个会计年度每年将支付的不可撤销经营租赁的最低租赁付款额；②以后年度将支付的不可撤销经营租赁最低租赁付款额。

【例1】201A年1月1日，甲公司向乙公司租入办公设备一台，租期为3年。设备价值为2 000 000元，预计使用年限为10年。租赁合同规定，租赁期为3年，租赁开始日（201A年1月1日）甲公司向乙公司一次性预付租金300 000元，第一年年末支付租金350 000元，第二年年末支付租金350 000元，第三年年末支付租金350 000元。租期届满后乙公司收回设备，三年的租金总额为1 350 000元。各期支付的款项均以银行存款转账。

此例中，租赁没有满足融资租赁的任何一条标准，应作为经营租赁处理。

201A年1月1日：

借：长期待摊费用	300 000	
贷：银行存款		300 000

201A年12月31日：

借：管理费用	450 000	
贷：长期待摊费用		100 000
银行存款		350 000

201B年12月31日：

借：管理费用　　450 000
　贷：长期待摊费用　　100 000
　　　银行存款　　350 000

201C 年 12 月 31 日：

借：管理费用　　450 000
　贷：长期待摊费用　　100 000
　　　银行存款　　350 000

2. 出租人对经营租赁的会计处理

在经营租赁下，与租赁资产所有权有关的风险和报酬并没有实质上转移给承租人，出租人对经营租赁的会计处理也比较简单，主要问题是解决收取租金与确认为当期收入之间的关系、经营租赁资产折旧的计提。在经营租赁下，租赁资产的所有权始终归出租人所有，因此出租人仍应按自有资产的处理方法，将租赁资产反映在资产负债表上。如果经营租赁资产属于固定资产，应当采用出租人对类似资产通常所采用的折旧政策计提折旧；否则，应采用合理的方法进行分摊。出租人在经营租赁下收取租金应当在租赁期内各个期间按直线法确认为收入，如果其他方法更加合理，也可采用其他方法。

出租人应当根据应确认的租金收入，借记“应收账款”或“其他应收款”等科目，贷记“租赁收入”或“其他业务收入”等科目。实际收到租金时，借记“银行存款”等科目，贷记“应收账款”或“其他应收款”等科目。

经营租赁中出租人发生的初始直接费用，如谈判和签订租赁合同过程中发生的可归属于租赁项目的手续费、律师费、差旅费、印花税等，应当计入当期损益。金额较大的应当资本化，在整个经营租赁期间内按照与确认租金收入相同的基础分期计入当期损益。

出租人如果收到或有租金，在实际收到时计入当期损益。

出租人提供免租期的，出租人应将租金总额在不扣除免租期的整个租赁期内，按直线法或其他合理的方法进行分配，免租期内出租人应当确认租金收入。出租人承担了承租人某些费用的，出租人应将该费用自租金收入总额中扣除，按扣除后的租金收入余额在租赁期内进行分配。

在经营租赁下，与资产所有权有关的主要风险和报酬仍然留在出租人一方，因此出租人应当将出租资产作为自身拥有的资产在资产负债表中列示。如果属于固定资产，则列在资产负债表固定资产项下。如果出租资产属于流动资产，则列在资产负债表有关流动资产项下。

【例 2】沿用例 1 的资料。编制出租人的会计处理。

201A 年 1 月 1 日：

借：银行存款　　　　　　　　　　　　　　　300 000
　贷：预收账款　　　　　　　　　　　　　　　300 000

201A 年 12 月 31 日：

借：银行存款　　　　　　　　　　　　　　　350 000
　　预收账款　　　　　　　　　　　　　　　100 000
　贷：（主营业务收入）租赁收入　　　　　　　450 000

201B 年 12 月 31 日：

借：银行存款　　　　　　　　　　　　　　　350 000
　　预收账款　　　　　　　　　　　　　　　100 000
　贷：（主营业务收入）租赁收入　　　　　　　450 000

201C 年 12 月 31 日：

借：银行存款　　　　　　　　　　　　　　　350 000
　　预收账款　　　　　　　　　　　　　　　100 000
　贷：（主营业务收入）租赁收入　　　　　　　450 000

第三节　融资租赁会计

一、国际会计准则对融资租赁的会计处理

1. 对承租人的会计处理要求

承租人应以等于租赁开始时租赁资产公允价值的金额与最低租赁付款额的现值中较低者，在其资产负债表上将融资租赁确认为资产和负债。在计算最低租赁付款的现值时，如租赁内含利率能够确定，则将其作为折现率，否则应采用承租人的增量借款的利率。

承租活动经常发生初始直接费用，确认为可直接归属于承租人为融资租赁所进行的活动的费用，应确认为租赁资产金额的一部分。

租赁付款额应按比例分别计入融资费用、减少尚未结清的负债。融资费用应分摊于租赁期的各个期间，以使各期的负债余额形成一个固定的期间利率。

融资租赁在每个会计期间产生租赁资产的折旧费以及融资费用。对租赁资产的折旧政策应采用与自有应折旧资产一致的折旧政策。确认的折旧费用应按《国际会计准则第 4 号——折旧会计》和《国际会计准则第 16 号——固定资产》规定的基础计算确定。如不能合理确定承租人在租赁期满后是否将取得资产的所有权，则资产应在租赁期和使用年限两者孰短的期限内计提折旧。

为确定一项租赁资产是否已减值，也就是说，何时才能确认从该资产上将

获得的预期未来经济利益小于其账面金额，企业应运用有关资产减值的国际会计准则，该准则为以下方面作了若干规定：企业应如何检查其资产的账面金额；如何确定资产的可收回金额；何时应确认减值损失或转回减值损失。

2. 对出租人的会计处理要求

出租人应在其资产负债表内确认已用于融资租赁的资产，并以相当于租赁投资净额将其列做应收款。

财务收益的确认，应基于反映出租人在融资租赁中尚未收回投资净额上所产生的固定期间回报率的方式。

出租人应按系统而合理的基础将财务收益分摊在租赁期内。收益的分摊应基于反映出租人在融资租赁中未收回投资净额上所产生的固定期间回报率的方式。与会计期间有关、但不包括服务成本的租赁付款，应冲减租赁投资总额，既减少本金，也减少未实现财务收益。

对用于计算出租人租赁投资总额的预计未经担保的残值，应定期审核。如预计未经担保的残值在减少，则应修正租赁期内的收益分摊方式，已入账金额的减少应立即确认。

二、我国会计准则对融资租赁的会计处理

（一）承租人对融资租赁的会计处理

1. 租赁开始日的会计处理

在租赁期开始日，承租人应当将租赁开始日租赁资产公允价值与最低租赁付款额现值两者中较低者作为租赁资产的入账价值，将最低租赁付款额作为长期应付款的入账价值，其差额作为未确认融资费用。承租人在计算最低租赁付款额现值时，如果知悉出租人的租赁内含利率，应当采用出租人的租赁内含利率作为折现率；否则应当采用租赁合同利率作为折现率。如果出租人的租赁内含利率和租赁合同规定的利率均无法知悉，应采用同期银行贷款利率作为折现率。其中，租赁内含利率，是指在租赁开始日，使最低租赁收款额的现值与未担保余值的现值之和等于租赁资产公允价值与出租人的初始直接费用之和的折现率。

初始直接费用是指在租赁谈判和签订租赁合同的过程中发生的可直接归属于租赁项目的费用。承租人发生的初始直接费用通常有印花税、佣金、律师费、差旅费、谈判费等。承租人发生的初始直接费用，应当计入租入资产价值。

【例3】201A年12月31日，W公司与X租赁公司签订租赁合同。租赁标的物为一台A设备。合同主要条款如下：

（1）租赁标的物：A设备。

（2）起租日：201B 年 1 月 1 日。

（3）租赁期：201B 年 1 日 1 日至 201E 年 12 月 31 日，共 48 个月。

（4）租金支付：自 201B 年 1 月 1 日每 6 个月支付租金 200 000 元。

（5）该设备的保险、维护费用均由承租方负担，估计每年约 12 000 元。

（6）该设备在出租日的公允价值为 1 400 000 元。

（7）租赁合同规定的利率为年利率 10%（X 公司的内含利率不清楚）。

（8）W 公司发生的租赁初始费用为 4 000 元。

（9）该设备为全新，估计使用期为 5 年，预计使用期满时无残值，承租人对该设备采用年限平均法计提折旧。

（10）租赁期届满时，W 公司享有优惠购买该设备的选择权，购买价格为 10 000 元，估计该日租赁资产的公允价值为 100 000 元。

（11）合同规定，W 公司后两年经营状况较好，应当按销售收入的 1% 支付或有租金给 X 公司，假设 W 公司后两年经营情况确实较好，年收入分别为 150 万元和 200 万元。

根据上述资料，编制承租人的会计处理。

第一步，判断租赁类型。

本例存在优惠购买选择权，优惠购买价 10 000 元远远小于行使选择权日租赁资产的公允价值 100 000 元，因此在 201A 年 12 月 31 日就可合理确定 W 公司将会行使这种选择权，符合融资租赁的第 2 条判断标准；另外，在本例中，最低租赁付款额的现值为 1 299 408 元（计算过程见后），大于租赁开始日租赁资产公允价值的 90%，即 1 260 000 元（1 400 000 元 ×90%），符合融资租赁的第 4 条判断标准；因此这项租赁应认定为融资租赁。

第二步，计算租赁开始日最低租赁付款额的现值，确定租赁资产的入账价值。

最低租赁付款额 = 各期租金之和 + 行使优惠购买选择权支付的金额 = 200 000 ×8 + 10 000 = 1 610 000（元）

最低租赁付款额现值 = 200 000 ×（P/A，5%，8）+ 10 000（P/F，5%，8）= 200 000 ×6.463 2 + 10 000 ×0.676 8 = 1 299 408（元）

现值 1 299 408 元小于固定资产原账面价值 1 400 000 元，以现值作为固定资产的入账价值。

第三步，计算未确认融资费用。

未确认融资费用 = 最低租赁付款额 − 租赁开始日租赁资产的入账现值 = 1 610 000 − 1 299 408 = 310 592（元）。

第四步，将初始直接费用 4 000 元加入租赁资产的入账价值确定最终的入账价值，编制租赁资产的会计分录。

最终入账价值 = 1 299 408 + 4 000 = 1 303 408（元）。

借：固定资产——融资租入固定资产　　1 303 408

　　未确认融资费用　　310 592

　贷：长期应付款——应付融资租赁款　　1 610 000

　　　银行存款　　4 000

2. 分期支付租金和未确认融资费用的分摊

在融资租赁下，承租人向出租人支付的租金中包含了本金和利息两部分。承租人支付租金时，一方面应减少长期应付款，另一方面应同时将未确认融资费用按一定的方法确认为当期融资费用。在先付租金的情况下，租赁期第一期支付的租金不含利息，只需减少长期应付款，不必确认当期融资费用。

在分摊未确认融资费用时，按照租赁准则的规定，承租人应当采用实际利率法。在采用实际利率法的情况下，根据租赁开始日租赁资产和负债的入账价值基础不同，融资费用分摊率的选择也不同。未确认融资费用的分摊率的确定具体分为下列几种情况：

（1）以出租人的租赁内含利率作为折现率将最低租赁付款额折现、且以该现值作为租赁资产入账价值的，应当将租赁内含利率作为确认融资费用的分摊率。

（2）以合同规定利率作为折现率将最低租赁付款额折现、且以该现值作为租赁资产入账价值的，应当将合同规定的利率作为确认融资费用的分摊率。

（3）以银行同期贷款利率作为折现率将最低租赁付款额折现、且以该现值作为租赁资产入账价值的，应当将银行同期贷款利率作为未确认融资费用的分摊率。

（4）以租赁资产公允价值作为入账价值的，应当重新计算分摊率。该分摊率是使最低租赁付款额的现值等于租赁资产公允价值的折现率。

存在优惠购买权时，在租赁期届满时，未确认融资费用应全部摊销完毕，并且租赁负债也应当减少为优惠购买金额。在承租人或与其有关的第三方对租赁资产提供了担保或由于在租赁期届满时没有续租而支付违约金的情况下，在租赁期届满时，未确认融资费用应当全部摊销完毕，并且租赁负债应减少至担保余值或该日支付的违约金。

根据例 3 的资料，本例是以合同利率作为折现率，且以计算出来的现值作为入账价值，所以，其未确认融资费用的分摊率就是合同利率。

采用实际利率法分摊未确认融资费用的计算过程如下：

采用实际利率法，计算每半年的摊销额，然后再除以 6，得出每月摊销额。

第一个半年应确认的未确认融资费用 =1 299 408 ×5% =64 970（元），

第二个半年应确认的未确认融资费用 =（1 299 408 -200 000 +64 970）×5% =58 219（元），

第三个半年应确认的未确认融资费用 =（1 164 378 -200 000 +58 219）×5% =51 130（元），

第四个半年应确认的未确认融资费用 =（1 022 597 -200 000 +51 130）×5% =43 686（元），

第五个半年应确认的未确认融资费用 =（873 727 -200 000 +43 686）×5% =35 871（元），

第六个半年应确认的未确认融资费用 =（717 413 -200 000 +35 871）×5% =27 664（元），

第七个半年应确认的未确认融资费用 =（553 284 -200 000 +27 664）×5% =19 047（元），

第八个半年应确认的未确认融资费用 =（380 947 -200 000 +19 047）×5% =9999.7（元），

合计 310 592（元）。

201B 年 6 月 30 日编制会计分录：

支付租金：

借：长期应付款　　200 000

　贷：银行存款　　200 000

摊销未确认融资费用：

借：财务费用　　64 970

　贷：未确认融资费用　　64 970

如果按月摊销，则每月摊销 64 970/6 =10 828（元）。

201B 年 12 月 31 日编制会计分录：

支付租金：

借：长期应付款　　200 000

　贷：银行存款　　200 000

摊销未确认融资费用：

借：财务费用　　58 219

　贷：未确认融资费用　　58 219

如果按月摊销，则每月摊销 58 219/6 =9 703（元）。

201C 年 6 月 30 日编制会计分录：

支付租金：

借：长期应付款　　200 000

　贷：银行存款　　200 000

摊销未确认融资费用：

借：财务费用　　51 130

　贷：未确认融资费用　　51 130

如果按月摊销，则每月摊销 51 130/6 = 8 522（元）。

201C 年 12 月 31 日编制会计分录：

支付租金：

借：长期应付款　　200 000

　贷：银行存款　　200 000

摊销未确认融资费用：

借：财务费用　　43 686

　贷：未确认融资费用　　43 686

如果按月摊销，则每月摊销 43 686/6 = 7 281（元）。

201D 年 6 月 30 日编制会计分录：

支付租金：

借：长期应付款　　200 000

　贷：银行存款　　200 000

摊销未确认融资费用：

借：财务费用　　35 871

　贷：未确认融资费用　　35 871

如果按月摊销，则每月摊销 35 871/6 = 5 979（元）。

201D 年 12 月 31 日编制会计分录：

支付租金：

借：长期应付款　　200 000

　贷：银行存款　　200 000

摊销未确认融资费用：

借：财务费用　　27 664

　贷：未确认融资费用　　27 664

如果按月摊销，则每月摊销 27 664/6 = 4 611（元）。

201E 年 6 月 30 日编制会计分录：

支付租金：

借：长期应付款　　200 000

贷：银行存款　　　　　　　　　　　　　　　　　　　　200 000

摊销未确认融资费用：

借：财务费用　　　　　　　　　　　　　　　　19 047

贷：未确认融资费用　　　　　　　　　　　　　　　　　19 047

如果按月摊销，则每月摊销 19 047/6 = 31 745（元）。

201E 年 12 月 31 日编制会计分录：

支付租金：

借：长期应付款　　　　　　　　　　　　　　200 000

贷：银行存款　　　　　　　　　　　　　　　　　　　200 000

摊销未确认融资费用：

借：财务费用　　　　　　　　　　　　　　　　10 005

贷：未确认融资费用　　　　　　　　　　　　　　　　　10 005

如果按月摊销，则每月摊销 10 005/6 = 1 668（元）。

3. 租赁资产折旧的计提

承租人应对融资租入的固定资产计提折旧，主要涉及两个问题：一是折旧政策；二是折旧期间。

（1）折旧政策。

对于融资租入资产，计提租赁资产折旧时，承租人应采用与自有应提折旧资产相一致的折旧政策。同自有应提折旧资产一样，租赁资产的折旧方法一般有年限平均法、工作量法、双倍余额递减法、年数总和法等。如果承租人或与其有关的第三方对租赁资产余值提供了担保，则应计折旧总额为租赁开始日租赁资产的入账价值扣除担保余值后的余额；如果承租人或与其有关的第三方未对租赁资产余值提供担保，则应计折旧总额为租赁开始日固定资产入账价值。

（2）折旧期间。

如果能合理确定租赁期届满时承租人将会取得租赁资产所有权，即可认为承租人拥有该项资产的全部使用寿命，因此应以租赁开始日租赁资产的寿命作为折旧期间；如果无法合理确定租赁期届满后承租人是否能够取得租赁资产的所有权，则应以租赁期与租赁资产使用寿命两者中较短者作为折旧期间。

本例能合理确定租赁期届满时承租人将会取得租赁资产所有权，即可认为承租人拥有该项资产的全部使用寿命，因此应以租赁开始日租赁资产的寿命作为折旧期间（5 年），本例中租赁资产不存在担保余值，应全部计提折旧。

每年计提折旧额 =（1 303 408 − 0）÷ 5 = 260 681.60（元）

每月计提折旧额 =（1 303 408 − 0）÷ 60 = 21 713.47（元）

编制计提折旧的会计分录为：

借：制造费用　　21 713.47

　贷：累计折旧　　21 713.47

4. 履约成本的会计处理

履约成本，是指租赁期内为租赁资产支付的各种使用费用，如技术咨询和服务费、人员培训费、维修费等。承租人发生的履约成本通常应计入当期损益。

本例中，W 公司每年发生保险费、维护费 12 000 元，发生时编制会计分录为：

借：管理费用　　12 000

　贷：银行存款　　12 000

5. 或有租金的会计处理

或有租金，是指金额不固定、以时间长短以外的其他因素（如销售量、使用量、物价指数等）为依据计算的租金。由于或有租金的金额不固定，无法采用系统合理的方法对其进行分摊，因此在或有租金实际发生时计入当期损益。

本例承租方 W 公司承租后两年的经营状况较好，每年按营业收入的 1% 支付或有租金。

201D 年年末，W 公司按营业收入 150 万元的 1% 支付或有租金时，编制的会计分录：

借：销售费用　　15 000

　贷：银行存款　　15 000

201E 年年末，W 公司按营业收入 200 万元的 1% 支付或有租金时，编制的会计分录：

借：销售费用　　20 000

　贷：银行存款　　20 000

6. 租赁期届满时的会计处理

租赁期届满时，承租人通常对租赁资产的处理有三种情况：返还、优惠续租和留购。

（1）返还租赁资产。

租赁期届满，承租人向出租人返还租赁资产时，通常借记“长期应付款——应付融资租赁款”、“累计折旧”科目，贷记“固定资产——融资租入固定资产”科目。

（2）优惠续租租赁资产。

如果承租人行使优惠续租选择权，则应视同该项租赁一直存在而作出相应的账务处理。如果租赁期届满没有续租，根据租赁协议规定须向出租人支付违约金时，借记“长期应付款”科目，贷记“银行存款”科目。

（3）优惠购入租赁资产

在承租人享有优惠购买选择权的情况下，支付购买价款时，借记“长期应付款——应付融资租赁款”科目，贷记“银行存款”等科目；同时，将固定资产从“融资租入固定资产”明细科目中转入有关明细科目。

本例为第三种情况，优惠购入该设备。其会计分录为：

支付购买价款：

借：长期应付款　　10 000

　贷：银行存款　　10 000

同时，将固定资产的明细科目从“融资租入固定资产”转入“A 设备”，成为企业自有固定资产。

借：固定资产——A 设备　　1 303 408

　贷：固定资产——融资租入固定资产　　1 303 408

7. 相关会计信息的列示与披露

承租人应当在资产负债表中，将与融资租赁相关的长期应付款减去未确认融资费用的差额，分别按长期负债和一年到期的长期负债列示。

承租人应当在附注中披露与融资租赁有关的以下信息：

（1）各类租入固定资产的期初和期末原价、累计折旧额；

（2）资产负债表日后连续三个会计年度每年将支付的最低租赁付款额，以及以后年度将支付的最低租赁付款额总额。

（二）出租人对融资租赁的会计处理

在融资租赁下，与租赁资产所有权相关的风险和报酬已实质上转移给承租人，出租人应减少相关资产（融资租赁资产）并确定应收融资租赁款，不必计提折旧。

1. 租赁开始日租赁债权的确认

由于在融资租赁下，出租人已将与租赁资产所有权相关的风险和报酬已实质上转移给承租人，将租赁资产的使用权长期转让给了承租人，并据此获得租金。因此，出租人的租赁资产在租赁开始日实际上变成了收取租金的债权。出租人应在租赁开始日将租赁开始日最低租赁收款额与初始直接费用之和作为应收融资租赁款的入账价值。并同时记录未担保余值，将最低租赁收款额、初始直接费用及未担保余值之和与其现值的差额记入未实现融资收益。

其会计处理为：在租赁开始日，出租人应按最低租赁收款额与初始直接费用之和，借记“长期应收款——应收融资租赁款”科目，按未担保余值，借记“未担保余值”科目，按租赁资产的原账面价值，贷记“融资租赁资产”科目，将应收融资租赁款、未担保余值之和与租赁资产的现值的差额确认为未实现融资收益，在将来收到租金的各期内采用实际利率法进行分摊确认为租赁收入。租赁资产公允价值与其账面价值如有差额，应当计入当期损益。

2. 未实现融资收益分配的会计处理

出租人的未实现融资收益的分配与承租人的未确认融资费用的处理一样，应当采用实际利率法。

其会计处理为：出租人每期收到租金时，按收到的租金，借记“银行存款”科目，贷记“长期应收款——应收融资租赁款”科目；每期分配未实现融资收益确认为当期收入时，借记“未实现融资收益”科目，贷记“租赁收入”科目或“主营业务收入”科目。

3. 租金逾期未能收回的会计处理

根据谨慎性原则的要求，超过一个租金支付期未收到租金，出租人应停止确认租金收入，其已经确认的收入应该冲回，转作表外核算。在实际收到租金时，再确认融资收入。

如果出租人已分配了未实现融资收益确认为当期收入：

借：未实现融资收益

　贷：主营业务收入（租赁收入）

但到了下一期确认未实现融资收益时还未收到前一期的租金，下一期的未实现收益不应确认，还应冲回前一期已确认的收入：

借：主营业务收入（租赁收入）

　贷：未实现融资收益

假设此后收回了前两期的租金：

借：银行存款（两期的租金）

　贷：长期应收款——应收融资租赁款（两期的租金）

同时，应确认前两期的收入：

借：未实现融资收益（两期的租金）

　贷：主营业务收入（租赁收入）（两期的租金）

4. 应收融资租赁款坏账准备的计提

应收融资租赁款的坏账计提方法与一般应收账款不一样。为了更加真实、客观地反映出租人在融资租赁中的债权，出租人应当定期或至少每半年根据承租人的财务及经营管理情况，以及租金的逾期期限等因素，分析应收融资租赁款的风险程度和回收的可能性，对应收融资租赁款合理计提坏账准备。由于逾期租金所含融资收入已根据谨慎性原则停止确认，因此，出租人只需对应收融资租赁款减去未实现融资收益的差额部分（在金额上等同于本金）计提坏账准备，而不是对应收融资租赁款全额计提坏账准备。计提坏账准备的方法由出租人根据有关规定自行确定。坏账准备的计提方法一经确定，不得随意变更。其会计处理为：

（1）根据有关规定合理计提坏账准备时，借记“资产减值损失”科目，贷记“坏账准备”科目。

（2）对于确实无法收回的应收融资租赁款，经批准作为坏账损失，冲销计提的坏账准备，借记“坏账准备”科目，贷记“长期应收款——应收融资租赁款”科目。

（3）已确认并转销的坏账损失，如果以后又收回，按实际收回的金额，借记“长期应收款——应收融资租赁款”科目，贷记“坏账准备”科目；同时，借记“银行存款”科目，贷记“长期应收款——应收融资租赁款”科目。

5. 未担保余值发生变动的会计处理

出租人应定期对未担保余值进行检查，至少于每年年末检查一次。如果有证据表明未担保余值已经发生减少，应重新计算租赁内含利率，并将由此引起的租赁投资净额（租赁投资净额是融资租赁中最低租赁收款额及未担保余值之和与未实现融资收益之间的差额）的减少确认为当期损失；以后各期根据修正后的租赁投资净额和重新计算的租赁内含利率确定应确认的融资收入。已确认损失的未担保余值得以恢复的，应当在原已确认的损失金额内转回，并重新计算租赁内含利率，以后各期根据修正后的租赁投资净额和重新计算的租赁内含利率确认融资收入。未担保余值增加时不做任何调整。

在未担保余值发生减少时，对前期已确认的融资收入不做追溯调整，只对未担保余值发生的当期和以后各期，根据修正后的租赁投资净额和重新计算的租赁内含利率计算应确认的融资收入。其会计处理为：

（1）期末，出租人的未担保余值的预计可收回金额低于其账面价值的差额，借记“资产减值损失”科目，贷记“未担保余值减值准备”科目；同时，将上述减值金额与由此所产生的租赁投资净额的减少额之间的差额，借记“未实现融资收益”科目，贷记“资产减值损失”科目。

（2）如果已确认损失的未担保余值得以恢复，应按未担保余值恢复的金额，借记“未担保余值减值准备”科目，贷记“资产减值损失”科目；同时，按原减值额与由此所产生的租赁投资净额的增加额之间的差额，借记“资产减值损失”科目，贷记“未实现融资收益”科目。

6. 或有租金的会计处理

出租人在融资租赁下发生的或有租金，应在实际发生时确认为当期收入。其会计处理为：

借记“应收账款”科目或“银行存款”科目，贷记“租赁收入”或“主营业务收入”科目。

7. 租赁期届满时的会计处理

租赁期届满时，可能收回租赁资产，可能由承租人优惠续租，可能由承租人行使购买权。出租人应根据不同情况进行处理：

（1）按合约到期收回租赁资产。

出租人收回租赁资产，通常会有四种情况：

第一种情况，存在担保余值，不存在未担保余值。

出租人收到承租人返还的租赁资产，其担保余值包括在最低租赁收款中，此时，租赁资产的价值等于或大于其担保余值，其会计处理为：借记“融资租赁资产”科目，贷记“长期应收款——应收融资租赁款”科目。

如果收回租赁资产的价值低于担保余值，则应向承租人收取价值损失补偿金，借记“其他应收款”科目，贷记“营业外收入”科目。

第二种情况，存在担保余值，也存在未担保余值。

由于担保余值包括在应收融资租赁款中，未担保余值不包括在应收融资租赁款中，出租人收到承租人返还的租赁资产，转销未担保余值，其会计处理为：借记“融资租赁资产”科目，贷记“长期应收款——应收融资租赁资产”、“未担保余值”等科目。如果收回租赁资产的价值扣除未担保余值后的余额低于担保余值，则应向承租人收取价值损失补偿金，借记“其他应收款”科目，贷记“营业外收入”科目。

第三种情况，存在未担保余值，不存在担保余值。

存在未担保余值，不存在担保余值的情况下，出租人收到承租人返还的租赁资产时应编制的会计处理为：借记“融资租赁资产”科目，贷记“未担保余值”科目。

第四种情况，担保余值和未担保余值都不存在，出租人无须作会计处理，只需作相应的备查登记。

（2）到期出租人优惠续租。

如果承租人行使优惠续租选择权，则出租人应视同该项租赁一直存在而作出相应的会计处理。如果租赁期届满时承租人没有续租，承租人向出租人返还租赁资产时，其会计处理同上述收回租赁资产的会计处理。

（3）出租人留购租赁资产。

租赁期满时，承租人行使了优惠购买选择权，“应收融资租赁款”账户还有余额。

如果不存在未担保余值，出租人按收到承租人支付的购买资产的价款的会计处理为：借记“银行存款”科目，贷记“长期应收款——应收融资租赁款”

科目。

如果存在未担保余值，出租人按收到承租人支付的购买资产的价款进行如下会计处理：借记“银行存款”科目，贷记“长期应收款——应收融资租赁款”科目，同时，借记“营业外支出”科目，贷记“未担保余值”科目。

8. 相关会计信息列报和披露

出租人应当在资产负债表中将应收融资租赁款减去未实现融资收益的差额，作为长期债权列示。

出租人应在财务会计报表附注中披露与融资租赁有关的下列信息：

(1) 资产负债表日后连续三个会计年度将收到的最低租赁收款额及以后年度将收到的最低租赁收款额总额；

(2) 未实现融资收益的余额；

(3) 分配未实现融资收益采用的方法。

【例4】根据例3的资料，第三方担保余值和未担保余值均为0，B公司采用实际利率法确认本期应当分配的未实现融资收益。

B公司的账务处理如下：

(1) 购入租赁资产。

出租人根据租赁合同购回租赁资产1 400 000元，以银行存款支付。

借：融资租赁资产　　1 400 000

　贷：银行存款　　1 400 000

(2) 将租赁资产送交给承租人，确定最低租赁收款额。

最低租赁收款额 = 租金 × 租赁期数 + 优惠购买价格 = 200 000 × 8 + 10 000 = 1 610 000（元）

最低租赁收款的现值为1 400 000元

未实现融资收益 = 最低租赁收款额 + 未担保余值 − 最低租赁收款的现值 = 1 610 000 − 1 400 000 = 210 000（元）

借：长期应收款——应收融资租赁款　　1 610 000

　贷：融资租赁资产　　1 400 000

　　未实现融资收益　　210 000

(3) 每期（半年）收取租金（债权）。

借：银行存款　　200 000

　贷：长期应收款——应收融资租赁款　　200 000

(4) 每期（半年）摊销未实现融资收益，并分月确认未实现融资收益。

本例未实现融资收益采用实际利率法分配，则计算如下：

按实际利率法摊销，应计算实际利率：

1 400 000 = 200 000 ×（P/A，i，8）+10 000（P/F，i，8）

将 i = 3%，计算的现值为：

200 000 × 7. 019 7 + 10 000 × 0. 787 4 = 1 403 940 + 7 874 = 1 411 814

将 i = 4%，计算的现值为：

200 000 × 6. 732 7 + 10 000 × 0. 730 7 = 1 346 540 + 7 307 = 1 353 847

采用插值法计算出实际利率。

i = 3%	1 411 814
i = 4%	1 353 847
i = 3. 203 8%	1 400 000

采用实际利率法分配八个半年的未实现融资收益，然后将每个计算结果除以6，得到每月平均应分配的未实现融资收益。

第一个半年应确认的收入 = 1 400 000 × 3. 20% = 44 800（元）；

第二个半年应确认的收入 =（1 400 000 − 200 000 + 44 800）× 3. 20% = 39 834（元）；

第三个半年应确认的收入 =（1 244 800 − 200 000 + 39 834）× 3. 20% = 34 709（元）；

第四个半年应确认的收入 =（1 084 634 − 200 000 + 34 709）× 3. 20% = 29 419（元）；

第五个半年应确认的收入 =（919 342 − 200 000 + 29 419）× 3. 20% = 23 960（元）；

第六个半年应确认的收入 =（748 761 − 200 000 + 23 960）× 3. 20% = 18 327（元）；

第七个半年应确认的收入 =（572 721 − 200 000 + 18 327）× 3. 20% = 12 514（元）；

第八个半年应确认的收入 =（391 048 − 200 000 + 12 514）× 3. 20% = 6 514（元）。

由于计算出的实际利率 3. 20% 为近似值，分配出来的全部收益约等于 300 000（元）。

201B 年 1 ~ 6 月各月应确认的未实现融资收益 = 44 800 ÷ 6 = 7 466. 67（元）。

借：未确认融资收益　　　　7 466. 67

　贷：主营业务收入　　　　7 466. 67

201B 年 7 ~ 12 月各月应确认的未实现融资收益 = 39 834 ÷ 6 = 6 639（元）。

借：未确认融资收益　　　　　　　　　　　　6 639
　贷：主营业务收入　　　　　　　　　　　　　6 639

以后几年的收入确认照此处理。

（5）或有租金的会计处理。

第三年末取得或有租金 15 000 元，

借：银行存款　　　　　　　　　　　　　　15 000
　贷：主营业务收入　　　　　　　　　　　　15 000

第四年末取得或有租金 20 000 元，

借：银行存款　　　　　　　　　　　　　　20 000
　贷：主营业务收入　　　　　　　　　　　　20 000

（6）租赁到期的会计处理。

出租人到期收到承租人支付的优惠购买资产的货款。

借：银行存款　　　　　　　　　　　　　　10 000
　贷：长期应收款——应收融资租赁款　　　　10 000

第四节　售后租回会计

售后租回交易是一种特别形式的租赁业务，是指卖主（承租人）将一项自制或外购的资产出售后，又将该项资产从买主（出租人）租回，习惯上称之为“回租”。此时资产的出售和租回实质上是同一项交易，也就是说，售后租回交易实际上是一项融资行为，而不是销售行为。因此出售资产的损益应分期摊销而不应确认为当期的损益。

售后租回交易，无论是承租人还是出租人，均应按照租赁准则的规定，将售后租回交易认定为融资租赁或经营租赁。对于出租人来说，售后租赁交易同其他租赁业务的会计处理没有什么区别。对于承租人来说，由于其既是资产的承租人同时又是资产的出售者，售后租回交易同其他租赁业务的会计处理有所不同。

一、售后租回交易形成融资租赁

在形成融资租赁的售后租回交易方式下，对卖主而言，与资产所有权有关的全部报酬和风险并未转移，并且售后租回交易的租金和资产的售价往往是一揽子方式进行谈判的，应视为一项交易，出售资产的损益应与资产的金额相联系。因此，无论卖主所发生的销售收入高于还是低于出售前资产的账面价值，所发生的收益或损失都不应立即确认为当期损益，而应将其作为融资费用递延并按资产的折旧进度进行分摊，作为折旧费用的调整。

承租人对售后租回交易中售价与资产账面价值的差额应通过“递延收益——未实现售后租回损益”科目进行核算，分摊时，按既定的比例减少未实现售后租回损益，同时相应增加或减少折旧费用。

【例5】假设201A年1月1日，甲公司将一台搅拌机按700 000元的价格销售给乙公司。该机器的公允价值为700 000元，账面原价为1 000 000元，已提折旧400 000元。同时又签订了一份融资租赁协议将机器租回。

甲公司对售后租回交易中售价与资产账面价值的差额会计处理如下（计算过程参见表8－1）：

201A年1月1日，结转出售固定资产的成本：

借：固定资产清理　　600 000

　　累计折旧　　400 000

　贷：固定资产——搅拌机　　1 000 000

201A年1月1日，向B公司出售搅拌机：

借：银行存款　　700 000

　贷：固定资产清理　　600 000

　　　递延收益——未实现售后租回损益　　100 000

表8－1　未实现售后租回损益分摊表（年限平均法）

201A年1月1日　　（单位：元）

日期	售价	固定资产账面价值	摊销期	分摊率	摊销额	未实现售后租回损益
201A年1月1日	700 000	600 000	5年			100 000
201A年12月31日				20%	20 000	80 000
201B年12月31日				20%	20 000	60 000
201C年12月31日				20%	20 000	40 000
201D年12月31日				20%	20 000	20 000
201E年12月31日				20%	20 000	0
合计	700 000	600 000		100%	100 000	

201A年12月31日，确认本年度应分摊的未实现售后租回损益：

借：递延收益——未实现售后租回损益　　20 000

　贷：制造费用——折旧费　　20 000

其他会计分录略。

二、售后租回交易形成经营租赁

如果售后租回交易认定为经营租赁的，在没有确凿证据表明售后租回交易是按照公允价值达成的情况下，卖主应将售价与资产账面价值的差额予以递延，并按照该项租赁资产的折旧进度进行分摊，作为折旧费用的调整。

承租人应设置"递延收益——未实现售后租回损益"科目，以核算在售后租回交易中售价与资产账面价值的差额。分摊时，按上述比例减少未实现售后租回损益，同时相应增加或减少租金费用。

【例6】假设201A年1月1日，甲公司将全新的办公用房一套，按照30 000 000元的价格售给乙公司，并立即签订了一份租赁合同，从乙公司租回该办公用房，租赁期为3年。办公用房原账面价值为29 000 000元，预计使用年限为25年。租赁合同规定，第一年末支付租金500 000元，第二年末支付租金750 000元，第三年末支付租金750 000元。租赁期满后预付租金不退还，乙公司收回办公用房使用权。

甲公司的会计处理如下：

第一步，判断租赁类型，根据资料分析，该项租赁属于经营租赁；

第二步，计算未实现售后租回损益：售价 - 资产的账面价值 = 30 000 000 - 29 000 000 = 1 000 000；

第三步，在租赁期内按租金支付比例分摊未实现售后租回损益见表8-2；

表8-2 未实现售后租回损益分摊表

201A年1月1日 （单位：元）

日期	售价	固定资产账面价值	支付的租金	未实现收益分摊率	摊销额	未实现售后租回损益
201A年1月1日	30 000 000	29 000 000				1 000 000
201A年12月31日			500 000	25%	250 000	750 000
201B年12月31日			750 000	37.5%	375 000	375 000
201C年12月31日			750 000	37.5%	375 000	0
合计	30 000 000	29 000 000	2 000 000	100%	1 000 000	

第四步，会计分录：

201A 年 1 月 1 日，向 B 公司出售办公用房：

借：银行存款　　30 000 000

　贷：固定资产清理　　29 000 000

　　　递延收益——未实现售后租回损益　　1 000 000

201A 年 1 月 1 日，结转出售固定资产的成本：

借：固定资产清理　　29 000 000

　贷：固定资产——办公用房　　29 000 000

201A 年 12 月 31 日，分摊未实现售后租回损益：

借：递延收益——未实现售后租回损益　　250 000

　贷：管理费用——租赁费　　250 000

其他会计分录略。

本章主要名词

融资租赁　经营租赁　租赁期　担保余值　未担保余值　租赁内含利率　或有租金　未实现融资收益　未确认融资费用　售后租回

思考题

1. 融资租赁的确认标准是什么？
2. 如何确定未确认融资费用的实际利率？
3. 出租人未担保余值发生永久性减损时，应该如何进行调整？
4. 售后租回交易的实质是什么？其会计处理及如此处理的原因是什么？

练习题

1. 201A 年 1 月 1 日，甲公司与某房地产公司签订一项租赁协议，甲公司租用该房地产公司 10 套公寓，租期 5 年，租金 3 000 000 元，协议签订后，立即支付 1 500 000 元，以后每年年末支付 300 000 元，租赁期满后，出租公司收回公寓使用权，10 套公寓的账面价值为 10 000 000 元。

请登记双方的会计分录。

2. 甲公司于 201A 年 12 月 10 日与乙租赁公司签订了一份设备租赁合同。合同主要条款如下：

（1）租赁标的物：W 生产设备；

（2）租赁日：201A 年 12 月 31 日；

（3）租赁期：201A 年 12 月 31 日至 201E 年 12 月 31 日；

（4）租金支付方式：201B 年至 201E 年每年年末支付租金 800 万元；

（5）租赁期满时，W生产设备的估计余值为400万元，其中甲公司担保余值为300万，未担保余值为100万；

（6）W生产设备201A年12月31日的原账面原值为3 500万元，已经计提折旧400万元，公允价值为3 100万元，已经使用3年，预计还可以使用5年；

（7）租赁合同年利率为6%；

（8）201E年12月31日，甲公司将W生产设备归还给乙租赁公司。

W生产设备于201A年12月31日运抵甲公司，当日投入使用。甲公司当日的资产总额是4 000万元，其固定资产均采用平均年限法计提折旧，与租赁有关的未确认融资费用均采用实际利率法摊销，并假定未确认融资费用在相关资产的折旧期限内摊销。

要求：

（1）判断该租赁的类型。

（2）编制甲公司在起租日的有关会计分录。

（3）编制甲公司在201B年年末至201E年年末与租金支付以及其他与租赁事项有关的会计分录。

3．资料：

201A年12月25日，甲公司与乙公司签订了一份租赁合同。合同主要条款如下：

（1）租赁标的物：程控设备用于生产；

（2）租赁期开始日：租赁物运抵甲公司车间之日（201B年1月1日）；

（3）租赁期：从租赁期开始日算起36个月；

（4）租金支付方式：自租赁期开始日起每半年末支付租金150 000元；

（5）该生产线在201B年1月1日乙公司的公允价值为700 000元；

（6）租赁合同规定的年利率为14%（乙公司的内含利率未知）；

（7）该生产线为全新设备，估计使用年限为4年；

（8）201C年和201D年两年，如果甲公司经营状况较好，甲公司每年按该生产线所生产的产品的年销售收入的1%向乙公司支付经营分享收入；

（9）租赁期满时，甲公司享有优惠购买该设备的选择权，购买价格为5 000元，估计到期租赁资产的公允价值为100 000元；

（10）甲公司在租赁谈判过程中，发生了可归属于租赁项目的手续费用、差旅费5 000元；

甲公司采用实际利率法确认本期应分摊的未确认融资费用。采用直线法计提固定资产折旧。201C年和201D年甲公司分别实现销售收入1 000 000元和

1 500 000元。201D 年 12 月 31 日，将该设备以 5 000 元行使优先购买权。

要求：

（1）判断该租赁的类型；

（2）编制甲公司在起租日的有关会计分录；

（3）编制甲公司在201B 年年末至201D 年年末与租金支付以及其他与租赁事项有关的会计分录。

第九章　物价变动会计

物价稳定时，历史成本会计尚能较好地实现会计的目标。但物价变动，尤其是物价急剧变动时，历史成本会计的作用则不尽如人意。物价变动会计的目标之一就是用一个合适的方法，对以历史成本为基础编制的会计报表进行调整。本章以物价变动对历史成本会计的影响为起点，系统地介绍了物价变动时的不同会计策略与方法。首先，介绍了物价变动对历史成本会计的影响、资本保全理论、不同的计量属性和计量单位组合构成的各种会计模式；然后，重点叙述了一般物价水平会计、现行成本会计和现行成本/不变币值会计模式的特点、适用性以及会计处理的程序与方法。

通过本章学习，应该掌握：

○物价变动对历史成本会计的影响及资本维持理论

○货币性项目与非货币性项目的概念

○一般物价水平会计的会计处理程序与方法

○现行成本会计的会计处理程序与方法

○现行成本/不变币值会计的基本原理

第一节　物价变动会计概述

物价变动会计由物价的急剧变动而产生，其会计处理程序与方法却又基于传统财务会计。在详细论述物价变动会计处理程序与方法之前，让我们先对物价变动及其对传统会计的影响有一个初步的认识。

一、物价变动及其类型

所谓物价变动（Price Changing），通俗地讲，就是商品或劳务价格的上涨或下跌。在商品经济条件下，商品或劳务的价格是以货币形式表现的。物价上涨，用同等货币所能购买的商品或劳务的数量就会减少；物价下跌，用同等货币所能购买的商品或劳务的数量就会增多。这种货币所能购买其他商品或劳务的能力，称为货币购买力（Purchasing Power）。所以，从严格意义上讲，物价变动就是指因商品或劳务价格水平发生变化而引起的货币购买力变化。物价变动与货币购买力成反比，物价越高，货币购买力越低，物价越低，货币购买力则越高。

物价变动可以分为个别物价变动和一般物价变动。个别物价变动（Specific Price Changing）是指个别特定商品或劳务的市场价格的变化；一般物价变动（General Price Changing）是指商品或劳务价格平均水平的变化，亦即单位货币购买力的变化。当商品或劳务平均价格水平上涨时，这种物价变动称之为通货膨胀；反之，当商品或劳务平均价格水平下跌时，则称之为通货紧缩。

对物价变动的考察，一般利用物价指数来进行。物价指数可用报告期物价水平与基期物价水平相比较而得。当个别商品或劳务的报告期单价与基期单价相比较时，可求得个别物价指数；当不同时期某一社会全部商品或劳务的平均价格水平相比较时，则可求得一般物价指数。

计算一般物价指数，首先要确定具有代表性的商品与劳务的品种项目及各自的权数，并确定一个基期。然后按基期单价和报告期单价，结合各自权数，分别求出基期及报告期商品和劳务的价格总额。以报告期的价格总额除以基期的价格总额，即可得到报告期的一般物价指数。其计算见表9-1。

表9-1　物价指数计算表

所选代表性商品或劳务	单价		权数	金额	
	201A年（基期）	201D年（报告期）		201A年（基期）	201D年（报告期）
甲	1 000	1600	0.3	300	480
乙	800	500	0.4	320	200
丙	10	20	0.3	3	6
合计				623	686

根据表中数据，可计算201D年的一般物价指数如下：

201D年的一般物价指数=686/623=110.11%，通常以110.11表示。

计算结果表明，201D年的一般物价水平比201A年上升了10.11%（110.11%-100%）。若对个别商品进行考察，则甲商品201D年物价比201A年上升了60%，乙商品下降了37.5%，丙商品上升了100%。

若将基期物价指数除以报告期物价指数，所得百分比则为报告期相对于基期的货币购买力。在本例中，201D 年的货币购买力（相当于 201A 年）为 90.82%（100/110.11），即 0.908 2。也就是说，201D 年的 1 元钱仅相当于 201A 年的 0.908 2 元，货币购买力下降了 9.18%（100% -90.82%）。

一般物价指数的计算取决于对代表性商品的选择及权数的选用。通常情况下，一般物价指数由政府部门或专业团体计算并公布。例如，在美国，最重要的物价指数有国民生产总值物价指数和消费品物价指数。前者由美国商业部按季计算并公布，后者由美国劳工部按月计算并公布；在英国，其零售物价指数由英国劳动部编制并发布。

二、物价变动对传统会计的影响

会计作为人们用以管理经济事务的一种管理活动，其所提供的信息长期以来是建立在币值不变和历史成本的基础之上。如不出现物价变动，货币本身价值相对稳定，那么，以历史成本为基础提供的会计信息就能如实地反映一个单位的财务状况和经营成果。然而，在物价急剧变动的情况下，如出现通货膨胀或通货紧缩，则货币本身的价值亦会发生剧烈变动。这时，如果仍按历史成本基础提供会计信息，那么会计报表所列示的资产、负债、所有者权益以及收入与费用等就难以表现其真实的价值。这样，会计信息就失去了可靠性，根据失实的会计信息就难以对企业的经营业绩作出正确的评价，据以作出的判断和决策将会给决策者带来重大损失。

【例 1】假设某企业期初购买商品 1 000 万元，期末卖出收入 2 000 万元。物价指数期初为 100，期末为 140。若营业费用为 500 万元，所得税率为 25%，不考虑其他税金，则按历史成本会计模式可计算该企业的营业利润及净利润如下：

营业收入	2 000 万元
销货成本	1 000 万元
营业费用	500 万元
营业利润	500 万元
所得税费用（25%）	125 万元
税后净利	375 万元

上述计算过程存在的问题是明显的。因为按照持续经营的观点，该企业在下一会计期间若重置等量的商品需要 1 400 万元（1 000 万元 ×140/100），企业实际的资金积累情况是：

营业收入 2 000 万元 - 营业费用 500 万元 - 所得税费用 125 万元 - 商品重置成本 1 400 万元 = -25 万元。

可见，在物价上涨的情况下，按历史成本会计模式计算，将使企业产生虚假利润。本例中，如果企业按营业利润500万元交纳所得税和决定股利，那么企业的产权资本将会受到不合理的侵蚀。如果据此进行投资决策，那么得到的，必将是原有生产规模的逐渐萎缩，新的投资项目步履维艰，最后势必面临停业破产的窘境。

为克服在物价变动条件下历史成本会计模式所存在的缺陷，充分发挥会计在管理企业和促进市场经济发展方面的重要作用，人们开始不断探索，试图对传统会计的某些理论和实务进行修正改革，构建一种新的会计程序与方法，物价变动会计由此产生。

三、物价变动会计的产生

最早提出物价变动会计的，是美国的会计学家斯威尼（H. W. Sweeney）。斯威尼于1936年出版他的代表作《币值稳定会计》（*Stabilized Accounting*），首次提出在会计确认、计量与报告中要考虑到币值变动的影响。当时，斯威尼的这本著作并未引起人们的注意，因为当时物价变动现象现并不严重。1940年，美国著名会计学家利特尔顿和佩顿在《公司会计准则介绍》一书中，提出了编制“等值美元”补充会计报表的意见，但亦未被会计界所采纳。直到第二次世界大战尤其是20世纪70年代以后，由于经济发达国家物价普遍上涨和美元的急剧贬值，才引起会计界认真对待物价变动问题。一时间，有关物价变动会计的文章大量在报刊上发表，有关物价变动会计的著作亦陆续发行。尤其以“通货膨胀会计”（Inflation Accounting）为主题的物价变动会计成为会计界讨论的热门话题。各国会计专业团体或政府也开始研究并发布有关物价变动会计准则的公报。例如，美国于1979年发布第33号《财务会计准则公报》；英国于1980年发布第16号《标准会计实务公报》。这些公报均建议企业在按历史成本基础上提供会计报表的同时，也提供按一般物价水平或现行成本调整的补充会计数据或报表。这些内容标志着物价变动会计已不再仅限于理论探讨，而是进入了实施的历史阶段。

第二节　物价变动会计的基本理论

一、物价变动会计的定义

物价变动会计（Accounting for Changing Prices）是在通货膨胀急剧发生的社会经济条件下产生的，会计界习惯上称它为通货膨胀会计。这是因为，其早期的主要目标是为了克服在通货膨胀情况下会计报表中存在的缺陷。但严格说来，物价变动会计并不仅仅反映物价上涨对会计数据的影响，它也反映物价下降对会计数据的影响；它不仅仅反映一般物价水平变化对会计数据的影响，而且也反映个别物价变动对会计数据的影响。“物价变动”意味着物价可升可降，而不是单向上涨。事实上，进入20世纪末以后，世界上许多国家甚至出现了一般物价水平下降的迹象。即使一般物价水平持续上升的国家，在其新技术革命和产业结构调整中出现的新兴产业部门，其产品价格的变动也可能与一般的物价水平变动背道而驰。有鉴于此，本章将其定名为物价变动会计。

物价变动会计是财务会计的一个分支。它是指在对会计要素的确认、计量与记录中，考虑物价变动的影响，根据一般物价指数或现行成本数据，对历史成本会计报表加以调整，进而真实地反映企业财务状况和经营成果的一种会计程序和方法。

二、物价变动会计的会计目标

会计目标是会计理论中最基础的概念，其他会计理论及整个会计实务都是建立在会计目标的基础之上的。因为只有确立会计目标以后，才能够进一步确定会计应该收集哪些数据，以及如何加工和处理这些数据，从而为报表使用者提供有用的会计信息。

物价变动会计的会计目标与传统会计的会计目标是基本一致的。这是因为物价变动会计是传统会计的延伸和发展。传统会计的会计目标是向报表使用者提供制定经济决策所需要的会计信息，而物价变动会计的会计目标同样是为报表使用者提供制定经济决策所需要的会计信息。所不同的是，物价变动会计所处的会计环境发生了变化，即社会经济发生了变化，从而使物价发生了急剧上涨或下跌。

关于物价变动会计的具体目标，世界各国在表述上不尽相同。

1. 美国物价变动会计的具体目标

美国财务会计准则委员会在1979年公布的第33号《财务会计准则公报——财务报告与物价变动》中，规定了以下4项物价变动会计的目标：

（1）会计报表必须提供预测企业未来盈利能力的会计信息。

（2）会计报表必须提供企业真实经营成果的会计信息。

（3）会计报表必须提供企业实物资本或经营能力受到多大亏蚀的会计信息。

（4）会计报表必须提供持有货币性资产所带来一般购买力损失的会计信息。

2. 英国物价变动会计的具体目标

英国物价变动会计的具体目标体现在其 1980 年公布的第 16 号《标准会计实务公报——现行成本会计》中，其具体目标是：向会计报表使用者提供比历史成本会计更为有用的会计信息，维护企业的产权资本。

3. 加拿大物价变动会计的具体目标

加拿大负责制定会计准则的权威机构于 1982 年公布的正式物价变动会计准则中，对会计目标的具体表述是：

（1）维护企业营业能力。

（2）维护股东产权资本的营业能力。

（3）正确评价企业的经营成果。

（4）维护企业资本的一般购买力。

（5）预测企业未来的盈利能力。

4. 澳大利亚物价变动会计的具体目标

澳大利亚会计专业机构于 1982 年公布了关于现行成本会计的《建议准则》，提出的会计目标是：

（1）现行成本会计报表要能够向投资者、债权人和企业管理人员提供企业的真实盈利和拥有的财务实力情况。

（2）会计报表必须有助于企业管理人员更好地利用其经济资源。

（3）进行成本控制，制定价格政策，进行股利分配和筹资决策。

以上是几个发达国家所确定的物价变动会计的具体目标。可以看出，它们的具体内容虽然各异，但都在包含的传统财务会计目标的基础之上，明确规定了要在物价变动情况下更好地消除物价变动的影响，帮助会计报表使用者制定投资、贷款和经营决策，维护企业资本的特有会计目标。

三、物价变动会计的基本假设

会计假设是指面对着变化不定的社会经济环境，会计人员对进行会计工作的先决条件所做出的推断。传统会计的会计假设有四个：即会计主体假设、持续经营假设、会计期间假设和货币计量假设。物价变动会计继承了传统会计的前三个假设，但改进了第四个假设——货币计量假设。

货币计量假设是指企业的生产经营活动及其成果可以通过货币予以综合反映，并假定货币的价值是稳定不变的。物价变动会计由于其前提条件是因为物价发生了大幅变动，因此，其依据的将不再是货币价值稳定不变假设，而是货币价值的不断变动假设，这也是物价变动会计特有的假设。

四、物价变动会计的基本原则

会计原则或称会计准则，是指指导会计工作的规范概念或规则。会计原则对于会计人员应用会计程序和方法具有重要指导作用。因为只有制定了正确的会计原则，才能有健全的会计实务。物价变动会计遵循传统财务会计的大部分会计原则，但在某些方面，又有着自己的独到之处。

1. 可靠性原则

可靠性原则或称客观性原则，是指会计核算必须以实际发生的交易或者事项为依据进行确认、计量和报告，如实反映符合确认和计量要求的各项会计要素及其他相关信息，保证会计信息真实可靠、内容完整。可靠性原则是对财务会计核算工作的基本要求。物价变动会计在贯彻客观性原则上，不仅要求核算从实际出发，反映的经济业务以合法的会计凭证为依据，而且在对传统财务会计信息进行物价变动因素影响消除时的物价资料取舍、计算方法的选择及调整项目的确定等方面，亦要求尽量符合客观实际，避免主观决定，使最终提供的会计信息能真实、客观地反映企业的财务状况和经营成果。因此，在物价变动会计中，可靠性原则又被赋予了新的独特含义。

2. 重要性原则

重要性原则，是指在会计核算过程中对经济业务或会计事项应区别其重要程度，采用不同的会计处理方法和程序。在传统财务会计下，重要性原则要求提供的会计信息必须从满足会计信息使用者对企业重要的生产经营情况，特别是对经营、投资、信贷以及进行宏观调控决策有重要性的经济指标的了解出发，决定提供哪些指标，采用什么方法，运用何种程序。物价变动会计除遵循这些要求外，对于是否要采用物价变动会计方法也要从重要性原则出发，即：当通货膨胀严重，持续时间较长，趋势不可遏止，对传统财务会计信息的正确提供和会计目标的全面实现有较大影响时，则考虑采用物价变动会计。否则，可以考虑不采用物价变动会计。

3. 谨慎性原则

谨慎性原则，是指企业在进行会计核算时应保持应有的谨慎，不应高估资产或者收益、低估负债或者费用。它是针对经济活动中的不确定性因素，要求人们在会计处理上保持谨慎小心的态度，以应付纷繁复杂的外部经济环境的变化，把风险损失减少到或限制在最小的范围内。在物价变动会计中，这一原则部分地得到了改变。为反映通货膨胀对企业财务状况和经营成果的影响，将由于通货膨胀使企业持有资产带来的收益一并列入企业资产负债表中的权益和利润表的收益项目之中，因而在一定程度上否定了传统财务会计的谨慎性原则。

但在选择处理方法时，又体现了谨慎性原则。即尽量选择那些导致乐观程度最低的信息和最充分揭示物价变动影响的调整方法。可见，在物价变动会计中赋予了谨慎性原则以新的含义，丰富了它的内容。

4. 成本效益原则

成本效益原则，是指在会计处理过程中，要求它所提供会计信息带来的经济效益应不小于提供该信息的耗费。在物价变动会计中，由于其对物价变动的调整有多种方法，因此，要求在确定采用何种方法时必须使采用的方法所带来的效益大于实施这种方法所花费的成本。否则，应当考虑放弃采用这种方法。

5. 资产计价原则

资产计价原则，是指以货币计量单位反映资产的数量及其变化。传统财务会计对资产的计价是以原始购置成本来计量，遵循历史成本原则。其主要理论依据是货币本身的价值是稳定不变的货币计量假设。在物价变动会计下，由于认识到现实世界中货币本身的价值是不断变化的，为了客观和真实地反映企业所拥有资产的价值，反映企业从事业务经营的实际能力，资产必须以现行重置价格计量，因此，对资产的计价遵循现行成本原则。

6. 收入确认原则

收入确认原则，是指对流入企业的经济利益在时间上的划分标准。传统财务会计对收入的确认原则有 5 个：①企业已将商品所有权上的主要风险和报酬转移给买主；②企业对转移的商品没有保留管理权和控制权；③与交易相关的经济利益能够流入企业；④相关的收入能够可靠地计量；⑤相关的成本能够可靠地计量。因此，在传统财务会计下，企业的收益只包括两部分：一为营业收益，即销售商品或提供劳务所获得的收益；二为资产持有收益的已实现部分。至于未实现的资产持有收益，则不予以确认。在物价变动会计下，对收入的确认则以业主资本实际价值的增加与否为条件。经济利益的流入增加了企业业主的资本，自然要确认为企业收入。除此之外，如果企业所拥有的某项资产已经发生了增值，同样要确认为收入，至于这项资产是否销售出去并不重要。因此，物价变动会计注重的是业主实物资本的增值与否。它不但确认企业的营业收入、已实现资产持有收益，而且对企业未实现的资产持有收益同样予以确认。

五、物价变动会计的会计概念

会计概念是对会计基本要素所赋予的含义。掌握了会计要素的确切含义，会计人员就可以在极其庞杂的会计业务中，通过分类、汇总，将大量的数据缩减为少量重要项目，从而编制出简明的会计报表。

资本、收入、成本和收益等是会计人员所经常使用的会计概念。在物价变动会计中，这些概念有些得到进一步的发展，有些被赋予新的含义。

1. 资本

资本是传统财务会计的一个重要概念。在物价变动情况下，由于不同时期货币的购买力不同，不同时期同一资产的价格不同，为使资本得到回收或维持，需要将资本区分为财务资本和实物资本两个不同的概念。

(1) 财务资本。

财务资本（Financial Capital），是指企业业主所投入的货币资本。它所代表的价值是以货币数量表示，因而是传统会计的资本净值（Net Worth）或业主权益（Owners' Equity）的同义语。

(2) 实物资本。

实物资本（Physical Capital），是指企业的实物资产。它反映企业实际具有的生产能力或经营能力。企业的生产经营能力以一定时期企业生产的产品或劳务的实物数量来表示。

在物价变动的情况下，资本区分为财务资本和实物资本两个概念，因而亦相应产生两种不同的资本维持概念：货币资本维持和实物资本维持。前者是传统财务会计所依据的概念，即在货币资本得到回收或维持的基础上确认收益；后者是物价变动会计所依据的概念，即在实物资本（即企业生产经营能力）得到回收或维持的基础上确认收益。

2. 成本

成本是费用的对象化。对一项资产来说，成本是指购置该项资产的全部耗费，它是对企业资产计价的重要依据。在财务会计中，资产的成本是以货币计量单位综合反映的。在物价变动情况下，同一资产在不同时期的购置成本是不同的，因而企业资产的计价就需要区分为历史成本和现行成本两个不同的概念。

(1) 历史成本。

历史成本（Historical Cost），是指购置某项资产时的实际成本。在传统财务会计中，资产的计价遵循历史成本原则，这是因为传统财务会计是假设物价基本稳定，币值长期保持基本不变，因而同一资产的成本在不同时期是基本不变的。

(2) 现行成本。

现行成本（Current Cost），是指在当前市场条件下为购置与现有资产相同或类似的资产，按现行价格所需付出的现金或现金等价物。现行成本是物价变动会计最常使用的一个概念。按现行成本调整的销货成本，称为现行销货成本（Current Cost of Goods Sold）；按现行成本调整的固定资产折旧费，称为现行成本折旧（Current Cost Depreciation）；按现行成本所计量的收益，称为现行成本营业收益（Current Cost Operating Income），或现行成本收益（Income on Current Cost）。

3. 收益

收益，是指企业在一定时期内全部收入减去全部费用和损失后的余额。在传统财务会计下，企业收益一般在投入资本得到回收或维持后即予确认。在物价变动情况下，由于资本区分为财务资本和实物资本两种性质不同的概念，因而收益亦有不同的区分。

(1) 会计收益。

会计收益（Accounting Income），是指以财务资本维持为基础所确定的收益，是在回收或维持了企业以货币计量的所耗资本后所确定的收益。它与传统财务会计实务一致。

(2) 经济收益。

经济收益（Economic Income），是指以实物资本维持为基础所确定的收益，由于它要求对经营过程中发生的耗费以现行成本计量，所以亦称现行成本收益。在通货膨胀条件下，企业的经济收益会小于会计收益，在通货紧缩条件下，企业的经济收益会大于会计收益。

(3) 营业收益。

营业收益（Operating Income），是指由于企业在经营过程中销售商品或提供劳务而发生的各项收入和费用相抵后的余额，它是企业由于经营而获得的资产净额增加。在物价稳定和币值不变的经济环境下，企业收益全部由营业收益所构成。

(4) 资产持有收益。

资产持有收益（Holding Gain）或称持有资产利得，是指在通货膨胀经济环境下，由于企业所持资产现行价格上升，而使企业资产净值增加。资产持有收益反映某项或某类资产价格水平的变动，实质上是企业现时重置资产的追加成本。

资产持有收益可进一步分为两部分。一部分为已实现资产持有收益（Realized Holding Gain），是指在资产销售或耗用后从销售收入中所收回的金额；另一部分为未实现资产持有收益（Unrealized Holding Gain），是指尚未销售或耗用的资产所形成的收益。在传统财务会计下，企业收益中仅包括营业收益和已实现资产持有收益，而并不确认未实现资产持有收益；在物价变动会计下，企业收益还包括未实现资产持有收益。

六、资本维持理论

资本维持理论是经济学的一个重要理论，也是财务会计的理论基础。它所探讨的问题是如何恰当地使所投入的资本保值，这是真实收益理论的核心。真实收益起源于经济学，它经历了一个逐渐发展的过程。亚当·斯密（Adam Smith）在其《国富论》（*An Inquiry into the Nature and Causes of the Wealth of Nations*，1776）一书中，对收益的定义是："收益是不侵蚀资本的可消费额"。这一表述一直被视为真实收益的最初定义。1946 年，著名经济学家约翰·希克斯（John Hicks）在其《价值与资本》（*Value and Capital*）一书中将收益解释为："预计期末仍能保持与期初同样财富的前提下，个人在此期间可消费的最高额。"经济学界将这一解释视为对亚当·斯密理论的发展。尽管斯密和希克斯所探讨的收益是国民个人的收益，但为确定企业的真实收益提供了理论上的依据。由此，企业的收益可以推论为企业在某一会计期间可供分配而不损害其最初资本的最大额。

物价变动会计产生的外在条件是物价持续地剧烈变动，内在动因却是来自资本维持和真实地确定收益的要求。企业虽是一个独立的经营主体，但与其以外的投资者、信贷者却有着密切的利益关系。收益计量作为会计的中心问题与各利害关系者的利益息息相关。投资者、债权人作为企业的主要利益关系人从不同角度对会计有不同的要求。企业的资产是否真正得到保值和在此基础上的收益是否可信，是他们共同关心的问题。在物价稳定的条件下，按照历史成本会计模式，可以真实地计算出收益并保持资本的完整无缺。然而，在物价持续剧烈变动的情况下，按历史成本方法进行核算的结果，不是虚计收益，就是少计收益，以致会计不能起到平衡各利害关系者的经济利益的作用。如何恰当地保持资本并在此基础上真实地计算收益，成为物价变动会计赖以存在的关键。

1. 资本维持的概念

资本维持（Capital Maintenance）理论要求一个企业在其经营活动中以保持资本完整无损为前提来确认收益。怎样计量资本已经完整无损地获得补偿，是资本维持理论的核心问题。

对资本维持的理解基于对资本概念的不同划分。如前所述，资本的概念有两种：资本的财务概念和资本的实物概念。按照资本的财务概念，资本如同投入的货币，是企业净资产或产权的同义语。按照资本的实物概念，资本如同营运能力，被看作是企业实物生产能力或经营能力或取得该能力所需的资源或资金，是企业生产经营能力的同义语。由此，资本维持概念也分为两种：财务资本维持（Financial Capital Maintenance）和实物资本维持（Physical Capital Maintenance）。在财务资本维持概念下，企业在扣除本期的所有者出资以后，期末净资产的财务（或货币）金额必须大于期初净资产的财务（或货币）金额，才算赚得利润；在实物资本维持概念下，企业在扣除本期的所有者出资以后，期末实物生产能力（或营运能力）必须大于期初实物生产能力（或营运能力），才算赚得利润。

2. 资本维持与收益确定

财务资本维持概念和实物资本维持概念在会计实务中的主要区别在于对企业资产和负债价格变动影响的处理方法不同，由此导致收益计量上的差异。财务资本维持不要求采用特定的计量基础，它对计量基础的选择取决于企业力求保持的财务资本的类型。也就是说，它既可选用历史成本，也可选用现行成本或重置成本或其他计量基础。与此相反，实物资本维持则要求采用重置成本或现行成本等表现现行价值的计量基础。在财务资本维持概念下，资本可按名义货币单位计量，也可按不变购买力单位计量，而在实物资本维持概念下，资本必须按实物生产能力或经营能力或取得该能力所需的资源或资金来计量。

【例2】假设某企业201A年1月1日购入商品一批，成本为100万元，当时的一般物价指数为100，该商品的分类物价指数也是100。201A年12月出售该批商品，获价款200万元，此时一般物价指数为140，分类物价指数为160，市场上的重置价格为180万元。假设没有发生其他费用，试确定该企业的净收益。

（1）财务资本维持概念下企业收益的确定。

在财务资本维持概念下，只要保持资本货币价值量上的完整无损，即可确认收益。假设此货币价值以历史成本表示，则可计算前述企业的净收益见表9－2。

表9－2　××企业收益表（历史成本基础）

201A年12月31日　　　　（单位：元）

销货	2 000 000	
销货成本		1 000 000
营业收益		1 000 000

财务资本维持概念下的货币价值也可以用不变的货币购买力来计量。此时，收益是投入的不变购买力资本在该时期的增量。因此，对于以历史成本计量的资本价值，需按照一般物价指数调整后，再与销售收入相配比以确定收益。计算过程见表9－3。

表 9－3 ××企业收益表（不变购买力基础）

201A 年 12 月 31 日　　　　（单位：元）

销货	2 000 000
销货成本（1 000 000×140/100）	1 400 000
营业收益	600 000

表 9－3 的计算结果表明，企业必须有 140 万元，才算保持了业主原有资本的实有价值。此种收益的确定方法称为不变购买力（Constant Purchasing Power）资本维持概念。而按历史成本确定收益的方法称为历史成本（Historical Cost）资本维持概念。

（2）实物资本维持概念下企业收益的确定。

当采用实物资本维持概念并按实物生产能力或经营能力计量资本时，收益是该时期实物资本的增量。所谓实物资本维持，并非指绝对保持原有的实物资产，其实质是，必须保持原有的生产能力或经营能力。因此，必须按重置成本补偿所费资本的货币额，才算保持了资本。这一概念又称为现行价值概念（Current Value Concept）。

依前例，如果用具体资产的实际重置价格来表示，可计算该企业的净收益，见表 9－4。

表 9－4 ××企业收益表（现行价值基础）

201A 年 12 月 31 日　　　　（单位：元）

销货	2 000 000
销货成本	1 800 000
营业收益	200 000

从理论上讲，只有按每一资产的实际重置价格（Specific Replacement Cost）计量，才算是保持了实物资本。然而在实际工作中，要计量每一资产的实际重置价格是十分困难的，所费代价也会过高。比较简便的做法是，将原始成本按照分类物价指数调整为重置价格后，与收入相配比，计算企业的营业收益。依前例，可计算该企业的净收益见表 9－5。

表 9-5　××企业收益表（现行价值基础）

201A 年 12 月 31 日　　　（单位：元）

销货	2 000 000
销货成本（1 000 000×160/100）	1 600 000
营业收益	400 000

以上各种资本维持概念所要求的资本及可获得的营业收益可归纳见表 9-6。

表 9-6　资本维持概念　　　（单位：元）

概念	需维持的资本	营业收益
历史成本	历史成本资本	1 000 000
不变购买力	按一般物价指数调整的资本	600 000
现行价值（实物资本实际值）	按具体资产的实际重置成本调整的资本	200 000
现行价值（实物资本近似值）	按具体资产的分类物价指数调整的资本	400 000

从表 9-6 的论述可以看出，不同的资本维持概念有着不同的收益结果。消除物价变动对会计的影响应选择何种资本维持概念，目前尚存在着许多不同的看法。有的主张仍采用历史成本概念，认为历史成本真实可靠，简便易行，具有客观性，可避免对任何数字的主观估计。至于为消除物价变动对会计的影响，可在不动摇历史成本会计基本框架的前提下做出局部的改革，如对存货的计量采取后进先出法，对固定资产采用加速折价法等。但是，这些方法只是从某一局部改善了会计信息的质量，并未从根本上解决由于物价变动而引起的全部问题。有的主张采用不变购买力概念，即按一般物价指数来调整企业的资产、负债、收入和费用等，使得财务报表上所列示的金额都按报表编制日的货币购买力来反映。这一观点显然要比历史成本概念合理得多，它可以在不改变历史成本会计模式的前提下较真实地反映物价变动情况下的会计信息。

以上是财务资本维持概念支持者的意见。然而，实物资本维持概念的支持者则认为，在会计基本概念中，企业作为会计实体，独立于其业主之外，并假定企业将持续经营下去，他们并不打算把代表资本的资产归还给业主，而更倾向于把原资产更新为具有相同生产潜力的资产，即更注重于实物资本的更新。

在这一概念下，企业的收益是以销售商品的现行价值减去购入商品的现行成本的差额求得。这既保证了实物资本的更新，又使得计算企业损益的收入与成本建立在同一时点的价值之上，这显然要比不变购买力概念更为合理。

实际上，财务资本维持概念与实物资本维持概念的主要区别在于它们所采用的企业营业循环过程的观点不同。财务资本维持概念采用的是货币资本周转循环的观点，即企业的营业过程为：

现金→购入商品存货→销售→应收账款→现金。

货币资本周转循环是以现金购入商品存货开始，当存货销售以后收回了现金，即完成了一次营业循环。期末现金大于期初现金的差额，即反映为企业的收益。

实物资本维持概念采用的是实物资本周转循环的观点，企业的营业循环过程为：

商品存货→销售→应收账款→现金→商品存货。

实物资本周转循环过程是从购进商品存货开始，当存货销售以后收回了现金，再一次购进商品存货，才完成了一次营业循环。在这种观念之下，在商品存货未得到重置以前，不确认企业收益，即企业的营业收益是按商品销售收入和重置商品存货成本的差额来计列的。

以上讨论了资本维持理论及其对物价变动会计的影响。不同的资本维持理论，导致了不同的物价变动会计模式与方法。

七、物价变动会计的计量基础

在物价变动情况下，应采取何种会计程序和方法来反映乃至消除物价变动对会计的影响，已为许多国家的会计界所关注。各国的会计学家根据本国物价变动的情况和特点，探索和采用了不尽相同的方法，这些程序和方法统称物价变动会计模式。

会计模式是会计计量单位和计量属性的有机结合。所谓计量单位，是指计量一定客体所需采用的尺度；所谓计量属性，是指被计量客体的特征或外在表现形式。从会计的角度来考虑，它是指资产、负债等要素可用财务形式定量化的方面，如资产的原始成本、现行成本、未来重置成本等。会计计量单位和计量属性的不同结合，构成了不同的会计模式。

持续剧烈的物价变动，对会计的影响是多方面的。但从实质上看，这些影响不外乎两个方面：其一是影响会计计量单位的稳定性；其二是影响会计计量属性的客观性。因此，可以通过改变会计计量单位和计量属性的方法，来达到反映或消除物价变动对会计信息影响的目的。一般有三种做法：①保持会计计量属性（历史成本）不变，只改进会计计量单位，即用不变（稳定）币值货币（Constant Money）取代名义货币（Nominal Money）；②保持会计计量单位（名义货币）不变，只替换会计计量属性，即用现行价值（Current Value）——现行成本、现行重置成本、可变现价值等取代历史成本（Historical Cost）；③同时改进会计计量单位和计量属性。其基本组合见表9-7。

表9-7　物价变动会计模式结构

会计计量单位	会计计量属性	模式
不变币值货币	历史成本	一般物价水平会计
名义货币	现行成本	现行成本会计
不变币值货币	现行成本	现行成本/不变币值会计

从表9-7可以看出，改进会计计量单位，意义在于反映或消除一般物价水平变动对会计的影响，这一会计模式称为一般物价水平会计；改进会计计量属性，主要是反映或消除个别物价变动对会计的影响，这一会计模式称为现行成本会计；同时改进会计的计量单位和计量属性，则是试图同时反映或消除一般物价水平变动和个别物价变动对会计的影响，这一会计模式称为现行成本/不变币值会计。此外，还有变现价值会计模式等。

八、物价变动会计的主要模式

1．一般物价水平会计

一般物价水平会计（General Price Lever Accounting），亦称不变购买力会计（Constant Purchasing Power Accounting），是以传统历史成本会计编制的会计报表为基础，采用币值（购买力）相等的货币单位，即通过一般物价指数将按各年度不同币值货币编制的历史成本会计数据，统一地调整为按本期期末或本期平均币值货币的会计数据，作为传统会计报表的补充报表，借以反映和消除一般物价变动对传统历史成本会计报表影响的一种会计模式。这一模式仍然是以历史成本为基础，它认为历史成本计量基础本身没有什么缺陷，问题在于需要一个稳定的、可比的会计计量单位，因而，建议以代表货币的一定购买力的不变价格来替代币值已经发生变动的历史价格，即用一般物价指数调整。一般物价水平会计的理论基础是财务资本维持理论。它主张按不变的货币购买力（用一般物价指数来度量）来保持资本完整无损，即在购、产、销的整个经营过程中，必须保持币值在购买的各种类别的货物和劳务的能力不变。收益被认为是：在保持企业能在期末购得像期初同样多的商品和劳务的能力，即在保持同等的财务资本的情况下，企业在期间内所能分配的资源的最大值。

2. 现行成本会计

现行成本会计（Current Cost Accounting），也称现行价值会计（Current Value Accounting）、现行重置成本会计（Current Replacement Cost Accounting），它是以资产的现行成本或再生产成本作为计价基础，反映和消除在物价变动条件下个别特定资产项目或劳务价格变化对企业财务状况和经营成果影响的会计模式。此处的现行成本，可以理解为重新购置在品种规格或使用效率和年限等方面与现有资产基本相同的资产所需的成本。它可以参照当前的目录价格按照每一项资产的实际重置成本计量，也可以用个别物价指数对资产的历史成本进行调整来确定。现行成本会计的理论基础是实物资本维持理论，它与一般物价水平会计的不同之处是：现行成本会计模式着眼于按照同样水平的经营能力（即企业提供货物和劳务的能力）来保持资本完整无损。因而它的假设基础是：所有消费和出售的资源，都要用能在同样的生产和经营水平上完成同样功能的资源来置换。收益被认为是：在保持企业能在期末拥有与期初同样的实物资本或生产经营能力水平的情况下，企业在期间内所能分配的资源的最大值。

3. 现行成本/不变币值会计

现行成本/不变币值会计（Current Cost/Constant Purchasing Power Accounting）是以资产发生变动时的现行价格作为计价基础，以不变币值货币作为计量单位，同时披露一般物价水平变动和个别物价变动对传统会计信息影响的一种模式。它实际上是现行成本会计与一般物价水平会计的有机结合。此模式的特点是：先按现行成本会计方法对历史成本会计信息进行调整，编制出现行成本会计报表，再用一般物价指数对现行成本会计报表进行换算，从而达到全面消除物价变动对会计信息影响的目的。

4. 变现价值会计

变现价值会计（Realizable Value Accounting），又称脱售价值会计（Exit Value Accounting），它是以企业正常经营过程中资产的变现价值为计价基础，并通过会计期间的期初与期末资产变现价值的变动计算企业损益的一种会计模式。

这种会计模式彻底否定了传统财务会计的历史成本计价原则，并从根本上改变了传统历史成本会计的会计结构。它以企业资产在正常经营过程中的可实现净值作为计价基础，从而建立一套全新的账簿体系，归类核算，并据以编制会计报表。它改变了传统的以最初购进成本作为资产的计价基准的原则，也改变了以收入和费用配比确定收益的原则，因此是对传统历史成本会计模式的一种彻底改变。这种模式的会计程序和方法复杂，核算工作量大，并不常用。

第三节　一般物价水平会计

一、一般物价水平会计及其发展

一般物价水平会计（General Price Level Accounting），又称一般购买力会计、不变购买力会计，或历史成本/不变币值会计，它是用一般物价指数将历史成本会计报表中的各项数据加以调整，按货币的现时购买力反映企业的财务状况和经营成果的一种会计程序与方法。

一般物价水平会计的创始人首推美国会计学家斯威尼（H. W. Sweeney）。1936 年，斯威尼出版《币值稳定会计》（*Stabilized Accounting*），在这本著作中，作者借鉴德国和法国在第二次世界大战后通货膨胀时期的会计实务，以金马克和金法郎作为计量单位调整资产负债表的做法，提出了对传统历史成本会计报表数据按一般物价指数进行调整的一整套会计程序与方法。

在《币值稳定会计》一书中，斯威尼建议采用“一般美元”（Common Dollar）作为计量单位来取代名义美元，以调整会计报表数据。他还主张采用会计期末的货币购买力作为调整会计报表数据的基准，并且认为货币购买力应按生活费用指数来换算。斯威尼还将资产持有收益区分为已实现和未实现两个部分。斯威尼的这部著作对 20 世纪六七十年代一般物价水平会计和会计理论的发展具有重要的影响。

1940 年，美国著名会计学家利特尔顿和佩顿在《公司会计准则介绍》（*An Introduction to Corporate Accounting Standard*）一书中也提出了按货币购买力换算为“一般美元”作为会计报表补充数据的建议。利特尔顿和佩顿均曾担任过美国会计学会会长，他们的建议对推动美国会计学界对一般物价水平会计的研究起了一定作用。后来，会计专业团体开始参与一般物价水平会计的研究，并在一般物价水平会计制度的制定和实施中起着主导作用。

1963 年，美国注册公共会计师协会所属会计研究部发表了第 6 号《会计研究论文集》，其标题为《报告物价水平变动的财务影响》，主张会计报表应按一般物价水平调整。随着 20 世纪 70 年代通货膨胀的进一步加剧，接替会计原则委员会的财务会计准则委员会于 1974 年公布了一项征求意见稿《一般购买力美元会计报表》，建议大型企业在编制正式会计报表的同时，还应该使用一般物价指数调整本年和最近五年的重要会计数据，作为基本会计报表的补充报表。同年，英国会计专业团体亦发表了类似的建议，即第 7 号《标准会计实务公报》。

1979 年，美国财务会计准则委员会发表了第 33 号《财务会计准则公报》。

它作为美国正式公布的物价变动会计制度，要求企业编报现时成本会计补充报表的同时，编报一般物价水平会计补充报表。1982 年，加拿大特许会计师协会公布的《物价变动会计准则》，亦要求企业编报一般物价水平会计补充报表。

后来，一般物价水平会计制度在英美等经济发达国家逐渐被现时成本会计所取代。但是在发展中国家，尤其是通货膨胀率很高的南美国家，一般物价水平会计施行的时间却较为长久。这些国家的物价变动会计制度有些是由政府直接规定的，企业可据以编制正式会计报表。其中巴西是一个比较典型的国家，根据巴西公司法的规定，使用巴西政府国库债券指数作为调整会计报表的指数，调整后的会计报表为税法所承认，收益的调整减少额可以作为应税收益的扣减项目。阿根廷和智利也实行一般物价水平会计，但仅是作为补充会计报表。

二、一般物价水平会计的特点

一般物价水平会计的理论基础是财务资本维持理论。其主要特点是按一般物价水平调整会计报表中的数据，而并不考虑企业各类资产价值的实际变化。因此，在日常的会计核算方面，无需特别设置账户，也不进行特有的或单独的会计账务处理，只是会计期末在传统财务会计报表的基础上，根据一般物价指数变动的幅度及其对传统财务会计报表数据的影响进行换算调整，从而编制出以等值货币计量的会计报表，作为传统会计报表的补充，以反映和消除物价变动对传统会计信息的影响。

三、一般物价水平会计的基本程序与方法

一般物价水平会计主要是在报告期末依据一般物价指数和传统会计报表数据，重新编制一般物价水平会计报表。其基本程序主要包括：①划分货币性项目与非货币性项目；②将非货币性项目的金额按一般物价指数加以调整；③计算持有货币性项目所发生的购买力损益；④编制按一般物价水平调整的会计报表。

1. 划分货币性项目与非货币性项目

编制一般物价水平的会计报表，首先必须将企业的会计要素划分为货币性项目和非货币性项目。这是因为在物价变动情况下，货币性项目和非货币性项目的账面余额受货币购买力变化的影响不同，需要采取不同的会计处理方法。

（1）货币性项目。

货币性项目（Monetary Items），是指其金额依据合同而固定，或是以货币直接反映，不因物价变动而发生金额变动的项目。具体包括货币性资产、货币性负债和货币性业主权益等。

货币性资产（Monetary Assets）是指企业所拥有的现金以及金额固定的债

权。所谓金额固定的债权，是指企业只拥有收回固定量货币的权利，而不问货币购买力的变化。这类项目通常包括库存现金、应收账款、应收票据、利息固定的长期证券投资（如公司债券）以及按固定合同生产的存货等。货币性负债是指企业所背负的应在未来偿还的金额固定的债务。一般包括应付账款、应付票据、应付股利、应付职工薪酬、应付公司债券以及银行借款等。货币性业主权益主要指股利固定的优先股和在公司停业清理时对剩余资产只有固定求偿权的优先股。

货币性项目有两个特点：第一，其金额不因物价变动而变动，例如，某企业年初持有库存现金 10 000 元，年内未发生现金收支，则无论物价如何上涨，其年末持有的库存现金仍为 10 000 元；第二，货币性项目在物价变动时期会发生购买力损益。

尽管货币性项目的金额不因物价变化而变化，但它们必然受到一般物价水平的影响。也就是说，它们所实际代表的购买力会因物价水平的影响而上下波动。在通货膨胀时期，持有货币性资产者因购买力下降而遭受损失，欠有货币性负债者则因货币购买力下降而获得利益。相反，在通货紧缩时期，持有货币性资产者因货币购买力上升而得益，欠有货币性负债者因货币购买力上升而受到损失。

一般来说，一个企业总是既持有货币性资产，又背负货币性负债，二者之间的差额称为货币性项目净额。在通货膨胀时期，如果货币性资产多于货币性负债，则由此而使企业遭受的损失称为货币性项目净额一般购买力损失；反之，如果货币性负债多于资币性资产，则由此而使企业获得的利益称为货币性项目净额一般购买力利得。在一般物价水平会计模式下，资产负债中的货币性项目不必按一般物价水平进行调整，但货币性项目净额的一般购买力损失或利得必须反映在按一般物价水平调整的利润表中。

（2）非货币性项目。

非货币性项目（Nonmonetary Items），是指其金额并不是固定不变，而是随着物价变动而发生变化的项目。当物价上涨时，非货币性项目的金额提高，当物价下跌时，非货币性项目的金额降低。如厂房、设备等固定资产以及存货、业主权益等。

非货币性项目具有两个特点：第一，在物价变动时期，其价值（金额）随物价变动而变动，因此应按一般物价水平变动的幅度加以调整。例如，某企业期初持有存货 100 000 元，一般物价指数由年初的 100 上升为年末的 140，则年末存货金额应调整为 140 000 元；第二，非货币性项目在物价变动时期并不发生购买力损益。这是因为非货币性项目的金额由于可以随物价变动而变化，所代表的购买力与币值的升降保持同步，因而不会发生货币购买力变动。这与货币性项目需要在利润表中计列购买力损益的情况恰恰相反。

2．将非货币性项目金额按照一般物价指数进行调整

一般物价水平会计需要将以历史成本反映的非货币性项目金额按物价指数作为换算系数加以调整，借以反映其价值变化情况。在调整过程中，最主要的问题是选用什么样的物价指数作为换算系数。物价指数可以有多种，诸如年初物价指数、年末物价指数、年度平均物价指数以及交易日物价指数等。选用不同的物价指数，在调整会计指标中的工作繁简不同，调整的结果亦不相同。为简化计算，实务中可取报告期末的一般物价指数与历史期（交易发生时）的年末或年平均一般物价指数相比作为换算系数。计算公式为：

某项目按一般物价指数调整的金额＝历史成本为基础的金额×现行一般物价指数/历史期一般物价指数

【例3】假设 W 公司 201A 年 12 月 31 日的资产负债表及 201B 年的会计报表见表 9－8 和表 9－10：

表 9－8　W 公司资产负债表（历史成本基础）

201A 年 12 月 31 日　　　　（单位：元）

项目	金额	项目	金额
资产：		负债及业主权益：	
货币资金	10 000	应付账款	15 000
应收账款	20 000	应付票据	30 000
存货	40 000		
固定资产	50 000	普通股	75 000
减：累计折旧	0	留存收益	0
资产总计	120 000	负债及业主权益总计	120 000

表 9－9　W 公司资产负债表（历史成本基础）

201B 年 12 月 31 日　　　　（单位：元）

项目	金额	项目	金额
资产：		负债及业主权益：	
货币资金	15 000	应付账款	20 000
应收账款	25 000	应付票据	15 000
存货	45 000	普通股	75 000
固定资产	50 000	留存收益	15 000
减：累计折旧	10 000		
资产总计	125 000	负债及业主权益总计	125 000

表 9－10　W 公司利润表（历史成本基础）

201A 年度　　　　　　　　（单位：元）

项目	金额
销售收入	200 000
销货成本	150 000
营业利润	50 000
折旧费	10 000
其他费用	20 000
利润总额	20 000
所得税费用	5 000
净利润	15 000
现金股利	0
留存收益	15 000

其他资料如下：

（1）固定资产及普通股均为 201A 年投入；固定资产按 5 年直线法折旧，无残值；

（2）存货为均匀购入，先进先出法计价；

（3）收入、费用在年度内均匀发生；

（4）一般物价指数情况：201A 年 12 月 31 日为 120，201A 年平均物价指数为 110；201B 年 12 月 31 日为 140，201B 年平均物价指数为 130。

根据前述原理，按一般物价指数对非货币性项目的调整情况见表 9－11、9－12。

表 9－11　W 公司资产负债表（非货币性项目调整）

201B 年 12 月 31 日　　　　　　　　（单位：元）

项目	调整前金额	调整系数	调整后金额
存货	45 000	140/130	48 462
固定资产	50 000	140/110	63 636
累计折旧	10 000	140/110	12 727
普通股	75 000	140/110	95 455

表 9-12　W 公司利润表（非货币性项目调整）

201A 年度　　　　　　　　　　　　　　（单位：元）

项目	调整前金额	换算系数	调整后金额
销售收入	200 000	140/130	215 385
销货成本			
年初部分	40 000	140/110	50 909
本年部分	110 000	140/130	118 462
折旧费	10 000	140/110	12 727
其他费用	20 000	140/130	21 538
所得税费用	5 000	140/130	5 385

在本例中，为简化计算，对固定资产、普通股以及与业主权益增减相关的收入与费用类项目均选用了交易发生当年的平均物价指数。折旧费用因与固定资产的取得成本相关，故采用与其相联系的固定资产取得时的物价指数。存货因采用先进先出法假设，故在调整资产负债表项目时，存货余额 45 000 元确认为 201B 年购入，采用 201B 年的平均物价指数。在调整利润表项目时，销货成本分两部分，一部分为年初存货，用上年平均物价指数，一部分为当年购入，采用现行平均物价指数。

需要说明的是，货币性项目在此未做调整，持有货币性项目所发生的购买力损益将列入调整后的利润表中。

3. 计算货币性项目购买力损益

如前所述，在物价变动情况下，货币性项目的金额是固定不变的，但它们所代表的货币购买力则发生了变化。因此，在物价变动时期，企业持有货币性资产项目和货币性负债项目必然发生损益。这种损益称为购买力损益（Purchasing Power Gain and Loss）。其计算方法为：

货币性项目购买力损益 = 报告期末按一般物价水平调整后的货币性项目金额 - 货币性项目原始金额

在物价上涨时期，持有货币性资产会损失购买力，相应产生购买力损失；而持有货币性负债则会增加购买力，相应产生购买力收益。两者相抵后的净额，即为货币性项目购买力损益净额，或叫净货币购买力损益。用公式表示为（假设为物价上涨）：

净货币购买力损益 = 货币性负债收益 - 货币性资产损失

以前述 W 公司为例，可计算其货币性项目的购买力损益如下：

货币资金：

期初数（10 000×140/110－10 000）	2 727（损失）
本期增加数［（15 000－10 000）×（140/130－1）］	385（损失）
应收账款：	
期初数（20 000×140/110－20 000）	5 455（损失）
本期增加数［（25 000－20 000）×（140/130 －1）］	385（损失）
应付账款	
期初数（15 000×140/110－15 000 ）	4 091（收益）
本期增加数［（20 000－15 000）×（140/130－1）］	385（收益）
应付票据：	
期初数［30 000×（140/110－1）］	8 182（收益）
本期减少数［（30 000－15 000）×（140/130－1）］	1 154（损失）
净货币购买力损益	2 552（收益）

在本例中，我们假设货币性项目的增减为均匀发生。所以在选用基期物价指数时，采用了交易发生年度的平均物价指数。

以上净货币购买力损益的计算还可以采用另一种方法，即先计算货币性项目净额，然后计算货币购买力损益。其基本思路是：分别计算按一般物价水平调整的期初货币性项目净额及本期增减的货币性项目净额的不变币值购买力，然后与其历史币值净额相比，求得净货币购买力损益。

【例4】仍以前述W公司资料，计算其货币性项目购买力损益。

W公司货币性项目购买力损益计算结果如下：

（1）期初的货币性项目净额：

货币性资产：	
货币资金	10 000
应收账款	20 000
货币性负债：	
应付账款	（15 000）
应付票据	（30 000）
净额	（15 000）

（2）期初的货币性项目净额在期末的货币购买力：

15 000×140/110＝19 090（－）

（3）本期增减的货币性项目净额：

本期货币性收入	200 000
本期货币性费用：	
本期购货费用	155 000

其他费用	20 000
所得税费用	5 000
净额	20 000

（4）本期增减的货币性项目净额在期末的货币购买力：

20 000 × 140/130 = 21 538

（5）净货币购买力损益：

（21 538 − 20 000） − （19 090 − 15 000） = 2 552（−）

本例是假设收入及费用为均匀发生。如不为均匀发生，则对本期增减的货币性项目需逐项计算其在期末的货币购买力，然后计算货币购买力损益净额。

【例5】假设前述 W 公司的所得税为年末支付，计算其货币性项目购买力损益。

W 公司本期增减的货币性项目净额在期末的货币购买力计算如下：

本期货币性收入（200 000 × 140/130）	215 385
本期货币性费用：	
本期购货费用（155 000 × 140/130）	166 923（−）
其他费用（20 000 × 140/130）	21 538（−）
所得税费用（5 000 × 140/140）	5 000（−）
净额	21 924

此处因所得税为年末支付，所以其调整系数为 1（140/140）。

净货币购买力损（益）则为：

（21 924 − 20 000） − （19 090 − 15 000） = 2 166（−）

以上对于本期增减的货币性项目净额在期末的货币购买力也可按如下方法计算：

计算本期增减的货币性项目净额：

货币资金（15 000 − 10 000）	5 000
应收账款（25 000 − 20 000）	5 000
应付账款（20 000 − 15 000）	5 000 （−）
应付票据（15 000 − 30 000）	15 000
小计	20 000
年末支付所得税	5 000
本期增减的货币性项目净额	25 000

本期增减的货币性项目净额在期末的货币购买力：

25 000 × 140/130 = 26 923

净货币购买力损（益）：

（26 923 − 25 000） − （19 090 − 15 000） = 2 167（−）

以上在计算本期增减的货币性项目净额时，考虑了在期末支付的所得税5 000元。这是因为在对本期增减的货币性项目净额进行调整时，是假定这些项目为均匀发生，采用的是年内平均一般物价指数。本期货币性项目有5 000元在期末支付，意味着其支付前需有货币性项目5 000元发生（假设为均匀发生），才能满足期末支付之需。

4. 编制按一般物价水平调整的会计报表

将前面计算结果整理后，即可编制W公司201B年按一般物价水平调整的会计报表见表9－13、9－14。

表9－13　W公司资产负债表（按一般物价指数调整）

201B年12月31日　（单位：元）

项目	金额	项目	金额
资产：		负债及业主权益：	
货币资金	15 000	应付账款	20 000
应收账款	25 000	应付票据	15 000
存货	48 462		
固定资产	63 636	普通股	95 455
减：累计折旧	12 727	留存收益	8 916
资产总计	139 371	负债及业主权益总计	139 371

表9－14　W公司利润表（按一般物价指数调整）

201B年度　（单位：元）

销售收入		215 385
销货成本		169 371
年初部分	50 909	
本年部分	118 462	
营业利润		46 014
折旧费		12 727
其他费用		21 538
利润总额		11 749
所得税费用		5 385
净利润		6 364
净货币购买力利得		2 552
不变购买力净收益		8 916
现金股利		0
留存收益		8 916

四、一般物价水平会计的评价

一般物价水平会计是物价变动会计发展的初级阶段，对于传统的财务会计模式来说，它无疑是一个重要的变革和巨大的进步。它对于保证财务会计目标的实现显示了不可忽视的优点，但也存在着不足。

1. 一般物价水平会计的优点

（1）简便易行。它不改变传统历史成本会计的程序和方法，仅通过一般物价指数对历史成本会计报表进行调整即可，方法简便，而且物价指数可采用官方公布数字，容易实行。

（2）增强了财务数据的可比性。对于特定企业来说，因其按照一般物价指数调整了会计报表的各项数据，因而统一了同期报表中不同时点形成的数据的计量单位。如果将这种方法连续应用于相邻会计期，将会提高各期报表财务数据之间的可比性。如果相关企业都采用这一会计模式，则由于所采用的指数相同而增强企业之间财务信息的可比性。

（3）易于监督。由于所有企业依据相同指数（一般由政府公布）进行调整，使调整后的财务报表具有客观性和可验证性，从而便于进行审计等监督。

2. 一般物价水平会计的缺点

（1）不能确切反映企业真实的财务状况和经营成果。一般物价水平会计是按一般物价指数调整会计报表中的数值，没有考虑企业各类具体资产价值的实际变化。从实际情况看，一般物价水平变动与个别物价变动之间的差异可能很大。因而，会计报表即使按一般物价指数作了调整，仍无法确切反映企业的财务状况和经营成果。

（2）易于造成误解。一般物价水平会计所揭示的购买力损益，只是一种计算上的差额，并不意味着企业的股东因此可以分享相应的股利，也不意味着企业可因此而积累更多的盈余来扩大经营规模。如果企业承担着巨额负债，将会出现这样的情况：一方面，在历史成本会计模式下，将沉重的利息支出计入了历史成本经营费用；另一方面，在一般物价水平会计下，又会出现巨额的购买力利得。这很可能给人以错觉，导致决策失误。

第四节 现行成本会计

一、现行成本会计及其发展

现行成本会计又称现行重置成本会计，或现行成本/名义货币会计，是以资产的现行成本或现行重置成本作为计价基础，从而反映和消除物价变动对企业财务状况和经营成果影响的一种会计程序和方法。

最早系统地阐述现行成本会计的是美国会计学家爱德华兹（E. O. Edwards）和贝尔（P. W. Bell）。他们在1961年出版的《企业收益计量及其理论》（*The Theory and Measurement of Business Income*）一书中，提出了一套完整的反映和消除物价变动对会计影响的程序与方法，建议采用现行成本作为计量企业收益的基准。《企业收益计量及其理论》一书被公认为现行成本会计领域中最杰出的著作，对现行成本会计的发展产生了重大影响。

1962年，斯普劳斯（Robert T. Sprouse）和穆尼茨（Maurice Moonitz）作为美国注册公共会计师协会会计研究部的专家，受协会的委托撰写第3号《会计研究论文集——企业普通适用的会计原则初探》，亦建议以现行重置成本作为资产的计价基准。

1966年，美国会计学会发表《会计基础理论的研究报告》（*A Statement of Basic Accounting Theory*），提出企业会计报表既要反映历史成本，也要反映现行成本。这份研究报告主张使用多种计量基础（即历史成本、现行成本和变现价值）对资产计价，并得到《特鲁布拉德委员会报告》（*Trueblood Committee Report*）的支持。

随后的几年，众多会计学者及会计专业团体致力于现行成本会计的研究，但研究的内容多处于理论探索，直到20世纪70年代后期，这些研究成果才被企业和会计界正式采用。

1976年，美国证券交易管理委员会发布了第190号《会计公告》，规定美国大型企业必须向它报送现行成本会计补充报表。美国证券交易管理委员会是美国国会授权负责监督企业会计制度和执行情况的一个政府机构。第190号《会计公告》的发布，对美国现行成本会计制度的实施起到了极大的促进作用。

1979年，美国财务会计准则委员会发布了第33号《财务会计准则公报——财务报告和变动价格》（*Financial Reporting and Changing Price*），要求企业必须提供反映价格变动的会计数据，作为历史成本会计的补充报表。其中包括按现行成本会计计算企业收益。这也是美国正式采用的物价变动会计制度。

1980年，英国会计准则委员会公布了第16号《标准会计实务公报——现行成本会计》。该公报要求企业编制按现行成本会计反映的利润表及资产负债表，并设定有具体格式。此可谓英国正式采用的现行成本会计制度，它较美国第33号《财务会计准则公报》更为合理和简明，也易于被人们所理解和接受。

进入20世纪80年代后期，人们采用现行成本会计的呼声逐渐开始减弱。英国于1985年5月，宣布第16号《标准会计实务公报》暂停执行，不再建议企业编制现行成本会计报表；美国于1986年12月发布第89号《财务会计准则公报》，将现行成本会计数据从必须披露改为自愿披露。这些改变显然与英美国家通货膨胀的大幅下降有关。其他原因可能是，政府并不同意按现行成本会计计算年度收益以减少征收公司所得税，还有许多企业认为，推行现行成本会计的效益已小于耗费，不符合成本效益原则。

至1988年，英国第16号《标准会计实务公报》宣布正式撤销。但与此同时，在英国会计团体联合会发布的一项公告中则阐明：由于物价变动会计具有极为重要的作用，仍然支持英国会计准则委员会继续从事这项研究工作，并期望能制定出更为适用的物价变动会计准则，以应付今后可能再次发生持续的通货膨胀。

二、现行成本会计的特点

现行成本会计与一般物价水平会计相比，具有如下特点：

1. 资产是按现行成本或现行重置成本计价

在现行成本会计下，对企业所持有的资产和生产经营过程中所消耗的资产，均以现行成本作为计价基础。所谓现行成本，或叫重置成本，是指重新购置在品种规格或是使用效率和使用年限等方面与现有资产完全等同的资产所需的成本。它既可以按具体资产的重置成本确定，也可以按资产的个别物价指数或分类物价指数调整后确定。显然，前者比较后者更加符合实际，但是，要获得每一具体资产的重置成本往往比较困难，所费代价也往往过高，因此，实务中常用个别物价指数或分类物价指数对资产的历史成本进行调整以求得现行成本。

2. 收益确定遵循实物资本维持原则

现行成本会计认为，只有在实物资本或生产能力得到保持的前提下，才能确认企业的收益。因此，对于由于价格变化而使企业持有资产产生的收益（现行成本与历史成本之差）不作为企业的经营收益，而是作为持有损益单独反映。如果这些持有资产已经脱手（处置），则表现为已实现持有损益；如果这些持有资产在期末仍未脱手，则作为未实现持有损益来反映。

3. 期末会计报表和平时的财务会计记录均要按现行成本反映

在现行成本会计下，由于采用了不同于传统会计和一般物价水平会计的计价基准，因此在日常会计核算中，需要设置专门的账户体系，按现行价格反映资产的变动，以利于期末按现行成本编制会计报表，以及反映本期营业收益与因持有资产价格增减变动所形成的持有损益。但由于现行成本资料的取得往往需要较长的时间和可观的费用，因此，基于成本效益原则，一般在历史成本会计的基础上，于年末一次重估现行成本，进而确认现行成本变动额（持有损益），并重编现行成本会计报表。在下面的讲解中，我们将采用会计期末一次调整的做法。

三、现行成本会计的基本程序与方法

现行成本会计的基本程序一般包括如下几个步骤：①划分货币性项目与非货币性项目；②按现行成本调整非货币性项目金额；③确定持有损益（现行成本变动额）；④按现行成本重编会计报表；⑤调整有关会计记录。

【例6】假设M公司201B年12月31日的资产负债表及201B年度的利润表见表9－15、9－16：

表9－15　M公司资产负债表（历史成本基础）

201B年12月31日　　（单位：元）

项目	年初数	年末数
资产：		
货币资金	10 000	20 000
应收账款	35 000	40 000
存货	40 000	60 000
土地	90 000	90 000
固定资产	40 000	40 000
减：累计折旧	0	4 000
资产总计	215 000	246 000
负债：		
应付账款	25 000	36 000
应付票据	130 000	130 000
负债合计	155 000	166 000
业主权益：		
普通股	60 000	60 000
留存收益	0	20 000
业主权益合计	60 000	80 000
负债与业主权益总计	215 000	246 000

表 9－16　M 公司利润表（历史成本基础）

201B 年度　　　　　　　　（单位：元）

销售收入	200 000
销货成本：	120 000
年初存货	40 000
本年进货	140 000
年末存货	60 000
营业利润	80 000
折旧费	4 000
销售及管理费用	40 000
利润总额	36 000
所得税费用	10 000
净利润	26 000
现金股利	6 000
留存收益	20 000

其他资料如下：

（1）存货、固定资产、土地和普通股均于 201A 年 12 月 31 日开始营业时投入，201B 年 1 月 1 日的历史成本与其现行成本相同；固定资产预计使用 10 年，直线法折旧，无残值；

（2）201B 年 12 月 31 日存货的现行成本为 100 000 元；

（3）201B 年 12 月 31 日土地的现行成本为 180 000 元；

（4）201B 年 12 月 31 日固定资产的现行成本为 50 000 元，净值的现行成本为 45 000 元；

（5）存货计价采用先进先出法，销货成本在年内均匀发生，其现行成本为 194 000 元；

（6）现金股利于 201B 年 12 月 31 日支付；

（7）销售收入为现行价值，销售和管理费用、所得税的现行成本与历史成本相同。

根据以上资料，编制现行成本会计的报表。

1．划分货币性项目和非货币性项目

在本例中，属于货币性项目的有：货币资金、应收账款、应付账款和应付票据。对于货币性项目，由于其是按固定金额表述的，不受个别（特定）物价变动的影响，因此，其年初的现行成本就是其在年初的历史成本，年末的现行成本就是其在年末的历史成本。只需按其账面价值表述，不需进行任何调整。

而对于非货币性项目，由于其直接受个别物价变动的影响，则应按其现行成本重新表述。

2. 按现行成本调整非货币性项目金额

(1) 资产负债表项目的调整

在本例中，非货币性项目年初的现行成本就是其在年初的历史成本，年末的现行成本分别为：

存货	100 000
土地	180 000
固定资产（原值）	50 000
累计折旧	5 000

普通股：仍按历史成本表述，201B 年 1 月 1 日和 201B 年 12 月 31 日均为 60 000 元。这样，便能够把经营收益和资产持有损益都积累为留存收益。

(2) 利润表项目的调整

利润表中的某些项目是按当前的物价水平或接近于当前的物价水平逐渐累积的，因此其历史成本与其现行成本极为接近，根据会计的重要性原则和成本效益原则，对于这样的项目，可按其历史成本进行列示。这一类项目通常包括销售收入、销售及管理费用（折旧费除外）、所得税费用和现金股利。至于折旧费和销货成本，因其与特定的、较早取得的资产的历史成本相联系，因此与相应资产当前的价格距离较远，其现行成本需要根据相应资产的现行成本计算确定，所以应当进行调整。销货成本的现行成本主要取决于存货价格的变动；折旧费的现行成本主要取决于固定资产价格的变动。

在本例中，M 公司利润表项目的现行成本金额确认如下：

销售收入	200 000
销售及管理费用	40 000
所得税费用	10 000
现金股利	6 000
销货成本	194 000

折旧费：折旧费一般假定在一年中是均匀发生的。由于年初和年末资产的现行成本不同，因此应以固定资产的现行成本平均余额为基础计算折旧费用。

本例固定资产的现行成本平均余额为：

(40 000 + 50 000) /2 = 45 000

折旧费的现行成本为：45 000/10 = 4 500

3. 确定持有损益

在现行成本会计下，货币性项目的购买力损益是不计算的，因为从现行成本会计的观点看，它不认为不同时期的计量单位已经改变。而当非货币性项目被重新表述时，持有损益就出现了。持有损益主要发生在存货、房屋设备、土地等具有实物形态的资产上，并涉及销货成本和折旧费等利润表项目。在初次实行现行成本会计的情况下，持有损益是当年现行成本总额与财务报表显示的历史成本总额的差额。在前期已经实行现行成本会计的情况下，由于每年年末都曾确认过当时的现行成本金额，因此在报告期末，只需确认本期现行成本变动额与上期现行成本变动额的差额。

持有损益分为已实现和未实现两部分。已实现持有损益是指已经销售或转换了的资产的持有损益。主要包括已销售的存货上的持有损益和当期计提折旧的资产在当期现行成本折旧额中的持有损益等。未实现持有损益是指尚未销售或处置的资产的持有损益，主要产生于期末存货、土地以及房屋设备等这类实物资产。

持有损益的计算可分为两个步骤：①汇总有关项目的历史成本与现行成本（其差额就是持有损益）；②汇总有关项目上已实现和未实现的持有损益。

依上述资料，可计算M公司的持有损益见表9－17、9－18。

表9－17 M公司持有损益计算表

201B年度（12月31日止）　　　　（单位：元）

项目	现行成本	历史成本	持有损益
存货（201B年1月1日）	40 000	40 000	0
存货（201B年12月31日）	100 000	60 000	40 000
土地（201B年1月1日）	90 000	90 000	0
土地（201B年12月31日）	180 000	90 000	90 000
固定资产（净值，201B年1月1日）	40 000	40 000	0
固定资产（净值，201B年12月31日）	45 000	36 000	9 000
销货成本	194 000	120 000	74 000
折旧费	4 500	4 000	500
持有损益合计			213 500

表 9－18　M 公司持有损益汇总表

201B 年度（12 月 31 日止）　　　　（单位：元）

项目	存货	固定资产	土地	合计
未实现持有损益				
201B 年 1 月 1 日	0	0	0	0
201B 年 12 月 31 日	40 000	9 000	90 000	139 000
未实现持有损益增加	40 000	9 000	90 000	139 000
已实现持有损益	74 000	500	0	74 500
本年度持有损益合计	114 000	9 500	90 000	213 500

4. 按现行成本重编会计报表

将前面的计算结果整理后，即可编制 M 公司 201B 年以现行成本为基础的会计报表，见表 9－19、9－20。

表 9－19　M 公司资产负债表（现行成本基础）

201B 年 12 月 31 日　　　　（单位：元）

项目	年初数	年末数
资产：		
货币资金	10 000	20 000
应收账款	35 000	40 000
存货	40 000	100 000
土地	90 000	180 000
固定资产	40 000	50 000
减：累计折旧	0	5 000
资产总计	215 000	385 000
负债：		
应付账款	25 000	36 000
应付票据	130 000	130 000
负债合计	155 000	166 000
业主权益：		
普通股	60 000	60 000

（续上表）

项目	年初数	年末数
留存收益	0	(54 500)
资本保持调整	0	213 500
业主权益合计	60 000	219 000
负债与业主权益总计	215 000	385 000

表 9－20 M 公司利润表（现行成本基础）

201B 年度　　　　（单位：元）

销售收入	200 000
销货成本	194 000
营业利润	6 000
折旧费	4 500
销售及管理费用	40 000
利润总额（损失）	(38 500)
所得税费用	10 000
净利润	(48 500)
现金股利	6 000
留存收益	(54 500)

从以上计算结果可以看出，M 公司 201B 年度在考虑物价变动因素后的税后净利是负 48 500 元。亏损的 48 500 元实为 M 公司 201B 年的经济收益，亦即在实物资本维持观念下的净收益。也就是说，M 公司在现行物价变动条件下维持正常经营能力的实际情况是税后亏损而不是税后盈利。

如果从财务资本维持的观点来考虑，M 公司 201B 年度按现行成本调整的税后净利将是 165 000 元。这是因为在财务资本维持观念下，对企业资产价值的升值，不论是否实现，均确认为本期收益。只不过对此持有资产损益在利润表中需单独列示罢了。M 公司按财务资本观念调整的现行成本会计报表见表 9－21、9－22。

表 9－21　M 公司资产负债表（现行成本基础，财务资本维持观念）

201B 年 12 月 31 日　　（单位：元）

项目	年初数	年末数
资产：		
货币资金	10 000	20 000
应收账款	35 000	40 000
存货	40 000	100 000
土地	90 000	180 000
固定资产	40 000	50 000
减：累计折旧	0	5 000
资产总计	215 000	385 000
负债：		
应付账款	25 000	36 000
应付票据	130 000	130 000
负债合计	155 000	166 000
业主权益：		
普通股	60 000	60 000
留存收益	0	159 000
业主权益合计	60 000	219 000
负债与业主权益总计	215 000	385 000

表 9－22　M 公司利润表（现行成本基础，财务资本维持观念）

201B 年度　　（单位：元）

销售收入	200 000
销货成本	194 000
营业利润	6 000
折旧费	4 500
销售及管理费用	40 000
利润总额	（38 500）
所得税费用	10 000
现行成本下经济收益（损失）	（48 500）
已实现资产持有收益	74 500
已实现净收益	26 000
未实现资产持有收益	139 000

（续上表）

现行成本下的净收益	165 000
现金股利	6 000
留存收益	159 000

从表9－22可以看出，M公司201B年现行成本下的经济收益为负48 500元（实物资本维持观念），已实现资产持有收益74 500元，二者之和为26 000元，这正是以历史成本为基础的会计收益（见表9－16）。加上未实现的资产持有收益139 000元，即为现行成本下的净收益165 000元，这正是财务资本维持观念下的净收益。

5．调整会计记录

如前所述，在现行成本会计下，不但期末的会计报表需要按现行成本进行调整，日常的会计记录也要按现行成本进行调整。假设M公司的现行成本遵循财务资本维持观念，则需要调整的账项如下：

（1）调整存货。

存货的现行成本为100 000元，历史成本为60 000元，因此，存在未实现持有利得。其调整分录为：

借：存货　　40 000
　贷：未实现持有利得　　40 000

（2）调整土地。

土地的价值按现行成本反映升值90 000元，但未实现，其调整分录为：

借：土地　　90 000
　贷：未实现持有利得　　90 000

（3）调整固定资产。

固定资产的历史成本为40 000元，现行成本为50 000元，应调增固定资产价值10 000元。在此10 000元中，有9 000元为未实现持有利得，1 000元为增加固定资产折旧。会计分录为：

借：固定资产　　10 000
　贷：未实现持有利得　　9 000
　　　累计折旧　　1 000

（4）调整销货成本。

销货成本的历史成本为120 000元，现行成本为194 000元，增值74 000元，为已实现持有利得。会计分录为：

借：销货成本　　74 000

　贷：已实现持有利得　　74 000

（5）调整折旧费用。

按现行成本计算的折旧费用比历史成本增加 500 元，属于已实现持有利得。会计分录为：

借：折旧费用　　500

　贷：已实现持有利得　　500

四、现行成本会计的评价

1. 现行成本会计的优点

现行成本会计的优点主要表现在以下几个方面：

（1）可以比较客观地评价企业管理人员的工作业绩。在现行成本会计下，将收益区分为营业收益和资产持有收益。营业收益的大小取决于经营管理水平，而资产持有收益的大小，则取决于物价变动因素以及企业管理人员的应变能力。这种划分有助于对企业管理人员的成绩作出客观的评价。

（2）可以维护企业的产权资本和实际生产经营能力。现行成本会计以现行重置成本弥补生产经营中所耗用的材料物资和机器设备为前提，从而可以保证产权资本的回收以及重置已消耗的同类资产所需要的资金，维护企业的实际生产经营能力。

（3）能够提供较真实的经营收益。在现行成本会计下，资产以现行重置成本计价，从而解决了历史成本会计下，由于资产购置年代不同而在计价上存在较大差异的不合理现象；同时，收入的计算以现行收入与以现行成本为基础重新计算的资产实际付出和消耗额配比而得，从而避免了在历史成本会计下产生的虚假利润。

2. 现行成本会计的缺点

现行成本会计在实践上仍有不足之处，归纳起来主要有：

（1）资产的现行成本难以准确确定。严格说来，现行成本会计对资产收进、付出和储存的核算均应以现行成本为基础。但要想准确地确定资产的现行成本，往往需要大量的物价资料，由此可能导致大量的时间的耗费和费用的发生，这对于大多数企业来说是困难的。如果采用直接估价或是按物价部门公布的分类物价指数进行调整，又势必存在主观意志，从而影响会计信息的可靠性。

（2）没有考虑一般物价水平的变化。在现行成本会计下，企业各期资产的现行成本或重置成本只是反映了资产在不同时期的现行价值，并没有考虑一般物价水平的变化，因此，在进行多期比较时，无法反映企业财务状况和经营成果的真实变动情况。另外，不计列一般物价水平影响的货币性项目购买力损益，未必能真正反映和消除物价变动对会计信息的影响。

（3）应用成本较高。在现行成本会计下，取得必要的物价变动资料必然要花费较多的人力和物力，增加企业的负担。另外，现行成本的变动可能会导致投保额、所得税和财产税的变动，使审计的难度和成本增加，这些都会给现行成本会计的实施带来很大难度。

第五节　现行成本/不变币值会计

一、现行成本/不变币值会计的概念

现行成本/不变币值会计是以现行成本为计量基础，以不变币值货币为计量单位，从而全面反映和消除物价变动对会计信息影响的一种会计程序和方法。

现行成本/不变币值会计是一般物价水平会计与现行成本会计相结合的产物。从前面的介绍可以看出，一般物价水平会计可以揭示和消除一般物价水平变动对会计信息的影响，但不能反映和消除个别物价变动对会计信息的影响；现行成本会计能够揭示和消除个别物价变动对会计信息的影响，但却没有考虑一般物价变动因素。实际上，在物价变动情况下，传统财务会计信息往往同时受到一般物价水平变动和个别物价变动的影响。如果只用一般物价水平会计模式，势必忽略了资产持有损益；如果单用现行成本会计模式，又势必忽略了货币性项目净额上的购买力损益，因而使得所揭示的物价变动的影响不够全面。为了全面反映物价变动的影响，会计学者们将二者结合起来，创造出现行成本/不变币值会计模式。

现行成本/不变币值会计是物价变动会计发展到一定阶段的产物。不过，世界上成功地运用这种模式的，还只有美国和加拿大。但它们也都只是鼓励股票上市的大公司才披露以现行成本/不变币值为基础的部分补充资料，并不要求对历史成本会计报表进行全面调整而重编以现行成本/不变币值为基础的会计报表。

二、现行成本/不变币值会计的特点

现行成本/不变币值会计的特点是：不但确认企业货币性项目净额上的购买力损益，而且确认企业持有非货币性资产的现行成本变动额（持有损益）。不过，这种持有损益已不是最初在重编现行成本会计报表时计算的金额，而是

剔除了一般物价水平变动影响之后的金额。在会计处理上，一般是日常的会计核算仍以历史成本反映，每当会计期末时，才将历史成本基础的会计报表按现行成本调整，计算当年现行成本变动额（持有损益），编制现行成本会计报表。在此基础上，再运用适用的一般物价指数，将现行成本会计报表中的财务数据换算为现行成本/不变币值会计基础的财务数据，并确认购买力损益。

三、现行成本/不变币值会计的基本程序与方法

前已述及，现行成本/不变币值会计是一般物价水平会计和现行成本会计两种会计模式的有机结合。因此，其会计程序与方法也表现为这两种会计模式会计程序与方法的有机结合。具体来说，包括：①按现行成本对历史成本会计报表数据进行调整；②确认持有损益；③按现行成本重编会计报表；④按不变币值对现行成本会计报表进行调整；⑤确定货币性项目净额上的购买力损益；⑥确定剔除一般物价水平变动影响后的资产持有损益；⑦编制现行成本/不变币值会计报表。

以上前三个步骤实际上与现行成本会计模式并无差异，所不同的是，在编制出了现行成本会计报表以后，后续步骤还要用不变币值重新表述，即用一般物价指数对会计报表数据进行调整。

【例7】以前述M公司为例，实施现行成本/不变币值会计的会计程序与方法。

M公司201B年以历史成本为基础的资产负债表和利润表见表9－15、9－16，在完成了如上前三个步骤之后，编制出的以现行成本反映的会计报表见表9－21、9－22。接着所要进行的是，按不变币值货币对现行成本会计报表进行调整。

1. 按不变币值货币对现行成本会计报表进行调整

这是现行成本/不变币值会计的关键步骤。假设有关的物价指数如下：

201A年12月31日	140
201A年平均	130
201B年12月31日	160
201B年平均	150

结合前述资料，即可对M公司以现行成本为基础的会计报表调整如下：

（1）资产负债表的调整。

表9－21列示的是M公司在现行成本会计模式下201B年12月31日的资产负债表（财务资本维持观念）。对于表中的年末数字，由于采用以年末货币作为不变币值货币，而其年末数字的大部分内容已与不变币值一致，因此不需

调整。所要调整的只是那些在确定现行成本时未按年末货币调整的个别项目，如普通股和留存收益项目。

年末普通股调整如下：

60 000 × 160/140 = 68 571

留存收益用倒算推出，其金额为：

385 000 − 166 000 − 68 571 = 150 429

对于资产负债表中的年初项目，由于其现行成本是以年初货币表述的，因此需按一般物价指数一一调整。计算过程如下：

货币资金	10 000 × 160/140 = 11 429
应收账款	35 000 × 160/140 = 40 000
存货	40 000 × 160/140 = 45 714
土地	90 000 × 160/140 = 102 857
固定资产	40 000 × 160/140 = 45 714
应付账款	25 000 × 160/140 = 28 571
应付票据	130 000 × 160/140 = 148 572
普通股	60 000 × 160/140 = 68 571

（2）利润表的调整。

表 9 − 22 列示的是 M 公司 201B 年度在现行成本会计模式下的利润表（财务资本维持观念）。由于表中的大部分项目都是在年内均匀发生的，因此可以理解为是按年内平均货币表述的。在本例中因不变币值货币采用年末货币，因此，对这些项目，除在年末发放的现金股利之外，均需按年末货币进行调整。计算过程如下：

销售收入	200 000 × 160/150 = 213 333
销货成本	194 000 × 160/150 = 206 933
折旧费	4 500 × 160/150 = 4 800
销售费用及管理费用	40 000 × 160/150 = 42 667
所得税费用	10 000 × 160/150 = 10 667
现金股利	6 000 × 160/160 = 6 000

2. 确定货币性项目净额上的购买力损益

现行成本/不变币值会计模式下的货币性项目净额上的购买力损益的计算方法与一般物价水平会计模式完全相同。M 公司 201B 年的净货币项目购买力损益计算如下：

（1）期初的货币性项目净额（历史成本）：

货币性资产：

货币资金	10 000
应收账款	35 000
货币性负债：	
应付账款	(25 000)
应付票据	(130 000)
净额	(110 000)

(2) 期初的货币性项目净额在期末的货币购买力：

110 000 × 160/140 = 125 715（ - ）

(3) 本期增减的货币性项目净额（历史成本）：

本期货币性收入	200 000
本期货币性费用：	
本期购货费用	140 000
销售及管理费用	40 000
所得税费用	10 000
现金股利	6 000
净额	4 000

(4) 本期增减的货币性项目净额在期末的货币购买力：

收入（20 000 × 160/150）	213 333
费用：	
本期购货费用（140 000 × 160/150）	149 333
销售及管理费用（40 000 × 160/150）	42 667
所得税费用（10 000 × 160/150）	10 667
现金股利（6 000 × 160/160）	6 000
合计	4 666

(5) 净货币购买力损（益）：

(4 666 - 4 000) -(125 715 - 110 000) = 15 049（ - ）

3. 确定剔除一般物价水平变动影响后的资产持有损益

在现行成本/不变币值会计模式下，仍需确认由于个别物价变动而使企业产生的持有损益，只不过在计算这种持有损益时，要剔除一般物价水平变动的影响。实务中可直接按一般物价水平对持有资产的历史成本及现行成本分别进行换算，然后计算变动额。这样其计算结果就自然剔除了一般物价水平变动因素。

M 公司持有资产按一般物价水平调整的现行成本数据已经在本节前面部分得出，其持有资产的历史成本按一般物价水平调整如下：

存货（201B 年 1 月 1 日）		40 000×160/130＝49 231
存货（201B 年 12 月 31 日）		60 000×160/150＝64 000
土地（201B 年 1 月 1 日）		90 000×160/140＝102 857
土地（201B 年 12 月 31 日）		90 000×160/140＝102 857
固定资产（净值，201B 年 1 月 1 日）		40 000×160/140＝45 714
固定资产（净值，201B 年 12 月 31 日）		36 000×160/140＝41 143
销货成本		
年初部分		40 000×160/130＝49 231
本年购进部分	80 000×160/150＝85 333	134 564
折旧费		4 000×160/140＝4 571

将以上资料整理，可得出 M 公司 201B 年剔除一般物价水平变动影响的资产持有损益见表 9－23、9－24。

表 9－23　M 公司持有损益计算表（剔除一般物价水平变动）

201B 年度（12 月 31 日止）　　（单位：元）

项目	现行成本	历史成本	持有损益
存货（201B 年 1 月 1 日）	45 714	49 231	(3 517)
存货（201B 年 12 月 31 日）	100 000	64 000	36 000
土地（201B 年 1 月 1 日）	102 857	102 857	0
土地（201B 年 12 月 31 日）	180 000	102 857	77 143
固定资产（净值，201B 年 1 月 1 日）	45 714	45 714	0
固定资产（净值，201B 年 12 月 31 日）	45 000	41 143	3 857
销货成本	206 933	134 564	72 369
折旧费	4 800	4 571	229

表 9－24　M 公司持有损益汇总表

201B 年度（12 月 31 日止）　　（单位：元）

项目	存货	固定资产	土地	合计
未实现持有损益				
201B 年 1 月 1 日	(3 517)	0	0	(3 517)
201B 年 12 月 31 日	36 000	3 857	77 143	117 000

（续上表）

项目	存货	固定资产	土地	合计
未实现持有损益增加	39 517	3 857	77 143	120 517
已实现持有损益	72 369	229	0	72 598
本年度持有损益合计	111 886	4 086	77 143	193 115

4. 编制现行成本/不变币值会计报表

在完成了上述各个步骤之后，就可以编制现行成本/不变币值会计报表了。M公司以现行成本/不变币值表示的会计报表见表9－25、9－26。

表9－25　M公司资产负债表（现行成本/不变币值基础）

201B年12月31日　　（单位：元）

项目	年初数	年末数
资产：		
货币资金	11 429	20 000
应收账款	40 000	40 000
存货	45 714	100 000
土地	102 857	180 000
固定资产	45 714	50 000
减：累计折旧	0	5 000
资产总计	245 714	385 000
负债：		
应付账款	28 571	36 000
应付票据	148 572	130 000
负债合计	177 143	166 000
业主权益：		
普通股	68 571	60 000
留存收益	0	159 000
业主权益合计	68 571	219 000
负债与业主权益总计	245 714	385 000

表9－26 M公司利润表（现行成本/不变币值基础）

201B年度 （单位：元）

销售收入	213 333
销货成本	206 933
营业利润	6 400
折旧费	4 800
销售及管理费用	42 667
利润总额	（41 067）
所得税费用	10 667
净利润（损失）	（51 734）
已实现资产持有收益	72 598
已实现净收益	20 864
未实现资产持有收益	120 517
净货币购买力损益	15 048
现行成本/不变币值净收益	156 429
现金股利	6 000

四、现行成本/不变币值会计的评价

现行成本/不变币值会计报表模式作为一般物价水平会计和现行成本会计的有机结合，它具备这两种会计模式的优点，同时也存在着二者所具有的缺点。

1. 现行成本/不变币值会计的优点

（1）可以全面正确地反映和消除物价变动对传统财务会计的影响，为报表使用者提供更为有用的会计信息。这种模式能够同时揭示一般物价水平变动和个别物价水平变动的影响，并分别反映由一般物价水平变动而引起的货币性项目净额上的购买力损益以及个别物价变动引起的持有损益和扣除一般物价水平变动后的持有损益，使得所提供的会计信息更为有用。

（2）便于报表使用者对会计信息的理解和比较。该模式同时改变传统财务会计的计量单位和计量属性，其以现行成本提供的财务数据反映了市场的现时价格，便于人们对企业财务状况和经营成果的理解。同时，所提供的会计信息以不变币值货币为计量单位，保持了货币计量单位的一致性，有利于所提供指标的相互比较，因而，增强了会计信息的使用价值。

2. 现行成本/不变币值会计的缺点

（1）核算费用过高，可能在较大程度上背离重要性原则和成本效益原则。

（2）核算资料过于复杂，不易被广大会计报表使用者所理解。了解现行成本/不变币值会计所提供的核算资料一般需要较高的经济和会计专业知识，而会计信息的使用者范围很广，往往不具备这些所需的相应知识，因而理解会计报表的难度较大，这使得现行成本/不变币值会计难以在实际的经济活动中加以运用。

第六节　物价变动会计的争论与聚焦

物价变动会计自问世以来，经历了一个由理论到实务，由萌芽到兴盛，又由兴盛到停滞的过程。为反映和消除物价变动对会计信息的影响，各国的会计学者及会计机构做出了不懈的努力，取得了重要成果。20 世纪 70 年代后半期至 20 世纪 80 年代前半期西方发达国家持续的通货膨胀，曾使物价变动会计的研究和应用达到了高潮。许多国家根据本国物价变动的特点和情况，在不同程度上采用了物价变动会计。不过，由于各国物价变动程度不同，社会经济制度不同，以及会计水平不同，在物价变动会计的研究与应用上也不尽相同。下面是一些具有代表性的国家与组织在物价变动会计中的研究、争论与实践情况。

一、美国

美国是研究物价变动会计最早的国家之一，但在其实施方面，一度曾相当保守。尽管自 20 世纪初美国会计学家们就开始探讨物价变动会计并提出了一整套会计模式，但由于直到 20 世纪 70 年代以前美国经济基本处于稳定繁荣状态，特别是 20 世纪 50 年代末至 20 世纪 60 年代中期出现持续 8 年的经济稳定增长，通货膨胀率较低，因此，物价变动会计并无大的用场。在会计实务上，通常采取比较稳健和保守的做法，例如，对固定资产折旧的计算采用加速折旧法，对存货的发出采用后进先出法等，来抵销通货膨胀的一部分影响。

20 世纪 70 年代以后，美国出现了持续的通货膨胀，因而引起了经济界的广泛重视。由于 1974 年通货膨胀率高达 11%，促使美国财务会计准则委员会出台了《按一般购买力单位编制财务报表》的征求意见稿。随后，美国证券交易管理委员会提出了 190 号《会计公告》（1976），要求大型企业报送的年度会计报表中，必须反映现行成本数据。随后财务会计准则委员会撤回了 1974 年的征求意见稿，并于 1979 年发布了第 33 号《财务会计准则公报——财务报告和变动价格》，建议企业既提供按一般物价水平会计调整的补充会计数据，也提供按现行成本调整的补充会计数据。显然，这份报告所展示的是一种简化的现行成本/不变币值会计模式，所要求揭示的只是作为原先的以历史成本为基础的财务报表的补充，而不是重编财务报表。

第 33 号财务会计准则公报所基于的资本维持观念是财务资本维持观念，它不但要求确认货币性项目净额上的购买力损益，而且也将资产持有损益（现行成本的增减额）计入利润表。

第 33 号财务会计准则公报试图从会计计量单位和计量属性两个方面同时修正传统财务报表所提供的某些信息，可谓一大创举。但其篇幅之长，涉及内容之多，工程量之大，却令一般企业望而却步。同时，在第 33 号公报发布后不久，美国的通货膨胀率出现了逐年降低的情景，这使得企业界对实行第 33 号公报的可行性及必要性有了较大的异议。因此，财务会计准则委员会在广泛征求意见的基础上，采取了新的措施，并于 1986 年 12 月发布了第 89 号《财务会计准则公报——财务报告与物价变动》，以取代第 33 号公报，对企业提供物价变动补充资料的规定，也由要求揭示改为自愿揭示。

二、英国

英国是较早地对物价变动会计采取积极态度的国家。1952 年，英国的会计职业团体对物价变动会计已开始重视并发布了一系列通货膨胀职业文告，但最具代表性、可以称之为英国现代物价变动会计制度的，是 1980 年 3 月会计标准委员会发布的第 16 号《标准会计实务公报——现行成本会计》。该公报与美国第 33 号公报的区别是：①美国要求在会计报表调整中同时采用现行成本会计和一般物价水平会计，而英国只要求采用现行成本会计；②美国对物价变动调整的焦点在利润表，而英国则要求同时编制现行成本会计利润表和资产负债表，反映企业现行资产的真实价值；③美国对物价变动的披露是以历史成本会计报表作为基本会计报表，而英国则规定企业既可使用历史成本会计报表作为基本报表，以现行成本会计报表作为补充；也可以使用现行成本会计报表作为基本报表，而以历史成本会计报表作为补充。

英国标准会计委员会发布的第 16 号会计公报所基于的资本维持观念是实物资本维持观念。它对于企业保持既有的生产和经营能力，在实质上保持股东投入的资本的购买力，具有一定的保证作用。然而，尽管这份公报有着诸多优点，但它的实行仍然受成本与效益关系的制约。与美国的情况相类似，第 16 号标准会计实务公报实行之后，英国的物价也趋于缓和。因此，从 1985 年 6 月开始这份公报即中止实行。1988 年 4 月 22 日，英国特许会计师协会（The Chartered Association of Certified Accountants）与会计团体顾问委员会（The Consultative Committee of Accountancy Bodes）其他成员一致同意撤销《标准会计实务公报——现行成本会计》。因此，会计标准委员会于 1988 年 7 月正式发布了

"会计标准委员会关于撤销第16号《标准会计实务公报——现行成本会计》"的声明，宣布第16号标准会计实务公报于1988年4月22日正式撤销。

三、加拿大

加拿大对物价变动会计研究及应用的重视始于20世纪70年代，在物价变动会计的应用模式方面基本是紧随美国和英国。其最具代表性的物价变动会计制度体现于1982年10月由加拿大特许会计师协会所属的会计研究委员会发布的统一会计准则——《报告物价变动的影响》，要求以现行成本会计模式编制等值货币资产负债表和利润表，以反映物价变动对企业财务状况和经营成果的影响。

四、澳大利亚

早在20世纪70年代以前，澳大利亚会计学术界亦开始对物价变动问题进行研究和讨论。20世纪70年代中，随着通货膨胀持续高涨，企业界开始关注物价变动对会计报表所产生的影响，特别是关心由于会计报表中的虚增收益，而使企业税务负担加重的问题。在企业界的呼吁下，澳大利亚政府于1974年设立了专门委员会，会计专业机构也开始着力研究物价变动问题并陆续发布征求意见稿、暂行准则以及公报等。其较为全面的物价变动会计制度，体现于1983年11月由会计准则委员会发布的名为《现行成本会计》的会计实务公报。其基本模式与英国相似，主张以现行成本会计调整会计报表，以反映和消除物价变动对会计信息的影响。

五、荷兰

荷兰的通货膨胀不像西方其他国家那样严重，但对物价变动会计却存在一种明显的偏向。自20世纪20年代起荷兰就建议采用现行成本会计体系，并于20世纪50年代在菲利浦公司试用。20世纪70年代的物价上涨，更加快了其对物价变动会计的研究与应用。1983年12月荷兰政府颁布了新公司法，允许公司按现行成本对有形固定资产和存货计价，但未强调要求所有公司适用。荷兰注册会计师协会亦鼓励采用现行成本会计，或以现行成本调整资料作为主要会计报表的补充。从企业来看，一些企业直接以现行成本会计报表作为基本报表，但更多企业则愿意将现行成本调整资料作为补充会计信息。

六、法国

法国是由政府直接制定会计制度的国家。为保护国家税收，避免实行物价变动会计抵销一部分应税收益额，加之法国公开发行股票的公司很少，因此，长期以来法国对物价变动会计反应冷淡。出于压力，20 世纪 70 年代议会曾通过了一个允许企业对固定资产按现行重置成本进行一次性重新估价，但不得减少应税收益的财政法案。从企业来看，为数不多的法国工业企业曾试行现行成本会计，在历史成本会计报表之外，另编制按物价变动会计调整的会计报表。

七、德国

德国对物价变动会计的研究起步于20 世纪20 年代。虽然20 世纪40 年代以前德国经历了严重的通货膨胀，但自20 世纪40 年代后期，由于政府、企业和职工齐心协力对付通货膨胀问题，致使后来德国的通货膨胀率一直控制在很低限度内，以至感到不必考虑采用物价变动会计制度。德国政府禁止在正式资产负债表中重估资产价值。1975 年德国注册会计师协会公布的一项物价变动会计公报——《资本维持和收益计量的会计》虽然建议企业从资本维持出发编制现行成本会计报表，但规定该类报表必须经审计师审核，且不适用于纳税目的。

八、新西兰

新西兰对物价变动会计的研究和探索开始于20 世纪70 年代。1974 年12 月，新西兰会计师协会公布了第一份《货币购买力变动会计》征求意见稿，但1976 年5 月该征求意见稿即被取消。同年8 月又发布了一份《现行成本和现行价值会计》征求意见稿，建议在新西兰推行现行成本会计代替历史成本会计，但政府未予反应。1978 年12 月和1981 年8 月新西兰会计学会先后发布了不具备会计准则效力的题为《以现行成本和现值为基础的补充财务报表》的指导性文告和《现行成本会计》征求意见稿，仅个别公司响应。1982 年3 月又发布了第1 号现行成本会计准则——《反映物价变动影响的信息》，要求所有在新西兰证券交易所上市的公司，应从1982 年4 月1 日起各会计年度提供现行成本会计补充报表。但企业界反应并不热烈，只有10% 的上市公司予以执行。

九、南美国家

物价变动会计在南美许多国家发展较为迅速，这与其一直较高的通货膨胀率有关。

在巴西，自20 世纪50 年代起，其消费品物价指数即开始居高不下。20 世纪60 年代初，其年通货膨胀率已达100%，80 年代的年通货膨胀率曾高达120%。如此剧烈的通货膨胀环境，促使了其物价变动会计的发展。1964 年，巴西已有了比较完整的物价变动会计体系，并得到政府税法的支持：资产负债表的资产按现行重置成本计价，其增值部分作为业主权益的增加；同时，承认货币性项目的购买力损失，以反映货币一般购买力的下降。1976 年在修订的公司法中，进一步对物价变动会计进行了修订，要求企业按月对资产负债表中的固定资产价值依据政府公布的个别物价指数进行调整，在所有者权益中增设资本积累账户；对利润表中的应税收益额可扣减固定资产折旧调增额和货币性项目的购买力损失，并据以作为计税依据。在对外报送的财务报表中，需要并排列示当期历史成本的有关数据和按一般物价指数调整后的数据，而不仅仅是把物价变动会计的调整报表作为补充报表。

南美的其他国家，如阿根廷、智利以及中美一些国家也积极进行过物价变动会计的研究与实践。如智利出于税务和财务上的目的，要求企业调整某些受通货膨胀影响的项目，其中存货按重置成本调整，其他项目用消费品物价指数调整。玻利维亚、秘鲁和乌拉圭要求对固定资产定期按物价水平变动情况重估价，折旧费按固定资产重估价后的价格予以计提等。由于南美洲人口中受高等教育者并不普及，缺少受过培训的高级会计人员，因此，其物价变动会计以一般物价水平会计为主。

十、国际会计组织

国际性会计组织对物价变动会计研究与实践的贡献体现在国际会计准则委员会制定的第 6 号、第 15 号和第 29 号国际会计准则以及欧盟的第 4 号指令。

第 6 号国际会计准则《物价变动的会计反映》发布于 1977 年 6 月，它要求企业在它们的财务报表中表述反映特定物价变动、一般物价水平变动或两者对财务报表影响的程度。如果未采用这种程序，则应揭示这一事实。

第 15 号国际会计准则《反映物价变动影响的信息》发布于 1981 年 11 月 11 日，以取代国际会计准则第 6 号，适用于那些收入、利润、资产或职工人数水平在其所经营的经济环境中属于重要的企业。该准则允许企业可以用本章所述的三种方法中的任何一种来编制反映物价变动影响的会计报表，相应地，其资本维持概念可以是财务资本维持概念，也可以是实物资本维持概念。1994 年对该准则进行了重编，但没有对原有的内容作实质性的变更。

在现行成本会计方法下，一般以重置成本为主要的计量基础，但如果重置成本高于可变现净值和现值，则通常以可变现净值和现值二者中较高者作为计量基础。所谓可变现净值，通常是指资产的现行净销售价格；所谓现值，是指对资产的未来净收入用适当的折现率折现后的现行估计价值。如果某些项目最近没有发生交易，没有价目表可查，或价目表已不再适用时，也可以采用个别物价指数来作为计算其现行成本的手段。

关于会计报表应列示的调整项目，国际会计准则规定了一个应披露的最低限额：①地产、厂房和设备折旧费的调整额或调整后的金额；②销货成本的调整额或调整后的金额；③按采用的会计方法确定企业收益时，所考虑到的与货币性项目、借款的影响或股东权益有关的调整；④以上①、②和某些情况下③所述的调整，以及按所采用的会计方法编报的反映物价变动影响的任何其他项目对企业经营成果的整体影响。另外，当采用现行成本法时，必须说明固定资产和存货的现行成本。当然，上述信息要作为补充资料提供，除非是已在基本财务报表内列示。

1989 年 7 月，第 29 号国际会计准则《恶性通货膨胀经济中的财务报告》发布，以适用以恶性通货膨胀经济货币报告的企业的基本财务报告和合并财务报表。1994 年对该准则进行了重编，但没有对原准则的内容作实质性的变更。

第 29 号国际会计准则要求以恶性通货膨胀经济中的货币报告企业的财务报表，不论其是基于历史成本还是现行成本，都应以资产负债表日的计量单位表示，对货币购买力的变动情况进行调整。对于以恶性通货膨胀（它将三年累计的通货膨胀率接近或超过 100% 作为恶性通货膨胀的经济定量）的货币进行报告的子公司，在并入母公司发布的合并报表之前，应当根据所用货币的国家的一般物价指数作金额调整。如果这类子公司是国外公司，其经过金额调整的财务报表应当按照期末汇率进行换算。

欧盟第 4 号指令发布于 1978 年，作为协调欧盟成员国之间的报表揭示的一种努力。该指令指出资产计量方法保持以历史成本作为基本的计价方法，但允许成员国采用重置价值计量或以现行价值或市场价值为基础的其他方法。历史成本计价与重置成本等计价间的任何差额，应当加以单独揭示为业主权益部分的“重计价准备”项目，同时总括的重计价准备必须按照它们应归属的资产主要类别分开。

以上是世界上主要国家对物价变动会计的试用情况及国际性会计组织的有关规定。可以看出，物价变动会计模式的选择主要视物价变动的类别和会计工作的基础以及经济发展水平而定。对于通货膨胀率极高且会计基础薄弱的国家，采用一般物价水平会计当属最佳选择；对于经济比较发达、会计基础较好的国家，大多愿意采用现行成本会计模式，或是现行成本与一般物价水平会计的结合模式。

当然，由于种种原因，物价变动会计在世界各国的研究与推行尚未普及，这不但是因为政府为了保护税收的目的，对物价变动会计的研究与试行缺乏强有力的支持，而且也与一国的会计人员素质有关。物价变动会计需采用新的会计程序与方法，较传统财务会计远为复杂，如果会计人员素质不高，势必难以操作。另外，物价变动会计本身也存在一些不足，尚需进一步完善。因此，进一步研究物价变动会计的理论、程序和方法，使之更好地全面反映和消除物价变动对传统财务会计信息的影响，更好地适应广大财会人员的水平，促进市场经济的不断发展，仍是广大财会人员和会计学者的一项重要而艰巨的任务。

本章主要名词

物价变动　资本维持　一般物价水平会计　现行成本会计　现行成本/不变币值会计　货币性项目　非货币性项目　购买力损益　持有损益

思考题

1. 何谓物价变动？如何衡量？
2. 物价变动会计的基本理论有哪些？与传统财务会计有何不同？
3. 何谓资本维持？其与收益确认有何关系？
4. 简述物价变动会计的基本模式及优缺点。
5. 举例说明一般物价水平会计的基本原理与方法。
6. 举例说明现行成本会计的基本原理与方法。
7. 为什么说现行成本/不变币值会计是科学的，又是不适用的？

练习题

1. （一般物价水平会计）

W 公司从 201B 年初开始经营，当年末按历史成本/名义货币基础所编制的比较资产负债表和利润表如下：

W 公司比较资产负债表（历史成本/名义货币）

201B 年 12 月 31 日　　（单位：元）

项目	201B 年 12 月 31 日	201A 年 12 月 31 日
货币资金	22 500	127 500
存货（按先进先出法）	160 000	0
长期投资	100 000	0
厂房（净）	144 000	150 000

（续上表）

项目	201B 年 12 月 31 日	201A 年 12 月 31 日
设备（净）	103 500	112 500
土地使用权	60 000	60 000
资产合计	590 000	450 000
流动负债	135 000	25 000
应付债券	150 000	175 000
普通股本	200 000	200 000
资本公积	50 000	50 000
留存利润	55 000	0
权益合计	590 000	450 000

W 公司利润表（历史成本/名义货币）

201B 年度　　（单位：元）

项目	金额
销售收入	900 000
销售成本	690 000
销售毛利	210 000
费用	（135 000）
折旧	（15 000）
其他（包括利息和所得税）	（120 000）
净利润	75 000

销售收入在年内平均每月实现 75 000 元，费用（含所得税）也在年内均匀发生。销售成本和期末存货均由年内购入。

201B 年 4 月 30 日，公司投资 100 000 元，并分配股利 20 000 元。所有负债均为货币性项目。有关部门物价指数的资料如下：

201A 年 12 月 31 日	110
201B 年 4 月 1 日	112
201B 年 12 月 31 日	121
201B 年平均	115

要求：

（1）以 201B 年年末货币为不变币值货币，重编历史成本/不变币值货币利润表，并列表计算购买力损益；

（2）重编201A年、201B年的历史成本/不变币值货币比较资产负债表。

2.（一般物价水平会计）

LD公司从201B年初开始经营起，就面临着物价上涨幅度过快的环境，为此，公司最高管理机构要求财务部门在按会计准则编制出会计报表之后，再用不变币值加以调整，并要求财务部门解释这种会计信息的含义。财务部门于是收集了如下所需资料：

（1）201A年12月31日发行每股面值1元的普通股100 000股，共得款500 000元；

（2）201B年1月2日，公司完成如下业务：

现金	200 000
厂房	200 000
设备	150 000
土地使用权	80 000
长期应付票据	130 000

（3）有关部门物价指数资料如下：

201A年12月31日	100
201B年9月30日	115.5
201B年12月31日	123.5
201B年平均	110

（4）201B年9月30日支付现金股利，每股0.5元，同时，还以每股8元增发10 000股普通股；

（5）201B年按历史成本/名义货币基础编制的资产负债表和利润表如下：

LD公司资产负债表

201B年12月31日（单位：元）

资产	金额	负债	金额
货币资金	390 000	流动负债	110 000
存货	100 000	长期应付票据	130 000
厂房（净值）	192 000	普通股本	110 000
设备（净值）	138 000	资本公积	470 000
土地使用权	80 000	留存利润	80 000
资产合计	900 000	权益合计	900 000

LD 公司利润表

201B 年度　　（单位：元）

项目	金额
销售收入	1 260 000
销售成本	920 000
销售毛利	340 000
费用	210 000
折旧	20 000
其他（包括利息和所得税）	190 000
净利润	130 000

销售收入平均每月约 105 000 元，费用平均每月约 17 500 元，期末存货与销售成本均由当年购货成本结转，所有负债均为货币性项目。

要求：

（1）选定不变币值，并说明理由；

（2）重编一般物价水平会计的资产负债表和利润表，并计算购买力损益；

（3）向公司管理部门解释重编后资产负债表和利润表的含义、购买力损益的含义。

3.（现行成本会计）

（1）Q 公司 201A 年 1 月 1 日开业，201A 年 12 月 31 日的资产负债表及 201A 年度的利润表如下：

Q 公司资产负债表（历史成本基础）

201A 年 12 月 31 日　　（单位：元）

项目	年初数	年末数	项目	年初数	年末数
货币资金	100	550	应付账款	600	600
存货	500	200	普通股	1 000	1 000
固定资产	1 000	900	留存收益		50
资产总计	1 600	1 650	负债和所有者权益总计	1 600	1 650

Q公司利润表（历史成本基础）

201A 年度　　　　　　　　（单位：元）

项目	金额
销售收入	500
减：销售成本	300
毛利	200
减：折旧费用	100
所得税费用	50
净收益	50

（2）物价指数情况

201A 年 1 月 1 日　　100

201A 年平均　　120

201A 年 12 月 31 日　　150

（3）固定资产使用期为 10 年，没有残值，用直线法计提折旧。

（4）除销售成本、折旧费用外，所有的收入和费用在年度内都是均匀发生的。

要求：

（1）按一般物价水平会计，编制该企业 201A 年度的利润表和 201A 年 12 月 31 日的资产负债表；

（2）在上例中，再假定：201A 年年底存货的单价由年初的 1 元上升到 1.3 元，固定资产的价值上升到 1 800 元，试用现行成本会计对该公司的报表进行调整后，重新编制。

第十章　企业养老金会计

社会保障体系的建立与完善是社会经济发展以及社会进步的一个重要标志，养老金制度是社会保障体系的重要组成部分。特别是在当前我国人口分布呈现老龄化特征的形势下，国家如何完善养老金制度，企业如何进行养老金会计规范，该都是亟待研究与解决的重要课题。本章以西方国家（主要是美国）为蓝本，阐述了西方国家养老金制度的发展历程、养老金计划的分类及其相关的基本理论，在此基础上着重讨论了养老金会计中的养老金成本计量与分摊、养老金负债、养老金资产、养老金损益以及养老金在财务报表中的信息披露等主要内容，并对我国养老金制度及其会计问题与西方国家进行了比较研究。

通过本章学习，应该掌握：

〇中西方国家养老金制度及其会计问题的实质

〇养老金成本的内容及其会计确认与计量

〇养老金成本的分摊方法

〇养老金的会计报告方法

〇我国养老金制度的演进、现状以及会计改革思路

第一节　养老金与养老金制度

养老金会计已成为我国会计领域的一项重要内容。为了更好地理解养老金及其相关的会计问题，有必要回顾一下养老金及其制度演变。

一、养老金与养老金计划

所谓养老金（Pension），通俗地讲，就是人在丧失劳动能力而被赡养时所需钱财的来源。由于这种来源常常与计划（Plan）相关，于是有了养老金计划（Pension Plan）。养老金计划可以有多种，诸如国家的养老金计划、企业的养老金计划、家庭的甚至于个人的养老金计划，等等。这些计划的演变以及不同计划之间的结合形成了养老金制度。实际上，个人的或家庭的养老金计划在工业

革命到来以前没有或很少受到政府和企业的干预。

人类传统的养老问题主要是由家庭来承担的。如果从制度的角度来考察，我们可以称这种传统的养老制度为非正式的养老保障制度。在这种制度安排中，社会学意义上的扩大家庭（三代或三代以上）承担着养老保障、再分配甚至储蓄的全部功能。随着社会经济的发展，传统制度的养老功能慢慢从家庭走向了社会，也就是它们的社会化和组织化。当政府作为一个制度实施者的作用逐步地增强，甚至干预到制度发育的过程中时，一种正式的养老保障制度便产生了。

二、养老金制度的变迁

如果从历史上来考察，最早的养老保障制度起源于英国中世纪时产生的济贫法（Poor Law）和友谊社（Friendly Societies）。英国最早的官方济贫法是1601年颁布的伊丽莎白法，其目的是为了保护穷人免受战争、流行病、饥荒和圈地的危害。如果抛开其政治目的（如防止暴乱、安定社会秩序）的一面，济贫法可以说是人类社会中第一项以法律形式对社会福利的安排，它揭示着人类正式养老金制度的诞生。

友谊社的产生可以追溯到18世纪，但它的兴旺则是在19世纪。它的成员主要是当时的熟练工人和具有稳定的较高收入的工人。友谊社通过成员之间在经济上互助的方式，为他们提供丧葬和疾病等方面的基本保障。友谊社不是为了养老保障的目的而成立的，但是，在其发展起来之后，那些年老体弱的成员也开始从中受益。因此，如果说济贫法只是为其受益者的最为基本的生存需求提供了一个最为基本的保障，那么，友谊社这种自发产生的非正式组织则开始为其成员提供一些层次略高的生活需求的保障。

19世纪后半期，英国开始出现建立公共养老金的呼声。1885年，威廉布莱克利（William Blackly）提出“国民公积金保险计划”，并敦促英国下院进行讨论。该计划的设想是，所有17岁到21岁的男性工人都向一个基金会每年支付14英镑，用以向所有年龄的患病者提供每周8先令的医疗费，或是向70岁以上的人提供每周4先令的养老金。但是，此建议并未被下院采纳，而是在被搁置三年之后，以正式表态反对而告终。

在英国的公共保障计划遭受冷遇之时，德国产业工人的队伍空前壮大，社会民主运动空前高涨，这给当时的俾斯麦政权造成了很大的压力。于是设法缓解这种压力，消除工会运动和社会民主党的威胁，便成了一项迫在眉睫的任务。在19世纪50年代，俾斯麦曾数次出访法国，1861年，他又被普鲁士国王派往法国担任大使。这期间，他对拿破仑三世利用有限的社会保障措施来加强社会控制的做法印象颇深。因此，当19世纪晚期德国的社会冲突愈演愈烈的时候，俾斯麦自然便想到了通过实施社会保障的办法来达到其缓和社会对抗、强化社会控制的目的，而公共养老金制度则自然成了他试图建立的一个范围广泛的强制性社会保障制度的组成部分之一。

事实上，早在1825年，普鲁士王国就为其官吏建立了历史上第一个强制性的养老金计划。后来，强制性养老金计划的覆盖面又逐渐扩大到矿工、工匠、技工和工厂工人。到19世纪50~60年代，已有将近一半的普鲁士矿工和产业工人被覆盖于政府强制的经济保险计划之下；除此之外，普鲁士的一些工厂还自行实施了一些养老金计划，目的是为了以此为工具控制熟练劳动力的流动。因为那些改换雇主的工人将因此而失掉他们原先的养老金。1864年，社会民主党也曾要求建立养老金制度，但是他们反对由政府来管理，因为这样一来就会使工人的保险基金被政府所控制。这就从反面证明了俾斯麦建立公共养老金制度的真正目的。一方面，工人运动和社会民主党力量的壮大，使他们具有了更大的力量和更强烈的得到更多保障的愿望；另一方面，统治者为了维持政权的稳定也要做出适当的让步。于是，世界上第一个由国家建立的强制公共养老金制度便于1889年在德国诞生了。

俾斯麦建立这样一个公共养老金制度的直接目的，是要使那些低收入的工人变得更加依赖于国家。他开始想要的是一个不需要个人缴费的计划，他要让工人觉得养老金是国家慷慨赐予的礼物，而不是他们自己的劳动所得。但自由党人认为，这样一来便割断了劳动力与市场的联系。各方妥协的结果，建立了一个强制缴费计划——每人每年向国家缴费50马克。

德国不是制度化养老的发祥地，然而，它却比这个发祥地——英国，更早地导入了正式的公共养老金计划。不过，到了20世纪初，英国的情况开始发生变化。一方面，欧美各国在工业革命的进程中紧随英国，急起直追，使英国朝野越来越清楚地看到，要保持它在工业革命中的领先地位，很重要的一个条件就是要使其工人保持一个健康的身体。另一方面，19世纪末期，友谊社的发展渡过了它的鼎盛期，年轻工人的比例在逐步下降，而人口的预期寿命较之以往又有了较大的提高，这使很多友谊社濒于破产的边缘，实际上已经支付不起成员的养老金了。于是，大约从1902年开始，友谊社开始率先支持公共养老金制度。在1904年召开的全英友谊社大会上，正式通过了一项决议，宣布支持为65岁以上的人建立一个不缴费的公共养老金计划。到1908年，几乎所有的友谊社都开始支持建立公共养老金。于是，政府和民间的努力促成了《老年人养老法案》（*Old Age Pension Act*）的通过。这项法案要求建立的是一个不缴费的、在财富审查的基础上按统一受益率给付的养老金制度。

此后，欧美各国也相继发展各自的公共养老金制度，而德国和英国的模式则成为他们参照的蓝本。瑞典在先后否定了本土产生的两个公共养老金计划（1889，1891）之后，比较了德国和英国两个计划的优劣，于1913年通过法案，决定对16～66岁的工人实行普遍的强制缴费，使受益与缴费精算关联。政府创办基金管理积累的缴费，但政府本身不出资，只是免征雇主的工薪税。为了覆盖那些收入过低的工人，又提出了一个补充养老金计划，以财富审查的办法决定受益资格。于是，这成为瑞典的第一个公共养老金制度。随后，北欧的挪威和芬兰也分别于1936年和1937年颁布实施了养老金立法。

在美国，最初的养老功能也主要由家庭来承担。工业革命以后，职业养老金计划和行业养老金计划开始成为美国工人养老的主要收入来源。不过，在1925年以前，大部分公司养老金计划雇员是不缴费的，因为它们被雇主用作控制工人罢工的手段。随着垄断资本主义的发展，为适应劳动力流动的需要，公司养老金计划开始逐步向雇主和雇员共同缴费制过渡，且受益者可以用自己积累的缴费到保险公司购买年金。

20世纪20年代的大衰退严重削弱了美国人对依靠个人储蓄养老的传统信心，同时也严重影响到公司养老金的融资。于是，美国从20世纪30年代开始对养老金制度及其他社会保障制度进行改革，由此而导致了1935年《社会保障法案》（*Social Security Act*）的诞生。就其养老部分的内容而言，这是一个由面向有工资收入的工人的缴费型社会保险和面向产业部门之外无工资收入的老年人的不缴费型政府扶助计划相结合而成的综合性公共养老金计划。此后，它又经过数次补充和修改，扩展成为一个包括了养老、遗属和丧失劳动能力者在内的综合性社会保障制度（Old Age，Survivors，and Disability Insurance System，简称OASDI）。

从第二次世界大战以后到20世纪80年代初，美国一共对养老金立法进行了15次修改。第一次修改社会保障立法的时间是在1950年。这次修改立法，把强制计划的覆盖面扩大到了非农业的自雇者（Self-Employed），同时将养老金受益率在原来的基础上提高了77%。但另一方面，也把应缴费的工资基数和工薪税率（Payroll Tax Rate）分别从1937年的3 000美元和1%提高到1951年的3 600美元和1.5%。1952年的第二次修改把养老金受益率又增加了12.5%。1954年第三次修改，把强制计划的覆盖面又进一步扩大到个体农场主，受益率再次增加13%，而工资基数又从1951年的3 600美元提高到1955年的4 200美元，同时工薪税率提高到2%。1956年和1958年的两次修改，增加了对丧失劳动能力者的保险计划，同时将工薪税率提高到1959年的2.5%。1960年第六次修改，工资基数提高到4 800美元，工薪税率增至3%。1961年第七次修改，把工人的退休年龄从1942年规定的65岁降低到62岁，同时又规定从1962年开始把工薪税率提高到3.125%。此后到1971年又经过了四次修改，工资基数已增至9 000美元，而工薪税率也提高到5.2%，同时，每次修改也都以不低于10%的幅度提高受益率。1972年第十二次修改，受益率继续提高20%，同时把养老金收益按消费价格指数（CPI）进行了指数化。并计划在1973年把工资基数增至10 800美元，工薪税率则上升到5.85%。此后，又分别于1973、1977和1983年先后进行了三次修改，在提高受益率的同时，最终也把工资基数增加到1983年的35 700美元，工薪税率提高到6.7%。

从世界范围来看，20世纪80年代以前的养老金制度，普享制（Universal Scheme）占据主导地位。普享制的基本特征是：一个人或已经退休的一代人的养老金主要以其同一时期正在工作的一代人的缴费来支付。从会计的角度来理解，这是一种现收现付制或叫收付实现制。实际上，这种制度下的养老金计划很少是由工人的直接缴费进行融资的，更多的是以税收的渠道，有时甚至是以雇主的直接缴费进行融资。在这种情况下，国家财政以及工人的雇主往往是养老金费用的直接承担者。

进入20世纪80年代以后，欧美等各国普遍面临人口的老龄化压力，随着公共养老金融资来源的锐减以及财政困难，各国纷纷开始了新一轮的更为深刻的养老金制度改革。英国政府甚至要求国家基本养老金计划（Basic State Pension，BSP）和收入关联养老金计划（State Earnings Related Pension Scheme，SERPS）只为穷人提供养老保障。1986年，英国的养老金政策从收入关联养老金计划转向私营养老金方式，到1991年，有三分之二的职工退出了收入关联养老金计划。1998年，英国政府发表绿皮书，以践行工党上台前提出的“最低养老金保障（Minimum Pension Guarantee）+基于收入关联养老金计划（SERPS）之上的普遍补充养老保障体系”方案。提出养老金计划将有40%来自国家，其余60%来自私人部门。为了达到这一目标，他们提出可行的改革方案。这个方案由三个方面组成：最低保障的养老金（Guaranteed Minimum Pension，GMP），目标人群为低收入者；国家第二支柱养老金（State Second Pension，SSP），基于强制性的缴费，目标人群为中低收入者；私人养老金方案（Stakeholder Pension，SHP），目标人群为中产阶级。2002年12月，工党政府发表白皮书，进一步强调对社会保障改革的三个方案，即提高国家基本养老金计划（BSP）的水平，大幅度提高社会救助养老金，引入强制性职业年金制度。2003年以来，英国养老金委员会（Pensions Commission）发布的两个养老金制度改革的报告，再次掀起养老金制度改革讨论的高潮。养老金委员会提出了这样的改革方案：一是增加税收和提高退休年龄，为贫困的养老金享受者提供更为慷慨的养老金，提高他们的生活标准，摆脱对家计调查计划的依赖；二是建立低成本、全国性的基金积累制养老金储蓄计划（National Pension Savings Scheme，NPSS）。国家养老金储蓄计划要求不被其他养老金计划所覆盖的人自动加入，但个人有选择权。强制要求雇主缴费，自雇者参加一个自愿但又基于成本效益的养老金计划。

在澳大利亚，1986 年制度改革以前的养老金主要有两种，即联邦政府提供的养老金和自愿性的职业养老金。前者是符合一定条件的澳大利亚公民所享有的一种福利，作为财政支出的一部分来源于总税收，目的是满足最基本的生活需求，虽然覆盖面广，但是保障程度较低，替代率只有 20% 多；后者是一些雇主为吸引并留住某些特殊员工或为了奖励业绩优秀的老雇员而提供的，覆盖面也很窄。然而，日益加速的老龄化进程和巨额财政赤字困扰使得澳大利亚政府越来越不堪重负，于是，养老体制的改革势在必行。

澳大利亚养老保障制度改革的重点是强制雇主为其雇员提供一定比例的职业养老金，并由私营机构运营，这就是所谓的"超级年金"（Super Annuation）。1986 年，执政的工党与工会达成协议，由于生产率的提高和通货膨胀，雇主应给予雇员 6% 的工资增长作为补偿，但只将其中的 3% 以工资形式发给雇员，另外的 3% 则作为雇主为雇员缴纳的职业养老金费用，存入行业基金的个人账户，这就是生产率裁定职业养老金。1991 年澳大利亚政府通过立法，要求雇主为其雇员向经批准设立的职业养老金基金缴费，这就是著名的超级年金保证制度。为了保证大多数雇员有足够的养老金积累，1992 年 6 月，《超级年金保证费法案》规定了雇主应为其雇员向合格职业养老金基金缴纳费用的最低标准，从 1992—1993 年度的 3% ~4%，逐渐增加到 2002—2003 年度的 9%。超级年金覆盖了澳大利亚绝大部分工作人口，其所提供的养老保障在整个养老体系中占有最大的比重，它的实施标志着澳大利亚三支柱养老金体系的建立，政府、雇主和雇员共同分担了养老方面的责任。

美国的养老保险体系经过长期的发展和不断调整，也逐步形成了现在的包括政府养老金、雇主养老金和个人储蓄养老金在内的三支柱养老金体系。

其中第一支柱是政府强制性养老金计划（Social Security），它是美国目前覆盖最广，也是最基础性的养老制度安排。其最基本的制度特点和运行情况大致可归纳为以下几点：①资金来源。政府强制性养老金计划的筹资来源为专项税收方式，即参保人对这一专门体系缴纳的社会保障税（Social Security Tax）。社会保障税由雇员和雇主共同缴纳。例如，2001 年，法定税率为雇员工资的 15.2%，雇主和雇员分别缴纳雇员工资额的 7.6%。其资金运行方式为现收现付，即当期的支出需要来自于当期的社会保障税收入。该税收只用于参加该体系的成员的养老金及遗属和残疾者的补贴，与政府其他方面的税收和预算完全分离。②管理机构。作为第一支柱的强制性养老计划由联邦政府统一组织，其具体管理部门为联邦政府的社会保障署，下设 10 个由社会保障署垂直领导的局及 6 个服务中心和一个鉴定中心，实行全国统筹。③受益范围。政府强制性养老金计划有比较严格的受益资格与条件规定。能够领取这一养老金的基本条件包括年龄和纳税贡献。该体系规定的领取年龄为 65 岁，从 1935 年该计划实施至今一直如此。当然，如果要提前领取也可以，但最早不得早于 62 岁，而且如果提前，只能领取折扣养老金而非全额。纳税贡献计算是采取计点方式，或者说是积分制。能够领取养老金的最少点数为 40，且无论实际纳税额的高低，每年最多计 4 个点。换句话说，最少要有 10 年的缴费才能够在达到法定退休年龄后领取养老金。这也是遗属获得补贴的基本条件。按照 2001 年的规定，纳税基数达到 830 美元，即实际纳税额达到 126.16 美元即可获得一个点，全年获得 4 个点的最低纳税工资为 3 320 美元。自 20 世纪 80 年代后，美国这一政府强制性社会保障计划基本实现了对就业人员的全覆盖。

第二支柱为雇主养老金计划。在实际运作中有两种模式：待遇确定型及缴费确定型。在 20 世纪 70 年代以前基本上都是待遇确定型，20 世纪 80 年代以来，以个人账户为基础的缴费确定型养老金计划有了迅速发展。目前是两种模式并存，但在具体组织方式上存在较大区别。

待遇确定型养老金计划的特点可归纳为：①资金来源。待遇确定型的养老金基金筹资基本有两种方式：一是完全由雇主定期向基金注资；二是雇主和雇员共同向基金注资。其中多数企业采取的是雇主单方注资方式。在 20 世纪 70 年代以前，该模式养老金计划的资金运作方式普遍为现收现付，即雇主根据当期支付需要筹资，资金或者完全来自雇主的当期收入，或者来自雇主与雇员当期的共同缴费。现收现付的优点在于其管理简便，但存在的问题是，由于这一计划是雇主计划，没有来自于其他方面的担保，所以一旦一个机构特别是企业出现亏损甚至破产，其资金来源就无法保证，雇员利益自然也无法保证，因此会引发一系列的矛盾和问题。基于这一问题，美国政府在 1974 年出台了一项非常重要的雇员退休安全法案（*ERISA Act*），明确规定实施待遇确定养老金计划的雇主必须将现收现付制度改为基金制，即要形成雇员养老金基金。基金规模（包括本金及增值部分）与包括在职人员和退休人员在内的所有人积累的全部养老金权益相当。换句话说，不允许存在隐性债务。该法案同时规定，所建立的养老金基金必须与雇主的资产分开，且基金投资也必须与雇主业务完全分离。②受益标准。在待遇确定型养老金计划下，受益人的待遇标准由雇主和雇员谈判确定。雇员退休后可以按照与雇主的约定，依照一定的计算公式领取固定数量的养老金，但因其是一种非政府强制性计划，所以没有全国统一的待遇标准，而且也没有法定的最高限额。每个雇员可以享受何种标准，取决于雇主与雇员的谈判与协商，且要根据联邦税法缴纳个人所得税。在有些具体机构内部，不同雇员的待遇标准（包括计算公式）也往往各有差异。③管理机构。各个企业或非企业机构所建立的待遇确定型养老金基金都要成立一个管理机构。管理机构通常有雇主代表、雇员代表以及熟悉投资和精算的专业人士构成。这一机构作为基金的信托人，对基金负有监护并保证其安全的法律责任。其工作主要分成两个部分，一是雇员具体待遇水平的确定、筹资比例确定等具体业务工作；二是投资管理。在美国，多数这类养老金基金的投资都不是由基金的管理机构（信托人）直接实施的，而是由基金管理机构（信托人）委托专门的投资机构进行投资，即基金管理和投资是完全分开的，二者之间是一种委托代理关系。基金管理机构主要职责：一是确定投资原则和投资方向；二是负责在众多竞争性的专业投资机构中选择投资代理人；三是与所选择的投资机构共同确定投资计划；四是全面监督投资代理人的行为及投资效果。当然，也有一些待遇确定型养老金基金管理机构，特别是一些大公司的基金管理机构自己进行投资，即这种管理机构兼有信托人和投资人的双重身份。待遇确定型养老金基金的投资方向非常多，既有股票、债券，也有不动产以及其他形式的金融产品。对资金投向及投资比例，政府没有规定，而是由基金管理机构进行决定。通常，基金管理机构都采取多方向的组合投资方式，以防范风险并获得尽可能大的利益。由于实施的是基金制，并且支出水平是可测量的，而基金增值则不太确定，所以缴费通常是不确定的。如果投资收益率高，可降低进一步的注资水平，如果投资收益率低，则要上调注资比例。具体的缴费比例通过精算确定。有些机构的此类基金由于有较高的投资回报，已经不用再继续往里注资了，仅基金自身的本金和投资收益就足以支付当期需要并能够保证支付所有人积累的养老金权益。④政府作用。虽然待遇确定型的雇主养老金计划为非强制性计划，但在其组织和运作过程中，政府仍然发挥着多方面作用：一是规定基本组织方式，雇主可以自愿选择何种类型的养老金计划，但一旦决定建立待遇确定型的养老金计划，根据 1974 年的法案，就必须是基金制的。二是进行税收调节，根据美国法律规定，所有待遇确定型的养老金在领取时都要缴纳个人所得税。三是对基金管理者以及投资者的行为有严格而详细的法律规定。当然，有关规定并不仅仅是针对待遇确定型养老金基金的管理者和投资者，而是对各种类型基金管理者（信托人）和投资者的共同规定。四是针对可能出现的投资失败情况，政府建立了担保（再保险）机构 PBGC，防止个别基金投资失败使雇主和雇员利益严重受损。

缴费确定型养老金计划的特点可归纳为：①资金来源。该模式的基本筹资方式是为在职的雇员建立个人账户，按期进行资金注入并进行积累、投资。雇员退休后，账户中的本金及投资收益归雇员所有，用于养老。与待遇确定型养老金计划中多数机构的资金注入为雇主单方义务不同，缴费确定型养老金计划中对个人账户的缴费大都是由雇主和雇员共同缴纳的。由于这仍属于非强制性计划，所以不同企业及非企业机构雇员个人账户的资金注入比例有很大不同。即使在同一机构中，不同雇员所得到的雇主对个人账户注入资金的多少，通常也有区别。这取决于雇主与雇员的谈判。②管理机构。一种情况是：特定企业或非企业雇主将个人账户中的资金集中起来并建立承担信托责任的管理机构，管理机构决定投资方向并选择投资机构或产品，个人不参与投资过程。另一种方式则是给个人账户的拥有者以选择投资机构或投资产品的权利。现在较为普遍的做法是以上二者的结合，即建立缴费确定型养老金计划的雇主建立个人账户管理机构，但该机构并不承担决定投资方向以及选择投资机构或产品的责任，而是协助个人账户的拥有者进行投资选择。具体地说，此类机构首先要在市场上众多的投资机构以及更多的投资产品中进行选择，通常是选择一个或多个投资机构以及这些投资机构的几个或最多几十个具体投资产品，然后将所选择的清单提供给个人账户的拥有者，并提供不同投资产品、投资内容、风险程度、收益前景等方面的咨询，最后让个人进行选择，决定自己账户中的资金究竟投向何方。当然，如果一个雇员放弃自己的选择权利，这一机构可以帮助个人进行选择，但原则上不承担风险责任。另外，个人账户资产记录等具体工作都是由这一机构完成的。缴费确定型养老金的投资方向也非常多，包括股票、债券等各种金融产品。但具体投资方式并不是由个人或雇主成立的信托机构直接购买股票、债券等，而是购买主要有专业投资机构发起成立的各种基金、保险公司的年金以及其他金融产品。其中，投向共同基金（Mutual Fund）是该模式养老金投资的主要方式，养老金也成为美国共同基金的主要来源。③政府作用。政府的作用主要表现在三个方面：一是提供税收优惠政策，以鼓励更多的人参与。二是监督资本市场运行，防范风险。需要说明的是，政府不对缴费确定型养老金计划的养老金投资提供担保。三是除税收优惠政策外，还有对参保人的约束政策。比如，在59.5岁以前，个人原则上不能提取个人账户中的资金，否则就要有一定的经济处罚，等等。在税收优惠方面，美国政府对该模式的雇主养老金计划最基本的做法是税收延迟（Tax Deferred）。即雇主和雇员向个人账户注入的资金免征个人所得税（即不计入个人所得税计费基数），待最终领取养老金时再根据税法征收个人所得税。但税收优惠有最高限额，比如在2000年，对企业雇员个人注资部分的最高税收优惠额度为全年1.5万美元，加上雇主注资，最高税收优惠额度为全年 3 万美元。

需要说明的是，美国许多企业和非企业机构都同时拥有待遇确定型和缴费确定型养老金计划。有些规定一个人只能参加一种养老金计划，有些则允许一个人同时参加两种计划，当然，其中是有条件限制的。

第三支柱为个人储蓄养老金计划。这是一个完全由个人决定是否参加的养老金计划。按照美国现行规定，所有 70 岁以下且有收入者都可以开设个人退休账户（IRA），而且不论其是否参加了其他养老金计划。为鼓励个人储蓄养老的发展，美国政府对个人开设退休账户提供税收优惠。目前的税收优惠方式有两种：一是普通税收优惠，基本方式是税收延迟，即向账户注入资金时不计入个人所得税计费基数，只是到提款时才根据税法征收个人所得税。二是对特殊形式个人退休账户（Roth IRA）的税收优惠，基本方式是在注入资金时不免所得税，但对本金最后获得的投资收益（包括投资分红、利息等）免税。而一般情况下，银行储蓄利息、投资收益等在美国通常都是要纳税的。由于有税收优惠，所以对注入个人退休账户的资金是有限额的。如 2000 年规定，每年每人向个人退休账户注入的免税资金最多不得超过 2 000 美元。美国个人退休账户大都开设于银行、共同基金等金融机构，换句话说，投资是通过银行、共同基金等金融机构完成的。在美国，人们可以便利地将个人储蓄养老金从银行转到共同基金或从一支共同基金转向另一支共同基金。总体来说，通过共同基金投资是目前个人储蓄养老金投资的最主要方式。

可以看出，在全球老龄化趋势下，传统养老金计划是否具有可持续性成为一个至关重要的问题，世界上众多国家养老保障制度的基本模式与运营机制都在发生深刻的变革。其特点是：①政府开始设法从负担越来越重的养老保障中抽身，尽可能地尝试缩小直接由财政收入偿付的公共养老金计划，力图减少政府对此的投入；同时又提供优越的条件鼓励私人养老金计划的发展；②即使是由政府直接管理的公共养老金计划，也普遍开始从现收现付制转向基金制，即将养老金的发放与本人工作期间的缴费相联系，从而解决养老金计划的长期融资问题，并缓解越来越多的公共养老金开支给经济增长造成的阻碍；③养老金制度向多层次发展，这些层次至少将包括三个方面的安排或计划，它们分别是：基本养老保险、雇主补充养老保险和个人储蓄性养老保险。其中前两个层次的融资来源更多的是与企业的养老金计划相关，而个人储蓄性养老保险则多以分散、自愿形式进行。因本书主要讨论企业的会计问题，故以下章节只限于与企业有关的养老金业务，并取其中一个二级的称谓：企业养老金会计。

第二节　养老金计划的种类与会计特征

养老金计划（Pension Plan），或称退休方法，是指由政府单位或企业向退休职工提供收入的协议或安排。一般认为，养老金是企业对职工工作报酬的一部分，应在职工退休后一次或分次支付。企业制定养老金计划，在于提高职工的劳动积极性，使其老有所养，有利于社会的安定和提高企业的经济效益。

总体来说，养老金计划有两大类，一类叫政府养老金计划（Public Pension Plan），其特点是养老金的保险金额是由法律规定并由政府单位作为保证人。从某种意义上说，这是一种国家计划；另一类叫个人养老金计划（Private Pension Plan），其特点是：养老金的保险金额系按照法律的要求，由企业或雇主与职工签订的协议所规定，并由企业或雇主作为保证人。本书的立足点以企业为主，故主要讨论后一种计划，即个人养老金计划。

一、养老金计划的种类

个人养老金计划是企业和职工之间的一种协议，根据这一协议，企业将向那些符合该养老金计划条款的个人提供退休收入。个人养老金计划按不同的标志，可以有不同的分类：

1. 按养老金的筹措方式划分

（1）置存基金计划。

置存基金计划（Funded Pension Plan，有人翻译为拨存养老金计划），是指企业提取养老金，交给独立的信托机构，如保险公司或银行，由其保管运用，在职工退休时，由信托机构从养老基金中支付养老金。企业除非已完全履行养老金给付义务，否则不得将养老金收回。

（2）未置存基金计划。

未置存基金计划（Unfunded Pension Plan，有人翻译为未拨存养老金计划），指企业未提取养老基金交付信托机构保管运用，或者企业虽提取了养老基金，但自行保管运用，而未交付给信托机构保管使用，在职工退休时，企业自行筹措资金支付养老金。这种办法与置存基金计划相比，职工的养老金缺乏保障。

2. 按养老金受益的确定方式划分

（1）约定提存计划。

约定提存计划（Defined Contribution Pension Plan，有人翻译为规定提存金计划，定存养老金计划），是指企业按照养老金计划的约定，每年提取一定数额的养老基金，交给信托机构保管运用，在职工退休时，将属于该职工的养老基金支付给已退休职工。通常每年提存的养老基金，是按职工工资的一定比例（如工资的5%）计算的，职工退休时所能领取的养老金取决于提存的金额及其所产生的利息，企业并不保证养老金给付的数额。企业在每期提存的养老金数额，即为当期应确认的养老金成本。

（2）约定受益计划。

约定受益计划（Defined Benefit Pension Plan，有人翻译为规定养老金计划，定益养老金计划），是指企业承诺在职工退休时一次支付或分期支付一个明确数额的养老金，只要职工退休时企业有能力履行支付养老金义务，企业是否按时提存养老金以及提存多少则由企业决定。在这种办法下，企业对养老金的提存一般要满足一个最小的规定数额。而养老金的支付通常根据职工的工资水平及服务年限而定，或者两者均需考虑，或者只需考虑其中一项，如服务年限。前者称为最后工资法，后者称为定额受益法。

① 最后工资法（Final Pay），是指养老金的计算公式与未来工资水平及服务年限有关，根据这两个因素计算养老金给付，又称为与未来工资水平相关的退休办法（Pay-related Pension Plan）。例如，企业承诺向职工支付的年养老金等于该职工按服务年限折算的系数乘以退休时的年薪，如果某职工有资格领取养老金的服务年限为30年，每年按0.02折算，退休时的年薪为50 000元，则该职工在退休后的每一年中预期能收到的养老金则为：

$50\ 000 \times 30 \times 0.02 = 30\ 000$（元）。

②定额受益法（Flat Benefit），是指养老金不按未来退休时的工资水平为基础计算的退休办法。这种办法只与服务年限相关，而与未来工资水平无关，又称为与未来工资水平无关的退休办法（Non-pay-related Pension Plan）。例如，退休办法规定，职工每服务满五年，退休时可一次领取50 000元的养老金，或者按月领取800元养老金等。

3. 按职工是否参与养老金的提存划分

（1）分担的养老金计划。

分担的养老金计划（Contributory Pension Plan，有人翻译为职工参与的养老金计划，共同提存养老金计划），指企业与职工共同提存养老金，交给独立的信托机构保管运用，双方提存的比例不一定相同。职工如果提前离职，可将其自身提存的本金及其利息收回，而能否分享企业提存的基金则视退休办法的规定而定。

（2）不分担的养老金计划。

不分担的养老金计划（Noncontributory Pension Plan，有人翻译为职工未参与的养老金计划，非共同提存养老金计划)，指养老基金全部由企业负担，职工不参与提存的养老金计划。西方国家的许多养老金计划均属于这种办法。

无论是分担的还是不分担的养老金计划，其计划的发放条款都规定了职工对雇主提存养老金基金的权利。当某个职工对由雇主提存养老金基金偿付的养老金的领取权不再以继续受雇于那一雇主为条件时，该职工的这种权利则称为完全发放的（Fully Vesting)，否则称为部分发放的（Partially Vesting)。如果该职工对养老金的领取权仅是部分发放的，那么，如果某职工在退休前不再受雇于某特定雇主，那他就会丧失对尚未发放的那一部分养老金的领取权。

一个职工对由企业支付的累计养老金发放的权利也常常是分期逐步发放的(Graded Vesting)。在这种情况下，职工对企业领取的养老金的权利一般与其工作年限相关。例如，某职工在某企业已工作 5 年，到第 5 年末，该职工可有由企业支付的累计养老金发放的权利的 30%，以后每工作一年，可以收到一个追加的 5% 的发放权等。

4. 按养老金的支付方式划分

（1）一次支付的养老金计划，即企业在职工退休时一次性支付定额养老金，养老金支付后，企业对该职工即不再有任何给付义务。

（2）分次支付的养老金计划，即企业在职工退休后对养老金的支付是分期的，如按月、按年等连续支付，直至受益人死亡为止。

以上是养老金计划的各种分类。在实务中，企业的养老金计划往往是各种分类的综合体。例如，分担的约定提存置存基金计划，不分担的约定受益置存基金计划等等。其中，以不分担的约定受益基金计划较为常见。

二、养老金计划的会计特征

根据美国财务会计准则委员会第 87 号准则公告《雇主对养老金的会计处理》，养老金会计处理的基本特征有以下三个：

（1）递延确认某些与养老金相关的事项，如当企业的养老金给付义务和养老基金资产发生变动时，应采用合适的方法分期摊销。

（2）反映养老金成本净额，即企业应将每期确认的养老金成本汇总后以净额列示于财务报表上。这些金额包括：服务成本、利息成本、养老基金资产的预期报酬、未确认前期服务成本的摊销、未确认养老金净损益的摊销，以及未确认过渡性净资产或净给付义务的摊销等。

（3）资产与负债的互抵，即企业所确认的养老金负债与提存的养老基金资产，在财务报表上应加以抵销，以净额列示。如为超额提存，则列示为资产，如为提存不足，则反映为一项负债。即使实际上尚未用养老基金资产偿付养老金负债，也以净额列示。

如果将以上内容进行整理，养老金计划中的会计问题实际上可以归纳为四个方面：

（1）养老金成本的确认，即确定某一养老金计划下应支付的未来预计养老金总额（Total Future Pension Benefits）的现值。

（2）养老金成本的摊销，即如何把养老金成本以合理的方法分摊到各个相关会计期间。

（3）养老金的置存，即决定向养老金计划供资的现金置存的可行模式。

（4）养老金在财务报告中的列示。

下面我们将逐项论述养老金的会计问题。

第三节　养老金成本的会计确认与计量

养老金成本的会计确认与计量方法因养老金计划的种类而异。在约定提存计划下，其确认方法相当简单，企业每年按固定比例提取的养老金数额，即为其养老金成本。在约定受益计划下，其确认方法较为复杂，通常这项工作由专门人员（Actuary，“精算师”）来完成。精算师根据合理的精算假设（Actuarial Assumption），诸如职工死亡率（Mortality Rate）、离职率、未来工资水平、养老金资产的投资报酬率、退休给付义务的折现率等，算出企业的养老金成本和各种给付义务，最后，提出精算报告（Actuarial Report）。

精算报告中列示精算假设、精算所包括年度的养老金成本构成项目、提存养老基金与支付养老基金数额、特定日期的各种给付义务以及养老基金资产的公允价值等。企业会计人员根据精算师的精算报告，编制养老金工作底稿，然后根据工作底稿编制会计分录。

在约定受益计划下，企业的养老金成本一般包括如下内容：

一、服务成本

服务成本（Service Cost），是指由于职工在某一期间提供服务，而使企业在养老金上招致的成本。在约定受益计划下，此成本为按养老金给付公式计算出来的将来应付的养老金数额，折算到某一服务期期末的现值。一般说来，服务成本有三种：

1. 正常服务成本

正常服务成本（Normal Pension Cost），或叫正常养老金成本，是指在养老金计划开始后的任一特定年份由于职工提供服务而使企业在养老金上招致的成本。在约定受益计划下，此成本一般根据职工的有效服务年限、预计退休年限、未来工资水平以及预计养老基金资产的收益率计算确定。举例说明如下：

【例1】L公司于201A年1月1日实施养老金计划，该计划规定：

（1）这是一个不分担的约定受益、且完全发放的养老金计划；

（2）在职工退休后的每年末支付养老金；

（3）对职工在该养老金计划开始之前的服务不给予任何养老金追溯；

（4）假定养老金基金资产的收益率为10%；

（5）养老金计划每年支付的养老金等于其有资格取得养老金的服务年限按每年1.5%折算与该职工退休时年薪的乘积，即：

预期的年养老金＝有效服务年数×0.015×退休时年薪。

假设甲职工在该养老金计划实施时已在L公司工作10年，并将在20年后退休，预计退休年限为15年，退休时预计年薪为80 000元。则其正常服务成本可计算如下：

①确定职工甲退休后预期的年养老金：

20×0.015×80 000 ＝24 000（元）

②确定此年养老金至职工甲退休日的现值：

24 000×(P/A, 10%, 15)

＝24 000×7.606 1

＝182 546.4（元）

此182 546.4元即为L公司为满足对职工甲支付养老金的需要而在甲退休日需置存的养老基金。为了确定至该养老金计划开始日时未来养老金总额的现值，有必要对其按10%，20年进行折现。

③确定计划开始日时未来养老金总额的现值：

182 546.4×(P/F, 10%, 20)

＝182 546.4×0.148 6

＝27 126.4（元）

此27 126.4元即为L公司对于职工甲在养老金计划开始日的正常服务成本。

上述计算过程同时也说明了这样一个事实，即L公司对职工甲在该养老金计划开始日预计的正常给付义务为27 126.4元。该公司要确保支付职工甲预期的未来养老金总额，它必须在该养老金计划开始日向该养老金基金置存27 126.4元，这一金额加上按10%计算的养老金基金资产收益，到职工甲退休时将积累达到182 546.4元，这将足以支付其预期的养老金。

2. 过去服务成本

在前述例子中，我们是假定职工甲是在养老金计划开始日之后工作的年份内才得到养老金信用（Service Credit）。实务中，对于发生在养老金计划开始日之前的某些年份，也可通过建立养老金计划来给予养老金信用。这种信用叫做过去服务信用（Past Service Credit）。如果已知过去服务信用，企业就有了一个过去服务负债（Past Service Liabilities）和过去服务成本（Past Service Cost）。因此，过去服务成本是与养老金计划开始前给予了职工以养老金信用的所有服务年份有关的养老金成本。

【例2】接例1，如果我们放宽L公司的养老金计划，对职工在养老金计划开始前的所有服务年份都给予养老金信用，那么，在职工甲的情况下，就会产生过去服务成本。更进一步，与职工甲过去服务相联系的未来养老金的现值将会增加。

由于职工甲在养老金计划开始前已在L公司工作10年。其过去服务成本可计算如下：

由过去服务信用引起的预期的年养老金：

10×0.015×80 000 = 12 000（元）

此年养老金在职工甲退休日的现值：

12 000×(P/A，10%，15)

=12 000×7.606 1

=91 273.2（元）

过去服务成本：

91 273.2×(P/F，10%，20)

=91 273.2×0.148 6

=13 563.20（元）

因此，L司由于给予养老金计划开始日前的职工服务以养老金信用，而使职工甲在计划开始日的服务成本增至40 689.60（27 126.40+13 563.20）元。

3. 先前服务成本

养老金计划取决于许多估计和判断，它在许多时期中存续，并经常因外界情况变化而修改。养老金计划的修改常常改变了预期的未来养老金，因此常常需要对养老金成本做出新的估计。这种估计不但要考虑因计划的修改对未来的影响，而且往往因要保持计划的一贯性，如某养老金计划是可追溯的，还要考虑计划修改日以前职工服务期间的养老金成本，包括养老金计划开始日以前以及计划开始日以后至修改日的养老金成本。

先前服务成本（Prior Service Cost）是一种广义的说法。事实上，在计划开始日，先前服务成本与前面所讲的过去服务成本完全相同。然而，在计划开始以后的计划修改日，先前服务成本将包括：

（1）过去服务成本；

（2）计划修改日前的正常服务成本；

（3）由计划修改引起的先前服务年份（Prior Service Period）的预期未来养老金现值上的任何增加或减少。

【例3】仍以L公司为例，假定该公司的养老金计划在该计划开始6年后被修改，再假定这一修改是将职工服务一年的系数由1.5%提高到2%。则可知由于这一修改而使职工退休后的年养老金计算公式变为：

预期的年养老金 = 有效服务年数 ×0.02 × 退休时年薪

进一步可以计算出职工甲的先前服务成本如下：

由先前服务年份信用引起的预期年养老金：

16 ×0.02 ×80 000 = 25 600（元）

此年养老金在退休日的现值：

25 600 ×（P/A，10%，15）

= 25 600 ×7.606 1

= 194 716.16（元）

先前服务成本：

194 716.16 ×（P/F，10%，14）

= 194 716.16 ×0.263 3

= 51 268.76（元）

在本例中，我们可以通过分解由先前服务年份信用所引起的预期年养老金的计算公式来进一步辨别前面提到的先前服务成本的三种构成要素。

按该公式计算：16 ×0.02 ×80 000

注意在这个公式中，有一部分代表了过去服务成本：

10 ×0.015 ×80 000

有一部分代表了自计划开始日以来6年的正常成本：

6 ×0.015 ×80 000

还有一部分反映了因计划修改对先前16年间所挣得的养老金信用的影响：

16 ×（0.02 − 0.015）×80 000

可见，先前服务成本实际上是对计划修改日以前职工服务期间养老金信用的重新估算。先前服务成本连同修改日后的正常服务成本，构成了由于养老金计划修改而使企业负担的养老金总服务成本。

本例中，职工甲在计划修改日后的正常服务成本为：

14 ×0.02 ×80 000 ×（P/A，10%，15）×（P/F，10%，14）

= 14 ×0.02 ×80 000 ×7.606 1 ×0.263 3

=44 860.17（元）

由此可知，职工甲在计划修改日的养老金总服务成本为：

51 268.76+44 860.17=96 128.93（元）

如果养老金计划在该计划开始6年后未被修改，那么L公司在该计划开始日之后6年对于职工甲的服务成本只是：

(27 126.40+13 563.20)×(F/P, 10%, 6)

=40 689.60×(F/P, 10%, 6)

=40 689.60×1.771 6

=72 085.70（元）

两者相比，相差24 043.23元（96 128.93－72 085.70）。这一金额即为L公司由于养老金计划修改而对职工甲在计划修改日预计增加的负债。

二、利息成本

利息成本（Interest Cost），是指养老金服务成本按一定的折现率计算的利息。养老金成本之所以要包括利息，是因为养老金是一种递延酬劳，对企业来说实际上是一种债务，该债务在职工服务期间并未支付，而在估计日又以现值入账，故随着时间的推移，应逐期增加利息，这样才能在职工退休时，使养老金负债累积至应支付的数额。

利息成本的计算主要是确定折现率。在实务中一般应考虑下列因素后制定：①养老基金指定保管运用机构所采用利率的长期平均数；②向保险公司购买养老金合约，由保险公司支付养老金时，该养老金合约的隐含利率；③目前已存在、而且预计可存续到养老金给付到期日可靠性较高的固定收益投资报酬率。

在本例中，若预计折现率为10%，则L公司于201A年12月31日对职工甲的养老金利息成本为：

(27 126.40+13 563.20)×10%=4 068.96(元)

三、养老金损益

养老金损益（Pension Gains/Losses），是指因精算假设或实际情况变动，而产生的预计养老金负债损益及养老基金资产损益。

在预计养老金负债方面，由于企业的预计养老金负债是根据精算假设计算的，如果这些假设发生变化，亦即这些事项的实际结果与原先的估计不同时，便会产生经验性损益。例如，职工实际离婚率比原估计的低，实际工资水平比原估计的高，实际寿命比原估计的长，折现率比原估计的小，均会增加预计给付义务；反之，职工实际离婚率比原估计的高，实际工资水平比原估计的低，实际寿命比原估计的短，折现率比原估计的大，则会减少预计给付义务。由于增加养老金负债亦即增加企业的养老金成本，减少养老金负债亦即减少企业的养老金成本，因此，预计养老金负债的增减，对企业而言是一种损益。即使精算假设与实际结果相符而未产生经验性损益，仍有可能随着企业经营环境的改变而改变精算假设。例如，通货膨胀使平均工资水平增加、折现率上升、卫生保健水平的提高导致平均寿命延长等，均会使预计给付义务发生增减。上述因精算假设变动而造成预计给付义务的增加或减少，称为精算假设变动损益。

在养老基金资产方面，实际报酬与预计报酬也可能不相一致。当实际报酬大于预计报酬时，养老基金资产的实际公允价值大于预计公允价值，可减少企业需要置存的基金数，降低养老金成本，这对企业而言是一种利得。反之，当养老基金资产实际报酬小于预计报酬时，企业应增加置存基金，这将增加企业的养老金成本，故为一种损失。

养老基金资产（Pension Plan Assets），是指根据养老金给付办法的规定，交由基金受托人管理的养老基金，以备支付给退休者的资产。养老基金资产包括两个部分：①投资部分，如股票、债券和其他证券；②自用资产部分，如房屋、办公设备等。

在特定计量日期，养老基金资产应按公允市价或市价相关价值计价。养老基金资产的公允市价（Fair Market Value），指在正常交易下预期可收回的金额。养基金资产的市价相关价值（Market-related Value of Plan Assets，简称MRV）指养老基金资产的公允市价，或将养老基金资产损益（即养老基金资产当期的实际投资报酬与预计投资报酬之间的差额），按合理而系统的方法在一定年限内确认所计算的价值。两者的区别在于，前者将养老基金资产损益全部于发生时计入当期市价相关价值，后者将养老基金损益在一定年限中分期计入市价相关价值。

一般情况下，养老基金资产中投资部分按公允市价或市价相关价值计价；养老基金资产中自用资产部分则按账面价值计价，两者之和亦称为养老基金资产的公允价值（Pension Plan Assets at Fair Value）。养老基金资产中自用资产因其价值不能用以支付养老金给付额，故一般以成本减累计折旧作为其账面价值计价。

养老基金资产的预付报酬（Expected Return on Plan Assets），是指养老基金资产的公允价值按预计长期投资报酬率计算的报酬。计算公式如下：

养老基金资产的预计报酬 = 期初养老基金资产公允价值 × 预计长期投资报酬率

【例4】以前述L公司为例，设其养老基金资产在201B年1月1日的公允价值为30 000元，预计的长期投资报酬率为10%，201B年度其养老基金资产的实际报酬为2 500元。则其养老金损益可计算如下：

养老基金资产的预计报酬：

30 000×10% =3 000（元）

养老金损失：

2 500 -3 000 =500（元）

养老金损益的计算一般基于养老基金受托人的年度报告。在受托人的年度报告中，应反映：①养老基金资产年初余额；②本年度从企业收到的现金（提存数）；③本年度养老基金资产的实际投资报酬率；④本年度支付给退休者的养老金；⑤养老基金资产的期末余额；⑥本期养老基金资产的预计投资报酬率。

以上讨论了养老金成本的会计确认与计量问题。企业的养老金成本确定以后，也就确定了企业的预计养老金负债。然而，与负债对应的另一面应如何入账？是确认为企业的资产？还是确认为费用？这将是养老金会计要解决的另一个重要问题。

第四节　养老金的会计处理

养老金是企业对职工服务酬劳的一部分。根据费用与收入相配比的原则，企业应将养老金成本按照一定的方法，在职工各服务期间分摊，以计算养老金费用。

一、正常服务成本的分摊

正常服务成本是指在养老金计划开始后的任何一个特定年份由于职工提供服务而使企业在养老金上增加的成本。这一成本与职工的未来服务相关，应被作为费用在未来期间加以分摊确认。其分摊方法主要有两种，一为受益法，二为成本法。受益法（Benefit Approach），是指先确定企业因职工在某一期间的服务而于将来应支付的养老金，然后计算该养老金的现值，并据此确定养老金费用；成本法（Cost Approach），是指先估计职工退休时可领取的养老金总额，然后计算职工在职期间企业每期固定提取的数额，使各期提取数加上养老基金资产的预期报酬，正好能支付职工的未来养老金。

以上两种方法各有优缺点。受益法计算结果准确、合理，符合养老金计划中约定的职工服务与企业承诺给付的关系，但计算工作量大。成本法每期按固定数额确认养老金费用，计算方法简便，便于编制预算和置存基金，但该法从某种意义上讲不尽合理。因为每期相同金额的累计数并非是企业真正所承担的义务，未必能真正反映该期的负债。

举例说明。假如一位55岁职工和一位45岁职工均在60岁退休，从货币的时间价值角度来讲，对前者所承诺的一元养老金给付的现值要大于对后者所承诺的一元养老金给付的现值。受益法便能反映这种约定给付的承诺。而在成本法下，职工早期服务期间所负担的成本远大于按养老金给付公式计算的应得给付数的现值，在职工服务晚期所负担的成本小于应得给付数的现值，其结果是，在职工退休前，按成本法计算的成本将超过企业所真正应支付的养老金数额的现值。

【例5】在例1中，L公司职工甲在计划开始日的正常服务成本为27 126.40元，此金额亦即计划开始日时职工甲未来养老金总额的现值。如果折现率为10%，并假定该公司在未来期的养老金确认假设不变，那么，在成本法下职工甲在未来20年期间中每年的正常养老金费用就应是现值为27 126.40的年金数额。计算如下：

27 126.40 ÷ (P/A, 10%, 20)

= 27 126.40 ÷ 8.513 6

= 3 186.24（元）

本例的正常养老金费用也可这样计算：因为在例1中已经计算出职工甲未来养老金至退休日的现值为182 546.40元，故正常养老金费用可由下式得出：

182 546.40 ÷ (F/A, 10%, 20)

= 182 546.40 ÷ 57.275

= 3 187.2（元）（误差0.96元，因精确度所致）

如果采用受益法对正常服务成本进行分摊，其计算为：

①职工甲为公司每服务1年，退休后可获得的年养老金：

80 000 × 1 × 0.015 = 1 200（元）

②此年养老金至职工甲退休日的现值：

1 200 × (P/A, 10%, 15)

= 1 200 × 7.606 1

= 9 127.32（元）

③职工甲在计划开始一年后的正常养老金费用：

9 127.32 × (P/F, 10%, 19)

= 9 127.32 × 0.163 46

= 1 491.95（元）

此 1 491.95 元即为 L 公司对于职工甲在养老金计划开始第一年应分摊的正常服务成本。

同理可计算 L 公司对于职工甲在养老金计划开始第 n 年应分摊的正常服务成本为：

9 127.32 ×（P/F,10%,20 − n）

例如，L 公司对于职工甲在养老金计划开始第 5 年应分摊的正常服务成本为：

9 127.32 ×（P/F,10%,15）

= 9 127.32 ×0.2393

=2 184.37（元）。

二、过去服务成本的分摊

过去服务成本是指养老金计划开始日之前，由于职工提供服务而增加的养老金成本。企业之所以愿意追溯增加养老金支付，无非是希望提高职工未来的生产率、工作效率和士气。因其具有未来经济效益，故理论上企业应将过去服务成本确认为无形资产，然后递延分摊。实务中，在发生时，可按现有职工中预计将来会享受养老金者的剩余服务年限平均数加以摊销，其摊销数计入当年养老金费用。例如，L 公司职工甲的过去服务成本为 13 563.20 元，在计划开始日职工甲的剩余服务年限为 20 年，则

第一年的摊销数为：13 563.20 ÷20 =678.16（元），

当企业职工为数众多时，过去服务成本也可用年限总和法摊销，即每年按当年服务年数占未来各年服务年数合计数的比例分摊过去服务成本。为便于理解，举一简例如下：

【例 6】假设 L 公司 201A 年 1 月 1 日实施养老金计划时，有过去服务成本 40 000 元，受影响的职工共计 5 人，其退休情况及每年服务数统计见表 10 − 1：

表 10 − 1　L 公司雇员退休情况及每年服务数统计表

201A 年 1 月 1 日

职 工	退休日	剩余服务年限	201A	201B	201C	201D
甲	201T 年 12 月 31 日	20	1	1	1	1
乙	201O 年 12 月 31 日	15	1	1	1	1
丙	201E 年 12 月 31 日	5	1	1	1	1
丁	201C 年 12 月 31 日	3	1	1	1	
戊	201B 年 12 月 31 日	2	1	1		
合计		45	5	5	4	3

201A 年对过去服务成本的摊销结果为：

40 000 ×5/45 =4 444.44（元）

201C 年对过去服务成本的摊销结果为：

40 000 ×4/45 =3 555.56（元）

对上述简例，也可用直线法对过去服务成本进行摊销，只是一经采用不得随意改变。在直线法下，在职职工平均剩余服务年限计算如下：

在职职工平均剩余服务年限 = 未来服务年数合计/在职职工人数

本例在职职工平均剩余服务年限为：

45/5 =9（年）

则每年对过去服务成本的摊销额为：40 000/9 =4 444.44（元）

上述对过去服务成本的分摊方法同样适用于对先前服务成本的分摊。

三、养老金损益的分摊

如前所述，养老金损益是指因精算假设或实际情况变动而产生的预计养老金负债损益或养老基金资产损益。这种损益如果数额较大，则应在本年和未来年份中分摊。分摊的方法可用直线法，也可用最低法（Minimum Method）或系统法（Systematic Method）。举例说明如下：

【例 7】假设前述 L 公司对其 201B 年度的养老金损益采用直线法进行分摊，并假定摊销年限为 10 年，则其摊销额为：

-500/10 = -50（元）

由于养老金损益每年计算及分摊，于是有一个积累的养老金损益及养老金损益的递延额。需要说明的是，每年计算的养老金损益分摊额是基于积累的养老金损益原值，而不是基于积累的养老金损益减去累计养老金损益的递延额。

【例 8】以 L 公司为例，假设该公司 201C 年的养老金利得为 900 元，2010 年养老金利得为 1 200 元，则在直线法下，可计算其养老金损益的摊销额及递延额如下：

201C 年养老金损益的摊销额：

(-500 +900)/10 =40(元)

201C 年养老金损益的递延额：

(-500 +900) -(-50 +40) =410(元)

201D 年养老金损益的摊销额：

(-500 +900 +1 200)/10 = 160(元)

201D 年养老金损益的递延额：

(-500 +900 +1 200) -(-50 +40 +160) =1 600 -150 =1 450(元)

养老金损益的分摊将改变各年中正常养老金费用的金额。分摊的养老金损益若为正数，即为利得，它将减少当年的正常养老金费用；若为负数，则为损失，将增加当年的正常养老金费用。

养老金损益的摊销也可以采用最低法。其基本原则是：比较本期期初积累的养老金损益与期初预计给付义务或养老基金资产的市场相关价值（较大者），若前者低于后者的一定比例（如10%），则不需摊销，否则超过部分可摊销，摊销标准可按预计可获得养老金给付的在职职工平均剩余服务年限加以摊销。举例如下：

【例9】假设某公司201C年1月1日养老基金资产的公允价值为40 000元，当年累计养老金损益为6 000元，在最低法下，首先测试是否需要摊销：

$6\ 000-40\ 000\times10\%=2\ 000$（元）

超过部分为2 000元，需要摊销，设在职职工平均剩余服务年限为10年，则当年摊销额为：

$2\ 000/10=200$（元）。

四、养老金费用的账务处理

在会计期末，企业应将分摊的养老金费用加以确认，并同时增加企业的养老金负债。例如，设前述L公司201C年度正常服务成本、过去服务成本以及养老金损益分摊数合计为100 000元，利息成本为70 000元，则该公司在201C年末的会计分录应为：

借：养老金费用　　170 000

　贷：应计养老金负债　　170 000

该分录反映了这样一个事实，即已经确认养老金费用，但还没有把等额的现金转移给养老金基金。如果企业采用置存基金的养老金计划，那么，它构成了企业对养老金基金的一项负债，该债务可按其时间的长短在资产负债表上列为流动负债或长期负债。

每期除了计算和记录养老金费用外，企业还要把现金转移给供资机构以向养老金计划提供资金。对该类经济业务，企业只需借记“应计养老金负债”，贷记“现金”即可。假设L公司在201C年度提取的养老金全额置存，则其会计分录为：

借：应计养老金负债　　170 000

　贷：现金　　170 000

有时，企业往往由于某种原因，对供资机构的现金置存数不同于企业对养老金的提取数。在这种情况下，若置存数小于提取数，其差额将作为“应计养老金负债”保留着。若置存数大于提取数，其差额则记入“预付养老金”，在资产负债表中列为企业的流动资产或其他资产。例如，L公司201C年向养老金基金的供资假设是200 000元而不是170 000元，则会计分录将是：

借：应计养老金负债　　170 000
　　预付养老金　　30 000
　贷：现金　　200 000

上述分录中的“预付养老金”属企业的资产账户，它反映这样一个事实，即提供的资金已经超过了到目前为止已确认的养老金费用。在随后的各期中，当确认养老金费用时，在对养老金负债账户再做任一贷记之前，先按存在于该资产账户中的余额的多少进行抵冲。

在上述例子中，我们确认当期的利息成本为70 000元，这是我们对预计给付义务按估计的折现率计算的利息。从另一个角度讲，若企业将每期的养老金均足额置存，这些置存的养老金在信托机构的安排下，自然应产生投资报酬，称为养老基金资产投资报酬。如果确认了利息成本是企业养老金费用的加项，那么，养老金基金资产的投资报酬则应作为利息成本的抵冲，减少企业的养老金费用。

假设L公司201C年预计的养老基金资产投资报酬为80 000元，则经调整后的养老金费用将为170 000－80 000＝90 000元。这样，L公司记录养老金费用的汇总会计分录将变为：

借：养老金费用　　90 000
　贷：应计养老金负债　　90 000

通过上述例子，我们可以看出，影响企业养老金费用净额的因素有5项，它们是：①正常服务费用；②过去服务费用；③利息费用；④养老金损益摊销数；⑤养老基金资产的预计报酬。在这些影响因素中，养老基金资产的投资报酬之所以用预计数而不用实际数，是因为养老基金资产每年的实际投资报酬率可能会有较大幅度的波动，而养老基金数额很大，如以实际投资报酬计算养老金费用净额，则各年的养老金费用可能相差巨大。为了解决这一矛盾，养老基金资产的实际报酬与预计报酬的差额放入养老金损益反映，并按一定的规则进行摊销。

当然，当期养老金费用的大小还与其费用摊销的方法有关。除此之外，如果企业有未供资（Unfunded）的养老金负债，养老金费用还应加计该债务的利息。相应地，如果企业有预付的养老金，则预付养老金的利息可以作为养老金费用的减项。事实上，如果企业有尚未摊销的过去服务成本、先前服务成本或养老金损益，养老金费用还应考虑这些未确认的养老金成本（Unrecognized

Pension Cost）的利息自然增长。不过，由于这些未确定的养老金成本在其发生时并不立即确认为资产或负债，而是通过最低养老金负债的确认倒推，故给其计算增加难度。实务中一般用最大最小法来对养老金费用的计提进行限制。

五、确定养老金费用的最大最小法

确定养老金费用的最大最小法基于两种观点。一种观点认为，养老金费用从总体上看，是与养老金计划本身或与继续存在的职工团体有关的，因此，过去或先前服务费用本身不应该包括在年养老金费用中。因为不同时间借记的养老金费用金额应该等于未来发放的养老金的现值，故只有正常养老金费用加未供资的过去或先前服务成本上的利息才应该被确认为养老金费用。另一种观点认为，养老金费用与现有职工团体有关，而对过去或先前服务信用的确认是现有职工挣得的某些养老金的基础，因此，过去或先前服务费用应该被包括在计划开始日或修改日以后的一个合理的时期的年养老金费用中。基于这两种观点，美国会计原则委员会的做法是，确定每期应记录为养老金费用的一个最小额（A Minimum Amount）和一个最大额（A Maximum Amount），并规定，一定时期的养老金费用应基于一个可接受的计算方法，并强行限制在由这两种关于如何说明过去或先前服务费用的不同观点所引发的最小额和最大额的限度内。

1. 一定时期养老金费用的最小额

任一特定会计期间内应借记的养老金费用的最小额（the Minimum Debit to Pension Expense，有时称作“规定的最小额”，Defined Minimum）应不小于下列各项的合计：

（1）该期的正常养老金费用。

（2）任一未供资的先前服务费用上的利息等值。

（3）如果有说明，养老金发放的其他规定数（A Provision for Vested Benefits）。

2. 一定时期养老金费用的最大额

任一特定会计期间应借记的养老金费用的最大额（the Maximum Debit to Pension Expense，有时称作“规定的最大额”，Defined Maximum）应不大于下列各项的合计：

（1）该期的正常养老金费用；

（2）过去服务费用的10%（直到完全被摊销）；

（3）由计划修改引起的先前服务费用的任何增加或减少金额的10%（直到完全被摊销）；

（4）记作费用的未供资金额与预先供资金额之间任何差异上的利息等值。其中，预付养老金资产的年初余额上的利息等值将减少该最大额，未供资的应计养老金负债的年初余额上的利息等值将增加该最大额。

一定时期养老金费用的最大限额的组成部分反映了这种观点，即养老金费用的所有要素，无论是与计划的开始有关还是和计划的修改有关，都应被包括在计划开始或修改以后的养老金费用中。最大额中的10%的限制反映了会计原则委员会努力阻止在较少的年份中借记不大合理的养老金费用的事实。

3. 一定时期养老金费用的测算

养老金费用的最小额和最大额是企业计提年养老金费用的上限和下限。考察一下它们的组成要素，可以看出，这些上、下限受养老金计划规定、企业对养老基金的供资以及养老金摊销模式的影响。举例说明如下：

【例10】假设H公司与养老金计划有关的资料如下（单位：元）：

计划开始第一年的正常服务费用：	90 000
计划开始日的过去服务成本：	450 000
第二年的正常服务费用：	95 000
第二年初修改养老金计划引起先前服务成本增加	80 000
折现率：	8%

为简化起见，假设H公司计划开始前两年的利息成本与养老金资产的投资报酬持平，不存在养老金损益，也无其他养老金发放规定。则该公司的养老金费用最大、最小额可测算如下：

第一年：

最小限额：90 000 + 450 000 × 8% = 126 000（元）

最大限额：90 000 + 450 000 × 10% = 135 000（元）

如果H公司对养老金成本进行平均分摊，则第一年该公司的养老金费用计算为：

正常服务费用：90 000元

过去服务成本的分摊（按25年摊销）：

450 000 ÷ (P/A, 8%, 25)

= 450 000 ÷ 10.674 8

= 42 155.36（元）

合计：132 155.36（元）

H公司第一年希望费用化的养老金成本为132 155.36元，该数额落在最小限额（126 000元）和最大限额（135 000元）之间，因此，132 155.36元是第一年可以借记养老金费用的金额。

H公司第二年的养老金费用为：

正常服务费用：95 000元

过去服务成本的分摊（按25年摊销）：

450 000÷(P/A，8%，25)

=450 000÷10.6748

=42 155.36（元）

先前服务成本增加额的分摊（按25年分摊）：

80 000÷10.674 8=7 494.29（元）

合计：144 649.65（元）

如果H公司在每年末对正常养老金费用完全供资，第一年对过去服务成本的供资设为45 833.72元（按20年计划供资），则可测算该公司养老金费用最大、最小额如下：

第二年：

最小限额：

正常养老金费用：95 000元

未供资的先前服务成本的利息：

第一年初的过去服务成本：450 000元

过去服务成本的利息增长：450 000×8% = 36 000（元）

对过去服务成本的供资：45 833.72元

未供资的过去服务成本：450 000+36 000－45 833.72=440 166.28（元）

先前服务成本增加额：80 000元

未供资的先前服务成本的利息：

(440 166.28+80 000)×8%=41 613.30（元）

养老金费用的最小限额：136 613.30元

最大限额：

正常养老金费用：95 000元

过去服务成本最初额的10%：450 000×10%=45 000（元）

先前服务成本增加额的10%：80 000×10% = 8 000（元）

预付的养老金资产：(95 000+45 833.72)－132 155.36=8 678.36（元）

预付养老金资产的利息等值：8 678.36×8%=694.27（元）

养老金费用的最大限额：147 305.73元

从以上计算可以看出，H公司希望在第二年确认的养老金费用144 649.65元未超过养老金费用的最大限额。因此，H公司可以将此144 649.65元借记“养老金费用”。如果H公司计算的在第二年确认的养老金费用超出了最大限额，那么，H公司可以有两种做法：一是调整对其过去或先前服务成本的分摊方法或改变未来供资政策，减少预付的养老金资产上的利息等值扣除，以避免超过最大限额；二是继续其现行政策，只是简单地按每年允许的最大额借记养老金费用账户即可。

第五节 养老金的会计报告

在养老金会计中，企业每期摊销养老金成本，并将其确认为企业的费用和负债，同时，定期向信托机构供资，以使其能有足够的基金保证未来时期履行养老金的支付义务。这些确认的费用、负债，以及由于供资而形成的养老基金资产应在对外公开的会计报告中正确揭示。

在实际工作中，往往会有这样的情况，即企业提存的养老基金资产可能不足以偿还企业可能的支付义务。产生这种情况的原因有二，一是因为养老基金资产的投资报酬往往会因环境的改变而低于预期；二是因为可能存在着未摊销的先前服务成本。在这种情况下，则需要对这一差额进行确认，这一差额被称为最低养老金负债（Minimum Pension Benefit Obligation）。

一、最低养老金负债的确认与报告

最低养老金负债可通过如下公式求出：

最低养老金负债 = 累计给付义务 - 养老基金资产公允价值

其中，累计给付义务（Accumulated Benefit Obligation），是指按养老金给付公式计算，将至特定日期为止应于未来支付的所有养老金给付，折算为该特定日期的现值。累计给付义务与预计给付义务的区别在于，后者是按未来工资水平计算的，而前者是按目前工资水平计算的，由于未来工资水平的预计不确定因素较大，故在确定企业的最低养老金负债时，采用按目前工资水平测算的累计给付义务。

【例 11】假设 L 公司 201C 年 12 月 31 日的养老基金资产公允价值为 400 万元，累计给付义务为 450 万元，则可确认企业的最低养老金负债为：450 - 400 = 50（万元）。此 50 万元所揭示的含义是：若企业中止养老金计划，则清算全部养老基金资产后企业尚有 50 万元的养老金支付义务不能兑付，这是企业的一笔负债，应在财务报表中加以揭示。

在非完全供资的情况下，企业账上会有“应计养老金负债”余额或“预付养老金”余额。如果企业账上有“应计养老金负债”余额，则企业只需将计算的“最低养老金负债”与账上已有的“应计养老金负债”之差额，作为“补列的最低养老金负债”（Additional Minimum Pension Liability）入账；如果企业账上有“预付养老金”余额，则应将该余额加上上述最低养老金负债金额，以其合计数作为“应计养老金负债”入账。

【例12】假设L公司201C年12月31日账上已有“应计养老金负债”余额20万元，则企业应补列的最低养老金负债为：50－20＝30（万元）；如果其账上已有“预付养老金”余额10万元而不是“应计养老金负债”余额，则其应补列的最低养老金负债为：50＋10＝60（万元）。

补列的最低养老金负债企业应贷记“应计养老金负债”科目，其借方科目则视具体情况而定。最低养老金负债的产生大多是因为存在着未摊销的先前服务成本，这些项目具有未来经济效益。因此，如果应补列的最低养老金负债与未摊销的先前服务成本相等，则可将其作为无形资产，借记“无形资产——养老金”；如果应补列的最低养老金负债大于未摊销的先前服务成本，则预示着可能存在养老基金资产损失，因其不具有未来经济效益，故应作为“未实现养老金损失”入账；如果应补列的最低养老金负债小于未摊销的先前服务成本，则只应按应补列的最低养老金负债金额作为“无形资产——养老金”列示。下面仍以L公司为例，加以说明。

【例13】假设L公司201C年计算的最低养老金负债为50万元，未摊销的先前服务成本为30万元，另外假设该年年末账上的养老金记录有三种情况：

（1）应计养老金负债	20万元
（2）预付养老金	20万元
（3）应计养老金负债	45万元

在上述三种情况下，企业应做的会计分录分别为：

情况一：

借：无形资产——养老金	300 000	
贷：应计养老金负债		300 000

情况二：

借：无形资产——养老金	300 000	
未实现养老金损益	400 000	
贷：应计养老金负债		700 000

情况三：

借：无形资产——养老金	50 000	
贷：应计养老金负债		50 000

上述分录中的“无形资产——养老金”账户是资产账户，其余额列在资产负债表的无形资产项下。“应计养老金负债”属于负债账户，编制资产负债表时，补列的“应计养老金负债”应与账上原有的“应计养老金负债”或“预付养老金”合并，列入流动负债或长期负债项下。“未实现养老金损失”属于

未确认损益账户，在资产负债表中可作为股东权益的减项。

如果累计给付义务小于养老基金资产的公允价值，则说明养老基金资产足以偿还企业可能承担的给付义务。此时，企业的最低养老金负债为零。基于谨慎原则，不得确认为资产。例如，某公司养老基金资产公允价值为500万元，累计给付义务为450万元。则可计算其最低养老金负债为450－500＝－50（万元）。此时，不管企业是否有未确认的先前服务成本，一律不确认无形资产，资产负债表上的应计养老金负债以零列示。

如果企业确认的最低养老金负债金额小于账上已有的“应计养老金负债”金额，则说明由于养老基金资产公允价值的升高而减轻了企业置存养老金的义务。此时，企业应做出相反分录，以反映这一置存义务的减少。

【例14】仍以L公司为例，假设201D年其最低养老金负债为20万元，则201D年前述三种情况下的会计分录将分别为：

情况一：

借：应计养老金负债	300 000	
贷：无形资产——养老金		300 000

情况二：

借：应计养老金负债	300 000	
贷：无形资产——养老金		300 000

情况三：

借：应计养老金负债	300 000	
贷：无形资产——养老金		50 000
未实现养老金损益		250 000

以上借记“应计养老金负债”的计算公式为：

应借记的养老金负债＝账上已有的应计养老金负债－最低养老金负债－账上已有的预付养老金

以上述第三种情况为例，应借记的应计养老金负债为：50－20＝30（万元）。其中，50万元为201D年末L公司已有应计养老金负债的账面余额。

二、养老金在财务报告中的揭示

在每个会计期末，企业应将有关养老金的内容在其财务报表中进行列示。其格式见表10－2、10－3：

表 10－2　资产负债表

资产：	
……	
无形资产：	
养老金	×××
其他资产：	
预付养老金	×××
……	
负债：	
……	
应计养老金负债	×××
……	
所有者权益：	
……	
未实现损益：	
未实现养老金损益	×××
……	

表 10－3　利润表

……	
管理费用：	
养老金费用	×××
……	

三、附注中应披露的事项

除了上述在财务报表中列示养老金项目外，还应以附注方式揭示下列各项信息：

（1）养老金计划的说明：包括适用本计划的职工团体，养老金给付的计算公式，费用化方法以及供资政策。

（2）养老金费用净额：分别列示服务费用、利息费用、养老基金资产预计报酬以及先前服务成本、养老金损益的摊销数。

（3）养老基金置存状况以及与资产负债表列报数额的调节相关的内容：

①养老基金资产的公允价值；

②给付义务：包括预计给付义务和累计给付义务；

③未摊销先前服务成本；

④未摊销养老金损益；

⑤补列的最低养老金负债。

（4）用以计量预计给付义务的折现率、工资水平增长率和养老基金资产的预计长期投资报酬率。

（5）养老基金资产中如有企业或其他有关联人所发行的证券，应说明其种类和数额。

（6）其他影响各期财务报表比较的重大事项及其结果。

以上是企业养老金会计的基本处理方法，其依据是美国财务会计准则委员会第 87 号公告《雇主对养老金的会计处理》，以及国际会计准则第 19 号《雇员福利》（1998 年修订）和国际会计准则第 26 号《退休福利计划的会计与报告》（1994 年重编）。可以看出，养老金会计的关键问题是企业养老金给付义务的确认、养老金成本的分摊以及养老金负债或资产的报表列示。在这些方面，国际上的看法并不一致，尚存在许多争议。

第六节 养老金会计的争论与聚焦

目前，由雇主（企业）定期地提存养老金基金，已成为西方发达国家普遍认同的做法。但对这些提存基金的计量与报告，认识并不统一。其根源首先在于采用养老金计划的种类不同，诸如采用约定提存计划或是约定受益计划等；其次，是对过去服务成本以及由于养老金计划变动而引起的先前服务成本的分摊问题，诸如采用直线法或年限总和法等；第三，如何报告养老金资产或负债问题。目前，只有美国和德国把有关养老金基金的资产和负债反映在正式的财务报表中。第四，关于养老金负债的性质。对于在久远的将来对职工支付养老金这样一种承诺而导致的负债应确认为当期的负债或是按或有负债处理。美国财务会计准则委员会第 87 号公告在处理上述问题中的基本观点是：养老金是一种补偿金，其目前成本的确认应按某一养老金计划下应支付的未来预计养老金总额的现值来确定，并在职工提供服务的期间进行分摊。而且，在开始采用养老金计划时发生的过去服务成本以及导致的给付义务的增加变动，都应预先记录。对于养老金负债的报表列示，则包括累计的养老金费用，考虑未摊销的先前服务成本，同时减去已供资的退休基金资产的公允价值。

国际会计准则委员会于 1998 年修订了理事会批准的 1993 年修订版《国际会计准则第 19 号——养老金费用》，并以《国际会计准则第 19 号——雇员福利》发布，于1999年1月1日实施。《国际会计准则第19号》对养老金成本的确认、养老金成本的分摊以及养老金的报表披露等问题规范如下：

1. 养老金成本的确认

养老金成本的确认方法有两种，一是约定提存法，二是约定受益法。在约定提存法下，企业按约定向一个独立实体（如一项基金）支付固定的提存金，此定期支付的提存金即为企业在该会计期间的养老金成本和预计支付义务。在计量该项义务和成本时不需要精算假设，也没有产生精算利得或损失的可能性；在约定受益法下，由于企业的责任是向在职的和退休的职工于将来提供一个明确数额的养老金，因此，当前养老金成本的确认要按未来应付养老金数额的现值来计量。在计量时需要用到精算假设，并有产生精算利得和损失的可能性。

2. 约定提存法下养老金成本的分摊与报表揭示

（1）养老金成本的分摊。

企业应将特定期间的服务面向一定的独立实体（基金）支付的提存金直接确认为当期费用。如果企业支付的提存金超出了约定的数额，增加的提存金应在职工提供相关服务的期间确认为费用。例如，如果额外提存金根据职工在以前年度提供的服务确定，并且与现有职工在本期或以后期间将要提供的服务相对应，则增加的提存金应在这些职工预计剩余工作年限内系统地确认为费用。如果额外提存金与已退休的职工有关，则由于企业不再可能从那些职工获得进一步的服务，提存金应在做出额外提存金承诺的期间确认为费用。

企业承诺的提存金金额决定了确认为费用的金额以及企业对约定提存金计划所承担的义务的金额。因此，计划的终止通常并不导致要求确认负债和费用的额外义务。但是，在已经承诺增加提存金但尚未确认为费用的情况下，如果该计划可能终止，则应将其确认为一项额外的负债和费用。

（2）报表揭示。

在约定提存法下，企业会计报表应揭示如下内容：每项计划的一般性说明，包括涉及的职工群体等；本期确认为费用的金额；与养老金有关、且影响与前期可比性的其他重要事件。

3. 约定受益法下养老金成本的分摊与报表揭示

（1）养老金成本的分摊。

养老金成本的分摊采用受益法。具体内容包括：正常服务成本；根据在职和已退休职工的过去服务成本、经验性调整以及保险统计假设的变更而在本期确认的金额；计划终止、清偿和缩减的影响。

正常服务成本应按受益法在本期确认为费用。

过去服务成本、经验性调整、保险统计假设的变更以及与现有职工相关的计划修订所造成的影响，应在这些职工的预计剩余工作年限内系统地确认为费用或收益。但在以下几种情况下可作例外处理：如将来可能终止约定养老金计划，或该计划中的应付养老金可能缩减或清偿时，导致的企业养老金费用的增加额应立即确认为费用，导致的利得应在终止、缩减或清偿发生的当期确认为收益；由多余的职工而产生的过去服务成本不能给企业提供未来经济利益，因而应当立即确认为费用；对于退休职工，对约定养老金计划的修订所产生的影响，由于企业不会再从这些职工身上取得由未来服务产生的进一步利益，因此其影响额应以修订后的养老金影响的现值来计量，并在计划修订的当期确认为费用或收益。

过去服务成本是由于实行养老金计划、修订这类计划所形成的。通常应分配于提供服务的本期和未来期间，而无需考虑这些费用是否参考了职工前期的服务。

经验性调整是因为实际情况不同于保险统计假设所引起的费用或收益，通常应于在职职工的预计剩余工作年限内进行分配。在职职工非本期服务的养老金费用，可能在比相关职工的预计剩余工作年限更短的期间内为企业提供经济利益，这些费用应于更短的期间内确认为费用。

（2）报表揭示。

在约定受益法下，企业会计报表应揭示如下内容：①计划的一般说明，如涉及的职工群体等；②养老金费用所采用的会计政策，包括保险统计、估计方法或所采用方法的一般性说明；③是否设立基金；④本期确认为费用或收益的金额；⑤已承诺养老金在最近保险统计估计日的现值；⑥如果计划设立基金，基金资产在最近保险统计估计日的公允价值；⑦如果自计划开始以来提存的金额与同期确认为费用或收益的金额不同，最终形成的负债或资产的金额以及采用的提存方法；⑧用于确定养老金成本的主要保险统计假设，以及这些假设的重大变化；⑨最近的保险统计估计日期以及进行估价的频率等。

第七节 中国养老金制度及其会计处理

一、我国养老金制度的变革

我国的养老金制度，最早始于1951年2月26日公布、1953年1月2日修正公布的《中华人民共和国劳动保障条例（草案）》，这是一个不向工人与职员征收缴费的综合性劳动保险基金制度，企业或雇主向这个基金交纳全部费用

（职工工资总额的3%），作为职工的劳动保险金，由中华全国总工会委托中国人民银行代理保管。在养老金的支付上，则完全采取规定受益的方式，对受益资格按照工龄、工种和职工退休前的最后工资等作了详尽的规定。因为这个基金完全没有职工个人的缴费积累，所以，它实际上是一个现收现付的制度。"文革"期间，这个综合性的劳动保险基金制度名存实亡，企业自行筹集包括养老金在内的劳动保险费用，但在缴费上不再按照工资总额的一定比例提取以作为基金的积累，而是改在营业外列支，仍不要求职工个人缴费。这样，20世纪50年代建立起来的劳动保险基金制度在经历了"文化大革命"这一特定历史时期以后，实际上变成了一个企业层次上的现收现付制的保险制度安排。1978年6月，中央政府颁布《国务院关于工人退休退职的暂行办法》，但只是从"文革"以后的实际情况出发，对50年代的条例进行恢复和修正，并未发生实质性变化。

1984年，养老金制度的改革真正开始。是年，广东、江苏和辽宁省的几个市县首先进行了国有企业职工退休费用社会统筹试点，随后又在全国逐步推广开来，并决定实行企业补充养老保险和职工个人缴费。在此基础上，一些地区又开始尝试社会统筹和个人账户相结合的制度。1986年，中央政府决定国有企业新招收的工人一律实行劳动合同制，并规定了劳动合同制工人的退休养老保险办法。国务院发布的《国有企业实行劳动合同制暂行规定》中规定，企业按照劳动合同制工人工资总额的15%左右，劳动合同制工人按照不超过本人标准工资的3%交纳退休养老保险基金。1990年，劳动部又开始了改革退休养老金计发办法的试点工作，提出基本退休养老金由两部分组成，第一部分按职工退休时当地社会平均工资一定比例计发；第二部分按职工本人缴费年限长短和指数化月平均缴费多少计发。之后，地方各级政府又建立了专职的社会保险管理机构，归属劳动部指导。1991年，国务院发布《关于企业职工养老保险制度改革的决定》，决定企业养老保险制度改革要以社会统筹为主，扩大养老保险的范围，第一次提出了建立企业补充养老保险问题，并要求在一些城市进行基本养老保险社会统筹和个人账户相结合的试点。文件明确提出，劳动部和地方劳动部门负责管理城镇企业职工的养老保险工作。

1993年可谓20世纪90年代以后中国养老金制度乃至整个社会保障制度改革的一个转折点。在这一年，首先是中国的一批经济学家，在考察和研究了欧洲大陆国家的社会保障制度以及一些亚洲国家的养老金制度以后，较为全面地提出了中国社会保障制度改革的一个理论性纲领。这个纲领有两大建议被中共中央十四届三中全会所做的《关于建立社会主义市场经济体制若干问题的决定》所肯定。它们分别是企业养老保险体系建立统筹账户和个人账户相结合的

"部分积累"基金制，信息管理和投资管理分开的原则。《决定》发布以后，国务院有关部委即开始着手制定具体的改革方案。1995年3月，国务院发布《关于深化企业职工养老保险制度改革的通知》，规定"国家在建立基本养老保险，保障离退休人员基本生活的同时，鼓励建立企业补充养老保险和个人储蓄性养老保险。由企业和个人自主选择经办机构"，"城镇职工养老和医疗保险金由单位和个人共同承担，实行社会统筹和个人账户相结合"，并同时出台了两个具体操作方案。方案一意图为职工全面建立个人账户。进入个人账户的缴费率为职工工资收入的16%左右，企业和职工个人共同负担，初期个人交纳少部分，最终达到个人账户养老保险费的50%。职工退休后的养老金计发，基本上与其个人账户上的储蓄额相对应。该方案还规定，那些在实施个人账户制以前参加工作的职工，在该办法实施前的工作年限视同缴费年限，至退休时，"以个人账户中的储存额推算出全部工作年限的储存额"。对已退休职工的养老问题，该方案试图通过企业另行交纳一定比例的费用形成统筹基金解决，养老金给付标准仍按照改革前的办法执行。方案二则采取了一种"大社会统筹，小个人账户"的原则来设计。在缴费上，它规定"职工个人缴费的全部或一部分"，"企业缴费中，职工缴费工资基数高于当地职工平均工资200%以上至300%的部分"以及上述两部分"储存额的利息"可以记入个人账户。在受益上，它把目前在职职工和新职工退休后的养老金计发分为三部分，一是"社会性养老金"，按照职工所在地职工平均工资的一定比例（20%～25%）计发；二是"缴费性养老金"，个人和企业缴费每满一年，按缴费工资基数的1%～1.4%计发；三是"个人账户养老金"，完全对应于个人账户储存额。其中前两项养老金来自"统筹"；已退休职工的养老金则全部来自"统筹"。

这两个方案，尤其是方案二，没有明确指出老职工的养老金融资的来源究竟是什么，只是笼统地说通过社会统筹来解决。与此同时，也没有说明社会统筹究竟怎样和个人账户相结合。方案一试图把社会统筹的一部分划入个人账户；而方案二则相反，企图把个人的部分缴费划入社会统筹。这种设计在制度安排的结构上自然导致了两个后果：①社会统筹和个人账户的边界将因此而变得模糊不清；②政府可以不必承担为老职工兑现过去所做的养老金承诺的责任，那么，这个责任也就不可避免地转移到了缴费者（包括企业和个人）的身上。事实是，因为社会统筹部分实际上也远不足以支付已退休职工的养老金，所以就只得以企业缴费中原本不属社会统筹的那一部分，甚至还要以新职工的个人缴费进行支付。两个方案都没有把社会统筹部分和个人账户部分分开，而是把两者统一在一个"部分积累制"的框架内。这就为日后发生养老金基金个人账户的空账问题制造了制度结构中的空间，因而也使得这个基本养老保险制度的安排变得捉襟见肘。

这两个方案同时下达各地，由地方政府自行选择一个参照执行，在省（市）级或地市级的水平上进行基本养老保险基金的社会统筹。因此导致了各地所建立的养老保险制度各异的局面。1996 年底开始，中央政府本着“统一制度、统一标准、统一管理和统一调剂使用基金”的目标，开始了对养老保险制度的进一步改革。

1997 年，国务院发布《关于建立统一的企业职工基本养老保险制度的决定》（国发〔1997〕26 号）以下简称《决定》，此《决定》可谓是正式确立我国基本养老保障制度框架的纲领性文件，它在一定程度上统一了各地多种养老保险办法并存，养老保险水平差异大，基金统筹层次低，调剂能力弱，挤占挪用现象盛行的局面。根据《决定》，我国城镇企事业单位职工基本养老保险实行社会统筹与个人账户相结合的制度，实行企业与雇员共同筹资的方式。其基本内容可归纳为：①资金来源。基本养老基金分两部分设立，即统筹基金和个人账户基金。统筹基金由企业缴费形成，原则上按企业工资总额的 20% 计缴，具体比例由统筹地人民政府确定，少数地区因退休人员较多需超过这一比例的应报有关部门审批。个人账户基金由职工缴费和企业缴费划入两部分构成，规模为职工本人缴费工资的 11%，个人缴费全部记入个人账户，其余部分从企业缴费中划转。个人缴费比例 1997 年按不低于本人缴费工资的 4% 计算，以后每两年提高 1 个百分点，最终达到本人缴费工资的 8%。有条件的地区个人缴费比例提高的速度可适当加快。随着个人缴费比例的提高，企业划入部分要逐步降至 3%。这一规定后来在有些地方有所调整，例如，个人缴费从平均 5% 进一步提高到 8%；企业缴费部分不再划入个人账户，全部纳入社会统筹基金；缩小个人账户的规模，缴费比例从本人缴费工资的 11% 调整为 8%，个人账户完全由个人缴费形成等。②受益范围。基本养老保险基金区分三种不同人群分别记发：新制度实施后参加工作，累计缴费满 15 年的，退休后月领养老金分基础养老金和个人账户养老金，前者为当地上年度职工月平均工资的 20%，个人账户养老金为个人账户余额除以 120；新制度实施前参加工作的除上述两部分养老金外，另发过渡性养老金；新制度实施前已经退休的仍按原规定发放。③管理机构。基本养老金实行集中、统一征收，征收机构由省人民政府规定，一般由社会保险经办机构征收。各项基金分别单独核算，实行收支两条线管理，由财务部门进行财务监督。

1998 年，我国明确规定企业职工基本养老保险基金应逐步纳入社会保障预算管理。在国家社会保障预算管理制度建立以前，先纳入单独的社会保障财政专户，实行收支两条线，专项管理、专款专用，任何部门、单位或者个人均不得挤占、挪用，也不得用于平衡财政预算。我国的绝大多数省份也以1998年作为养老保险制度转轨的分界之年。于是有了养老保险规定的“老人”、“中人”、“新人”之说，即1998年之前参加工作并业已退休的职工，被称为“老人”，他们将按老规定领取退休工资；1998年之前参加工作但在1998年之后退休者，被称为“中人”，他们将按新制度领取养老金，但可获得适当的过渡期补偿；1998年后工作的“新人”，则完全按新制度施行。在这种情况下，由于转轨前退休或者参加工作的职工并未建立个人账户，转轨后一方面要照常支付其养老金，一方面又要在并不增加缴费率的前提下为个人账户作出积累，因此转轨成本之巨大可想而知。2000年，全国社保基金理事会成立，国家设立战略储备金机构，以巨额财政一次性注入启动资金，期望通过增值运营，应对社保支付的巨大缺口。同时，国家确定了以减持国有股支付养老制度转轨成本为目标的方案。2001年，国务院颁布《减持国有股筹集社会保障基金管理暂行办法》，提出凡国家拥有股份的股份有限公司向公共投资者首次发行和增发股票时，均应按融资额的10%出售国有股，减持国有股收入全部上缴全国社会保障基金。此令一出，股市大幅下跌，舆论归咎于国有股减持。次年6月，国务院叫停国有股减持，全国社保基金的主要资金来源失去下文。同在2001年，中央决定在辽宁试点“做小做实”个人账户，以“做小”来保证“做实”，即降低个人账户中缴费工资比例，所缴费用与统筹账户缴费基金分账管理，以确保个人账户真实积累。由此，个人账户和统筹账户的联系被切断，现收现付体系被彻底打破，统筹账户的支付压力远远超出预想，改革背负巨大成本。2003年，“做小做实”试点扩大到黑龙江、吉林两省。鉴于辽宁试点沉重的财政负担，黑、吉两省选择了财务压力较小的“补账户”模式。这一模式仅是真实基金积累制的“修订版”，仍具现收现付制的特征。

2005年，国务院发布《关于完善企业职工基本养老保险制度的决定》，这是继1997年国务院发布26号文之后，又一指明今后养老保险改革方向的纲领性文件。其主要内容包括：①将城镇个体工商户和灵活就业人员统一纳入养老保险，缴费比例为当地上年度在岗职工平均工资的20%，其中8%记入个人账户；②个人账户缴费比例由11%调整为8%，以前的个人账户不再做实，以后的个人缴费逐步做实，形成部分积累，并加强管理和投资运营，实现保值增值；③基本养老金由缴费满15年的发给当地上年职工平均工资的20%，改为满15年的发给当地上年在岗职工平均工资和本人指数化月平均工资之和的15%，以后缴费每满1年发给1%，直到退休为止；④建立企业年金并按市场化方式管理和运营，切实加强企业年金基金监管，实现规范运作；企业年金由企业根据经济效益情况自主建立，雇主和员工共同缴费，最高可达到上年度2

个月的平均工资，国家给予税收扶持；⑤加强养老金的统筹调剂。鉴于多数省市仍实行县市级统筹的情况，一些地方的节余基金不能统一调剂，存在很大结构性缺口，因此提出要在完善市级统筹的基础上，实现省级统筹。省级统筹的前提是要明确省、市、县各级政府的责任，这有利于调动各方面的积极性，防止形成新的大锅饭。2006 年开始，在黑龙江、吉林两省试点的基础上进一步扩大试点，并加大力度推行全国社保基金的运营。同年 9 月，国务院批复扩大试点的八省（区、市）做实个人账户实施方案，方案沿用了“黑吉模式”。同年 12 月 20 日，黑龙江、吉林、天津、山东、湖南、湖北、山西、山东、新疆等九个省（区、市）与全国社保基金理事会签约，将做实个人账户中央补助部分的资金交理事会运营管理。

二、我国养老金制度的现状

经过几十年的改革探索，我国社会保障体系的框架已逐步清晰。从目前来看，我国实行养老金制度的有三部分人群：一是公务员和公共事业单位工作人员；二是城镇企业职工；三是部分地区的农民。从养老保障结构来看，“三支柱”的多元化养老保障框架已在中国逐步形成。其中，第一支柱为政府主导下的“社会养老保险”（即“基本养老保险”）；第二支柱则是由雇主发起设立的“补充养老保险”（即“企业年金”）；第三支柱则是传统农业社会的“家庭养老”（即“个人储蓄性养老保险”）。

从受益的角度来看，目前我国的养老保障权仍然呈现两极分化格局：城市人主要依赖第一支柱养老，农村人则主要依赖第三支柱养老。与此同时，唯有少数垄断行业（如银行、电信、航空、电力等）和特大型国有企业的职工能够在第一支柱养老之外，还能独享丰厚的企业年金（即第二支柱养老），而全国绝大多数普通企业职工则无法享受企业年金福利。这便是我国养老保险制度的基本现状。

从养老保险制度的内容来看，第三支柱属家庭养老，是公民的个人行为，与企业无关。第一、第二支柱即基本养老保险和补充养老保险才构成了我国企业层面上的养老保险制度。

1. 基本养老保险制度

基本养老保险制度实行社会统筹与职工个人账户相结合的部分积累制，由国家承办。其中社会统筹基金由企业缴费形成。企业为职工缴纳基本养老保险费的比例，一般不得超过企业工资总额的 20%（包括划入个人账户部分），具体比例由统筹地省、自治区、直辖市人民政府确定。

从我国企业基本养老保险制度下企业缴费和职工养老保险待遇的计算和发

放方法来看，职工基本养老保险费中企业缴费的金额，与职工退休时能够享受的养老保险待遇是两种计算方法，职工养老保险待遇即受益水平与企业在职工提供服务各期的缴费水平不直接挂钩，企业承担的义务仅限于按照规定标准提存的金额。

2. 补充养老保险制度

补充养老保险制度是指企业及其职工在依法参加基本养老保险的基础上，自愿建立的补充养老保险制度。国务院印发的《关于完善城镇社会保障体系试点方案的通知》（国发〔2000〕42 号）中将补充养老保险统一称为企业年金。企业年金采取自愿原则，实行完全积累制，采用个人账户管理和市场化运作方式。根据国家有关规定，企业建立年金所需资金由企业和职工个人共同缴纳。其中，企业缴费每年不超过本企业上年度职工工资总额的 1/12，企业和职工个人缴费合计一般不超过本企业上年度职工工资总额的 1/6。

三、我国养老金制度的会计处理

从以上内容可以看出，我国现行的基本养老保险和补充养老保险制度，企业对职工的义务仅限于按照省、自治区、直辖市政府或企业年金计划规定缴费的部分，没有进一步的支付义务，基本上是分担的约定提存置存基金计划。在这种养老金计划下，企业的会计处理相对比较简单。无论是支付给社会保险经办机构的基本养老保险费，还是支付给企业年金基金相关管理人的补充养老保险费，企业只需在职工提供服务的会计期间根据规定标准计提，按职工工资分配渠道（受益对象）分配，分别计入相关资产成本或当期损益即可。这也是我国《企业会计准则——职工薪酬》中规定的企业养老金的基本会计处理方法。

由于企业提取的基本养老保险费和补充养老保险费一般都要求在 12 个月内支付完毕，因此未付的养老金缴费在会计报表中以流动负债列示。此负债随着养老金缴费的置存而解除。企业不存在养老保险成本的精算。计量由基本养老保险费和补充养老保险费产生的职工薪酬义务不需要折现，也不存在对职工承诺未来确定数额养老金的给付义务问题。

考虑到物价变动、职工生活所需费用等因素，按照企业所在地政府的规定，社会保险经办机构在年度开始时有时也会调整企业缴费的比例，调整后的缴费水平影响该期或以后期间企业应确认为负债的社会保险费金额，但不需要调整前期已确认给付义务金额和已计入成本费用的社会保险费金额。

本章主要名词

约定提存养老金计划　约定受益养老金计划　服务成本　养老金损益　应

计养老金负债　最低养老金负债　养老基金资产　养老金费用净额

思考题

1. 简述养老金计划的种类与特征。

2. 养老金成本一般有哪些？如何确认？

3. 如何分摊养老金成本？

4. 何谓最低养老金负债？其会计处理如何？

5. 简述养老金在财务报告中的揭示方法。

6. 结合国际惯例，你认为应如何构建我国的养老金会计制度？

练习题

1. （养老金成本的确认与计量）A 公司于 201A 年 1 月 1 日起实施职工未参与、约定受益养老金计划，有关资料如下：

（1）养老金于每个退休年末支付；

（2）对职工在养老金计划开始前的服务也给予养老金信用；

（3）养老金给付公式为：

年养老金 = 服务年限 ×2% ×退休前 5 年平均年薪

（4）设职工在职期间的利息率为 8%，退休期间的利息率为 10%；

（5）职工甲在养老金计划开始时为 30 岁，已为 A 公司服务 6 年，计划 60 岁退休，预计退休前 5 年平均年薪为 7 万元，退休年限设为 20 年。

要求：

（1）计算计划开始日 A 公司对于职工甲的过去服务成本及预计养老金负债；

（2）计算 201A 年和 201B 年 A 公司对于职工甲的正常服务成本；

（3）计算 201A 年 A 公司对职工甲的应计养老金负债。设 A 公司每年足额置存养老金，试做 201A 年有关会计分录。

2. （养老金费用的会计处理）B 公司 201A 年 1 月 1 日开始实行约定受益养老金计划。201B 年 12 月 31 日有关资料如下：

（1）精算师估计的年服务费用 86 000 元；

（2）利息费用 75 000 元；

（3）养老基金资产的实际报酬 90 000 元；

（4）养老基金资产的预计报酬低于实际报酬 12 000 元；

（5）以前年度养老金收益摊销后的递延额为 12 600 元；

（6）过去服务成本的摊销 25 000 元；

（7）公司置存基金 120 000 元；

（8）假定养老金收益按 10 年摊销。

要求：

根据以上资料，计算 B 公司 201B 年的养老金费用净额，并做出相关会计分录。

第十一章　企业破产清算会计

市场经济条件下，企业经营有着无限的机遇，但也充满了无尽的风险。一些企业在竞争中处于优势而不断发展壮大，另一些企业则因种种原因逐渐被市场所淘汰，面临着破产清算。本章主要讨论企业破产清算的原因、特征以及与之相关的会计确认、计量、记录与报告问题。首先讨论企业清算及破产的原因、特征以及与企业破产相关的法律、制度，进而讨论在破产清算情况下的基本会计理论，包括会计基本假设、基本原则以及破产清算条件下独有的会计概念。在此基础上，讨论破产资产、破产债务、破产损益的会计确认与计量方法。同时，用一个实例说明破产清算会计的基本处理流程。在本章的末尾，列示并讲解了破产清算所应编制的基本会计报告。

通过本章学习，应该掌握：

○企业清算及破产的原因与特征
○企业破产清算的基本程序
○破产清算会计的基本概念
○破产资产、破产债务、破产损益的会计确认与计量
○破产清算的会计处理流程
○破产清算会计报告的编制方法

第一节　破产清算概述

破产与清算是两个不可分割的概念。企业清算不一定导致破产，而企业破产必面临清算。

一、企业清算与破产

清算（Liquidation）从广义上理解，是指企业出于某种原因而终止其生产经营活动，并对其财产进行清理、变卖，清理债权债务的一种经济行为。企业清算是市场经济发展的必然产物，根据清算的原因和处理方式不同，企业清算

可分为两大类，即解散清算和破产清算。

1. 解散清算

根据企业解散的原因，解散清算又可以分为如下三种类型：

（1）自动清算。

自动清算（Automatic Clearing）也称一般清算，是指企业章程规定的经营期限届满，或企业章程所设立的经营目标已经达到，不需继续经营而宣布解散清算的一种行为。这种清算属于企业正常经营的结局，不需报审批机构批准，也无需法院的参与，属于当事人之间的一种非诉讼活动。

（2）请求清算。

请求清算（Reguest a Liquidation）也称非自动清算，是指由于客观原因，在企业经营期限未届满前，由董事会提出解散申请书，报审批机构批准而进行的清算。一般来说，请求清算的原因有以下几种：

①企业章程所设立的目标根本无法达到，且企业无发展前途；

②企业合并或分立；

③投资一方不履行协议、合同、章程规定的义务，导致企业无法继续经营；

④企业发生严重亏损，无力继续经营；

④因自然灾害、战争等不可抗拒因素而遭受严重损失，无法继续经营；

⑥股东大会决定解散企业；

⑦企业合同、章程规定的其他解散事由出现。

（3）强制清算。

强制清算（Compulsory Liquidation）也称命令清算，是指由法院发布命令强行终止企业经营活动而后清算的一种行为。导致企业强制清算的原因有如下几种：

①企业违反国家法律、法规，危害社会公共利益而被依法撤销；

②无正当理由，企业在成立后一年内没有开业或停止营业一年以上；

③执行业务的股东或董事，曾被有关法定机关以书面形式给予警告，但仍有超越法令或章程所规定的企业权限或滥用职权的行为，或者继续触犯法律。

2. 破产清算

破产清算（Bankrupcy Liquidation），是指由于经营不善等原因而导致企业不能清偿到期债务，由法院依据破产法对其进行破产宣告，并对其财产进行处置的行为。这些行为主要包括：①破产财产的清理、估价、变卖及其他处理；②清偿破产企业的债务；③分配剩余财产等。

二、企业破产及其原因

破产（Bankruptcy）一词，从经济意义上看，是指经营活动的彻底失败；从财务上看，它是指债务人不能清偿到期债务的事件或状态。破产事件一般有两种情况，一是事实上的破产，即债务人的负债总额超过其资产总额，因资产不足以偿债而不能清偿到期债务的情况；二是法律上的破产，即债务人的资产总额虽大于其负债总额，但因缺少足够的现金清偿到期债务，不得不变卖资产而使企业无法持续经营、不得不申请宣告破产清算的情况。

企业破产的原因是多方面的，但导致企业破产的主要的也是最常见的原因是企业的资不抵债。所谓资不抵债（Insolvency）是指企业所有资产的公平市价不足以偿还其所有的负债。导致资不抵债的原因一般有：

（1）经营管理不善，致使企业严重亏损。众所周知，一个企业的资本来源不外乎由两部分构成：一为借入资本，即负债；二为业主权益，包括投入资本和留存资本。当企业发生亏损时，势必减少业主权益，如果亏损严重地、持续地发生，将会侵蚀企业的投入资本，当累计的亏损额超过投入资本总额时，企业的账面上就出现了资不抵债的状况。

（2）会计记录不当。尽管企业的账面并未出现资不抵债的现象，但由于会计记录不当，例如，企业资产的价值受到人为的高估，而使资产的公平市价大大地被打了折扣，这样，企业将处于实际上资不抵债的状况。

（3）物价变动的影响。企业在账面上虽然盈利，但是由于通货膨胀或物价大幅度上涨，无论企业的财务资本还是实物资本都无法维持，企业实际上虚盈实亏，这也可能导致资不抵债。

值得指出的是，企业的资不抵债只是就其财务状况而言，法律意义上的企业破产，还必须履行一系列必要的法律手续。有时候，虽然企业发生了资不抵债的状况，但并不意味着需要破产清算；在有些情况下，即使企业并不处于资不抵债的状况，但在企业发生严重的财务危机时，只要符合法定的条件，一定数量的债权人或者企业（即债务人）本身也可向法院申请破产。如果破产由法律规定的一定数量的债权人向法院提出，经法院判决而宣告，则称为“强制性破产”（Involuntary Bankruptcy）；如果破产由企业（即债务人）向法院提出，经法院判决而宣告，则称为“自动申请破产”（Voluntary Bankruptcy）。

在西方国家，企业（债务人）只要达到了法院据以宣告其破产的法律标准，即认定其达到破产界限。这些法律标准或称破产条件，一般是指债务人丧失了清偿能力的具体行为，或是概括地讲表现为对债务不能清偿、资不抵债或停止支付。所谓不能清偿是指债务人由于缺乏清偿能力，对已经到期的债务，在债权人请求清偿时不能偿还债务或不能继续偿还债务的客观状态。停止支付是指由于债务人缺乏清偿能力而表示所有到期债务均不能清偿的行为。在我国1986年公布的《破产法（试行）》中，未将资不抵债作为破产的独立原因，《破产法（试行）》中规定“企业因经营管理不善造成严重亏损，不能清偿到期债务的，依照本法规定宣告破产”。可见，《破产法（试行）》中关于破产界限的实质性标准有两个：第一是不能清偿到期债务，简称为不能清偿或不能支付；第二是不能清偿或不能支付的原因是因为企业经营管理不善而造成严重亏损。

我国2006年颁布的《中华人们共和国企业破产法》（以下简称《破产法》）规定：“企业法人不能清偿到期债务，并且资产不足以清偿全部债务或者明显缺乏清偿能力的，依照本法规定清理债务。债务人不能清偿到期债务，债权人可以向人民法院提出对债务人进行重整或者破产清算的申请；企业法人已解散但未清算或者未清算完毕，资产不足以清偿债务的，依法负有清算责任的人应向人民法院申请破产清算。”可见，新《破产法》与西方国家的规定基本相同。我国新《破产法》尤其增加对金融机构破产的特别规定：“商业银行、证券公司、保险公司等金融机构出现资不抵债等破产情形的，国务院金融监督管理机构可以向人民法院提出对该金融机构进行重整或者破产清算的申请。”

需要注意的是，宣告企业破产必须符合法律规定的破产界限，但是，并不是所有达到破产界限的企业均应被宣告破产。我国《破产法》明确规定：“企业法人不能清偿到期债务，并且资产不足以清偿全部债务或者明显缺乏清偿能力的，或者有明显丧失清偿能力可能的，可以依照本法规定进行重整。债权人申请对债务人进行破产清算的，在人民法院受理破产申请后、宣告债务人破产前，债务人或者出资额占债务人注册资本十分之一以上的出资人，可以向人民法院申请重整。国务院金融监督管理机构依法对出现重大经营风险的金融机构采取接管、托管等措施的，可以向人民法院申请终止该金融机构为被告或者被执行人的民事诉讼程序或者执行程序。”

三、破产清算的特征

破产清算与解散清算相比较，有其明显特征：

（1）破产清算是因为债务人丧失了偿债能力，无论自愿与否均不能清偿到期债务。

（3）破产清算是一种由法律严格规范的经济状态，任何企业都不得自行宣布破产。

（3）破产清算的宗旨是为了公平清偿债权债务，保护债权人和债务人的合法权益，在于使债权人共担损失，共享利益，保证同一顺序的债权人地位平等、受偿机会均等。

（4）破产清算是一种特殊的偿债手段，与一般偿债手段不同的是，破产清算是以债务人法律上的民事主体资格的丧失以及相应的行为能力和权利能力的消亡为最终结果，是以全部资产作为偿债基础的一次性偿债。

（5）破产清算是一种特定的法律程序，从破产申请到宣告破产清算，均需在法院主持下按照法定程序进行。

四、破产制度及企业破产清算的基本程序

企业破产是市场经济发展的自然产物。企业破产宣告必须按照一定的破产制度，遵循法律规定的一般程序。

1. 破产制度

破产制度是指调整破产法律关系的法律规范的总称，它包括破产法，以及与破产法相近或配套的公司法、公司整顿制度、公司特别清偿制度等。我国最早有关破产的法律是清朝政府于1906年仿照日本破产法制定的《破产律》。

之后，1915年北洋政府制定了《破产法》，1935年国民党政府制定了《中华民国破产法》。新中国成立后的几十年里，由于一直实行的是高度集中的计划经济体制，没有真正意义上的法人企业，因此，长期以来没有制定破产法。20世纪80年代初期以后，随着我国经济体制改革的逐步深入，才着手制定《破产法》。1986年，《中华人民共和国企业破产法（试行）》颁布，并于1988年11月1日开始在全民所有制企业中施行。1991年11月7日最高人民法院发布了《关于贯彻执行〈中华人民共和国企业破产法（试行）〉若干问题的意见》，为企业破产提供了更具操作性的法律依据。另外，1991年4月颁布的《中华人民共和国民事诉讼法》中，规定了企业法人破产还债程序，适用于非全民所有制企业。2006年1月1日实施的《公司法》中，对公司的破产、解散和清算做出了相应的法律规定，为在公司制企业中实行企业破产制度提供了法律依据。

2006年，我国的《破产法》得到第二次修订。并由第十届全国人民代表大会常务委员会第二十三次会议于2006年8月27日讨论通过，于2007年6月1日在所有法人企业施行。至此，我国有关企业破产制度的法律法规及其配套政策体系基本建立。

2. 企业破产清算的基本程序

根据我国《破产法》（2006）的有关规定，企业破产清算处理的基本程序如下：

（1）提出破产申请。

破产申请的提出及其受理标志着破产诉讼程序的开始。破产申请可以由债权人提出，也可以由债务人提出，受理破产申请的是债务人住所地人民法院。

债权人或债务人向人民法院提出破产申请，应当提交破产申请书和有关证据。破产申请书应当载明下列事项：①申请人、被申请人的基本情况；②申请目的；③申请的事实和理由；④人民法院认为应当载明的其他事项。债务人提出申请的，还应当向人民法院提交财产状况说明、债务清册、债权清册、有关财务会计报告、职工安置预案以及职工工资的支付和社会保险费用的缴纳情况。

（2）法院受理。

人民法院收到破产申请后，应依照《破产法》（2006）的有关规定进行审查，并在规定的时间内决定是否立案受理。债务人提出破产申请的，人民法院应当自收到破产申请之日起 15 日内裁定是否受理。债权人提出破产申请的，人民法院应当自收到申请之日起 5 日内通知债务人。债务人对申请有异议的，应当自收到人民法院的通知之日起 7 日内向人民法院提出。人民法院应当自异议期满之日起 10 日内裁定是否受理。

人民法院受理破产申请的，应当自裁定作出之日起 5 日内送达申请人。债权人提出申请的，人民法院应当自裁定作出之日起 5 日内送达债务人。债务人应当自裁定送达之日起 15 日内，向人民法院提交财产状况说明、债务清册、债权清册、有关财务会计报告以及职工工资的支付和社会保险费用的缴纳情况。

人民法院裁定不受理破产申请的，应当自裁定作出之日起 5 日内送达申请人并说明理由。申请人对裁定不服的，可以自裁定送达之日起 10 日内向上一级人民法院提起上诉。

人民法院裁定受理破产申请的，应当同时指定管理人。管理人可以由有关部门、机构的人员组成的清算组或者依法设立的律师事务所、会计师事务所、破产清算事务所等社会中介机构担任。管理人依法执行职务，向人民法院报告工作，并接受债权人会议和债权人委员会的监督。同时，列席债权人会议，向债权人会议报告职务执行情况，并回答询问。

（3）债权申报。

人民法院在自裁定受理破产申请之日起 25 日内通知已知债权人，对下列信息予以公告：①申请人、被申请人的名称或者姓名；②受理申请的时间；③申报债权的期限、地点和注意事项；④管理人的名称或者姓名及其处理事务的地址；⑤债务人的债务人或者财产持有人应当向管理人清偿债务或者交付财产的要求；⑥第一次债权人会议召开的时间和地点等。

债权人应当自人民法院发布受理破产申请公告之日起1个月内，最长3个月内向管理人申报债权。债权人未在规定期限内申报债权的，可以在破产财产最后分配前补充申报。但是此前已进行的分配，不再对其补充分配。为审查和确任补充申报债权的费用，由补充申报人承担。

债权人申报债权时，应当书面说明债权的数额和有无财产担保，并提交有关证据。申报的债权是连带债权的，应当说明。债务人所欠职工的工资和医疗、伤残补助、抚恤费用，所欠的应当划入职工个人账户的基本医疗保险费用，以及法律、行政法规规定应当支付给职工的补偿金，不必申报，由管理人调查后列出清单并予以公示。职工对清单记载有异议的，可以要求管理人更正；管理人不予更正的，职工可以向人民法院提起诉讼。

（4）召开债权人会议。

人民法院受理破产案件后，应召集第一次债权人会议。第一次债权人会议自债权申报期限届满之日起15日内召开。依法申报债权的债权人为债权人会议的成员，有权参加债权人会议，享有表决权，但有财产担保的债权人未放弃优先受偿权利的除外。债权人会议的主要职权是核查债权；申请人民法院更换管理人；审查管理人的费用和报酬；监督管理人；选任和更换债权人委员会成员；决定继续或者停止债务人的营业；讨论通过重整计划或和解协议；讨论通过债务人财产的管理方案以及破产财产的变价方案、破产财产的分配方案等。债权人会议的决议，由出席会议的有表决权的债权人超过半数通过，并且其所代表的债权额占无财产担保债权总额的二分之一以上。经债权人会议表决未通过的，由人民法院裁定。

债权人会议可以决定设立债权人委员会。债权人委员会由债权人会议选任的债权人代表和一名债务人的职工代表或者工会代表组成，一般不得超过九人，其成员应当经人民法院书面决定认可。债权人委员会的主要职权是监督债务人财产的管理和处分；监督破产财产的分配；提议召开债权人会议等。

（5）重整与和解。

世界各国的企业破产制度中，普遍实行了和解制度。我国《破产法》（2006）也规定了重整与和解制度。《破产法》（2006）规定，债务人或者债权人可以依法直接向人民法院申请对债务人进行重整。重整申请经人民法院裁定通过后，债务人或者管理人应当自人民法院裁定债务人重整之日起6个月内，同时向人民法院和债权人会议提交重整计划草案。重整计划经由债权人分组表决，人民法院批准后由管理人监督执行。此外，债务人也可以依法直接向人民法院申请和解。债权人会议通过和解协议的，由人民法院裁定认可，并予以公告。

（6）破产清算。

破产清算是企业破产程序中的核心内容，主要包括破产宣告和清算财产。

破产宣告，是指人民法院依据当事人的申请裁定宣布债务人破产，决定对债务人开始破产清算以清偿债务并予以公告的法律行为。《破产法》（2006）规定，在重整期间，如果债务人的经营状况和财产状况继续恶化，缺乏挽救的可能性，或者债务人有欺诈、恶意减少债务人财产或者其他显著不利于债权人的行为以及由于债务人的行为致使管理人无法执行职务的，经管理人或者利害关系人请求，人民法院将宣告债务人破产，进入破产程序。此外，债务人申请和解的，和解协议草案经债权人会议表决未获得通过，或者已经债权人会议通过的和解协议未获得人民法院认可的，以及债务人不能执行或者不执行和解协议的，由人民法院宣告破产。

人民法院宣告企业破产后，自破产裁定作出之日起 5 日内送达债务人和管理人，自裁定作出之日起 10 日内通知已知债权人，并予以公告。管理人接管破产清算工作，拟订破产财产变价方案，提交债权人会议讨论，并按照债权人会议通过的或者人民法院依法裁定的破产财产变价方案，适时变价出售破产财产，并拟订破产财产分配方案，提交债权人会议讨论通过后，提请人民法院裁定认可执行。管理人的主要工作职责如下：①接管债务人的财产、印章和账簿、文书等资料；②调查债务人财产状况，制作财产状况报告；③决定债务人的内部管理事务；④决定债务人的日常开支和其他必要开支；⑤在第一次债权人会议召开之前，决定继续或者停止债务人的营业；⑥管理和处分债务人的财产；⑦代表债务人参加诉讼、仲裁或者其他法律程序；⑧提议召开债权人会议等。

管理人在最后分配完结后，应当及时向人民法院提交破产财产分配报告，并提请人民法院裁定终结破产程序。

破产程序终结后，管理人应持人民法院终结破产程序的裁定，在 10 日内向破产人的原登记机关办理注销登记，并于办理注销登记完毕的次日终止执行职务。至此破产清算工作全部结束。

五、企业破产对传统会计的影响

企业破产作为一种特殊的经济行为，对传统会计产生着重大影响。

1. 对会计基本假设的冲击

会计基本假设是对会计领域存在着的某些尚未确知的事物所作出的合理判断。这些判断以有限的事实和观察为基础，是会计核算得以正常进行、并据以选择会计处理程序和方法的必要的前提条件。传统会计中的会计基本假设包括会计主体假设、持续经营假设、会计分期假设和货币计量假设。企业破产对以上会计假设所造成的冲击主要表现为：

（1）对会计主体假设的冲击。会计主体，是指企业会计确认、计量和报告的空间范围。传统会计中的会计主体假设规定会计核算的范围是会计工作为其服务的特定单位或组织，它要求会计核算应当区分自身的经济活动与其他企业单位的经济活动，区分企业的经济活动与企业投资者的经济活动。通过界定会计核算的范围，才能正确反映会计主体的资产、负债和所有者权益情况，提供反映企业财务状况和经营成果的会计报表。但是，我们应当看到，企业破产后，尽管仍需要从空间范围上区分破产企业与其他企业及投资者，以正确反映清算过程和结果。但实际控制、操纵会计主体的是破产管理人。破产管理人站在不同于企业管理者的立场，以破产法律制度为依据处理破产清算事务，从而决定了破产清算会计的核算内容、范围不同于传统会计。

（2）对持续经营假设的冲击。传统会计中的持续经营假设，是指企业或会计主体的生产经营活动将会按当前的规模和状态延续下去，在可以预见的将来，不会停业，也不会大规模削减业务。它要求会计人员以企业持续、正常的经营活动为前提进行会计核算。在这一假设基础之上，产生了一系列稳定的会计处理程序与方法，如资产的折旧、债务的偿还等。但是，企业破产后，持续经营实际上被打破了，由此在持续经营假设基础之上一些公认的会计处理程序和方法也失去了存在的基础。

（3）对会计分期假设的冲击。会计分期假设，是指将企业持续不断的生产经营活动分割为一定的期间，据以结算盈亏，按期编制财务报告，从而向有关各方及时提供反映企业财务状况、经营成果和现金流量的信息。会计分期假设对企业的会计核算有着重要的影响。在会计分期假设基础之上，才有本期与非本期的区别，并由此产生了权责发生制和收付实现制，在会计处理上产生了预收、预付、应收、应付、预提、待摊等特殊方法。企业破产后，由于持续经营假设已经不复存在，由此会计分期假设也就失去了存在的意义。

2. 对会计基础的冲击

传统企业会计的确认、计量和报告以权责发生制为基础。权责发生制基础是指在收入与费用的确认上，不以款项的实际收付为标准，而是以是否实现及发生（负担）为依据。

企业进入破产状态后，由于已经不存在持续经营，也无会计分期之必要，因此建立在这些假设之上的权责发生制基础也失去了存在的必要。

3. 对会计原则的冲击

会计原则是会计核算的基本规则，它体现了社会化大生产对会计核算的基本要求，反映了市场经济条件下会计核算的基本规律。传统会计的会计原则包括客观性、可比性、历史成本等。企业破产后，这些会计原则将在一定程度上受到冲击。

（1）对历史成本原则的冲击。历史成本原则，是指企业的各种资产应当按其取得或购建时发生的实际成本进行计价。提出这一原则的主要依据是历史成本具有客观性和可验证性，数据取得比较容易。因此，采用历史成本原则能够客观、真实地反映资产的价值，并为正确计算资产的磨损或摊销价值、正确确定企业的经营成果提供了条件。同时，也使得收入与费用的配合建立在实际交易的基础上，能够保证会计核算与会计信息的真实可靠。但是，企业进入破产程序后，在终止经营的前提下，以历史成本为基础计价的资产的账面价值对破产企业债务的偿付已没有任何意义，因此必须根据破产企业的特点，选择其他计价基础。

（2）对一致性、可比性原则的冲击。一致性原则，是指企业采用的会计处理程序和方法前后各期必须一致，要求企业在一般情况下不得随意变更会计程序和会计处理方法；可比性原则是指企业应按规定的会计处理方法进行核算，会计指标应口径一致、相互可比。这些原则的应用对提高会计信息的使用价值具有重要作用。但是，企业破产后，由于其会计目标、核算前提以及会计基础都发生了变化，因此，一致性原则和可比性原则亦失去了存在的意义。

第二节　破产清算会计的基本理论

一、破产清算会计及其会计目标

破产清算会计是财务会计的一个特殊分支。它是以现有的各种会计方法为基础，以破产法律制度为依据，反映和监督企业破产清算过程中的各种会计事项，对破产财产、破产债权、破产净资产、破产损益等进行确认、计量、记录和报告的一种程序和方法。

破产清算会计的会计目标与传统财务会计不尽相同。传统财务会计的目标主要在于向企业的投资者、债权人及相关利益集团提供企业财务状况、经营成果以及财务状况变动情况等会计信息，以利于会计信息使用者作出投资和信贷的决策；而破产清算会计则主要关注破产企业财产资源的处理状况和结果，其目标是及时、客观地向债权人、债务人、破产管理人、政府部门及其他利益相关者提供破产企业资产变现、破产债务偿付等破产会计信息，监督破产程序实施的合法性、有效性和公平性，维护债权人的合法权益。

二、破产清算会计的基本假设

破产清算会计的基本假设与传统会计不同，体现在：

1. 会计主体假设

一旦企业被宣告破产，其对属于破产清算的资财便失去了保管和处分权，一切对破产资财的保管、清理、作价、处理和分配等事宜，以及在这个过程中的民事活动和民事责任，均由破产管理人负责。因此，传统意义上的会计主体将发生“移位”，即转移为破产管理人。企业进入破产清算状态以后，尽管会计核算特定的空间范围和对象仍然是原企业，但实质上原来的会计主体已经消失。

2. 终止经营假设

破产意味着企业已无法以现在的形式和目标连续地经营下去，最终终止企业的生产经营活动将成为破产企业的必然结果。因此，终止经营即成为破产清算会计的特有假设。企业在这一假设基础之上进行资产的估价、变现和债务的偿还；在这一假设基础之上，采用一系列与持续经营假设下不同的会计处理程序和方法、不同的计量基础以及不同的报告形式。

3. 不确定会计期间假设

自企业被宣告破产之日至破产程序终结为破产会计期间，这一会计期间具有不确定性，它取决于破产宣告的时日、破产清算程序实施期间的长短以及对破产企业的清算进度。在这个不确定的期间内，破产会计核算将是一次性的，它以整个清算过程作为一个单一的计算清算结果的会计期间。不同破产企业会计清算的会计期间长短不一，具有不确定性。

4. 币值多元化假设

企业进入破产程序后，尽管其会计核算仍采用货币单位，但对财产、债权及债务的确认、计量、记录和报告等更多的可能采用清算价值，或变现价值等，这种币值多元化是为了适应清算不同财产时计量的需要。

三、破产清算会计的会计基础

终止经营假设决定了企业进入破产清算程序后，必须以收付实现制取代权责发生制，对收入和费用进行确认，即以实际收到现金或实际付出现金为标准确认收入和费用。

四、破产清算会计的会计原则

破产清算会计的会计原则与传统会计有一定的差异。传统会计的会计原则包括客观性、相关性、明晰性、可比性、重要性、谨慎性、及时性、实质重于形式以及历史成本等。破产清算会计作为传统财务会计的一个特殊分支，遵循传统会计的一般原则。但为了规范破产会计行为，维护债权人、债务人及投资人的合法权益，破产清算会计又有自己特有的原则。

1. 合法性原则

合法性原则，是指破产会计应以法律规定为准绳，严格按破产法、公司法、民法通则、民事诉讼法等规定组织破产会计核算，对破产财产进行合法处置。企业破产及破产清算过程不仅是一种经济行为，更重要的是一种法律行为。破产企业的整个破产清算过程要在人民法院的监督之下按照规范的程序进行，因此，合法性原则是破产清算会计最基本的原则。

2. 可变现净值原则

为了最大限度地保护债权人的利益，并兼顾债务人的利益，需要对破产企业的全部财产按可变现净值进行重新计价，而不论其破产清算前的账面价值是多少。对不具备偿债条件的财产（如待摊费用等）应一次转化为费用，根据变现后破产财产的数额偿付债务。

3. 划分破产费用与非破产费用原则

企业在破产清算过程中，也会发生各种费用，包括破产财产管理费用、变卖费用、破产案件诉讼费用、债权人申报债权费用等，这些费用的支付直接关系到债权人的切身利益。因此，应正确划分破产费用和非破产费用，凡是为破产债权人的共同利益而支付的费用，应属于破产费用，于破产财产中支付；凡是债权人为个人利益而支付的费用，应属于非破产费用，不应于破产财产中支付。

4. 对等偿债原则

在破产清算会计中，应依据破产法的有关规定，正确区分各种不同性质的债务，如担保债务、抵销债务、优先偿付债务、破产债务等，并分别按其债务与相应资产的对等关系，依据一定的顺序进行清偿。如以担保资产偿付担保债务，以抵销资产偿付抵销债务，以破产财产优先清偿优先偿付债务后，再偿付破产债务。这一原则能够充分维护不同债权人的合法权益。

五、破产清算会计的会计概念

会计概念是对会计基本要素所赋予的含义。众所周知，资产、负债、所有者权益以及收入、费用和利润是会计人员经常使用的会计概念，在破产清算会计中，这些概念有些将得到进一步的发展，有些将被赋予新的含义。

1. 资产

在破产清算会计下，资产按归属对象分为担保资产、抵销资产、受托资产、应追索资产、破产资产和其他资产。

（1）担保资产。

担保资产（Secured Assets），是指根据法律或协议规定，对企业的债务提供担保，使债权人享有物资保证的资产。它对于特定债权人来说具有排他性，相对于其他债权人来说是一种优先受偿权。如果企业（债务人）不能履行偿债义务，债权人有权取得担保物用以抵偿债款。因此，担保资产实际上是在符合一定条件下，支配权和处分权属于债权人而不是债务人的资产。担保资产包括抵押担保资产、质押担保资产和留置担保资产。

①抵押担保资产，是指为债务人的债务提供抵押的特定资产，这种资产不为债权人所占有，但当债务人不履行债务时，债权人有权依法将该资产折价或者以拍卖、变卖该资产的价款优先受偿。

②质押担保资产，是指为债务人的债务提供质押的动产。这种资产由债务人或第三人移交债权人占有，以担保债务的履行。当债务人不履行债务时，债权人有权将该动产折价或者以拍卖、变卖该动产的价款优先受偿。

③留置担保资产，是指按合同规定由债权人行使留置权的动产。这种资产按合同规定由债权人占有，当债务人不按合同约定的期限履行债务时，债权人可以依法以该资产折价或者以拍卖、变卖该动产的价款优先受偿。

（2）抵销资产。

抵销资产，是指破产企业与债权人互为债权、债务人时，以债权抵销债务的那部分资产。

（3）受托资产。

受托资产，是指破产企业在破产前接受其他企业委托，为其加工、代销，所有权属于其他企业的资产。

（4）应追索资产。

应追索资产，是指所有权属于破产企业，但由其他企业、个人非法占有或因破产企业发生《破产法》所特指的无效行为或欺诈行为而转移的资产，这部分资产应予追回，归入破产资产。

（5）破产资产。

破产资产，是指根据破产法规定可以用来偿付破产债务的资产。它是破产企业担保资产、抵销资产、受托资产以外的资产以及上述资产可变现净值高于相关债务的部分。

（6）其他资产。

其他资产，是指根据有关法律法规的规定，属于国家专有、个人或社团组织所有的资产以及为满足社会保障需要而限定的资产。

企业破产后不具备清偿债务或变现能力的资产负债表项目，如待摊费用、递延所得税借项等，进入破产程序后不再列作资产加以确认。

2. 负债

在破产清算会计下，负债按其对资产要求权的不同分为担保债务、抵销债务、受托债务、次优先清偿债务、破产债务和其他债务。

（1）担保债务。

担保债务，是指与担保资产相对应的债务，它同样也可以进一步分为抵押担保债务、质押担保债务和留置担保债务。

①抵押担保债务，是指企业（债务人）或第三人以财产抵押给债权人，以此为债务履行担保的债务。当债务人不履行偿债义务时，债权人可以依法将抵押物变卖或折价，使其债权优先得到偿付。

②质押担保债务，是指债务人或第三人将其动产移交债权人占有，以此为债务履行担保的债务。当债务人不履行偿债义务时，债权人有权依法将动产折价或变卖，使其债权优先得到偿付。

③留置担保债务，是指债权人按合同规定占有债务人的动产，以其为债务履行担保的债务。

（2）抵销债务。

抵销债务，是指与抵销资产相对应的债务。

（3）受托债务。

受托债务，是指与受托资产相对应的债务。

（4）次优先清偿债务。

次优先清偿债务，是指根据破产法规定在偿还担保债务之后，次优先偿付的债务。包括应付破产费用、共益债务；破产企业所欠职工的工资和医疗、伤残补助、抚恤费用，所欠的应当划入职工个人账户的基本医疗保险费用，以及法律、行政法规规定应当支付给职工的补偿金；破产企业欠缴的除以上内容以外的社会保险费用和破产人所欠税款等。其中应付破产费用是指人民法院受理破产申请后发生、但在清算报表日尚未支付的各项费用，包括：破产案件的诉讼费用；管理、变价和分配债务人财产的费用；管理人执行职务的费用、报酬和聘用工作人员的费用。共益债务是指破产管理人在清算过程中为了债权人的共同利益而新增的各项债务，包括：因管理人或者债务人请求对方当事人履行双方均未履行完毕的合同所产生的债务；债务人财产受无因管理所产生的债务；因债务人不当得利所产生的债务；为债务人继续营业而应支付的劳动报酬和社会保险费用以及由此产生的其他债务；管理人或者相关人员执行职务致人损害所产生的债务；债务人财产致人损害所产生的债务等。

需要注意的是，破产企业在新《破产法》公布日之前所欠职工的工资和医疗、伤残补助、抚恤费用，所欠的应当划入职工个人账户的基本医疗保险费用，以及法律、行政法规规定应当支付给职工的补偿金等，属优先清偿债务，必须优先清偿给职工，即使设定了担保权的财产也要随后清偿。

（5）破产债务。

破产债务，是指按规定由破产企业以破产财产清偿的普通债务。它是破产企业担保债务、抵销债务、受托债务、次优先清偿债务以外的债务以及上述债务高于相对应资产的可变现价值的部分。

（6）其他债务。

其他债务，是指根据有关法律法规的规定，为满足社会保障等需要而发生的债务，如应支付的破产安置费用等。

破产企业不能确定为破产企业的债务以及不会导致企业现金流出或者其他经济利益减损的资产负债表项目，如预提费用、递延所得税贷项等，进入破产程序后均不再确认为负债。

3. 清算净资产

清算净资产，是指破产企业所有者权益净额，它表现为资产可实现净值总额大于确定的债务总金额的差额。如果资产的可实现净值总额小于确定的债务总金额，则为清算净亏损。

4. 清算损益

清算损益，是指破产企业破产清算过程中发生的净损益。包括清算收益、清算损失和清算费用。

值得注意的是，破产企业不再具有所有权不能确定的财产、按照法律规定不能进行清算分配的财产以及不具备清偿债务或变现能力的财产，如待摊费用、递延资产和递延所得税借项等；同时，不能确定为破产企业的债务以及不会导致企业现金流出或者其他经济利益减损的负债，如预提费用、递延所得税贷项等，进入破产程序后有都不应再列作负债。

六、破产清算会计的内容与程序

破产清算会计的内容与程序如下：

（1）按破产企业的会计资料和其他文书档案，设置新账，并对破产企业的资产、负债按破产清算会计的要求进行再分类，结束旧账。

（2）全面清查破产企业的财产、债务，确认计量破产资产和破产债务，编制清查后资产负债表。

（3）变现清算资产，记录变现价值和变现损益。

（4）核算破产损益，包括清算费用、清算收益、清算损失和共益债务等。

（5）按法定顺序清偿破产债务，并分配剩余资产。

（6）编制破产清算会计报表，结束清算工作。

第三节　破产清算会计的确认与计量

研究破产清算会计，首先要解决其会计确认与计量问题。因为在破产清算会计下，需要对破产企业的资产、负债进行重新确认、计价，再按一定的顺序进行清偿。

一、破产资产的确认与计量

1. 破产资产的确认

破产资产，是指企业被宣告破产后，用以支付破产费用、偿付破产债务的资产。需要注意的是，并不是存放于破产企业的任何资产都属于破产资产，破产资产的确认除了应符合资产的一般定义、特征外，还应符合破产资产的确认标准。

（1）破产资产的确认标准。

①破产资产必须是具有一定货币价值的、能够为清偿债务带来一定现金流的资产或财产权利。对于企业破产后没有价值的资产，如递延资产、待摊费用以及商誉等都不应确认为破产资产。

②破产资产必须是破产企业可以独立支配的资产。所谓独立支配是指可以对财产进行处置。凡是不能由破产企业独立支配的资产，如破产企业受托加工、代销的存货等，不应确认为破产资产。

③破产资产必须是符合法律规定时限的资产，即破产宣告时属于破产企业的资产以及破产宣告后、破产程序终结前取得的各种资产。凡是在破产宣告日一定时段以前归属权已经转移、或尚未取得的资产，不应确认为破产资产。

④破产资产必须是可以依照破产程序强制清偿的资产。凡是不应当经破产程序清偿的资产以及国家法律明确规定禁止强制执行的财产，不应确认为破产资产。例如，抵押给债权人的、由债权人享有优先受偿权的资产以及所有权属于国家的特种资产等，不应确认为破产资产。

（2）破产资产的内容。

根据我国法律的规定，破产资产包括以下内容：

①破产宣告时，破产企业所拥有的日常经营管理的全部资产。包括企业的各种固定资产、流动资产、长期和短期投资以及无形资产等。

②破产企业在破产宣告后至破产程序终结前取得的资产。包括破产企业收回的各种应收款项形成的资产；人民法院受理破产案件前1年内，破产企业由于无效行为，如隐匿、私分或无偿转让资产、非正常压价出售资产、对没有财产担保的债务提供财产担保、对未到期的债务提前清偿、放弃自己的债权等，依照法律规定应追回的财产。破产程序终结后的1年内，如果发现破产企业有上述行为，其财产亦应追回，作为破产资产。

③破产企业未到期的、应在将来行使的财产请求权。如财产被损害产生的赔款请求权等。

④担保资产的数额大于担保债务数额的差额应作为破产资产。

⑤破产企业与他人组成法人型或合伙型联营企业的，破产企业作为出资人投入的财产和应得收益应当收回，作为破产资产。

⑥破产企业的抵销资产数额大于抵销债务数额的差额应作为破产资产。

⑦应当由破产企业行使的其他财产权利应属于破产资产。

⑧党、团、工会等组织占用破产企业的资产应属于破产资产。

破产企业的有些资产根据破产法以及有关法律法规的规定，不能用于偿付破产债务，属于非破产资产。

（3）非破产资产的内容。

非破产资产主要包括以下内容：

①担保资产。在企业进入破产清算状态后，债权人对于作为担保物的资产享有排他性受偿权，可以不经破产程序而优先于其他任何破产债权人接受清偿。因此，这部分作为担保物的资产不应归属于破产资产，而应单独确认为担保资产。但担保资产大于担保债务的差额应属于破产资产。

②抵销资产。根据《破产法》（2006）的规定，债权人对破产企业负有债务的，可以在破产清算前抵销。从破产企业的角度来说，可以与债权人的债务相抵销的破产企业的债权，就应确认为抵销资产，抵销资产大于抵销债务的差额，应作为破产资产。需要注意的是，破产企业债权人行使抵销权中所涉及的债权债务必须是在破产宣告日之前成立的，且应由破产企业债权人一方在破产财产分配之前提出行使抵销权的申请。

③受托资产。破产企业受其他企业的委托，代为加工、代销、保管的资产，破产企业不享有处分权，而所有人仍保留对该资产的所有权，可以于破产

程序开始前，行使取回权。需要注意的是，其他企业行使取回权时仅限于取回原物，如果在破产案件受理前原物已被破产企业非法处置，则其他企业不能再向破产管理人要求取回价款，只能以物价作为破产债务要求清偿；如果原物是在破产宣告后被破产管理人出售，则权利人有权要求破产管理人归还所收全部物款。

④国家专有资产。指根据法律规定，只有国家才享有所有权、处分权的资源和物品。如军事设施、装备、保卫部门的枪支、弹药、涉及国家机密的文件档案等。除了国家以外的任何其他民事主体都只能享有对这些资产的合法使用权，而不享有处分权，任何私自处理这些资产的行为，都是违法的。因此，这类资产不属于破产资产。

⑤企业成员个人或社团组织的资产。根据有关法律规定，企业仅以其独立的财产为基础对外进行民事活动，国家、企业成员个人或社团组织对于破产企业所欠的债务不负代为清偿的义务。因此，企业在破产前为了维持生产经营，而向职工个人筹借的款项，不应作为破产资产，而应作为破产企业所欠职工工资处理；破产企业内党、团、工会等社团组织的经费及所购置的资产，也不应属于破产资产。但是，破产企业职工在企业破产前作为资本金投资的款项以及在个人租赁或承包经营中，由承租者个人或第三人提供的作为担保的私人财产应作为破产资产。

⑥为满足社会保障需要而专门限定的资产。为了保障社会公众利益，满足社会保障的需要，根据有关法规的规定，对于破产企业用于清偿债务的资产做了必要的限定。如我国破产企业的职工住房、学校、幼儿园、医院等公益福利性设施，原则上不计入破产资产，而由破产企业所在地的市或者市辖区、县的人民政府接受处理。但是，没有必要续办并能整体出让的，也可以计入破产资产；另外，我国实行土地有偿使用制度后，企业按市场价或征用费标准有偿取得的土地使用权，属于企业资产的一部分，应当以拍卖或招标的方式依法转让，其转让所得从理论上讲应属于破产资产，应当用于对破产债务的偿付。但是，考虑到我国的实际情况，为了妥善安置破产企业职工，保持社会稳定，在我国有关部门发布的一系列法规中明确规定，土地使用权的转让所得首先应用于对破产企业职工的安置，如有剩余，再列入破产资产。

2. 破产资产的计量

破产资产的计量方法有很多，一般情况下，应根据破产资产的构成及具体特点而灵活选用。常用的计量方法有：

（1）账面净值法，是指以破产资产的账面净值进行计价。该法常用于对破产资产中的库存现金、银行存款等货币资金的计价。

（2）重置成本法，是指按破产资产的重置完全成本扣除磨损、贬值后的差额来确定破产资产价值的方法。破产资产中的固定资产等通常采用这种方法。

（3）现行市价法，是指以交易市场上同类资产的现行市价为依据来确定破产资产价值的方法，这种方法主要适用于有价证券、存货等有公开交易市场的破产资产的计价。

（4）清算价值法，是指以资产拍卖的变现价格为依据来确定破产资产价值的一种方法。该法一般适用于专利权、土地使用权等无形资产的计价，也可用于对固定资产的计价。

（5）协商估价法，是指按照协商方式达成协议，以双方都能接受的价格对破产资产进行计价。这种方法主要适用于特定的资产，如担保资产、抵销资产、受托资产等的计价。

（6）调查分析法，是指通过信函、外调等方式，收集有关债务人的财务资料，依据破产企业的债权清册确定债权性质，分析债务人的偿债能力、信誉情况、账龄长短、可偿债金额等，从而确定破产企业债权性资产价值的方法。这种方法适用于应收账款、应收票据等资产的计价。

在破产企业的资产负债表中往往还存在着一些不可变现资产项目，诸如“待摊费用”、“递延资产”、“待处理财产损失”以及“固定资产清理”等，对于这类资产项目，实质上它们是已经发生但尚未摊销或尚未转销的费用，已没有变现的基础和可能，在计量时作为损失确认。

二、破产债务的确认与计量

1. 破产债务的确认

破产债务是在破产宣告前成立的、依法申报确认，并应从破产财产中公平、强制清偿的债务。

（1）破产债务的确认标准。

①破产债务首先必须符合普通债务的确认条件，即在破产宣告前已经存在。

②破产债务必须是按照破产程序申报、经人民法院和债权人会议确认、破产管理人核实的债务。破产债务最终通过破产清算程序强制执行。

③破产债务必须是债权人对债务人整体财产的财产请求权，包括无财产担保债务和放弃优先受偿权利的有财产担保债务。凡是对债务人特定财产的请求权，在放弃这种特殊权利之前，不应确认为破产债务。

④破产债务是一种具有一定诉讼时效的债务，我国新《破产法》明确规定：“人民法院受理破产申请后，应当确定债权人申报债权的期限。债权申报

期限自人民法院发布受理破产申请公告之日起计算，最短不得少于三十日，最长不得超过三个月”，“在人民法院确定的债权申报期限内，债权人未申报债权的，可以在破产财产最后分配前补充申报；但是，此前已进行的分配，不再对其补充分配”。

（2）破产债务的内容。

破产债务一般包括如下内容：

①无财产担保债务，是指破产宣告前存在的、没有提供财产担保、不具有优先受偿权利的债务。这种债务的偿付金额一般不大，但涉及的债权人较为分散。

②放弃优先受偿权利的债务，是指原来具有财产担保，但因自愿或其他原因而放弃由担保而产生的优先受偿权利的债务。如果债权人在申报债权时未说明有财产担保，则应视为放弃优先受偿权利。

③担保差额债务，是指有财产担保的债务额超过担保资产的价值而未受清偿的部分。担保差额债务应确认为破产债务，参加对破产资产的分配。

④保证债务，是指为破产企业的债务提供担保的保证人，在代破产企业清偿债务后形成的代为清偿债务。企业宣告破产前，保证人未代其清偿债务的，可以按以下情况处理：如果债权人作为破产企业债权人参加破产程序，以其全部债权额作为破产企业的破产债务，参加对破产资产的分配，则破产企业债权人从破产企业未受清偿部分可再向保证人追偿；如果破产企业债权人不参加破产程序，则保证人的保证债务可以作为破产债务申报并参加对破产资产的分配。

⑤抵销差额债务，是指破产企业债权人的债权数额大于破产企业债务数额的差额。这部分差额应作为破产债务参加对破产资产的分配。

⑥赔偿债务，是指企业被宣告破产、破产管理人接管破产企业后，由于破产管理人解除破产企业未履行的合同而给另一方当事人造成损害的赔偿额。这部分损害赔偿额应确认为破产债务。

除了上述以外，破产企业的有些债务根据破产法以及有关法律法规的规定，不属于破产债务的范围，应由特定的资产来清偿。

（3）非破产债务的内容。

非破产债务主要包括担保债务、受托债务、次优先清偿债务、抵销债务等。如果抵销债务大于抵销资产，其差额应作为破产债务；反之，如果抵销债务小于抵销资产，其差额应作为破产资产。此外，债权人逾期未申报债权、债权人为个人利益参加破产程序的费用以及破产宣告前对债务人的刑事或行政处罚等也属于非破产债务。

2. 破产债务的计量

破产债务的计量基本上应以核证的账簿记录或有关证明材料中记载的金额为标准。具体分为以下几种情况：

（1）对于货币性债务，如果发生时是以人民币计价，破产债务应以发生时金额进行计量；如果发生时以外币计价，破产债务应以破产宣告日汇率折合成人民币进行计量。

（2）对非货币性债务，一般应以所特指的财产物资的账面价值或经核证的有关证明中记录的金额确认为破产债务；如果特指的财产物资因某种原因已经灭失，应根据其当前的价格水平确定其价值。

（3）对于因解除合同而需要赔偿的破产债务，一般以实际损害程度进行计量。

在破产债务的确认与计量中应注意以下几个问题：

（1）附有期限的未到期债务。附有期限的未到期债务应于人民法院受理破产申请时视为到期债务。具体有计息和不计息两种。对于计息债务，应于破产申请受理时停止计息。在实际操作中，由于一般在账面记录的是其本金部分，因此将其作为破产债务确认时，可从该债务的到期值中扣除自破产宣告日至到期日的利息，将其差额作为破产债务；对于不计息债务，可直接按债务本金确认为破产债务。

（2）附有限制条件的破产债务。附有限制条件的破产债务应以人民法院受理破产申请时限制条件成立与否来确认。这种债务又可以分为附停止条件的破产债务和附解除条件的破产债务两种。

附停止条件的破产债务一般以人民法院受理破产申请时条件成立与否作为确认破产债务的标准，如果条件成立，则确认为破产债务，否则不予确认，或者说不存在破产债务。例如，A、B 两公司签订了一项运输合同，合同规定 A 公司委托 B 公司将货物从甲地运往乙地，货物运达乙地后 A 公司支付运费 100 000 元。如果 A 公司申请破产，则此破产债务 100 000 元是否能够确认，取决于 B 公司于破产申请受理时是否已将货物运达乙地，如果已运达，则破产债务应予确认，反之则不能确认。

附解除条件的破产债务是指在破产申请受理时，如果附加条件成立，则破产债务不能确认，附加条件不成立，则破产债务应予以确认。例如，A、B 两公司签订了一项转让专利权的合同，合同规定由 B 公司向 A 公司提供某项专利技术，A 公司定期按其盈利的一定比例向 B 公司支付使用费，同时，双方约定使用费支付直到该专利转让给第三者为止。当 A 公司破产申请受理时，如果 B 公司没有将专利使用权转让给第三者，即条件不成立，则破产债务可以确认；

如果B公司已向第三者转让了专利使用权，即条件成立，则破产债务不能确认。

（3）连带破产债务。连带破产债务的确认中有两种特殊情况：

一种是在连带债务中，债权人可以分别请求每一连带债务人对债务负责。例如，A、B、C企业共同向D企业借入200万元，如果A、B、C企业均提出破产申请并被法院受理，则D企业可以以200万元的债权额分别向A、B、C三家企业行使权利，每个债务人都负有全部清偿的义务，一人清偿后，其他债务人就不再对债权人D承担偿债义务。

另一种是在破产债务中，债权人为多数，且每个债权人都有要求全部清偿的权利，但其中一方债权人得到全部清偿后，其他债权人就丧失了对债务人的要求权。如上例中假设D企业向A、B、C三家企业借入100万元，其中向A企业借入50万元，向B企业借入20万元，向C企业借入30万元，合同中规定属连带债务。如果D企业提出破产申请并被法院受理，则A、B、C企业中的任何一方均有权全额申报债权，如果其中一方得到全额受偿，则它将成为其他方新的债务人。

三、破产损益的确认与计量

破产损益亦称清算损益，是指破产企业自破产宣告日起至清算结束日至清算期间的清算成果。

1. 清算损益的确认标准

（1）清算损益应是破产企业在清算期间发生的收益、损失、费用相抵后的结果，凡是不属于清算期间的收益、损失和费用，不应计入清算损益。

（2）作为清算损益构成内容的清算收益的发生，必然导致破产企业资产的增加或负债的减少；作为清算损益构成内容的清算损失、费用的发生必然导致破产企业资产的减少或负债的增加。

（3）构成清算损益的破产费用必须是在破产清算中为了破产债权人的共同利益所支付的费用，凡是破产债权人为了个人利益而发生的费用，不应属于破产费用。破产费用只能在破产资产中支付，且可以先于破产债权优先支付。

2. 清算损益的内容

清算损益包括如下内容：

（1）清算收益，是指在按可变现净值计价和重新确认债务中以及由于其他原因发生的资产价值的增加或负债金额的减少。具体包括以下内容：

①清算期间破产企业财产变现收益，即财产变卖收入高于其账面价值的差额，也称为财产变现收益。如存货变现收益、固定资产变现收益、对外投资变

现收益、应收款项变现收益（如应收票据）以及无形资产变现收益等。

②清算期间因破产企业债务豁免而获得的收益，即因破产企业债权人的原因而确实无法偿还的债务、消除的债务以及以变现资产不足以清偿的免责债务。破产清算期间，如果由于债权人的原因导致破产企业的债务无法支付，或由于债权人在《破产法》（2006）规定的期限内未按期申报债权而依法消除的债务，以及破产企业在偿付债务过程中由于破产变现资产不足以清偿破产债务而依法形成的免责债务等将作为清算收益的构成内容。

③未履行完毕的合约产生的收益。如果破产企业在人民法院受理破产申请后有尚未完结的经济业务或尚未履行的经济合同，则应由破产管理人决定是否继续完成业务或继续履行合同，由此产生的经营损益也可以并入清算收益中。

④破产管理人追回的破产企业财产收益。即破产管理人追回的破产企业自人民法院受理破产案件前 1 年内至破产宣告之日，因隐匿私分或无偿转让财产、放弃自己的债权等而转移的财产的价值。

⑤清算期间发生的财产盘盈收入。

（2）清算损失，是指在按可变现净值计价和重新确认债务中发生的资产价值的减少或负债金额的增加。具体包括以下内容：

①清算期间破产企业财产变现损失，即财产变现收入低于其账面价值的差额，也称为财产变现损失。包括存货变现损失、固定资产变现损失、对外投资变现损失、应收款项变现损失（如应收票据）以及无形资产变现损失等。

②清算期间破产企业重新确认债务而产生的损失，亦即清算期间破产企业依据有关法律法规的规定重新确认债务而产生的债务增加额，应作为清算损失处理。

（3）清算费用，是指在破产清算过程中合理预计的、为破产企业债权人的共用利益而由破产财产中支付的费用。根据我国《破产法》（2006）的规定，清算费用应包括破产案件诉讼费用、清算管理费用、共益费用等。

①破产案件诉讼费用，是指破产管理人在破产案件审理过程中支付的费用，包括破产案件受理费、破产宣告公告费、破产债权调查费等。

②清算管理费用，是指破产财产管理、变卖和分配所需要的费用以及管理人执行职务的费用、报酬和聘用工作人员的费用。包括破产管理人及其他参与清算人员的办公费、破产财产保管费、水电费、聘请的会计师、审计师和工程技术人员的聘用费、公证费、破产企业留守人员的工资和劳动保险费、变卖财产的广告宣传费、场地租赁费等。

③共益费用，是指为债权人的共同利益而在破产程序中支付的其他费用。具体包括：管理人为有关破产财产的行为产生的费用，如管理人为收回破产企

业拥有的债权，追回不法转移、隐匿的财产而支付的费用；因管理人或者债务人请求对方当事人履行双方均未履行完毕的合同所产生的费用；为债务人继续营业而应支付的劳动报酬和社会保险费用以及由此产生的其他费用；因债务人不当得利所产生的债务；管理人或者相关人员执行职务致人损害所产生的费用；债务人财产致人损害所产生的费用；债务人财产受无因管理所产生的债务。无因管理是指未受他人委托，又无法律上的义务而为他人管理事务的事实行为。在破产清算中，破产财产的无因管理，应由管理人取回财产，并支付一定费用，这种费用属于共益费用的构成内容。

清算损益一般按实际发生成本进行计量。其最终的清算净收益或清算净损失直接增加或抵减破产企业的清算净资产。

第四节 破产清算的账务处理

一、账户设置

破产清算会计需要在传统财务会计的基础上增设如下账户：

1. 资产类账户

（1）“担保资产”。该账户用以核算破产企业在破产前为债权人提供担保的那部分资产的增减变化情况。其借方登记企业清算日以前为其债务设定的担保物的全部价值，贷方登记该担保物变现清偿相应的担保债务的金额；担保物价值与担保债务的差额转入“破产资产”。为了提供担保资产的详细资料，应在该账户下按被抵押资产、被质押资产和被留置资产设置二级账户，然后再按资产的类别如固定资产、材料、产成品等设置三级账户。

（2）“抵销资产”。该账户用以核算破产企业与债权人互为债权债务时按规定用以抵销债务的那部分债权资产。其借方登记企业清算日已明确的债权与债务对等抵销部分的债权账面价值，贷方登记对等抵销部分的债务账面价值，抵销后的差额转入“破产资产”。该账户应按债权资产的具体内容设置二级账户，如应收账款、应收票据等，然后，再按单位或名称设置三级账户。

（3）“受托资产”。该账户用以核算破产企业按合同规定而受托的、所有权归属别人的各项资产的增减变化情况，如生产加工、寄售、租赁、托存的财产物资等。其借方登记应予归还的财产数，贷方登记和受托债务金额相等的转销额，借贷方差额根据不同情况转入“破产债务”或“破产资产”账户。

（4）“应追索资产”。该账户用以核算依据法律规定所有权属于破产企业，但被其他单位或个人占有的应予追回的资产的增减变动情况。其借方登记经管理人已查明的应予收回的各项财产，贷方登记财产的收回数。该账户可按应予追索的财产物资种类或单位、个人设置明细账户。

（5）“破产资产”。该账户用以核算依据《破产法》（2006）等规定可以用以支付破产费用、偿还破产债务的资产的增减变化情况。其借方登记列入破产资产的全部资产数，贷方登记变现或清偿债务的转出数，借贷差额转入“清算损益”。该账户可以按资产的性质种类等设置明细账户，如现金、银行存款、应收票据、短期投资等。

（6）“其他资产”。该账户用以核算破产企业除了上述资产以外、属于特定主体支配、具有特定用途的资产的增减变化情况。具体可按类别设置国家专有资产、个人或社团组织资产和破产安置资产等明细账户。

2. 负债类账户

（1）“担保债务”。该账户与“担保资产”相对应，用以核算企业依据合同规定设有财产担保的债务。清算时，债权人有权就该担保物优先受偿。其贷方登记设有财产担保的债务总额，借方登记担保债务向担保资产的转出数。担保债务大于担保资产的差额记入“普通债务”。该账户应按抵押担保债务、质押担保债务和留置担保债务设置二级账户，同时按债权人名称开设三级明细账。

（2）“抵销债务”。该账户与“抵销资产”相对应，用以核算债权人与破产企业互相负债时，其债权债务对等抵销部分的债务账面价值及其对消数。具体可按债务的类别设置明细账户。

（3）“受托债务”。该账户与“受托资产”相对应。用以核算破产企业应退还给其他单位或个人的款项。

（4）“次优先清偿债务”。该账户用以核算根据《破产法》（2006）的规定应优先偿付的债务的确认和清偿情况。具体可在该账户下按“应付破产费用”、“应付工资及劳动保险费”、“应交税费”等设置明细账户。

（5）“破产债务”。该账户用以核算除上述债务以外的经过债权人申报和管理人确认的需要以破产财产按一定的法定程序清偿的一般性负债。具体应按债务内容结合债务人名称设置明细账户。

（6）“其他债务”。该账户用来核算破产企业根据法律法规的规定，为满足社会保障需要而发生的各种债务的确认和偿付情况，如应付破产安置费用等。

3. 清算损益类账户

（1）“清算收益”。该账户用于核算清算资产的增加和清算负债的减少，例如，清算中盘盈的资产、因债权人原因无法偿付的账款等。

（2）“清算损失”。该账户用于核算清算中发生的各种损失，例如，清算中无法追回的应收账款、资产的盘亏以及漏列的负债等。

（3）“清算费用”。该账户用于核算清算中发生的各项清算费用，包括：清算资产的管理、变卖和分配所需的费用；聘任有关人员的费用；有关的诉讼费用；为完成清算而发生的其他费用，如办公费用、差旅费用等。

（4）“清算损益”。该账户用于核算企业破产清算全过程的财务结果。包括清算收益、清算损失以及清算费用等。余额转入“清算净资产”账户。

（5）“清算净资产”。该账户用于核算清算开始日和清算结束日破产企业所有者权益净额的增减变动情况。其对应账户一般是企业破产前的“实收资本”、“资本公积”、“盈余公积”、“利润分配——未分配利润”以及反映破产清算结果的“清算损益”账户。

实务中，也可将“清算收益”和“清算损失”账户合并，归入“清算损益”账户核算。

通过设置如上账户，即可进行破产清算的账务处理。

二、接管破产企业的账务处理

破产管理人接管破产企业后，应以破产企业原资产负债表为基础，全面清查破产企业的财产、债务，并按破产清算会计的要求，确认与计量破产资产和破产债务，编制清查后资产负债表。

【例1】假设N公司因经营不善严重亏损，不能清偿到期债务而向法院申请破产，法院于201A年8月1日宣告N公司进入破产清算程序。并指定管理人接管破产企业。破产宣告日企业资产负债表见表11－1。

表11－1　N公司资产负债表

201A年8月1日　　　　（单位：元）

资产	金额	负债及所有者权益	金额
流动资产		流动负债	
库存现金	2 000	短期借款	4 500 000
银行存款	200 000	应付票据	300 000
短期投资	500 000	应付账款	2 000 000
应收账款（净值）	500 000	应付职工薪酬	601 000
其他应收款	150 000	应交税费	211 000
存货			
原材料	1 000 000	预提费用	200 000

（续上表）

资产	金额	负债及所有者权益	金额
在产品	1 500 000	流动负债合计	7 812 000
产成品	1 000 000	长期借款	5 200 000
低值易耗品	60 000	负债合计	13 012 000
待摊费用	200 000		
流动资产合计	5 112 000	所有者权益	
固定资产		实收资本	4 000 000
固定资产原价	5 000 000	资本公积	0
减：累计折旧	3 100 000	盈余公积	500 000
固定资产净值	1 900 000	未分配利润	−7 000 000
在建工程	2 000 000	所有者权益合计	−2 500 000
无形资产	1 500 000		
资产总计	10 512 000	负债及所有者权益总计	10 512 000

其他资料如下：

（1）经查实，N 公司担保资产情况为：短期借款以原材料和产成品担保，长期借款以固定资产担保；

（2）清查中发现，固定资产中有机器一台已经报废，原价 200 000 元，已提折旧 160 000 元，无残值；

（3）在存货清查中，发现材料短缺 350 000 元；

（4）无形资产中有 700 000 元为商标权，其余为土地使用权；

（5）其他应收款系本公司职工出差借出，按规定可抵销应付职工薪酬。

根据以上资料，可进行接管 N 公司的会计处理如下：

（1）根据 N 公司破产日资产负债表数据及有关财产担保等资料，将 N 公司资产、负债进行再分类，编制破产管理人开业分录，并据以建立新账。会计分录如下：

借：担保资产——原材料　　1 000 000

　　　　　　——产成品　　1 000 000

　　　　　　——固定资产（净值）　　1 900 000

　　抵销资产——其他应收款　　150 000

　　其他资产——破产安置资产　　800 000

　　破产资产——库存现金　　2 000

——银行存款 200 000
——短期投资 500 000
——应收账款 500 000
——在产品 1 500 000
——低值易耗品 60 000
——在建工程 2 000 000
待摊费用 200 000
无形资产——商标权 700 000
贷：担保债务——短期借款 4 500 000
——长期借款 5 200 000
抵销债务——应付工资 150 000
次优先清偿债务——应付职工薪酬 451 000
——应交税费 211 000
破产债务——应付账款 2 000 000
——应付票据 300 000
预提费用 200 000
清算净资产 –2 500 000

（2）根据财产清查情况，编制调整分录：
借：清算损益 390 000
贷：担保资产——原材料 350 000
——固定资产（净值） 40 000

（3）将抵销资产与抵销负债对冲，会计分录为：
借：抵销债务——应付职工薪酬 150 000
贷：抵销资产——其他应收款 150 000

（4）核销没有变现价值的账面资产，会计分录为：
借：清算损益 900 000
贷：待摊费用 200 000
无形资产——商标权 700 000

注销预提费用，会计分录为：
借：预提费用 200 000
贷：清算损益 200 000

（6）在完成上述清查结果的账务处理之后，编制清查后 N 公司的资产负债表见表 11 – 2。

表 11－2　N 公司破产清算资产负债表

201A 年 8 月 1 日　　　　（单位：元）

资产	账面金额	预计可变现金额	债务及清算净损益	账面金额	确认数
担保资产：			担保负债：		
原材料	650 000		短期借款	4 500 000	
产成品	1 000 000		长期借款	5 200 000	
固定资产（净值）	1 860 000		小计	9 700 000	
小计	3 510 000		次优先清偿债务：		
其他资产：					
破产安置资产	800 000		应付职工薪酬	451 000	
破产资产：			应交税费	211 000	
现金	2 000		小计	662 000	
银行存款	200 000		破产债务：		
短期投资	500 000		应付账款	2 000 000	
应收账款	500 000		应付票据	300 000	
在产品	1 500 000		小计	2 300 000	
低值易耗品	60 000		清算净资产	－2 500 000	
在建工程	2 000 000		清算损益	－1 090 000	
小计	4 762 000		小计	－3 590 000	
资产总计	9 072 000		债务与清算损益总计	9 072 000	

三、变现破产财产的账务处理

破产财产变现是指破产管理人依据一定程序和方式变卖非货币性财产，并获取货币性财产的行为。它是破产清算会计中的重要工作。一般来说，对成套设备应整体变卖，以保持其整体效用。此外，对财产的变卖应在法律约束下和不破坏他人经营的前提下进行。破产财产的变现方式主要有拍卖和出售两类。拍卖是指破产管理人将变卖财产委托给专门拍卖机构或临时成立拍卖机构，按合法的拍卖程序变现的方式。出售是指破产管理人按照财产重新估价，与买主协商成交或委托其他企业代卖以变现的方式。对这些方式的选择，应与变卖对象、市场状况、债权人权益等相结合，灵活掌握。

【例2】假设前述N公司在被破产管理人接管以后，财产陆续变卖，以清偿债务，至11月30日财产变现及清算损益情况如下：

（1）担保的固定资产整体作价2 000 000元出售，款项收存银行。则应作会计分录为：

借：担保资产——银行存款　　2 000 000

　贷：担保资产——固定资产　　1 860 000

　　清算损益　　140 000

（2）原材料、在产品、产成品以及低值易耗品分别以600 000元、1 300 000元、1 000 000元以及50 000元出售。另收取增值税501 500，均存入银行。应作会计分录为：

借：担保资产——银行存款　　1 600 000

　破产资产——银行存款　　1 851 500

　清算损益　　260 000

　贷：担保资产——原材料　　650 000

　　——产成品　　1 000 000

　　破产资产——在产品　　1 500 000

　　——低值易耗品　　60 000

　　次优先清偿债务——应交税费　　501 500

（3）应收账款收回400 000元，其余确认无法收回。则应作会计分录为：

借：破产资产——银行存款　　400 000

　清算损益　　100 000

　贷：破产资产——应收账款　　500 000

（4）折价出售短期投资，获价款400 000元，款项存入银行。则应作会计分录为：

借：破产资产——银行存款　　400 000

　清算损益　　100 000

　贷：破产资产——短期投资　　500 000

（5）在清算过程中，发现N公司在破产宣告日之前三个月，曾无偿转让一批设备，价值200 000元。此笔转让按《破产法》（2006）规定属于无效行为，应予追回。作会计分录如下：

借：应追索资产——设备　　200 000

　贷：清算损益　　200 000

（6）将在建工程整体转让，收入1 800 000元，存入银行。会计分录为：

借：破产资产——银行存款　　1 800 000
　　清算损益　　200 000
　贷：破产资产——在建工程　　2 000 000

（7）将土地使用权以1 700 000元转让，款项存入银行。会计分录为：

借：其他资产——银行存款　　1 700 000
　贷：其他资产——破产安置资产　　800 000
　　清算损益　　900 000

（8）应计处置固定资产、在建工程、无形资产等应交纳的营业税、教育费附加等290 000元。会计分录为：

借：清算损益　　290 000
　贷：次优先清偿债务——应交税费　　290 000

（9）追回无效转让的设备价款180 000元，存入银行。会计分录为：

借：破产资产——银行存款　　180 000
　　清算损益　　20 000
　贷：应追索资产——设备　　200 000

（10）支付有关破产费用如下：清算期间职工生活费100 000元，破产企业水电费10 000元，破产财产拍卖广告费125 000元，诉讼费160 000元，审计评估费35 000元，财产保管费15 000元，债权人会议费18 000元，公证费5 000元，其他费用20 000元。会计分录为：

借：清算费用　　488 000
　贷：破产资产——银行存款　　488 000

（11）通过银行转账，从土地使用权转让所得中向再就业中心划转职工安置费1 000 000元。会计分录为：

借：清算损益　　1 000 000
　贷：其他资产——银行存款　　1 000 000

（12）从银行存款土地转让金中提取现金500 000元，支付未参加养老、医疗社会保险的离退休职工的离退休费和医疗保险费，土地转让金余款200 000元转作普通资产。会计分录为：

借：现金　　500 000
　　破产资产——银行存款　　200 000
　贷：其他资产——银行存款　　700 000

借：清算损益　　500 000
　贷：现金　　500 000

四、清偿破产债务的账务处理

破产债务的清偿可以有多种方法。一是中途清偿，指在破产清算的财产变现过程中，向已明确的债权人逐次地清偿分配已变现的破产财产，这有利于债权人及早受偿和破产财产效益的充分发挥，并可减轻破产管理人的负担和费用开支；二是终结清偿，指破产管理人将全部破产财产变现后，向所有债权人的债权额进行一次性完结分配与清偿，这种方式简捷明了，有利于债权人会议监督，但时间较长，债权人不能及早受偿；三是追加分配与清偿，指终结清偿后，由法院主持将追回财产进行分配与清偿。

根据《破产法》（2006）的规定，清偿分配顺序如下：

（1）对破产人的特定财产享有担保权的权利人，对该特定财产享有优先受偿的权利。但该债权人行使优先受偿权利未能完全受偿的，其未受偿的债权作为普通债权；放弃优先受偿权利的，其债权作为普通债权。

（2）特定财产偿付担保债务后，优先清偿破产费用和共益债务。

（3）破产财产在优先清偿破产费用和共益债务后，依照下列顺序清偿：

①清偿破产人所欠职工的工资和医疗、伤残补助、抚恤费用，所欠的应当划入职工个人账户的基本养老保险、基本医疗保险费用，以及法律、行政法规规定应当支付给职工的补偿金。

②清偿破产人欠缴的除前项规定以外的社会保险费用和破产人所欠税款。

③清偿普通破产债权。

清偿分配时不允许越序实施，且只有在清偿完前一顺序的债务后方能清偿后一顺序的债务。当清偿进行至某一顺序时，如若全部财产已清偿完毕，则破产程序即告结束，剩余顺序不再执行。如果破产财产不足以清偿同一顺序的清偿要求的，则按比例向债权人清偿。如若破产企业资大于债，清偿分配后仍有剩余财产的，这部分财产应归企业所有者（股东），由所有者按投资比例进行清偿分配。

【例3】假设至11月30日，N公司在变卖了资产、支付了破产清算费用以后，债务清偿前资产负债表见表11－3。

表 11－3　N 公司清算资产负债表

201A 年 11 月 30 日　　　　　　　　（单位：元）

资产	金额	债务及清算净损益	金额
担保资产：		担保债务：	
银行存款	3 600 000	短期借款	4 500 000
破产资产：		长期借款	5 200 000
库存现金	2 000	小计	9 700 000
银行存款	4 543 500	次优先清偿债务：	
小计	4 545 500	应付工资	451 000
清算费用	488 000	应交税费	1 002 500
		小计	1 453 500
		破产债务：	
		应付账款	2 000 000
		应付票据	300 000
		小计	2 300 000
		清算净资产	－2 500 000
		清算损益	－2 320 000
		小计	－4 820 000
资产总计	8 633 500	债务及清算净损益总计	8 633 500

其债务清偿情况如下：

（1）以担保资产（固定资产）变现价值清偿担保债务（长期借款），不足清偿部分转入破产债务。会计分录为：

借：担保债务——长期借款　　5 200 000

　贷：担保资产——银行存款　　2 000 000

　　　破产债务——长期借款　　3 200 000

（2）以担保资产（原材料及产成品）变现价值清偿担保债务（短期借款）。不足清偿部分转入破产债务。会计分录为：

借：担保债务——短期借款　　4 500 000

　贷：担保资产——银行存款　　1 600 000

　　　破产债务——短期借款　　2 900 000

（3）以破产资产变现价值偿付所欠职工工资 451 000 元。会计分录为：

借：次优先清偿债务——应付职工薪酬　　451 000

　贷：破产资产——银行存款　　451 000

（4）以破产资产变现价值交纳所欠税金 1 002 500 元。

借：次优先清偿债务——应交税费　　1 002 500

　贷：破产资产——银行存款　　1 002 500

（5）至 201A 年 12 月 1 日，破产资产剩余银行存款 3 090 000 元，库存现金 2 000 元，不足清偿企业破产债务，应依法按比例清偿。计算破产债务受偿比例如下：

破产债务受偿比例 = 破产资产余额/破产债务余额 × 100%

(3 090 000 + 2 000)/(3 200 000 + 2 900 000 + 2 000 000 + 300 000) × 100%

= 3 092 000/8 400 000 × 100%

= 36. 81%

据此计算 N 公司破产债务清偿金额如下：

长期借款清偿金额 = 3 200 000 × 36. 81% = 1 177 904. 76（元）

短期借款清偿金额 = 2 900 000 × 36. 81% = 1 067 476. 19（元）

应付账款清偿金额 = 2 000 000 × 36. 81% = 736 190. 48（元）

应付票据清偿金额 = 300 000 × 36. 81% = 110 428. 57（元）

以破产资产清偿上述破产债务，不足清偿部分按规定不再清偿，转入清算损益。作综合会计分录如下：

借：破产债务——长期借款　　3 200 000

　　　　　——短期借款　　2 900 000

　　　　　——应付账款　　2 000 000

　　　　　——应付票据　　300 000

　贷：破产资产——银行存款　　3 090 000

　　　　　　——库存现金　　2 000

　　清算损益　　5 308 000

将“清算费用”账户余额转入“清算损益”。会计分录为：

借：清算损益　　488 000

　贷：清算费用　　488 000

最后，将“清算损益”及“清算净资产”账户结平，会计分录为：

借：清算损益　　2 500 000

　贷：清算净资产　　2 500 000

将上述破产清算会计分录全部过账后，将会结平所有的资产、负债及损益账户。N 公司破产清算记账工作到此结束。

第五节　破产清算会计报告

破产清算会计报告是综合反映被清算企业的清算过程和结果的重要文件，为了全面、系统地反映破产清算的过程和结果，破产管理人在清算期间应向人民法院、主管部门、债权人以及投资者报送下列会计报告：破产清算资产负债表、破产清算财产表、破产清算损益表和破产清算分配表。

一、破产清算资产负债表

破产清算资产负债表是全面反映破产企业的资产、负债、清算净资产和清算损益的报表。它是破产清算会计应编制的主要会计报表之一，一般应在破产清算开始日编制。如清算内容较多，清算期较长，在清算期间也应编制破产清算资产负债表。

前述N公司在清算开始日的破产清算资产负债表如本章第四节表11－2所示。表中的“账面金额”栏，反映破产企业破产清算日的资产、负债、破产清算净资产以及清算净损益的账面金额，该栏应根据破产管理人接管日企业编制的资产负债表中的有关资料，并在全面清理的基础上按照破产资产、非破产资产、破产债务、非破产债务和清算净资产的确认标准进行确认后予以填列。

表中的“预计可变现金额”栏反映在破产清算日破产企业的各种资产的可出售价格或该项资产可以抵偿债务的金额。该栏应在由专门的资产评估机构运用专门的计量方法，对每种资产进行充分分析的基础上予以填列。

表中的“确认数”栏反映在债务清理过程中重新确认债务的金额，该栏应在各种债务的账面金额的基础上，扣除因债权人原因而无须偿付的债务额，加上依据有关法律规定而增加的债务额后计算而得，它可以根据破产债务、非破产债务和清算净资产得到确认后的各账户的余额直接填列。

另外，在破产清算资产负债表附注中应进一步说明资产可实现金额和债务金额的确定方法和依据、有争议资产和债务的具体情况以及未列作资产和债务的具体情况等。

N公司债务清偿前的清算资产负债表如本章第四节见表11－3。

二、破产清算财产表

破产清算财产表是更加详细地反映破产清算企业财产的期初账面金额、预计可变现金额、实际已变现金额以及实际变现损益的报表，它是破产清算资产负债表的附表。其基本格式见表11－4。

表 11-4 ××公司破产清算财产表

201A 年×月×日 （单位：元）

项目	期初账面金额	预计可变现金额	实际变现金额	实际变现损益
担保资产：				
有价证券				
房屋				
设备				
原材料				
在产品				
产成品				
……				
破产资产：				
库存现金				
银行存款				
有价证券				
应收账款				
应收票据				
其他应收款				
房屋				
设备				
原材料				
在产品				
产成品				
场地使用权				
专利权				
……				

表中的“期初账面金额”栏，反映破产企业破产清算开始日各种资产的账面价值，该栏应根据破产清算开始日确认的各种破产资产和非破产资产的账面价值填列。

“预计可变现金额”栏，反映破产企业各种资产预计可实现的价值，该栏应根据有关评估机构及破产管理人的评估结果填列。

"实际变现金额"栏，反映破产企业各种资产实际已变现金额，该栏应根据各种资产账簿中所记录的实际变现结果填列。

"实际变现损益"栏，反映破产企业各种资产账面价值与实际变现价值的差额。

三、破产清算损益表

破产清算损益表是反映破产清算企业在清算期间所发生的清算收益、清算损失、清算费用以及最终结果的报表。一般在破产清算结束时编制。

前述N公司破产清算损益表见表11－5。

表11－5　N公司破产清算损益表

201A年12月1日　　（单位：元）

项目	金额
清算收益：	
预提费用核销	200 000
固定资产溢价	140 000
追回设备	200 000
土地使用权溢价	900 000
小计	1 440 000
清算损失：	
财产盘亏与报废	390 000
无价值资产核销	900 000
存货折价	260 000
应收账款损失	100 000
短期投资折价损失	100 000
在建工程折价	200 000
营业税等	290 000
追回设备折价	20 000
职工安置支出	1 500 000
小计	3 760 000
清算费用：	
职工生活费	100 000
诉讼费	160 000

（续上表）

项目	金额
审计评估费	35 000
财产保管费	15 000
拍卖广告费	125 000
水电费	10 000
债权人会议费	18 000
公证费	5 000
其他	20 000
小计	488 000
清算损益	-2 808 000

表中的“清算收益”项目，反映破产清算企业在处置破产资产过程中取得的资产的变卖收入超过资产的账面价值所发生的收益、重新确认债务中发生的负债的减少金额以及由于其他原因而增加的收益。该项目可根据“清算损益”账户的贷方发金额分析填列。

“清算损失”项目反映破产清算企业在处置破产资产过程中取得的资产的变卖收入小于资产的账面价值所发生的损失、不能收回的应收款项、重新确认债务中发生的负债增加额以及由于其他原因而发生的损失。该项目可根据“清算损益”账户的借方发生额分析填列。

“清算费用”项目反映破产清算企业在破产清算过程中发生的破产清算费用。该项目应根据“清算费用”账户的借方发生额分析填列。

“清算损益”项目反映破产清算企业在破产清算期间的清算结果，它等于破产清算收益减去破产清算损失和破产清算费用的余额。

四、破产财产分配表

破产财产分配表又称债务清偿表，是反映破产清算企业分配破产财产以及清偿债务的报表。它是破产清算会计所特有的报表。

以前述 N 公司为例，其破产财产分配表见表 11－6。

表 11-6 N公司破产财产分配表

201A 年 12 月 1 日　　　　（单位：元）

债务项目	账面数	确认数	偿还比例	实际需偿还数	累计偿还数	尚未偿还数
担保债务：						
短期借款						
其中：××银行	4 500 000	4 500 000	59.28%	2 667 476.19	2 667 476.19	0
长期借款						
其中：××银行	5 200 000	5 200 000	61.11%	3 177 904.76	3 177 904.76	0
次优先清偿债务：						
应付清算费用	488 000	488 000	100%	488 000	488 000	0
应付工资	451 000	451 000	100%	451 000	451 000	0
应交税费	1 002 500	1 002 500	100%	1 002 500	1 002 500	0
小计						
破产债务：						
应付账款						
其中：××企业	2 000 000	2 000 000	36.81%	736 190.48	736 190.48	0
应付票据						
其中：××企业	300 000	300 000	36.81%	100 428.57	100 428.57	0
合计	13 941 500	13 941 500		8 633 500	8 633 500	0

表中的“账面数”栏，根据破产企业破产清算开始日的账面数填列；“确认数”栏，根据破产企业依据破产债务的确认标准对破产债务和非破产债务进行确认后的数额填列；“偿还比例”栏，根据破产企业不同的债务偿还情况分别填列，其中担保债务的偿还比例应同时考虑以担保资产偿还数额以及以破产资产偿还数额两部分；“实际需偿还数”栏，分别以各种债务的确认数乘以其偿还比例计算填列；“累计偿还数”栏，根据各种债务的累计实际偿还数额填列；“尚未偿还数”栏，分别以各种债务的实际需偿还数栏减去其累计偿还数额栏的差额填列。

破产清算会计报告编好以后，破产管理人应将其连同接收的会计账册、在清算期间形成的会计档案等一并移交破产企业的业务主管部门或者人民法院，由业务主管部门或者人民法院指定有关单位保存。会计档案保管要求和保管期限应当符合《会计档案管理办法》的规定。

最后，破产管理人应向破产企业原登记机关办理注销登记并解散破产管理人和债权人会议以及债权人委员会，至此，破产企业的破产清算工作宣告结束。

本章主要名词

破产　清算　破产会计　破产资产　破产债务　清算损益　清算费用　清算净资产　破产管理人

思考题

1. 企业清算的类型有哪些？各有什么特点？
2. 企业破产的原因是什么？其特征如何？
3. 简述企业破产清算的基本程序。
4. 如何确认与计量破产企业的破产资产与非破产资产？
5. 如何确认与计量破产企业的破产债务与非破产债务？
6. 如何确认与计量破产企业的清算损益？破产企业债务的清偿顺序如何？
7. 举例说明破产清算的账务处理。
8. 破产清算会计的主要会计报告有哪些？如何编制？

练习题

1.（破产程序，破产资产确认与计量）为民药业公司是某市卫生局下属的一家国有企业。201A 年 3 月 18 日，由于经营管理不善，不能清偿到期债务，被债权人申请破产。3 月 24 日人民法院受理了此案，并通知了为民公司。201A 年 5 月 14 日，该市卫生局向人民法院申请对该药业公司进行整顿。7 月 2 日，为民公司与债权人达成了和解协议。7 月 10 日发布公告，中止破产程序。整顿期间，债权人发现该药业公司经营状况不但没有好转，反而又负了一笔新债，于是即向人民法院申请该药业公司破产。法院于 201A 年 10 月 21 日裁定宣告该药业公司破产。201A 年 11 月 30 日，破产程序终结。但在 201B 年 8 月，人民法院在审理其他案件时发现，201A 年 11 月，该药业公司曾放弃对某大医院的 100 万元债权，条件是该公司职工在该医院治疗时享有优惠待遇。于是人民法院追回了这 100 万元财产。

要求：

回答以下问题：

（1）该破产案件的审理是否符合企业破产的基本程序？

（2）对为民药业公司100万元的债权应如何处理？

2.（破产程序，破产资产确认与计量）向阳公司系一家全民所有制企业。因资不抵债，拟向法院申请破产，聘请注册会计师代理破产中的事务。注册会计师经过一段时间工作后了解到：①该公司为原在省工商行政管理局注册登记的工业企业；②该公司债权人之一甲企业因追索150万元货款而在一个月前起诉向阳公司，此案尚在审理中；③该公司欠当地工商银行贷款1 200万元，贷款时曾经提供一套设备作抵押，该设备现值800万元；④该公司曾为乙企业向当地建设银行一笔300万元的贷款作保证人，现乙企业尚未偿还该笔贷款；⑤向阳公司资不抵债已达3 500万元。

要求：

回答以下问题：

（1）向阳公司如申请破产，应由哪级法院受理？

（2）向人民法院申请破产时，注册会计师需提交哪些材料？

（3）甲企业与向阳公司之间尚未审结的诉讼如何处理？

（4）工商银行的1 200万元贷款如何处理？

（5）建设银行能否参加破产程序、申报破产债权？请说明理由。

3.（破产清算会计处理）某公司破产清算时处置资产后的资产负债表如下（单位：元）：

某公司资产负债表 单位：元

资产		负债及权益	
破产资产：		破产债务：	
库存现金	15 000	借款	300 000
银行存款	400 000	应付票据	200 000
清算费用	450 000	应付利润	50 000
		应付债券	450 000
		债务合计	1 000 000
		清算净资产	–135 000
资产总计	865 000	债务及清算净损益	865 000

要求：

（1）根据以上资料，依法按比例清偿债务。

（2）结转清算费用。

（3）结清有关账户。

参考文献

1. 中华人民共和国财政部．企业会计准则．北京：经济科学出版社，2006
2. 中华人民共和国财政部．企业会计准则——应用指南．北京：中国财政经济出版社，2006
3. 财政部会计司编写组．企业会计准则讲解．北京：人民出版社，2007
4. 常勋．财务会计四大难题．上海：立信会计出版社，2006
5. 中华会计网校．新会计准则——精读精讲．北京：人民出版社，2007
6. 张俊民．高级财务会计教程．上海：立信会计出版社，1999
7. 梁莱歆．高级财务会计（第 2 版）．北京：清华大学出版社，2007
8. 裘宗舜．高级财务会计．大连：东北财经大学出版社，1999
9. 杜兴强．高级财务会计．厦门：厦门大学出版社，2004
10. 邓小洋，周密．高级财务会计学．长沙：湖南人民出版社，2007
11. 李大诚．高级财务会计．北京：中国财政经济出版社，2004
12. 石本仁，杨荣彦．高级财务会计．广州：暨南大学出版社，2005
13. 梁莱歆．高级财务会计（第 1 版）．北京：清华大学出版社，2004
14. 林钟高，项有志等．新编高等会计学．上海：立信会计出版社，2000
15. 中华人民共和国企业破产法（1986、2006）
16. 国际会计准则 2002．北京：中国财政经济出版社，2003
17. 机关事业单位养老金制度改革研究课题组．美国养老金制度及对中国的启示．经济研究参考，2006（6）
18. 李绍光．养老金制度与资本市场．北京：中国发展出版社，1998
19. 谢诗芬．高级财务会计学．长沙：湖南人民出版社，1993
20. 李大诚．高级财务会计．北京：中国财政经济出版社，2003